Atlas do Sistema de Justiça Criminal do Mercosul

Atlas do Sistema de Justiça Criminal do Mercosul

2022

Coordenadores

Fábio Ramazzini Bechara
Leandro Piquet Carneiro
Georgia Sanchez Diogo

Organizadores

João Pedro da Silva Paro
Adriano Bastos Rosa
João Gallegos Fiuza
José Antônio Pinheiro Aranha Filho
Patricie Barricelli
Thiago Uchoa Uhli Cortes

ALMEDINA

ATLAS DO SISTEMA DE JUSTIÇA CRIMINAL DO MERCOSUL

COORDENADORES: Leandro Piquet, Carneiro, Georgia Sanches Diogo, Fábio Ramazzini Bechara
ORGANIZADORES: Thiago Uchoa Uhli Cortes, João Gallegos Fiuza, Adriano Bastos Rosas, João Pedro da Silva Paro, José Antônio Pinheiro Aranha Filho, Patricie Barricelli
PESQUISADORAS DE GRADUAÇÃO: Elisabete da Silva Leite e Liza Jane Alexander França Oliveira

DIRETOR ALMEDINA BRASIL: Rodrigo Mentz
EDITORA JURÍDICA: Manuella Santos de Castro
EDITOR DE DESENVOLVIMENTO: Aurélio Cesar Nogueira
ASSISTENTES EDITORIAIS: Isabela Leite e Larissa Nogueira

TRADUÇÃO E REVISÃO: Traduções do Mercosul
DIAGRAMAÇÃO: Almedina
DESIGN DE CAPA: FBA

ISBN: 9786556274133
Março, 2022

Dados Internacionais de Catalogação na Publicação (CIP)
(Câmara Brasileira do Livro, SP, Brasil)

Atlas do sistema de justiça criminal do Mercosul / organizadores Thiago Uchoa Uhli Cortes...[et al.] ; coordenadores Leandro Piquet Carneiro, Georgia Sanches Diogo, Fábio Ramazzini Bechara. -- São Paulo : Almedina, 2022.

Outros organizadores: João Gallegos Fiuza, Adriano Bastos Rosas, João Pedro da Silva Paro, José Antônio Pinheiro Aranha Filho, Patricie Barricelli
Bibliografia.
ISBN 978-65-5627-413-3

1. Direito penal 2. Mercosul 3. Organização judiciária penal 4. Processo penal 5. Sistema penal I. Cortes, Thiago Uchoa Uhli. II. Fiuza, João Gallegos. III. Rosas, Adriano Bastos. IV. Paro, João Pedro da Silva. V. Aranha Filho, José Antônio Pinheiro. VI. Barricelli, Patricie. VII. Carneiro, Leandro Piquet. VIII. Diogo, Georgia Sanches. IX. Bechara, Fábio Ramazzini.

21-89040 CDU-343(8)

Índices para catálogo sistemático:

1 Mercosul : Sistema de justiça criminal : Direito penal 343(8)

Cibele Maria Dias - Bibliotecária - CRB-8/9427

Este livro segue as regras do novo Acordo Ortográfico da Língua Portuguesa (1990).

Projeto agraciado pelo 6o Edital SANTANDER/USP/FUSP de Fomento às Iniciativas de Cultura e Extensão da Pró-Reitoria de Cultura e Extensão Universitária

EDITORA: Almedina Brasil
Rua José Maria Lisboa, 860, Conj.131 e 132, Jardim Paulista | 01423-001 São Paulo | Brasil
editora@almedina.com.br
www.almedina.com.br

SOBRE OS COORDENADORES

Fábio Ramazzini Bechara

Promotor de Justiça em São Paulo. Professor dos Programas de Graduação e Pós-Graduação de Mestrado/Doutorado da Faculdade de Direito da Universidade Presbiteriana Mackenzie. Global Fellow no Brazil Institute do Woodrow Wilson International Center for Scholars. Foi pesquisador visitante na University of Wisconsin (2019). Líder do Grupo de Pesquisa Direito Penal Econômico e Justiça Internacional na Universidade Presbiteriana Mackenzie.

Georgia Renata Sanchez Diogo

Chefe da Assessoria Especial Internacional do Ministério da Justiça e Segurança Pública. Bacharel em Relações Internacionais pela UNB. Curso de Relações Internacionais na Universidade de Genebra.

Leandro Piquet Carneiro

Professor do Instituto de Relações Internacionais e pesquisador do Núcleo de Pesquisas em Políticas Públicas da USP. Coordenador do programa de extensão da USP, Rede Interamericana de Desenvolvimento e Profissionalização Policial (REDPPOL), desenvolvido com o apoio da OEA. Foi pesquisador visitante do Taubman Center da John Kennedy School of Government, Harvard University (2006-2007). Mestre e Doutor em Ciência Política pelo IUPERJ do Rio de Janeiro com Pós-Doutorado no Departamento de Ciência Política da USP.

SOBRE OS AUTORES

Diego Sanjurjo
Cientista político, especializado em política pública, segurança e desenvolvimento. Estudou ciência política na Alemanha, concluindo o Pós-Doutorado na Universidade Autônoma de Madrid. Atualmente é Coordenador de Estratégias Policiais de Prevenção ao Crime do Ministério do Interior do Uruguai. Autor de várias obras sobre política de drogas, armas e segurança.

Georgia Regina Sanchez Diogo
Jefe de la Asesoría Especial Internacional del Ministerio de Justicia y Seguridad Pública. Licenciatura em Relaciones Internacionales por UNB. Curso de Relaciones Internacionales en la Universidad de Ginebra.

Joaquin Arigón
Posgrado en Derecho Penal Económico; Universidad de Montevideo. Bachillerato Economía y Bachillerato Derecho. Co-autor en conjunto con el Dr. Eduardo Sasson del capítulo "*Agravio a la Autoridad Policial (Artículo 173 TER del* Código Penal)" en "*Incidencias Penales de la LUC*". Artículo en Revista Crítica de Derecho Privado (Núcleo de Derecho Civil) Nº 14, año 2017, editorial La Ley. Título: "*Salvar un Ruiseñor (Sobre los efectos de los contratos)*".

Liliana Korniat

Diretora de assuntos de relações internacionais do IDESF (Instituto de Desenvolvimento Econômico e Social de Fronteiras). Membro do Foro Internacional da Mulher.

Manuel Nicolás Doldán Breuer

Advogado – 2003, Tabelião e Escrivão Público – 2005 (Universidade Nacional de Assunção). Especialista em Ciências Penais – 2014 (Universidade Nacional de Assunção). Mestre em Ciências Penais – 2015 (Universidade Nacional de Assunção). Especialista em Justiça Criminal e Crime Cibernético – 2016 (International Law Enforcement Academy – ILEA Roswell, Novo México; Estados Unidos da América). Especialista em Didática Universitária – 2009 (Universidade da Integração das Américas). Docente universitário. Agente Promotor, responsável pela Diretoria de Assuntos Internacionais – 2016/2021 (Procuradoria Geral do Estado, Ministério Público).

A DIMENSÃO INTERNACIONAL DAS POLÍTICAS DE SEGURANÇA PÚBLICA E DA JUSTIÇA CRIMINAL

Tendo sido convidado pelos organizadores para prefaciar esta obra – *Atlas Jurídico Institucional do Sistema de Justiça Criminal* –, ocorreu-me, desde logo, situá-la no contexto de um dos grandes desafios das políticas públicas do mundo contemporâneo, que é conceber as políticas de segurança pública e a justiça criminal sob uma perspectiva internacional, considerando-se a acentuada integração dos países e suas sociedades em âmbito regional, e mesmo global. Com efeito, não é possível, em pleno século 21, pensar que políticas de segurança pública possam ser exitosas fora dos marcos da cooperação e do compartilhamento de experiências no plano internacional, inclusive no tocante à justiça criminal.

Reunindo artigos que enfocam o balizamento jurídico em matéria criminal de diferentes países da América do Sul, bem como as redes de cooperação nesse campo, o livro parte justamente dessa premissa colaboracionista, buscando propiciar o nivelamento do conhecimento dos profissionais de segurança pública e justiça criminal sobre a regulação e o funcionamento das instituições na prevenção e repressão aos mercados ilícitos, à lavagem de dinheiro, à corrupção e ao crime organizado, com especial atenção para a região da chamada Tríplice Fronteira. Os avanços esperados na pauta da segurança pública e justiça criminal, notadamente em regiões fronteiriças, impõem esforços no sentido da articulação internacional, sendo a difusão do conhecimento, sem dúvida alguma, um dos principais mecanismos de aproximação e convergência entre estudiosos e profissionais dos diferentes países.

Nesse processo, a universidade desempenha papel fundamental, que vai muito além da produção de conteúdo. É um espaço de neutralidade, que propõe e induz o debate e o diálogo, e que aproxima as pessoas e os diferentes segmentos da sociedade. Ademais, para além do viés estritamente acadêmico, a articulação entre a universidade e a administração pública possibilita, com apoio da ciência, a qualificação dos procedimentos de tomada de decisão. Trata-se de preocupação imperativa em uma quadra histórica na qual, apesar de eventuais adversidades, o mundo vem evoluindo em direção à prevalência do Estado de Direito, devendo as políticas de segurança pública atentar para a preservação dos direitos humanos, constituindo-se, elas próprias, em instrumento destinado a assegurar e promover a segurança pessoal como direito fundamental do ser humano, tal como preceitua o artigo 3º da Declaração Universal dos Direitos Humanos – "todo ser humano tem direito à vida, à liberdade e à segurança pessoal".

Sob uma ótica mais imediata, a publicação desta obra ocorre na esteira da realização de três edições do *Curso de Segurança Multidimensional nas Fronteiras*, curso de extensão universitária coordenado pelo Instituto de Relações Internacionais (IRI) da Universidade de São Paulo (USP), em parceria com a Faculdade de Direito da Universidade Presbiteriana Mackenzie e o Ministério da Justiça e Segurança Pública do Brasil. Essa iniciativa, realizada na modalidade de ensino à distância, permitiu, ao longo de 2020 e 2021, em plena pandemia de covid-19, capacitar cerca de cinco mil agentes de segurança pública de dez países e de todos os estados brasileiros.

Em cenário mais amplo, pode-se situar a origem desta empreitada acadêmica em convênio celebrado em 2015 entre a USP, representada pelo IRI, e a Organização dos Estados Americanos (OEA), que tem a finalidade de promover apoio acadêmico ao Departamento de Segurança Pública daquela organização internacional nas áreas de pesquisa, formação e capacitação profissional. Como desdobramento desse primeiro convênio, e na forma nele prevista, já em 2016 foi formalizado acordo aditivo destinado a incorporar a USP, por meio do IRI, na Rede Interamericana de Desenvolvimento e Profissionalização Policial (RIDPP), instituída pela OEA. Fruto dessa integração da USP, deu-se, logo na sequência, a realização, pela Rede Interamericana de Desenvolvimento e Profissionalização Policial (REDPPOL), de três edições de curso de extensão universitária para a Polícia Nacional do Uruguai

– *Treinamento sobre o Código de Ética Policial* –, uma presencial, em 2016, e duas à distância, em 2017 e 2018, que alcançaram 700 agentes daquela instituição.

Ainda ao abrigo dessa parceria internacional da USP, foram ministrados pelo IRI dois cursos, também de extensão universitária e na forma presencial, voltados a oficiais de polícia dos 35 Estados-membros da OEA – o *Primeiro* e o *Segundo Curso de Desenvolvimento e Profissionalização Policial* –, em 2017, em Honduras, e em 2019, no Equador, respectivamente. Os dois cursos coincidiram com reuniões bienais de ministros de segurança pública dos Estados-membros da OEA – *Meeting of Ministers Responsible for Public Security in the Americas* (MISPA) –, a MISPA VI e a MISPAVII, em que tiveram lugar as cerimônias de entrega dos certificados emitidos pela USP.

Esse conjunto de atividades internacionais bastante significativas, que se deve à visão, à inventividade e ao esforço do professor Leandro Piquet Carneiro, do IRI, está revestido da concepção de que o tema da segurança pública se encontra intimamente conectado à consideração de aspectos jurídicos, especialmente de direito penal, como já assinalado. Disto é evidência o escopo do presente livro. E, também, outras iniciativas conduzidas no ambiente acadêmico do IRI. Posso dar o testemunho da relação com o Centro de Estudos de Justiça das Américas (CEJA), órgão da OEA sediado em Santiago do Chile – cujo conselho diretivo integrei de 2012 a 2017, período em que fui diretor do IRI –, que tem por objetivo apoiar os processos de reforma e modernização dos sistemas de justiça das Américas, incluída a justiça criminal.

Explorando um campo ainda pouco explorado na pesquisa universitária – a integração internacional em matéria de segurança pública e justiça criminal – e concebida com o propósito assumido de articular a reflexão acadêmica com a ação dos gestores públicos, esta obra é de leitura obrigatória para estudiosos e operadores dessa nova fronteira do conhecimento.

São Paulo, novembro de 2021.

Pedro Bohomoletz de Abreu Dallari
Professor Titular de Direito Internacional do
Instituto de Relações Internacionais da
Universidade de São Paulo

PARTE 1
VERSÃO EM LÍNGUA PORTUGUESA

SUMÁRIO

1. INTRODUÇÃO

A obra "Atlas do Sistema de Justiça Criminal do Mercosul" tem como objetivos o fomento à cooperação e o nivelamento do conhecimento sobre a regulação e o funcionamento das instituições que atuam de forma direta e indireta na prevenção, no controle e na repressão aos ilícitos na região da fronteira.

É a síntese do resultado dos esforços de colaboração de inúmeros profissionais e agentes públicos brasileiros, argentinos e paraguaios, coordenados pelo Instituto de Relações Internacionais da Universidade de São Paulo e pela Faculdade de Direito da Universidade Presbiteriana Mackenzie, e que está inserido no contexto do projeto "Mercados Ilícitos e Crime Organizado na Tríplice Fronteira: O desafio da cooperação policial", vencedor do edital público PMI-Impact promovido pela Fundação Internacional da Phillip Morris. Esse projeto contou ainda com o apoio institucional do Ministério de Justiça e Segurança Pública do Brasil.

A cooperação na Tríplice Fronteira é uma jornada iniciada há décadas, cuja dinâmica e volatilidade desafiam a capacidade de coordenação e articulação entre agentes públicos de forma estável e sustentável, demandam uma governança de resultados e pressupõem a busca incessante pela harmonização e distensão da diversidade entre os sistemas jurídicos nacionais.

A nossa expectativa é que o Atlas Jurídico-Institucional seja mais um recurso de apoio à cooperação, à disposição de centenas de profissionais que atuam na fronteira, acessível e intuitivo, simples e didático, e passível de constante aprimoramento e atualização.

Boa leitura!

Fábio Ramazzini Bechara
Leandro Piquet Carneiro

2. INTRODUÇÃO AO SISTEMA DE JUSTIÇA PENAL NA REPÚBLICA ARGENTINA

Liliana Korniat

A República Argentina é um Estado federal composto por 23 Províncias, e tem como capital a Cidade Autônoma de Buenos Aires (CABA), modelo instituído na Constituição de 1853/1860 e que incorporou as modificações introduzidas nas reformas de 1866, 1898, 1957 e 1994.

Citando Carl Friedrich, "existem tantos federalismos como Estados federais com suas múltiplas variantes" e a República Argentina não é uma exceção, quando observamos que o federalismo, uma imitação imperfeita do modelo norte-americano, combina um Estado Nacional soberano e uma pluralidade de unidades autônomas que "conservam toda o poder não delegado pela Constituição ao Governo Federal e aquele expressamente reservado por pactos especiais no momento de sua incorporação", como disposto no Artigo 121 da Carta Magna.

Isso implica na coexistência entre uma Constituição Nacional e Constituições Provinciais e a Constituição da CABA que, embora não seja tecnicamente uma Província, detenha um governo autônomo e poderes legislativos e jurisdicionais próprios, elegendo diretamente um Chefe de Governo e membros de um Poder Legislativo de maneira direta pelo eleitorado residente na cidade.

O federalismo vernáculo traduz-se num expressivo grau de autonomia que, ao preservar o sistema representativo e republicano de governo, permite às unidades provinciais criar as suas próprias instituições; eleger suas autoridades executivas e legislativas; configurar seu sistema de administração de justiça e ditar seus códigos processuais (que coexistem com os códigos de fundo aprovados pelo Congresso Nacional), bem como seu modelo de controle das Constituições e dos institutos processuais-constitucionais.

O modelo judiciário argentino articula-se, institucionalmente, como um modelo federal que inclui o Ministério Público, o Poder Judiciário da Nação (composto pela Corte Suprema de Justiça, o Conselho da Magistratura, os Juizados de Primeira Instância nas várias jurisdições e as Câmaras de Recursos), os 23 Poderes Judiciários Provinciais e o Poder Judiciário da CABA, o que, nas palavras de Victor Bazan, "marca a existência de um universo plural de instrumentos jurídicos, jurisdições e competências".

No foro penal, o sistema é regido por um Código Penal (que tipifica as infrações e estabelece penas mínimas e máximas de acordo com as circunstâncias particulares de cada ato) e um Código de Processo Penal de âmbito nacional e com competência em infrações federais (aquelas que pelo seu alcance e/ou consequências são de particular interesse para o Estado Nacional) que coexistem com o Código de Processo Penal de cada unidade da federação.

A Reforma Constitucional de 1994 buscou promover medidas para fortalecer o modelo federal, aspiração e expectativa que contrastavam com a crescente dependência econômica e financeira de um número crescente de Províncias de recursos federais de coparticipação e outras linhas de assistência da Nação, que encontram paralelos em uma lenta, mas progressiva concentração de poder no Governo Federal e seus avanços consistentes sobre os poderes provinciais, o Poder Legislativo e o Poder Judiciário.

Parafraseando Daniel Muchnik, "O federalismo argentino é o resultado de um processo histórico particular de formação de uma aliança entre uma Buenos Aires macrocefálica e um corpo, cuja proporção não se manteve".

2.1. Impacto da Reforma Constitucional de 1994 no Sistema Judiciário

Sem prejuízo do exposto, a reforma constitucional de 1994 incorporou alterações significativas ao paradigma da defensoria pública, ao outorgar-lhe hierarquia constitucional e ao reconhecer a autonomia funcional e a autarquia financeira do Ministério Público.

Esta reforma, posteriormente aperfeiçoada com a sanção da Lei nº 24.946/1998 (primeira lei orgânica do Ministério Público), tornou-se referência para outros governos provinciais e também para terceiros Estados que viram nessa mudança a reafirmação, na Carta Magna, do dever do Estado Nacional de garantir o acesso à justiça e ao devido processo legal a todos os cidadãos e, especialmente, aos oriundos de universos sociais mais vulneráveis e que costumam estar sujeitos à interferência de outros fatores alheios à justiça em si.

Desta forma, o Ministério Público (órgão bicéfalo formado pelo Ministério Público de Defesa presidido pelo Defensor Geral da Nação e pelo Ministério Público Promotor a cargo do Procurador-Geral da Nação) passou a se tornar parte fundamental do processo judicial, como órgão tecnicamente habilitado para a defesa dos interesses gerais da sociedade.

O Defensor Geral da Nação, como titular do Ministério Público de Defesa, é responsável por velar pela proteção dos Direitos Humanos e por garantir uma defesa pública efetiva e adequada dos cidadãos em matérias penais e não penais (civil, comercial, trabalhista, fiscal), bem como questões de minorias, igualdade de gênero, violência e tráfico de pessoas, migração e refúgio, deficiência e direitos da criança e do adolescente.

O Procurador-Geral da Nação é indicado pelo Poder Executivo com a anuência do Senado Nacional por dois terços dos seus membros presentes e possui cargo vitalício, sendo o seu papel no âmbito da ação penal o mais relevante entre todas as competências, uma vez que é ali que a política criminal é, de fato, estabelecida (podendo criar promotorias especializadas).

Isto é particularmente importante para o processo penal, pois ao promover a migração do sistema inquisitorial para o acusatório, movimento aprovado com a reforma do Código de Processo Penal em 2019, é conferida uma importância central à Procuradoria, ao concentrar a investigação penal e instrução da causa nos promotores.

É importante notar que, em virtude do critério de progressividade adotado, o sistema acusatório foi inicialmente implantado em algumas províncias do Norte do país, Salta e Jujuy, que apresentam uma alta incidência de crimes complexos multidimensionais e transnacionais, que são favorecidos pela porosidade de suas fronteiras e sua localização próxima a países produtores e exportadores de drogas e com impacto proeminente no tráfico de pessoas.

A lógica desse sistema, que contempla inclusive a possibilidade de que haja "Julgamento por júri", responde à necessidade de superar um modelo obsoleto, onde no qual a investigação era conduzida pelos juízes, para passar a uma investigação mais ágil, a cargo dos promotores, requalificando as forças e órgãos de segurança para tornarem sua atuação mais profissional, eficaz e eficiente, servindo como elo fundamental na manutenção da ordem pública e no sistema de flagrância.

Um exemplo claro disso foi a recente implementação do chamado "Sistema de Flagrância", que contempla especificamente a realização de um processo simples e abreviado, conseguindo condenar os culpados de forma rápida e eficaz.

Essa mudança de paradigma coloca tecnicamente o juiz como parte imparcial do processo, reavaliando o papel dos promotores e também dos Defensores facilitando, através da oralidade do processo, uma participação mais ativa da vítima ao mesmo tempo em que se busca fortalecer o Estado de Direito e a proteção dos direitos humanos. Além disso, o principal objetivo dessa medida é encurtar os tempos processuais e minimizar o número de detidos sem condenação.

É importante destacar que, de acordo com o Ministério Público Promotor, o sistema acusatório tem como princípios norteadores, além da oralidade, os seguintes: a publicidade (que torna públicas as audiências, salvo raras exceções); a celeridade (estimulando a agilidade dos prazos); desformalização (evitando ritos excessivos); a concentração (da maior atividade processual nas audiências, evitando interrupções injustificadas); o imediatismo (produção de provas pelas partes na presença dos juízes que tomam decisões); a contradição (princípio pelo qual as partes expõem, desde posições equivalentes, sua versão do caso perante um juiz ou tribunal, que decidirá com imparcialidade.

Interrupções injustificadas); o imediatismo (produção de provas pelas partes na presença dos juízes que tomam decisões); a contradição (princípio pelo qual as partes expõem, desde posições equivalentes, sua versão do caso perante um juiz ou tribunal, que decidirá com imparcialidade.

A reforma processual penal também incorpora outras mudanças notáveis, como: a possibilidade de solução de conflitos por meio da conciliação (restrita aos delitos econômicos) e da reparação integral; a aplicação do critério de oportunidade pelo Ministério Público (nos casos de insignificância ou pena natural); a reivindicação do direito da vítima de promover uma causa de acordo com sua percepção do crime; a ampliação da possibilidade de recurso de cassação (uma instância adicional no processo penal) para discutir não somente questões de direito, mas também fatos concretos e a restrição da ordem de prisão preventiva aos casos de risco de fuga ou potencial obstrução da investigação pelo acusado.

Em relação ao processo penal que culmina em julgamento oral e público, o código admite que um processo pode ser iniciado por "prevenção policial" a partir de uma denúncia ou detenção, que é seguida de notificação ao magistrado competente e ao procurador, ou a pedido do Ministério Público, com base em denúncia formalizada perante a Câmara de Recursos (ou perante o tribunal de plantão ou no Ministério Público), modalidade em que o procurador é informado da denúncia, podendo requerer ao tribunal o início da instrução ou o seu indeferimento e/ou encaminhamento a outro tribunal por incompetência jurisdicional.

Admite que um processo pode ser iniciado por "prevenção policial" a partir de uma denúncia ou detenção, que é seguida de notificação ao magistrado competente e ao procurador, ou a pedido do Ministério Público, com base em denúncia formalizada perante a Câmara de Recursos (ou perante o tribunal de plantão ou no Ministério Público), modalidade em que o procurador é informado da denúncia, podendo requerer ao tribunal a o início da instrução ou o seu indeferimento e/ou encaminhamento a outro tribunal por incompetência jurisdicional.

Na opinião de Sarrabairouse (obra citada), a iniciação por prevenção policial confere às forças de segurança uma margem de autonomia para a produção de provas, visto que, embora não possam obter mais informações do que as que decorrem do "interrogatório de identificação", do recebimento de informação de denúncias anônimas, fontes humanas, dados de inteligência e outros, podem entregar um "pacote montado" à justiça, obviando a ordem judicial.

De fato, as provas começam a ser construídas durante a instrução, cabendo ao magistrado a tomada de depoimentos (de testemunhas e acusados), embora, como a própria autora aponta, "de fato essas funções são desempenhadas pelos funcionários". Neste ponto, se questiona criticamente desde uma série de perspectivas a dupla função atribuída ao magistrado no sistema inquisitório, enfatizando as vantagens do sistema acusatório, já que se o mesmo juiz deve garantir os direitos do acusado e ao mesmo tempo investigá-lo, sua "objetividade e imparcialidade" poderia se ver comprometida.

O cenário atual apresenta, na prática, um sistema misto entre inquisitório e acusatório em que, diante de uma denúncia por crime federal, o juiz decide se deve encaminhá-la ao Ministério Público ou se mantém a demanda sob sua responsabilidade e, uma vez que um ou outro levem a cabo a investigação, esta é concluída e pode ou não passar ao Julgamento Oral. Se durante esse processo as partes interpuserem recursos, este segue para a Câmara Criminal e, uma vez resolvidos os que houverem naquela instância, dá-se início ao julgamento propriamente dito, fase a partir da qual se abrem recursos a outras instâncias, no caso a Câmara de Cassação (que é a terceira instância) e a Corte Suprema de Justiça (última instância que a Câmara de Cassação pode ou não permitir, dando-se o acesso à Corte no caso de negativa por meio da interposição de um "recurso em queixa").

Neste sistema, o Ministério Público está enquadrado em um debate técnico porque os promotores e defensores oficiais não deveriam fazer parte do judiciário, justamente para que levem adiante a denúncia e a defendam com imparcialidade perante um juiz, que segundo o sistema acusatório, deve estar tecnicamente desprovido de qualquer conhecimento do caso, para atendê-lo sem prejulgamentos no momento em que o recebe. Mas, no sistema misto em questão, caso a investigação seja conduzida pelo Juiz, seu julgamento será prejudicado porque ele mesmo é quem investiga.

A única exceção ao caso vale para a Justiça da CABA, onde o opera plenamente o sistema acusatório para causas menores e contravenções, ainda que não se aplique a delitos federais ou crimes complexos.

2.2. O projeto de "Lei de Organização e Competência da Justiça Federal"

Atualmente, a administração do Presidente Fernandez está promovendo o projeto de reforma da "Lei de Organização e Competência da Justiça Federal", que propõe redesenhar a justiça federal a partir da unificação do foro

Penal Econômico com os dos foros Criminal e Correcional com a foro Penal Econômico, que contam com 12 e 11 magistrados, respectivamente.

Além disso, pretende-se ampliar a estrutura da justiça criminal federal com a criação de 23 novos tribunais que se somarão aos 23 existentes, argumentando que "busca-se superar a concentração do poder de decisão em um número reduzido de magistrados que, como ocorre atualmente, têm o poder de conhecer e decidir em quase todos os casos com relevância institucional e consequentemente midiática" (declaração do atual mandatário).

Este projeto também contempla a unificação, na esfera federal, dos tribunais cíveis e comerciais com os tribunais contencioso-administrativos, a criação de cinco tribunais penais federais orais (compostos por três juízes cada) e a adição de 94 tribunais criminais federais distribuídos nas províncias.

Da mesma forma, o texto da reforma pauta a conduta dos juízes para o cumprimento de determinados critérios (por exemplo, abster-se de favorecer qualquer parte no litígio, evitando que suas decisões sejam influenciadas pelo clamor popular ou pelo medo de críticas), e cuja inobservância pode levar a sanções administrativas e criminais.

No marco desta reforma, o Poder Executivo finalmente criou o "Conselho Consultivo para o Fortalecimento do Poder Judiciário e do Ministério Público", integrando-o com 11 juristas (Claudia Sbdar, Hilda Kogan, Maria Battani, Marisa Herrera, Inés de Roca, Carlos Beraldi, Andrés Gil Dominguez, Omar Palermo, Raul Ferreyra, Leon Arslanian e Enrique Bacigalupo)., que, este conselho, 90 dias após a sua constituição, apresentou ao Presidente um primeiro relatório contendo sugestões de reformas na estrutura e funcionamento do Judiciário. Essas propostas incluem recomendações relativas à Unidade de Informação Financeira (órgão regido pela lei nº 25.246) para que se mantenha como um "órgão autônomo e independente, dotado de recursos financeiros, humanos e técnicos próprios, bem como um corpo de medidas legais que lhes permite elaborar políticas, programas e estratégias de combate à lavagem de dinheiro, desenvolver pesquisas e análises substantivas, capazes de iniciar e exercer ações judiciais em todos os momentos". Isso implica em desaconselhar tacitamente a incorporação da Unidade de Informação Financeira ao Ministério Público Promotor.

A reforma promovida pelas autoridades argentinas foi "questionada" pelos Procuradores-Gerais dos países membros do Mercosul e associados, os quais emitiram uma declaração na qual expressam "preocupação com as contínuas manifestações e ações de outros poderes que procuram limitar a atuação dos Ministérios Públicos que afetam diretamente sua independência e autonomia".

Também reiteram nessa declaração o que foi afirmado nas Reuniões Especializadas dos Ministérios Públicos do Mercosul sobre "a necessidade de que os Ministérios Públicos possam exercer suas funções de forma independente e autônoma, com os recursos necessários para esses fins, e assim agirem livres de todo tipo de pressão, ingerência, perseguição ou ameaça, exigindo o respeito a estas condições mínimas de atuação".

Diante da intenção governamental, é possível perguntar-se: é necessária uma reforma?

Na percepção de um número expressivo de especialistas, é necessário modificar o sistema processual, o sistema penal, o sistema penitenciário e o sistema judiciário, uma vez que sofre de déficits robustos, mas essa percepção é contrabalançada quando se observam tentativas de reforma direcionadas, indiretamente, a interferir no Poder Judiciário, minando sua autonomia e independência.

Um caso muito específico é a tentativa de reformar o mecanismo de eleição do Procurador-Geral da República a partir de um sistema que exige a concordância de dois terços do Senado Federal para um sistema de aprovação por maioria simples, enquanto constitucionalmente rege o princípio de que a retirada do mesmo deste só pode ocorrer por impeachment (arts. 53 e 59 da Constituição Nacional).

2.3. Entre o garantismo do processo penal e a vitimização do infrator

Não há a menor dúvida de que o sistema de justiça criminal deve priorizar a defesa das garantias processuais gerais (presunção de inocência, direito à defesa material e técnica, direito ao devido processo e proteção judicial, entre outras), bem como das garantias processuais específicas (igualdade, inquérito oficial, publicidade e outros) e estimular o caráter preventivo sobre o repressivo em todas as engrenagens que compõem este sistema.

A evolução do processo político-institucional na Argentina configura uma variável cuja importância não é menor para explicar a passagem de um sistema baseado na pena como figura de legitimação da justiça penal para uma filosofia que, de fato, a considera um "ato de poder" e, em última instância, um fato político, ao qual é negado qualquer finalidade positiva que legitime o sistema penal.

Nessa evolução, o retorno à democracia (1983) representa um marco não só em termos de recuperação da estabilidade institucional, mas também de desmilitarização da segurança pública e promoção de mudanças destinadas a corrigir e reverter a arbitrariedade e severidade na aplicação da lei penal, estabelecendo uma tendência jurídico-filosófica regida pelo critério da moderação do rigor punitivo da justiça penal que enfatiza, fundamentalmente, questões sérias sobre a utilidade do encarceramento como mecanismo sancionatório e de reinserção social do agente.

O garantismo, enquanto "sistema institucional que fixa limites para os poderes públicos visando a proteção dos direitos fundamentais" para salvaguardar a defesa efetiva dos direitos humanos e as garantias do devido processo penal a todos os cidadãos, não foi acompanhada por uma estratégia integrada de prevenção de infrações (baseada em informação, educação e inclusão) nem de uma reforma estrutural do sistema penitenciário (medidas de ressocialização e formação técnica para fins de reinserção laboral) uma vez que o mesmo sistema "não reforma, não reinsere, nem reeduca".

Esta garantia consolidou-se num contexto em que a segurança pública e privada se tornou um tema de crescente centralidade na cena social, visto que a delinquência e a criminalidade se projetaram como um problema central a nível nacional, nomeadamente a partir da década de 90.

Com efeito, a taxa de população carcerária na Argentina mostra um aumento anual sustentado, situando-se, em 2018, em 213 detidos por 100.000 habitantes, mais que o dobro do nível registrado no ano 2000 (103 por 100.000 habitantes), sendo a infração de roubo ou tentativa de roubo a causa principal, seguida por prisões relacionadas à lei de entorpecentes e homicídio doloso, três modalidades que registram um incremento de 47%, 203% e de 60% entre 2006 e 2017.

Segundo informações do Sistema Penitenciário Nacional, em 2019 o Sistema Penitenciário Federal registrava uma população aproximada de 13.500 detentos, dos quais 57% não tinham condenação definitiva. O universo carcerário ultrapassa 100.000 presos nos níveis federal e provincial, com um quarto desse total sendo de "reincidentes ou reiterantes no delito". Quanto à configuração do universo prisional, 96% são homens, 60% têm menos de 35 anos, 94% são argentinos e 69% têm estudos primários. Do total cadastrado, 42% afirmam estar sem trabalho formal no momento da prisão e apenas 24% admitem ter participado de algum tipo de treinamento profissional intra-prisional.

Do ponto de vista filosófico, jurídico e político, a Doutrina Zaffaroni, amplamente estendida além das fronteiras nacionais e reivindicada por um amplo espectro do ambiente judicial, relativiza que a pena pode ter algum propósito positivo que legitime o sistema penal, o que tem fortalecido os fundamentos favoráveis à promoção e implementação de medidas alternativas à privação de liberdade, nomeadamente para grupos vulneráveis e, muitas vezes, à excessiva flexibilidade da pena, o que contribui para criar um sentimento de "impunidade" para a vítima, e até mesmo podendo chegar a induzir atos de "justiça pelas próprias mãos".

O juiz Daniel Eduardo Rafecas expressava em 2005 que no entendimento da doutrina Zaffaroni existe uma "tensão permanente entre o Estado Policial, que luta para se expandir, e o Estado de Direito, que luta para deter os impulsos do Estado Policial que abriga em seu interior", — e que "o órgão judicial real, especialmente na América Latina, não se diferencia em demasia às agências policiais: são verticalizados e revelam os piores traços das burocracias, realizam uma segunda forte seleção conforme a estereótipos e óperas toscas sobre a matéria prima já vazada, apresentada pela agência policial; são a seu modo violentos e discriminatórios, e permeáveis por todos os lados pela corrupção das outras agências e fatores de poder".

Agrega o Dr. Rafecas que "o membro do órgão judiciário, longe do ideal de um humanista esclarecido, é geralmente um funcionário que deve sua posição a favores de diversos tipos, sem maior treinamento jurídico, ou consciência do importante papel que Zaffaroni lhe designa no plano ideal. Longe disso, em geral, o órgão judiciário legitima a ação policial sem objetar e reproduz os mesmos vícios em sua própria esfera".

O Juiz Rafecas, candidato que vem sendo apontado como candidato a substituir o atual Procurador-Geral da República (Dr. Eduardo Ezequiel Casal) no marco da reforma da Lei Orgânica do Ministério Público promovida pelo governo argentino, destaca que "Devemos aproveitar a construção teórica de Zaffaroni neste sentido: a luta entre o Estado de Polícia e o Estado de Direito é absolutamente verdadeira, mas não se dá da forma idealizada como se apresenta no Tratado de Direito Penal (agências policiais versus judiciário) mas de outra forma, isto é, que em cada tribunal, em cada delegacia, em cada penitenciária coexistem elementos que tendem para um lado ou para o outro e que contendam para prevalecer; a tensão se revela nos diferentes critérios que dois ou mais funcionários podem ter para realizar uma busca e apreensão, ditar uma sentença, executar uma privação de liberdade; além disso, a luta entre os dois opostos ocorre dentro de cada um dos operadores do sistema penal, em suas inclinações ao autoritarismo ou ao respeito e tolerância.

Além disso, afirma o Juiz Rafecas, "aqui aparece a importância das universidades e outros órgãos que reproduzem a ideologia (academias de polícia, penitenciárias, etc.) e os meios de comunicação, uma vez que ambos têm uma influência capital na formação das decisões futuras de todos os operadores do sistema penal".

Apoiando esse entendimento, acadêmicos e juristas ressaltam que além de ser um sistema institucional burocrático e normativo claramente regulado por uma complexa e vasta arquitetura jurídica compatível e sujeita à Carta Magna, "o Poder Judiciário reconhece um 'universo paralelo' constituído pelo jogo de poder que se estabelece entre hierarquias, clientelismo e status que se complementam de forma complexa".

2.4. A título de conclusão

O sistema de justiça criminal na República Argentina é complexo e possui inúmeras vantagens e desvantagens.

A transição em que o processo penal se encontra antecipa mudanças saudáveis em termos dos direitos e garantias da vítima e do perpetrador, reclassificando o papel dos promotores e defensores perante o juiz e enquadrando o papel das Forças e Órgãos de Segurança como elos auxiliares junto ao Ministério Público.

No entanto, o regime de progressividade que rege a implementação da reforma do Código de Processo Penal no país não nos permite avaliar o seu real impacto em termos de tornar o sistema judicial mais eficaz e eficiente, onde a burocracia obstrutiva e a interferência de fatores alheios a esse Poder interferem de forma estrutural e sistêmica.

Além dos aparentes benefícios da reforma e sem entrar no mérito das mudanças promovidas pelo governo nacional, há uma dívida política inerente para reverter os déficits do modelo prisional e outra dívida jurídica relacionada à necessidade de blindar a Justiça de todo tipo de interferência externa, garantindo a imparcialidade do processo e da sentença.

O respeito pelas garantias e direitos do cidadão, dentro e fora do processo penal, é um dos princípios essenciais da democracia, que deve ser priorizado num contexto em que a vítima seja devidamente indenizada e o agressor necessariamente readaptado e ressocializado.

Por fim, é de se esperar que as políticas públicas que investem na formação permanente possibilitem a tão esperada profissionalização do universo policial e penitenciário com vistas a otimizar o desempenho das Forças e Órgãos de Segurança, dotando-as dos recursos (humanos, tecnológicos e orçamentários) necessários para o enfrentamento das ameaças convergentes derivadas do crescimento exponencial dos crimes federais no país.

Referências

Carl Friedrich: "Teoria y realidad de la organización constitucional democrática, México D.F. Fondo de Cultura Económica, 1946, p.207.

Bazan, Victor. El Sistema Federal Argentino: Actualidad y Perspectivas. Anuario de Derecho Constitucional Latinoamericano. Año XIX. Bogotá, 2013, P.P. 235-278, ISSn 2346-0849

Muchnik, Daniel: "El ilusorio federalismo argentino", en Le Monde Diplomatique. http://www.insumisos,com/diplo/NODE/3413.HTM

Recomendaciones del Consejo Consultivo para el Fortalecimiento del Poder Judicial y el Ministerio Público. Capítulo IV https://www.argentina.gob.ar/sites/default/files/consejo_consultivo_para_fortalecimiento_pod er_judicial.pdf

Díez Ripollés, José Luis. El abuso del sistema penal. Trabajo realizado en el marco del proyecto de investigación DER2015-64846-P. http://perso.unifr.ch/derechopenal/assets/files/anuario/an_2015_06.pdf

Rafecas, Daniel Eduardo. Una mirada crítica sobre la teoría agnóstica de la pena. Universidad Nacional de Buenos Aires. Programma. N.1 Bahí Blanca 2005. Versión impresa ISSN 1669- 8673. http://bibliotecadigital.uns.edu.ar/scielo.php?script=sci_arttext&pid=S1669-86732005001100006

Sarrabayrouse Oliveira, María José. Grupos, lealtades y prácticas: el caso de la justicia penal argentina. Dossie Cidadanía e Violencia. Revista de Sociologia e Política. N!. 13. Curitiba Nov 1999. 1999 https://doi.org/10.1590/S0104-44781999000200007

3. O SISTEMA DE JUSTIÇA CRIMINAL BRASILEIRO

Leandro Piquet Carneiro
Fábio Ramazzini Bechara

O sistema de justiça criminal brasileiro abrange as três esferas da Federação (federal, estadual e municipal), articula diferentes órgãos do Executivo e do Judiciário e está organizado em três frentes principais: (1) segurança pública (forças policiais); (2) justiça e (3) sistema correcional. A Constituição promulgada em 1988, após o regime militar de 1964– 1985, definiu a atual organização do sistema de justiça criminal no Brasil.

As forças policiais existentes derivam sua autoridade da Constituição nacional através dos seguintes órgãos: Polícia Federal, Polícia Rodoviária Federal, Polícia Ferroviária Federal, Polícia Penitenciária Federal, Polícia Civil Estadual, Polícia Militar Estadual e Polícia Penitenciária Estadual. Além dessas forças policiais, os municípios são responsáveis pela criação de guardas municipais locais, órgãos com poderes de polícia limitados.

As polícias civil e militar são instituições estaduais reguladas por leis e constituições estaduais. Como o Brasil é uma república federativa formada pela união de 26 estados federais e o Distrito Federal, 54 forças policiais estaduais são responsáveis pelo policiamento e controle do crime e pelas atividades de investigação. Localmente, 60% dos 5 mil municípios (993 municípios) possuem guarda municipal (IBGE, 2012).

O federalismo brasileiro é bastante distinto dos Estados Unidos, e os estados não podem aprovar nenhuma legislação penal ou alterar a organização das forças policiais. Além dessa limitação à atuação dos estados, os governos municipais, embora reconhecidos como parte da Federação, não têm mandato constitucional para instituir um órgão de polícia dedicado à segurança pública. A guarda municipal normalmente fornece serviços de segurança em instalações do governo local, limitada à proteção do patrimônio público. Ainda assim, nos últimos anos, as guardas municipais expandiram consideravelmente seu papel nas atividades de segurança pública. Uma nova lei federal de 2014 autorizou a realização de atividades de patrulhamento preventivo, uma mudança significativa diante do modelo constitucional que limita a atuação do município no tema. Essa mudança foi motivada principalmente por prefeitos e administrações locais diante da imensa pressão da violência e do aumento das taxas de criminalidade no Brasil (Pereira Filho, Alves e Souza 2018; IPEA, 2019)[1]. A demanda social por uma resposta mais adequada e efetiva aos problemas de segurança pública tem produzido essa adaptação institucional significativa.

Além desses órgãos, o Ministério Público (MP) passou a ter competência para promover, por meio de sua autoridade, investigações criminais.[2] O Ministério Público Brasileiro é composto pelo Ministério Público da União e pelos Ministérios Públicos dos Estados. O Ministério Público da União é formado pelo Ministério Público Federal, do Trabalho, Militar e do Distrito Federal. O controle externo do Ministério Público é exercido pelo Conselho Nacional do Ministério Público, introduzido na Constituição Federal por meio da Emenda Constitucional n. 45.

Dentre as atribuições do MP merece destaque o controle externo das atividades policiais. Como resultado, as infrações criminais cometidas por agentes policiais e os direitos constitucionais dos presos sob custódia direta

[1] A taxa nacional de homicídios em 2017 era de 28,5 por 100 mil habitantes e caiu para 20,1 em 2017. As taxas de homicídios são consideravelmente maiores em capitais importantes como Manaus (55,9 por 100 mil habitantes); Salvador (63,5); Fortaleza (87,9); Belém (74,3); Rio de Janeiro (35,6), entre outras capitais. Esses números colocam algumas cidades brasileiras entre as cidades mais violentas da região das Américas. Fontes: Monitor da Violência G1 e IPEA 2019. http:// especiais.g1.globo.com/monitor-da-violencia/2018/mortes-violentas-no-brasil/?_ga= 2.62510572.1711685417.1581424139 - 28686389.1558827135#/dados-anuais.

[2] Após um longo processo litigioso, o Supremo Tribunal Federal reconheceu em 2015 as prerrogativas constitucionais do Ministério Público de exercer diretamente atividades investigativas para fins de ação penal.

das autoridades policiais são monitorados e investigados pelo MP federal e pelos MPs estaduais. Não há subordinação formal das forças policiais ao MP em nível nacional ou estadual. No entanto, se o promotor verificar quaisquer faltas disciplinares, deverá informar aos superiores sobre o agente policial infrator e deverá propor as sanções legais cabíveis, salvo se a infração constituir por si infração penal, hipótese em que o próprio MP pode apurar.

O sistema de justiça criminal brasileiro está gradualmente mudando de um modelo inquisitório para um modelo mais dialético e adversarial sob a regra Constitucional de 1988, seguindo tendências estrangeiras e internacionais.

Juízes e magistrados desempenham um papel importante no sistema de justiça criminal, especialmente no processo de investigação e condenação (Lopes Jr, 2018), porém, agem de forma reativa, e não possui competência para investigar. No Brasil, a justiça está estruturada em instâncias, sendo que a primeira é responsável pelo processo e julgamento da expressiva maioria dos casos. Em segunda instância, há os tribunais criminais estão organizados em níveis nacional e estadual. Os juízes federais e os Tribunais Regionais Federais tratam dos crimes inter-jurisdicionais e contra a União. Na esfera estadual, os juízes e os Tribunais de Justiça Estaduais administram a maior parte dos processos criminais no país. A Defensoria Pública nos níveis nacional e estadual cuida da adjudicação diária do sistema de justiça criminal, fornecendo assistência jurídica aos réus indigentes.

Na área de execução penal, a Lei Nacional de Execução Penal regulamenta o sistema correcional supervisionado pelo Conselho Nacional de Política Criminal e Penitenciária. No nível federal, a administração do sistema prisional e a definição das políticas públicas na área ficam a cargo o Departamento Penitenciário Nacional e da nova força policial penal criada em 2019 por força de uma Emenda Constitucional[3]. Essa nova polícia penal federal e suas homólogas estaduais têm a missão de escoltar presidiários e proteger as prisões estaduais e federais[4]. Essas instituições assessoram o Ministério da Justiça e propõem as diretrizes da política criminal e para

[3] Presidência da República do Brasil, EMENDA CONSTITUCIONAL Nº 104, DE 4 DE DEZEMBRO DE 2019.

[4] Menores de 18 anos e portadores de transtorno mental são criminalmente inimputáveis de acordo com a legislação brasileira. Os infratores menores de idade são condenados às chamadas instalações correcionais "socioeducativas".

o sistema correcional nacional. Embora a ideia de ressocialização de infratores tenha inspirado normativamente o modelo do sistema correcional brasileiro, instalações superlotadas onde 773 mil prisioneiros ocupam 461 mil vagas[5] e a disseminação nacional de gangues nas prisões, transformam o sistema prisional em uma ameaça significativa para os órgãos de aplicação da lei como discutiremos mais adiante. Contudo, o sistema correcional também é de competência dos Estados, por meio das secretarias de justiça ou de administração penitenciária, que gerenciam os estabelecimentos e o processo de cumprimento das penas, como mais um órgão do sistema de execução. O sistema de execução, seja no nível federal ou estadual, é composto por órgãos do Poder Executivo e do Poder Judiciário, mais o Ministério Público, a Defensoria Pública, bem como pela sociedade civil, representada por meio de diferentes iniciativas, de modo a auxiliar na ressocialização do condenado.

3.1. Forças policiais nacionais

As quatro forças da Polícia Federal são a Polícia Judiciária (Departamento de Polícia Federal), a Polícia Rodoviária Federal, a Polícia Ferroviária (apenas com existência legal) e a Polícia Penitenciária Nacional. O foco operacional da Polícia Federal é o tráfico ilícito de drogas, outros crimes transnacionais e, principalmente, a corrupção política. O policiamento marítimo, aéreo e de fronteiras está entre suas atribuições constitucionais. Os delegados de polícia — policiais formados em direito e com cinco meses de formação na Academia Nacional da Polícia — ocupam cargos de chefia na Polícia Federal. Investigadores e especialistas forenses entram na força em uma carreira diferente que não permite que se tornem policiais de alto escalão (a menos que façam novo concurso público para a carreira de delegado). Esse caminho duplo de carreira é uma característica comum ao sistema de aplicação das leis no Brasil, tanto em nível nacional quanto estadual.

A Polícia Rodoviária Federal é a autoridade policial de segurança rodoviária responsável por realizar atividades de patrulhamento nas rodovias federais contra o tráfico de drogas e outros tipos de crime. Embora a Constituição de

[5] Pesquisa realizada pelo Departamento Nacional Penitenciário, 2019.

1988 estabeleça a Polícia Ferroviária Federal, o Congresso não votou a legislação necessária para regulamentar a organização dessa força policial, e, por isso, não existe no Brasil uma instituição pública dedicada ao policiamento das ferrovias. Uma associação de tipo sindical que congrega os funcionários responsáveis pela segurança na infraestrutura ferroviária do país defende o direito de prestar serviços de segurança à autoridade ferroviária federal e de ser reconhecida como força policial. Esse pleito não teve sucesso até o momento. A Polícia Penal Federal é o mais novo órgão policial criado no país — apenas em 2019 — para fiscalizar 2 mil presidiários do sistema penitenciário federal.

A Secretaria Nacional de Segurança Pública (SENASP) é responsável por promover a integração dos órgãos de aplicação das leis do país para o planejamento, monitoramento e avaliação das políticas de segurança pública do governo federal. Desde sua criação em 1997, a SENASP ampliou sua política e capacidade operacional, estimulando e prestando assistência técnica às forças policiais nacionais e estaduais e apoiando as iniciativas municipais de segurança pública. A SENASP administra o Sistema Nacional de Informações de Segurança Pública (INFOSEG) e o Sistema Único de Segurança Pública (SUSP), um programa que promove a articulação entre as instituições locais e nacionais de aplicação das leis. A ideia ambiciosa do SUSP é a busca por um modelo nacional de gestão integrada para a segurança pública.

Os estados e municípios que aderem ao Sistema Único de Segurança Pública firmam um protocolo de intenções com o Ministério da Justiça e Segurança Pública, criando um departamento de gestão integrada em nível estadual, com representantes das forças policiais nacionais e estaduais e guardas municipais. Um Comitê de Gestão Nacional monitora e avalia as políticas propostas e as apoia através do Fundo Nacional de Segurança Pública, criado em 2000, logo após o primeiro Plano Nacional de Segurança Pública. Por fim, é preciso considerar a Força Nacional de Segurança Pública (FNSP), criada em novembro de 2004 e inspirada nas forças de paz das Nações Unidas (ONU). A Força Nacional não opera de forma permanente; toma emprestado seus agentes policiais de outros órgãos de segurança pública e depende, portanto, exclusivamente da cooperação dos estados com o governo federal. Os estados aderem voluntariamente ao programa e decidem, de acordo com suas capacidades operacionais, a quantidade e quando enviar seus policiais para integrar a Força de Segurança Nacional. O Ministro da Justiça e Segurança Pública, a pedido do governador do estado, ordena a mobilização e destacamento da Força Nacional. A cada ano, um novo grupo de 150 a 200 policiais estaduais são treinados de acordo com os padrões operacionais da Força Nacional. Após um breve período de treinamento, eles retornam aos seus estados de origem e permanecem disponíveis para mobilização futura.

3.2. Forças policiais estaduais

As Polícias Militares do Brasil são forças policiais do tipo gendarme. Sua organização evoluiu ao longo do século 20 em grande parte inspirada por forças policiais europeias e latino-americanas, como a *Gendarmerie Nationale* da França[6], a Guarda Nacional Republicana de Portugal, a *Gendarmeria Nacional* da Argentina e outras forças policiais nacionais da América Latina. As forças policiais militares são responsáveis pelo patrulhamento, atendimento a emergências e prevenção do crime. São subordinadas *de-facto* aos governos estaduais e na maior parte dos estados estão sob a autoridade da secretaria de segurança pública. Atualmente são 12 patentes, de soldado a coronel, espelhando a organização do Exército Brasileiro, com exceção do cargo de general, que não existe na polícia. O comandante-chefe da Polícia Militar nos estados tem patente de coronel. De acordo com a Constituição, a Polícia Militar é uma força auxiliar do Exército e pode ser destacada em caso de conflito militar externo ou guerra civil. Embora essa disposição constitucional não tenha sido utilizada por nenhum governo até o momento, em termos práticos, ela é compatível com a natureza de tipo gendarme da força policial militar. A exemplo de seus congêneres internacionais, as polícias militares podem ser mobilizadas e comandadas pelo Exército Brasileiro em situações de conflitos civis domésticos ou conflitos internacionais. É importante ressaltar que não há vínculo direto ou hierárquico entre o Exército e as forças policiais militares estaduais, exceto quando a soberania nacional e a paz social estão diretamente ameaçadas.

[6] No início do século 20, a Força Pública de São Paulo, atual Polícia Militar do Estado de São Paulo, contratou, em março de 1906, um programa de treinamento de unidade do Exército francês que exercia atividades policiais em Paris. Essa unidade militar realizou um amplo programa de treinamento para a Polícia Militar de São Paulo de 1906 a 1914 e de 1919 a 1924.

Para ilustrar esse ponto, considere o último regime militar (1964-1985) e a Constituição Federal de 1967. Mesmo sob o governo de cinco generais do Exército consecutivos nomeados como presidentes da República, a Polícia Militar foi amplamente preservada como forças policiais estaduais, respondendo aos governadores (indicados pelos militares) e comandadas, na vasta maioria dos casos, por agentes policiais locais e não por militares das Forças Armadas. Esse aspecto da Constituição Federal, que define as Polícias Militares como forças auxiliares do EB, alimenta uma dura controvérsia que mobiliza os principais pesquisadores da área e organizações que defendem a "desmilitarização" das polícias militares. Essa questão será tratada mais adiante neste capítulo.

Os oficiais policiais militares são integrados à força após um treinamento de dois a quatro anos em uma Academia da Polícia Militar e começam a carreira como tenente. O posto mais alto é o de coronel, como indicado. Os policiais encarregados da patrulha são recrutados após um treinamento de três a doze meses como soldados e podem alcançar a posição de primeiro sargento. Resumidamente, os oficiais da Polícia Militar seguem duas carreiras distintas: as posições de comando são reservadas para oficiais, quando atingem o posto de coronel, enquanto as praças (que fazem a maior parte do patrulhamento de rua) não são elegíveis para posições de comando.

A outra força policial estadual que tem papel importante no sistema de justiça criminal brasileiro é a Polícia Civil, instituição que realiza a investigação judiciária no âmbito sistema de justiça criminal local. Junto com a Polícia Militar, formam duas instituições distintas e independentes, com carreiras, atribuições e organizações diferentes. Um delegado de polícia chefia as delegacias de Polícia Civil ou equipes de investigação. Para ocupar o cargo de delegado é preciso ser formado em direito e ter concluído um curto período de treinamento em um centro de treinamento policial local[7].

O delegado da Polícia Civil não precisa ter experiência anterior com o trabalho policial, basta ter formação jurídica. Normalmente os delegados de polícia não têm nenhuma familiaridade prévia com a rotina do trabalho de policiamento. A razão dessa arquitetura institucional singular pode ser encontrada na evolução histórica do sistema de justiça brasileiro. Devido

[7] Cada estado define o tempo de treinamento necessário para se tornar um chefe de polícia. Normalmente de cinco a sete meses.

à escassez de juízes municipais no despovoado interior brasileiro durante os séculos XIX e início do XX (Viana, 1949)[8], o chefe da Polícia Civil era o encarregado de prestar serviços jurídicos essenciais e garantir as atividades de aplicação da lei (Holloway, 1993). Atualmente, o delegado da Polícia Civil administra as delegacias, planeja, controla e coordena as atividades da Polícia Judiciária, como investigação de atividades criminosas, prisões, execução de ordens de juízes e instauração de investigações. Eles não são responsáveis pelo patrulhamento ou outros serviços de emergência da polícia, pois estes são de responsabilidade da Polícia Militar. Embora os padrões de carreira da Polícia Civil sejam diferentes de um estado para outro, há uma distinção comum entre o delegado e os policiais de escalão inferior que conduzem investigações, atuam como escrivães e realizam trabalhos forenses. Nenhum desses policiais é elegível para se tornar chefe de polícia (delegado) por mérito ou promoção, a menos que receba capacitação jurídica em uma faculdade de direito e passe por concurso público para o cargo de delegado. Assim, observa-se o mesmo modelo de carreiras paralelas observadas em outros órgãos; apenas delegados podem chegar às posições de chefe de delegacia e à chefia da Polícia Civil. Em alguns estados, a unidade forense forma uma Polícia Científica independente, porém, na maioria dos estados, essas atividades são realizadas pela Polícia Civil.

3.3. Atividade de inteligência

O sistema de segurança pública e justiça criminal compreende, dentre as suas atividades ordinárias, também a inteligência, traduzida na produção de

[8] Após sua Independência em 1822, o Brasil adotou por 67 anos um regime de monarquia constitucional parlamentar representativa. A monarquia foi derrubada por um golpe civil- militar em 1889 e adotou o atual sistema de presidencialismo. Outro marco histórico importante na história do Brasil é a Revolução de 1930 (segundo golpe civil-militar) que encerrou o período da primeira república (1889-1930). A ditadura de Getúlio Vargas terminou em 1946, e um novo período democrático durou até 1964, quando uma ditadura militar derrubou líderes eleitos democraticamente e governou o país até 1985, quando um presidente civil foi eleito pelo Congresso. Uma nova Assembleia Constituinte votou a atual Constituição Brasileira em 1988. A forma atual das instituições brasileiras de aplicação da lei veio principalmente do período pós-1930.

conhecimento voltada à decisão apoiada, prospectiva, do reconhecimento das ameaças e vulnerabilidades ao planejamento e desenvolvimento de estratégias para sua solução.

A inteligência de segurança pública está inserida no sistema nacional de inteligência, com uma característica mais executiva do que estratégica, não se confundindo, portanto, com a inteligência de estado. Possui uma importância fundamental na orientação das políticas de prevenção, controle e repressão criminal. Todas as forças policiais, assim como o Ministério Público e Pode Judiciário, possuem unidades de inteligência, voltadas não somente para as suas necessidades internas, mas principalmente para uma execução mais eficiente das suas funções legais.

3.4. Atuação integrada e coordenada

Foram criados, para a Copa do Mundo de 2014 e as Olimpíadas de 2016, os Centros Integrados de Comando e Controle em doze estados brasileiros, com o objetivo de simplificar a comunicação, o compartilhamento de informações, o planejamento operacional e a tomada de decisão entre órgãos do sistema de segurança pública, compreendidas não somente as policiais nos níveis federal e estadual, e as guardas municipais, mas também os órgãos de defesa, trânsito, infraestrutura, saúde, dentre outros.

Tal experiência revelou-se bem-sucedida, e, principalmente, bem avaliada pelos profissionais e pela população, que reconheceram a efetividade do modelo não somente do ponto de vista do uso dos recursos humanos e materiais disponíveis, mas principalmente pelo incremento exponencial no controle e solução de ocorrências. No mesmo sentido, foram criados centros integrados de inteligência de segurança pública em diversas unidades da federação, inclusive, na região da tríplice-fronteira, com a participação das forças policiais e outras instituições, inclusive, inteligência financeira e fiscal, com o propósito de diminuir a distância e a fragmentação que caracteriza o desenho institucional, simplificando o compartilhamento de informações, e ao mesmo tempo facilitando a tomada de decisão.

3.5. Sistema processual penal de caráter acusatório

O sistema processual penal brasileiro é de origem inquisitiva, próprio dos países de tradição *civil law*, contudo, a partir da Constituição Federal de 1988, influenciado pelos principais documentos internacionais de direitos humanos, assumiu nítida tendência acusatória. O que significa reconhecer a separação dos papéis entre quem acusa e quem julga, a intensa participação e protagonismo das partes na atividade probatória, a publicidade e a oralidade como regra.

A adoção do modelo acusatório aporta vantagens importantes, principalmente no que se refere à cooperação internacional, notadamente na América do Sul, em que os países seguiram a mesma orientação.

3.6. Ameaças e questões emergentes

Os problemas enfrentados pelos órgãos de aplicação da lei no Brasil são muitos e complexos. O primeiro e mais difundido é a presença difusa do crime organizado no Brasil, manifestado por meio de diversas atividades ilegais, como tráfico de armas e drogas, assaltos a bancos, biopiratara, contrabando, falsificação de produtos e tráfico de pessoas. As patrulhas nacionais de fronteiras não têm conseguido controlar esses desafios em evolução. O Brasil está entre os maiores usuários de cocaína globalmente (Abdalla et al., 2014; Bastos e Bertoni, 2014). A extensa fronteira do país com a Colômbia, Peru e Bolívia, os três mais notáveis exportadores mundiais de cocaína, e as rotas de tráfico através do Paraguai, tornam o controle das fronteiras um desafio operacional significativo. Isso coloca uma enorme pressão sobre as instituições brasileiras de aplicação da lei. Há também uma ampla presença do crime organizado nos negócios legítimos e nas atividades oficiais do governo, incluindo transações financeiras, burocracia estadual, serviços policiais e política local (Carneiro, 2010). Para entender como o país entrou nesse corredor de problemas, é importante considerar tanto as características históricas que levaram o sistema de justiça criminal a adotar seu atual modelo institucional quanto as escolhas políticas feitas na transição para a democracia nos anos 1980.

3.7. As escolhas intrínsecas

O sistema de justiça criminal brasileiro consolidou sua estrutura atual gradualmente ao longo de sua evolução histórica. As tensões entre as elites nacionais e locais foram definindo as características e o papel das instituições estaduais de segurança e justiça, o que explica em parte as diferentes trajetórias e padrões de funcionamento e organização das polícias estaduais. As agências de coordenação de políticas de segurança nacional, como a SENASP e SUSP, são relativamente novas e têm influência limitada localmente. Apesar do aumento da participação federal, os principais protagonistas das políticas de segurança ainda são os governos estaduais.

A solução institucional encontrada foi descentralizar a administração das instituições de aplicação da lei, mas, ao mesmo tempo, manter o Executivo nacional e o Congresso como os legisladores com poder de veto sobre as escolhas dos estados. Esse modelo institucional do sistema de justiça criminal foi concebido gradualmente e foi tomando forma após a independência do Brasil em 1822. Os estados podem administrar o sistema, mas não podem decidir como organizá-lo para atender às necessidades locais de forma adequada.

Como resultado desse processo histórico, o Brasil possui um sistema de policiamento fragmentado. O primeiro oficial de resposta ao crime geralmente é um policial militar, que deve relatar o crime a um policial judiciário, que, por sua vez, inicia o processo de indiciamento criminal. Após o inquérito policial civil, o promotor público conduz o processo por crime perante um juiz, seguindo um rito inquisitorial de justiça criminal. Esse sistema policial fragmentado é um aspecto controverso do sistema de justiça criminal brasileiro. Iniciativas de reformas legais propuseram a unificação de ambas as forças policiais sob uma organização civil. Os críticos do atual arranjo institucional apontam para a ineficiência inerente produzida por duas instituições distintas, com profundo antagonismo, obrigadas a cooperar para prevenir e solucionar crimes. Divididos entre duas organizações concorrentes, serviços policiais comuns, como patrulhamento, resposta a emergências, policiamento proativo e investigação criminal, dificilmente estão conectados, são ineficazes e consomem uma quantidade considerável de recursos públicos escassos.

Uma segunda questão recalcitrante é a organização da Polícia Militar como uma força policial gendarme e as relações comunidade-polícia.

Para a maioria dos críticos do atual arranjo institucional, o Brasil não superou a influência negativa do regime militar nas forças policiais. É comum entre os estudiosos do tema a visão de que "o país ainda não conseguiu levar os princípios de justiça, paz, desenvolvimento e igualdade a camadas importantes da população" (Souza, 2015). A Polícia Militar é frequentemente retratada como uma organização intrinsecamente inadequada para servir à sociedade. Os militares, temem os analistas, são avessos a qualquer forma de controle externo e transparência e tendem a tratar com superioridade os civis (Zaverrucha, 2005). Há um intenso debate em curso sobre a desmilitarização da Polícia Militar e sua fusão com a Polícia Civil (Bicudo, 2000). Nas últimas três décadas, o Congresso Nacional avaliou mais de 130 projetos de lei e emendas à Constituição com o objetivo de mudar a organização das forças de polícia estaduais. Todos falharam. A pressão do corporativismo — não só da Polícia Militar, mas também da Polícia Civil — derrotou as mais ambiciosas tentativas de reforma legislativa.

A alegação de que o Brasil enfrenta uma tendência à militarização da segurança pública ganhou força no debate político nacional. Um aspecto importante desse debate foi a nova legislação (aprovada em 1999 e 2001)[9] que regulamentou a assistência das Forças Armadas nas Operações de Garantia da Lei e da Ordem (GLO). Essas operações especiais — episódicas e temporárias — são estritamente regulamentadas e requerem o apoio de outros órgãos constitucionais. O Exército Nacional não pode iniciar uma GLO por conta própria. O presidente poderia empregar as Forças Armadas em uma GLO diretamente por sua iniciativa ou a pedido dos chefes de outros órgãos constitucionais, como os presidentes do Supremo Tribunal Federal, do Senado Federal ou da Câmara dos Deputados. Embora as GLO estejam sob controle civil, elas não devem ser confundidas com outras iniciativas semelhantes na América Latina de militarização da segurança pública.

Embora as pretendidas reformas macro institucionais do sistema de justiça criminal discutidas acima não estejam ocorrendo, é essencial olhar de perto as políticas públicas que ajudam a reconfigurar a forma como as forças policiais operam no país. Desde a década de 2000, políticas de segurança pública

[9] Essas operações especiais são regulamentadas pela Constituição Federal, em seu artigo 142, pela Lei Complementar 97/1999 e pelo Decreto 3.897/2001.

mais inovadoras e consistentes surgiram em alguns estados. O estado de São Paulo, o mais populoso do Brasil, é um caso fora da média nesse aspecto. A taxa de encarceramento em São Paulo está acima da média nacional, com 508 presidiários para cada 100 mil habitantes[10]. Também apresenta a menor taxa nacional de homicídios, de 9,5 homicídios para cada 100 mil habitantes, tendo passado de um dos estados mais violentos do Brasil em 2000 para o menos violento em 2010. São Paulo não é o único bom exemplo. Mesmo no complexo cenário criminal do Rio de Janeiro, com extensas áreas controladas pelo tráfico de drogas e milícias, a experiência da "Polícia Pacificadora" de 2008 a 2013 produziu uma redução de 63,6% no número de homicídios (Lessing, 2018: 26). Embora essa política tenha sobrevivido por pouco tempo, ela contribuiu para quebrar a inércia produzida por décadas de políticas erradas e mal implementadas que deram ao crime organizado o papel de prestador de serviços de segurança nessas áreas. No estado de Pernambuco, no nordeste do país, um novo sistema de gestão inspirado no COMPSTAT de Nova York, denominado "Pacto pela Vida", produziu uma redução de homicídios de 24% no período 2007–2012. É improvável que essas políticas possam perdurar e produzir melhorias no desempenho dos órgãos de aplicação da lei no Brasil. Junto com as novas estruturas de coordenação nacional descritas acima (SENASP, SUSP e FNSP), esses exemplos impactaram positivamente o debate sobre as políticas de controle da criminalidade e representaram uma base compartilhada de experiências bem-sucedidas.

Outra questão a ser abordada é a polêmica sobre o encarceramento. O Brasil tem uma taxa de encarceramento de 323 presos para cada 100 mil habitantes, o 17º no mundo, com a quarta maior população carcerária, atrás de EUA, China e Rússia. O atual sistema prisional brasileiro é caracterizado pela superlotação, falta de assistência jurídica aos presos, serviços médicos e psicológicos insuficientes, controle por gangues, abuso violento de presidiários por agentes correcionais e corrupção. Tudo isso faz parte do cotidiano das prisões brasileiras. Conforme apontado antes, apenas uma pequena fração do sistema penitenciário está sob responsabilidade federal[11], enquanto as pri-

[10] Fórum Brasileiro da Segurança Pública, Anuário Brasileiro da Segurança Pública. Disponível em: https://forumseguranca.org.br/anuario-brasileiro-seguranca-publica/

[11] De acordo com o Departamento Penitenciário Nacional (DEPEN), apenas cinco penitenciárias federais estão em funcionamento no momento, com capacidade para acomodar no

sões estaduais mantêm quase 760 mil presos. As diferenças entre os estados são significativas. Ainda assim, as dificuldades de controle dessa população carcerária são imensas, mesmo para os estados mais ricos do Sul e Sudeste do país. O sistema correcional é, sem dúvida, uma área onde os governos locais e nacionais se movem lentamente em direção a qualquer melhoria perceptível. Subfinanciado e administrado de forma negligente por uma burocracia desqualificada, é atualmente o componente mais vulnerável do sistema de justiça criminal. Para o público, o sistema correcional é um fenômeno opaco, o que contribui para mantê-lo fora da prioridade dos governos locais.

Uma questão emergente ligada à discussão anterior sobre o sistema correcional é o problema do encarceramento dos negros. Os negros são mais propensos a sofrer uma morte violenta por gangues e violência policial e também são encarcerados em uma taxa mais elevada (Sinhoreto & Morais, 2018). As pesquisas sobre raça e criminalidade cresceram consideravelmente na última década e apontaram diferenças significativas nos riscos de vitimização entre negros e brancos no Brasil. Em uma revisão da literatura, Trindade & Lima (2017) indicaram que jovens negros de bairros desfavorecidos nas grandes cidades brasileiras estão entre aqueles com maior risco de vitimização por homicídio. Estudos epidemiológicos também oferecem fortes evidências de diferenciação racial na vitimização criminal: os negros representaram 69% das vítimas de homicídio em 2009, embora tenham representado 45% da população brasileira. Além disso, os homicídios entre negros aumentaram 28,6% de 2000 a 2009 (Soares Filho, 2011). Renda e educação não mitigam a vitimização para os negros tão bem quanto para a população branca. Negros com renda mais alta e níveis de escolaridade mais baixos experimentaram risco aumentado de vitimização de 2000 a 2009. Durante o mesmo período, o risco diminuiu para a população branca para ambos os grupos socioeconômicos.

O preconceito racial na violência policial é também uma questão crítica no debate nacional sobre a situação do sistema de justiça criminal. Dados confiáveis sobre a violência policial são escassos até o momento. Um dos relatórios mais abrangentes sobre o problema foi publicado em 2017 pela ouvidoria da

máximo 1.200 presidiários (Departamento Penitenciário Nacional, 2020).

polícia do estado de São Paulo[12]. O relatório analisa 639 registros policiais de 756 casos de civis mortos pela polícia e encontra evidências de uso excessivo da força por policiais em 74% dos casos. Aproximadamente 50% dos mortos pela polícia naquele ano foram rapazes entre 18 e 25 anos de idade, e 65% deles eram negros. Não está claro como a sociedade brasileira aumentará a responsabilidade policial. As respostas da sociedade nesse debate podem ajudar a reformular a cultura institucional dos departamentos de polícia e seus códigos informais de silêncio, nos EUA conhecidos como "*Blue Wall of Silence*" (Parede Azul do Silêncio), historicamente associados ao racismo contra a população negra.

3.8. O enfraquecimento do sistema de justiça criminal

As políticas formuladas, em resposta à onda de crimes que atingiu o Brasil, na nova era democrática após 1985, foram inadequadas por vários motivos. Em primeiro lugar, o problema do crime foi enquadrado como questão secundária na agenda de redemocratização do país. A defesa dos direitos humanos foi uma grande preocupação para uma sociedade emergente de mais de vinte anos de um governo autoritário. Os líderes políticos e a opinião pública foram excessivamente sensíveis ao argumento de que o Brasil era criminalmente violento, pois ainda não era uma democracia plena. A crença naquele momento era que a escalada do crime nos anos entre 1980 e 1990 refletia o fracasso social e político do regime autoritário recém derrubado. O crime não era um problema em si - esse era um pensamento comum da época-, mas um mero reflexo das características estruturais e políticas da sociedade brasileira. Uma democracia totalmente nova seria o antídoto que tornaria gradualmente o Brasil uma sociedade menos violenta. Em segundo lugar, o próprio papel das instituições de justiça criminal no controle e restrição do crime foi politicamente desacreditado e enfraquecido (Carneiro, 2016). O fato de o Brasil estar em rápido processo de se tornar um dos países mais violentos do mundo estava fora da visão dos líderes que orientaram o movimento de redemocratização.

12 "O Uso da Força Letal pela Polícia em São Paulo e a Vitimização Policial" disponível em: http://www.ssp.sp.gov.br/ouvidoria/

Demorou mais de duas décadas para as lideranças políticas do país começassem a perceber que somente com instituições de justiça criminal fortes seria possível avançar com políticas eficazes de controle do crime. O Brasil, como outros países da América Latina, tem um sistema de justiça criminal relativamente pequeno e ineficiente, a julgar pelo alto nível de criminalidade e violência observado. Em geral, os países latino-americanos apresentam um baixo nível de encarceramento e polícia per capita (Soares e Naritomi, 2010). Globalmente, esses países formam um grupo homogêneo com políticas semelhantes de controle do crime. As penas de prisão são aplicadas com menos frequência do que o esperado, dado o nível de crimes violentos nesses países, e a disponibilidade de policiais segue a mesma tendência.

Em um país caracterizado por altos níveis de desigualdade e pobreza e deficiências estruturais na prestação de serviços básicos, como saúde e educação, muitas vezes é difícil priorizar as políticas de segurança pública e posicioná-las para um financiamento adequado. O argumento que prevaleceu durante o período de transição democrática era que políticas sociais ampliadas deveriam ter precedência sobre as políticas de controle do crime. Esse pensamento político oblíquo teve a capacidade de acelerar a violência no momento em que, contraditoriamente, o país produzia melhorias na distribuição de renda, reduzia a pobreza, controlava a inflação e ampliava o acesso à educação[13]. Nesse sentido, o contraste entre a melhoria das condições sociais e o aumento da criminalidade define a posição única do Brasil entre os países mais violentos do mundo.

Em contraste com a expectativa comum, a sociedade brasileira gradualmente optou por uma legislação penal menos punitiva em face de um aumento inesperado nas taxas de criminalidade. Além disso, os principais atores políticos enfraqueceram o papel da polícia e da justiça criminal no controle do crime e da violência, retirando recursos dos setores de defesa e segurança pública. A consequência dessas escolhas foi e continua sendo bastante pesada para a sociedade: a taxa de homicídios aumentou 110% entre 1985 e 2019 (o primeiro ano da atual gestão democrática)[14], as gangues nas prisões se

[13] O período de 12 anos do primeiro governo de Fernando Henrique Cardoso (1994) ao primeiro governo de Dilma Roussef (encerrado em 2014).

[14] Instituto de Pesquisa Aplicada e Fórum Brasileiro de Segurança Pública https://www.ipea.gov.br/atlasviolencia/dados-series/20

tornaram um fenômeno nacional e as forças policiais estão entre as instituições com pior classificação do país na avaliação do público[15].

É notável que o Brasil esteja entre os 5% dos países mais violentos do mundo, com uma taxa de homicídios quase três vezes maior que a média mundial. O que é difícil de explicar no caso brasileiro é a combinação de riqueza e violência. Entre os outros 5% dos principais países mais violentos (Libéria, Rússia, Somália, Venezuela, Guatemala, El Salvador, Angola, África do Sul, Serra Leoa e Colômbia), apenas os países exportadores de petróleo (Rússia e Venezuela) têm maior renda per capita do que o Brasil. O país é o membro mais rico de um grupo de países violentos de baixa renda. Uma investigação mais aprofundada das características e possíveis áreas de melhoria do sistema de justiça criminal e de seus órgãos poderia ajudar a responder a esse enigma.

Referências

Abdalla, Renata Rigacci, Clarice S. Madruga, Marcelo Ribeiro, Ilana Pinsky, Raul Caetano, and Ronaldo Laranjeira. 2014. Prevalence of cocaine use in brazil: Data from the II Brazilian national alcohol and drugs survey (BNADS). Addictive Behaviors 39 (1): 297-301.

Bastos, Francisco Inácio, and Neilane Bertoni. 2014. Pesquisa nacional sobre o uso de crack . Rio de Janeiro: FIOCRUZ.

Bicudo, Hélio. 2000. A unificação das polícias no Brasil. Estudos Avançados 14, (40): 91-106.

Carneiro, L. Piquet. 2010. Ameaça do crime organizado à segurança pública. Interesse Nacional 3 (10).

Carneiro, L. Piquet, and Fabio R. Bechara. 2016. O impacto no Brasil dos mercados ilícitos globais e do crime transnacional In: Criminalidade Organizada: Investigação, Direito e Ciência.1 ed. São Paulo: Almedina, p. 69-104.

Departamento Penitenciário Nacional. 2020. Levantamento nacional de informações penitenciárias (INFOPEN). Brasília, Governo Federal. Accessed on 09/23/2020 http://dados.gov.br/dataset/infopen-levantamento-nacional-de-informacoes- penitenciarias1/resource/320b7326-3f9b-40ba-9c86-5acc10cfbb5e.

Holloway, Thomaz. 1993. Policing Rio de Janeiro Repression and resistance in a 19th-century city. Redwood City, California: Stanford University Press.

15 Pesquisa realizada pelo Datafolha em abril de 2019. Disponível em https://g1.globo.com/politica/noticia/2019/04/11/datafolha-aponta-que-51percent-dos- brasileiros-tem-medo-da-policia- e-47percent-confiam-nos-policiais.ghtml

Instituto Brasileiro de Geografia e Estatística. (2012). Pesquisa de informações básicas municipais. in Instituto Brasileiro de Geografia e Estatística. Rio de Janeiro. Accessed on 09/15/2020 http;//www.ibge.gov.br/home/estatistica/economia/ perfilmunic/2012

IPEA – Instituto de Pesquisa Econômica Aplicada. 2019. Atlas da violência: Retratos dos municípios brasileiros. Rio de Janeiro: IPEA – Instituto de Pesquisa Econômica Aplicada.

Lessing, B. 2018. Making Peace in Drug War, Cambridge University Press. Lopes Jr, Aury. 2018. Direito Processual Penal. 15. ed. São Paulo: Saraiva.

Pereira Filho, O. Alves, M. Sousa, and P. F. Alves. 2018. Avaliação de impacto das guardas municipais sobre a criminalidade com o uso de tratamentos binários, multivalorados e contínuos. Revista Brasileira De Economia 72 (4): 515-44.

Sinhoreto, Jacqueline and Souza Morais, Danilo de. 2018. Violência e racismo: novas faces de uma afinidade reiterada. Revista Estudos Sociales 64: 15-26. http://www.scielo.org.co/scielo.php?script=sci_arttext&pid=S0123-885X2018000200015&lng=en&nrm=iso.

Soares Filho, Adauto Martins. 2011. Vitimização por homicídios segundo características de raça no Brasil. Rev. Saúde Pública 45(4): 745-755.

http://www.scielo.br/scielo.php?script=sci_arttext&pid=S0034- 89102011000400015&lng=en&nrm=iso.

Soares, Rodrigo R. and Naritomi, J. 2010. "Understanding High Crime Rates in Latin America: The Role of Social and Policy Factors," NBER Chapters, in: The Economics of Crime: Lessons for and from Latin America, pages 19-55, National Bureau of Economic Research, Inc.

Souza, Luís Antônio F. 2015. Dispositivo militarizado da segurança pública. Tendências recentes e problemas no Brasil. Sociedade e . estado, vol.30, n.1 [cited 2020-09-29], pp.207-223. http://www.scielo.br/scielo.php?script=sci_ arttext&pid=S0102- 69922015000100207&lng=en&nrm=iso.

Trindade, A. and Lima, R. S. de. 2018. Boletim Informativo Bibliográfico 84 (2): 81- 106.https://www.anpocs.com/index.php/bib-pt/bib-84/ 11101 -estatisticas -oficiais-violencia-e- crime-no-brasil/file.

Viana, Oliveira. 1949. Instituicões políticas brasileiras fundamentos sociais do estado. Rio de Janeiro: Jose Olympio Editora.

Zaverrucha, J. 2005. FHC, Forças Armadas e polícia: entre o autoritarismo e a democracia, 1999-2002.Rio de Janeiro: Record.

4. O SISTEMA PENAL DESDE A CONSTITUIÇÃO DA REPÚBLICA DO PARAGUAI DO ANO DE 2012

MANUEL NICOLÁS DOLDÁN BREUER

4.1 Introdução

Em todos os sistemas jurídicos, as normas são ditadas com base em critérios de hierarquia – ou primazia de alguns sobre outros -, ou seja, em uma sequência lógica que é construída na estrita observância do nível de preferência que ocupam no sistema jurídico de um Estado, e são representados comum e graficamente no que é conhecido como Pirâmide de Kelsen, no topo da qual está localizada a Constituição Nacional (ou com seus vários nomes: Lei Suprema, Lei Fundamental, Carta Política, Carta Magna)[1]. Qualquer que seja o sistema adotado por um Estado, a norma fundamental continuará a ser a Constituição.

[1] *Artigo 137 DA SUPREMACIA DA CONSTITUIÇÃO. A lei suprema da República é a Constituição. Esta, os tratados, convenções e acordos internacionais aprovados e ratificados, as leis emanadas do Congresso e outras disposições legais de hierarquia inferior, devidamente sancionadas, constituem o direito positivo nacional na ordem de prioridade aqui estabelecida. Quem tentar alterar a referida ordem, fora dos procedimentos previstos nesta Constituição, incorrerá nos crimes que serão tipificados e punidos por lei. Esta Constituição não perderá sua validade, nem deixará de ser observada por atos de força ou caso seja revogada por qualquer outro meio que não aqueles nela dispostos. Todas as disposições ou atos de autoridade contrários ao estabelecido nesta Constituição são inválidos.*

A constituição reúne em si todos os princípios, direitos e garantias que servirão de suporte ao tipo de nação que se pretende construir, cujos contornos serão transversais e afetarão verticalmente todos a normativa que se encontre em pé de igualdade com a fundamental – embora em nível normativo inferior na estrutura gráfica, como os Tratados Internacionais que têm nível constitucional implícito, mas sujeitos ao controle constitucional pela instância judicial máxima -- ou abaixo dela; em outras palavras, toda legislação local deve necessariamente e inevitavelmente ser inspirada pelo conteúdo e contexto constitucional, aos quais deve aderir estritamente em toda a sua extensão, para sua validade e incontestável observância e aplicabilidade permanente.

De acordo com o artigo 1º da lei fundamental, a República do Paraguai constitui-se em Estado Social de Direito, unitário, indivisível e descentralizado, e, adota para seu governo a democracia representativa (ou democracia indireta, governo representativo, onde o povo exerce a soberania através dos governantes por eles eleitos), participativa (onde os cidadãos são incluídos nos processos deliberativos e decisivos) e pluralista (onde coexistem grupos sociais com ideias e interesses diferenciados), alicerçada no reconhecimento da dignidade humana.

Nos artigos seguintes da Carta Magna, são declarados princípios, direitos e garantias; reconhece-se que a soberania reside no povo, que exerce o poder público por meio do sufrágio; e, destaca-se que o governo é exercido pelos poderes Legislativo, Executivo e Judiciário em sistema de separação, equilíbrio, coordenação e controle recíproco.

Em um segundo momento, a norma fundamental declara certas políticas que o Estado deve levar em conta para a resolução de conflitos; assim, estabelece os princípios da legítima defesa, da supremacia da ordem jurídica e do objeto das penas.

Ao realizar um estudo sobre a ordem jurídica penal da República do Paraguai, constata-se que ela não pode ser entendida fora do direito constitucional; pelo contrário, a norma constitucional também é a essência do direito penal, pois estabelece e define seu conteúdo e sua finalidade.

A primeira norma que declara o patrimônio jurídico de uma sociedade é a Constituição, que define a intervenção do Estado no exercício punitivo e determina a finalidade da aplicação das sanções penais, razão pela qual a relação Constituição – Direito Penal é indissociável.

O estudo do direito penal deve começar por compreender sua finalidade, ou seja, responder a esta pergunta: Qual é o motivo que justifica a intervenção do Estado para impor uma pena? Que legitimidade tem o Estado para aplicar um determinado enquadramento penal a certos tipos de atos puníveis?

O direito penal caracteriza-se fundamentalmente por ser o único ramo do direito que, em sentido estrito, impõe penas e medidas; Este direito penal é aquele que confere ao estado o poder de limitar o direito das pessoas que tenham violado uma norma, praticando condutas criminalmente relevantes (ativas ou omissas), chegando até a privação de liberdade - como acontece em nosso direito – e inclusive, em outros Estados, vai além e os capacita a até mesmo impor a pena capital (ou pena de morte), ou seja, privar um ser humano de sua vida, em razão da conduta criminalmente relevante por ele praticada.

A intervenção do Estado neste sentido deve obrigatoriamente ser delimitada pelas aspiração constante à concretização de uma convivência social pacífica, deve elevar a percepção de segurança e plena confiança na validade do direito, e deve gerar os espaços para proporcionar a oportunidade de ressocialização e readaptação àquele ser humano que cometeu um ato punível (crime ou delito), só assim se justificando a aplicação da pena, de acordo com os padrões mínimos de respeito aos direitos humanos e em estrita observância às leis de encaminhamento que procedem do sistema constitucional da República do Paraguai.

4.2 Incidência da reforma constitucional no sistema penal paraguaio

A reforma constitucional de 1992 inseriu a República do Paraguai em um cenário de plena e profunda transformação de seu sistema de justiça criminal, o que sem dúvida refletiu o compromisso de toda a sociedade paraguaia e de seu governo em adequar suas normativas às correntes mais atuais, modernas e progressivas do mundo.

A Constituição Nacional da República do Paraguai veio acompanhada de um número importante de instrumentos normativos que foram entrando em plena vigência em um período de aproximadamente dez anos, e entre os quais se pode destacar a Lei 1.160/1997 "CÓDIGO PENAL DA REPÚBLICA DO PARAGUAI", a Lei 1.286/1998 "CÓDIGO PROCESSUAL PENAL DA

REPÚBLICA DO PARAGUAI", a Lei 1.444/1999 "QUE REGULA O PERÍODO DE TRANSIÇÃO AO NOVO SISTEMA PROCESSUAL PENAL" e a Lei 1680/2001 "CÓDIGO DA INFÂNCIA E ADOLESCÊNCIA".

Este conjunto normativo substituiu o sistema penal de estilo "inquisitivo", escrito e parcialmente secreto (conhecido como código Teodosio González, inspirado no Código Penal do Reino da Baviera de 1813, escrito por Anselm von Feurbach e no Projeto Tejedor da então Província de Buenos Aires, do jurista argentino Carlos Tejedor[2]) que regia no país desde 1910, por um modelo acusatório com matizes adversárias, que buscava adequar o ordenamento penal, então vigente, aos postulados constitucionais e de direitos humanos do devido processo legal, em consonância com os Princípios naturais daquele Estado Social de Direito preconizado pela lei fundamental reformada em 1992, em prol da administração da justiça penal.

O Código de Processo Penal do Paraguai (Lei 1.286/1998) entrou em vigor em 1º de março de 2000, com um processo de transição (etapa ou prazo determinado por uma data limite: 28 de fevereiro de 2003) regulamentado por lei (Lei 1.444/1999) para a transferência total do sistema inquisitorial para o novo sistema julgamento penal acusatório com matizes adversárias.

Com a reforma integral da justiça criminal – que introduziu um modelo garantista, eficiente e respeitoso dos direitos humanos – foi também possível iniciar uma etapa de solução de situações de conflito que estavam arraigadas durante a vigência do modelo anterior – que, como foi dito, regeu por mais de um século no país – e que foram construídas com base no desconhecimento cego do princípio da eficiência e dos traços da humanidade no contexto sistemático da administração da justiça em matéria penal; ou seja, com um andaime judicial criminal pouco previsível, de acessibilidade extremamente complexa, sem prever aspectos fundamentais como o julgamento anterior ou a presunção constitucional de inocência; sem deixar de lado o cerceamento do direito à defesa no julgamento e a vedação absoluta de informação ao indiciado, para mencionar alguns aspectos relevantes.

[2] *Carlos Tejedor (Buenos Aires, 4 de novembro de 1817 - 3 de janeiro de 1903) foi um jurista e político argentino. Obtido em 13 de março de 2021, de https://es.wikipedia.org/wiki/Carlos_Tejedor.*

Na reforma penal – que veio na esteira da nova Constituição – opera uma espécie de desconcentração do poder do juiz, por meio da distribuição de suas funções, principalmente para um novo ator do sistema: o Promotor, que passa a ser o responsável pelo inquérito, atividade probatória e acusatória em um modelo equilibrado, subordinado à liberdade e à igualdade, com o acompanhamento ativo da vítima.

Por outro lado, são introduzidos mecanismos processuais que visam garantir o exercício de uma defesa eficaz; em outras palavras, os direitos do indiciado (investigado, processado, arguido) situam-se a partir daí, em pé de igualdade com os do acusador, e adquirem iguais poderes de defesa no sistema contraditório do processo penal. Além disso, dá origem à construção de uma personalidade neutra, imparcial e independente: o Juiz, a quem é conferido o poder exclusivo de controlar as garantias jurídicas e de decidir, após avaliação das provas com o seu leal conhecimento, assim com seu senso crítico são, pela aplicação ou não de uma sanção penal.

O sistema também incorpora mecanismos de controle vinculados à duração máxima do procedimento, variáveis de resolução alternativas ao processo ordinário (como o Critério de Oportunidade, que permite a dispensa de processo criminal com base em circunstâncias definidas por lei; a Suspensão Condicional do Procedimento, com o consentimento do arguido e confissão dos factos pelo mesmo; a Conciliação, com a extinção da ação penal por reparação do dano nos casos em que a lei o autorize; e, o Procedimento Abreviado), a excepcionalidade das medidas cautelares (que também devem ser proporcionais e limitadas), diversos procedimentos especiais relacionados com a própria natureza do conflito penal, da sanção penal ou dos envolvidos (tais como julgamentos de ação penal privada, julgamentos de aplicação de medidas, julgamentos para adolescentes em conflito com a lei penal, julgamentos de povos indígenas, entre outros).

Por fim, como um evento de transcendental relevância e absoluta novidade, a etapa do debate oral em julgamento público (Oral e Julgamento Público) é introduzida no cenário do processo penal, adquirindo um caráter central no novo sistema.

4.3 O Ministério Público no modelo acusatório vigente.

O modelo acusatório com matizes adversárias – hoje convertido em sistema específico dentro do esquema de justiça criminal do Paraguai – estabelece como parâmetro fundamental a imparcialidade do juiz (órgão jurisdicional), autoridade que deixa de investigar e se dedica à sua função natural de conhecer e decidir, ou seja, a julgar. Enquanto isso, o sistema penitenciário passa a ser regido por outro órgão dependente do Poder Executivo (o Ministério da Justiça), e a Polícia Nacional, para além da sua função constitucional e legal preventiva (artigo 6º, incisos 1, 2, 3 e concordantes da Lei 5.757/2016[3]), em paralelo, se dedicará à investigação dos atos puníveis (delitos, crimes) sob controle e direção judicial, especificamente, sob a direção do Promotor (artigo 6, incisos 4, 5, 28, 31, 32 e outros concordantes da Lei 5.757/2016).

O Ministério Público (Promotoria), que por mandato constitucional é exercido exclusivamente pelo Procurador-Geral do Estado e Agentes Promotores, constitui-se como órgão autônomo, tendo a legalidade e a objetividade como principais regras de atuação, e, passa a ocupar um papel de protagonista ativo (antes era apenas um órgão consultivo e alternativo), com responsabilidade direta e exclusiva na fase preparatória do processo penal: o inquérito, durante o qual o representante do Ministério Público atua como diretor, acompanhado pela Polícia Nacional em função investigativa, enquanto o controle do cumprimento das garantias legais é assumido pelo Juiz Criminal de Garantias.

Assim, cabe ao Ministério Público a importante tarefa de apurar os atos puníveis de ação pública que cheguem ao seu conhecimento por todos os meios à sua disposição (monopólio da ação penal pública) e, neste sentido estrito, após reunir os elementos de condenação fundados sobre a liberdade probatória prevista no artigo 173 do Código de Processo Penal quanto aos fatos e circunstâncias relativos ao objeto do processo, assume de forma oportuna e com critérios de objetividade, o papel natural de acusador (que constitui o elemento ativo e dinâmico do sistema de processo penal, vinculado ao exercício da ação penal) quando considerar que a investigação efetuada proporciona fundamentos sérios para a realização do processo público do arguido em debate oral e público com todas as garantias da lei.

[3] *Lei 5757/2016 que modifica vários artigos da Lei 222/1993 "Orgánica de la Policía Nacional".*

A apuração de todos os atos puníveis requer instrumentos jurídicos que respaldam a atuação do agente promotor, tanto no processo de coleta de elementos probatórios, como na etapa de apreciação destes, e até mesmo na proteção daqueles que por colaborar com a administração da justiça penal se encontram em risco real ou iminente de sofrer represálias (perder a vida, sofrer na sua integridade física ou mental, seja pela própria segurança ou de um familiar) como consequência direta da sua ação para cumprir o dever público de colaborar com a justiça penal, ou por ser sujeito interveniente na investigação de um caso.

4.4 A ação oficiosa do Ministério Público e o impulso externo.

A tarefa de investigação pode ser iniciada *ex officio* (mesmo sem necessidade de denúncia) nos casos em que existem indícios suficientes da realização de ato punível (delito, crime) por ação penal pública.

A este respeito, o artigo 18 da Lei de Processo Penal estabelece que:

> *"O Ministério Público será obrigado a promover a ação penal pública dos atos puníveis de que tenha conhecimento, desde que haja indícios factuais suficientes da sua existência. Quando forem admissíveis, serão aplicados os critérios de oportunidade estabelecidos ...".*

Desse modo, ficou demonstrado que a investigação criminal pode ser realizada de maneira oficiosa pelo Ministério Público, – com critérios de seriedade, legalidade e objetividade, – e, além disso, como é lógico, por instância externa (por meio de denúncia apresentada perante o próprio Ministério Público, ou, então, perante a Polícia Nacional).

No entanto, esta questão óbvia (reclamação perante o órgão público encarregado por lei de recebê-la) do próprio Código de Processo Penal, no seu artigo 285, ao estabelecer a forma e o conteúdo de uma reclamação, exige, na medida do possível, um relato pormenorizado do fato, com indicação dos participantes, testemunhas e demais elementos probatórios que possam levar à sua verificação e qualificação jurídica provisória. Por sua vez, em articulação com o exposto, o artigo 290 do mesmo corpo legal dispõe que o Ministério

Público, ao receber informação fidedigna sobre a prática de ato punível, organizará a investigação de acordo com as regras estabelecidas na Lei Ritual.

Assim, pode-se apontar que a denúncia em matéria penal é uma manifestação de conhecimento por meio do qual, uma pessoa, ofendida ou não (terceira, com conhecimento do fato) pela infração, denuncia ao órgão de investigação (Ministério Público ou Polícia Nacional) fato criminalmente relevante, com expressão detalhada das circunstâncias de tempo, forma e lugar que lhe pareçam. Este ato, quase formal, constitui o motor que impulsiona a intervenção estatal competente; ou seja, obriga o Ministério Público (Promotoria) a exercitar a ação penal pública para apurar a suposta ocorrência de fato relevante criminalmente, sem requerer outra ação da parte ou qualquer impulso processual.

Tendo em vista as implicações lógicas de ordem social, patrimonial, moral e legal que uma denúncia criminal pode trazer a um determinado cidadão ou a determinados cidadãos, o legislador decidiu dotar esta atividade propulsora (denúncia) de alguns pré-requisitos ou exigências – muito básicos – com o único, mas firme e correto intuito, de dar a este evento a mínima seriedade para a indenização dos direitos fundamentais da pessoa (a preservação do bom nome, da honra, bem como o direito à não invasão da privacidade, entre outras), ao mesmo tempo em que reduz as reclamações infundadas ou temerárias que gerariam a mobilização do aparelho de justiça criminal de forma exaustiva e irregular, com consequências óbvias (artigo 288º do Código de Processo Penal).

São requisitos mínimos que, sem obstruir o acesso racional ao aparelho judiciário, dotam-no de elementos que permitam estabelecer o fundamento que reclama o dispositivo legal contido no artigo 18º do Código de Processo Penal (descrito nos parágrafos anteriores), que torna obrigatória a promoção da ação penal pública dos atos puníveis e o consequente desenvolvimento de inquérito por parte do Ministério Público, desde que haja "suficientes indícios fáticos de sua existência"; isto é, que as circunstâncias decorrentes da reclamação permitem tirar uma conclusão primária em relação à existência potencial ou à inexistência evidente de um fato.

A expressão *"desde que haja indícios factuais suficientes"*, impõe ao denunciante uma carga de informação que permita inferir razoavelmente que o fato denunciado poderia ter realmente existido. Este não visa mais do que promover a boa-fé da parte e gerar condições adequadas para o bom funcionamento da administração da justiça penal, promovendo a construção de canais reais e formais, apoiados em informação noticiosa, que deem início ao aparato jurisdicional para o seu devido transitar pela concentração de esforços, recursos e com vistas à eficácia. Ao estabelecer premissas que promovam, desde o início, um caminho de sucesso para a investigação criminal, serão construídos cenários favoráveis para o aumento de resultados positivos e palpáveis, que somente funcionarão em benefício direto da promoção dos direitos das vítimas (diretas e indiretas) dos atos puníveis.

4.5 Ministério Público e a ação penal

Embora todos os atos puníveis que integram o catálogo do atual Código Penal e das Leis Penais Especiais sejam importantes para o direito penal paraguaio, destaca-se que a chamada ação penal pública é de responsabilidade exclusiva do Ministério Público, tanto no que diz respeito à promoção, bem como relacionado à execução (monopólio da ação penal pública).

A ação penal pode ser entendida como um poder jurídico de natureza pública, e excepcionalmente de exercício privado, que tende a mover o órgão jurisdicional para que, em última instância, emita uma decisão conclusiva com base nas pretensões jurídico-penais que se tenham feito valer ou deduzido[4].

A lei ritual penal, em seu artigo 15º, estabelece que os atos puníveis serão processados de ofício pelo Ministério Público, ou seja, confere a esta instituição (órgão do Estado) o poder exclusivo de exercer a ação penal pública em regime de monopólio direto. Nestes casos, com critérios constitucionais, a Procuradoria Geral do Estado e os Agentes Fiscais atuam como representantes da sociedade perante os órgãos jurisdicionais do Estado paraguaio, em um contexto autônomo e independente no exercício desta função.

Seguindo essa linha de raciocínio, verifica-se que esse poder de exercer determinada pretensão e mobilizar o órgão jurisdicional possui características bem diferenciadas, entre as quais se pode mencionar a *iniciativa própria* no

[4] *Torres Bas, citado por José Luis Clemente no "Código Procesal Penal de la Provincia de Córdoba, t. I, Córdoba", Ed. Marcos Lerner, 1998, pg. 49-50.*

exercício de um dever funcional dão Promotoria, que conforme acima indicado não carece de impulso exógeno para atuar nos termos do artigo 15º do Código de Processo Penal (oficiosidade), a obrigação de agir perante a notícia que se conforma com os requisitos do artigo 18º do Código de Processo Penal (legalidade) e a particularidade do encaminhamento unificado e obrigatório da ação contra quem participa em ato punível (indivisibilidade).

Posto isto, é possível esclarecer que, relativamente aos atos catalogados como passíveis de ação penal privada, o Ministério Público está vedado de atuar; ou seja, carece absolutamente de competência legal para processá-los, conforme enunciado restritivo do artigo 17 do Código de Processo Penal. Nestes casos, só o indivíduo pode dar impulso através de querela da vítima (do ofendido) ou do seu representante legal, de acordo com o procedimento especial que se rege nos artigos 422 a 426 do Título III do Livro Segundo do Lei 1.286/1998.

O exercício da ação penal privada se justifica na preponderância do interesse do lesado pelo crime, visto que afetam com menor intensidade o interesse público determinado pelo legislador. No entanto, o catálogo dos crimes de ação penal privada é escasso (atualmente 14 fatos determinados no referido artigo), portanto, constituem uma exceção e se limitam a fatos onde uma questão de natureza particular teria relevância e, por isso, a ação privada substitui a ação pública no dever de processar o crime perante o órgão jurisdicional.

Nestes processos de natureza especial, o interesse individual subordina a atuação jurídico-penal. Esta fica condicionada à pretensão penal do ofendido, que pode dispor dela ou não, exercendo a ação ou abandonando seu exercício, e ainda perdoando o condenado[5].

O sistema acusatório que hoje rege permite ao Ministério Público exercer a ação penal em um sentido amplo e completo, conforme delineado na constituição, deixando o perfil institucional híbrido que possuía na época do regime inquisitorial.

Nos crimes de ação penal pública, o Ministério Público, por meio dos Agentes Promotores, exerce o controle e a direção funcional da Polícia Nacional em tudo o que se refere à investigação de crimes. Isso permite que pessoas objetivas e técnicas (já que os Agentes Promotores são especialistas

[5] *Clariá Olmedo, Jorge A.; Derecho Procesal Penal, t. I. Santa Fe, Rubilzal Culzoni, 2004, p. 174.*

em direito penal e processual penal) tenham uma visão integral do contexto da investigação criminal.

O fato do Ministério Público ter permitido a atuação por via direta ou oficiosa no âmbito da investigação de atos puníveis de ação penal pública favorece o cumprimento de uma das funções naturais do sistema processual penal na fase preparatória do processo, que se destina a evitar a dissipação de elementos probatórios, necessários para a construção dos alicerces sólidos exigidos pelo estado de Acusação Pública, que por sua vez podem dar lugar à ventilação do processo nas fases oral e pública do processo penal.

Uma vez que o Ministério Público pode receber o auto de infração diretamente (sem intermediários), o funcionário do serviço de denúncias, hoje altamente qualificado, pode obter diretamente as informações da vítima/denunciante e interpretá-las corretamente. Atualmente, o Ministério Público capacita seus funcionários que recebem denúncias em técnicas de entrevista, sensibilização no atendimento às vítimas, intervenção em crises, subsunção penal e redação. Isso ajuda a estreitar o relacionamento com as vítimas e a gerar empatia, bem como o ambiente necessário para se obter informações detalhadas sobre o ato denunciado.

Os atos puníveis por ação penal pública tendem a ser mais facilmente esclarecidos do que os atos puníveis por ação penal privada, pois o Ministério Público tem maior capacidade técnica e investigativa do que os demandantes privados.

Conforme delineado, o sistema penal da República do Paraguai baseia-se exclusivamente na Constituição Nacional, e a partir dela surge a política penal do Estado e se potencializa o combate frontal à criminalidade complexa, organizada e transnacional, o que requer coordenação jurídica internacional e cooperação para garantir a plena observância dos direitos humanos, da justiça e da paz.

A nova dinâmica impõe a readaptação do sistema penal aos princípios constitucionais como os da justiça, da proteção dos bens jurídicos e dos direitos fundamentais, do reconhecimento da ordem jurídica supranacional e da cooperação internacional.

4.6 Conclusão

A Constituição Nacional de 1992 foi a pedra angular do processo de reforma penal na República do Paraguai. Isso incluiu a modificação do sistema penal inquisitorial para o sistema acusatório com matizes adversárias, com mudanças radicais no código penal inspirado no direito penal alemão, de proteção dos bens jurídicos e com um propósito preventivo especial positivo, concebendo a função de ressocialização da pessoa condenada.

No mesmo sentido, a lei fundamental influenciou o novo desenho das regras processuais ao estabelecer papéis bem diferenciados e distintos para o processo penal de fatos criminalmente relevantes que são de ação penal pública: um órgão de investigação denominado Ministério Público exercido pelo Procurador-Geral do Estado e dos Agentes Promotores, as garantias para o exercício da defesa e um órgão judicial imparcial que se dedique única e exclusivamente a julgar.

Seguindo as diretrizes constitucionais, o Ministério Público, com o monopólio da ação penal pública, tem o ônus da prova para reverter o princípio da presunção de inocência de que goza o acusado; da mesma forma, o sistema probatório é regido por normas de legalidade em sua origem, incorporação e produção, que não serão secretas para o acusado, e, adquire especial relevância a excepcionalidade da aplicação da prisão preventiva.

Por fim, o sistema penal inspira-se na proteção dos direitos humanos fundamentais das vítimas, bem como das testemunhas, peritos e outros sujeitos que intervêm no processo penal e que, devido à sua participação ou colaboração com a justiça, estão em risco ou perigo iminente de sofrer represálias. Nisso, se faz referência especial à luta contra o crime organizado, cujo caráter transnacional torna complexa a ação penal e a investigação criminal, invocando a mais ampla cooperação internacional dentro dos limites do respeito pela dignidade humana.

Referências

Constitución de la República de 1992.

Clariá Olmedo, Jorge A.; Derecho Procesal Penal, t. I. Santa Fe, Rubilzal Culzoni, 2004. Ley 1.160/1997 "Código Penal de la República del Paraguay".

Ley 1.286/1998 "Código Procesal Penal de la República del Paraguay".

Ley 1.444/1999 "Que regula el periodo de transición al nuevo Sistema Procesal Penal"

Ley 1.680/2001 "Código de la Niñez y la Adolescencia".

Ley 5.757/2016 que modifica varios artículos de la Ley 222/1993 "Orgánica de la Policía Nacional".

Página web *https://es.wikipedia.org/wiki/Hans_Kelsen*. Recuperado el 9/marzo/2021.

Página web *https://es.wikipedia.org/wiki/Paul_Johann_Anselm_von_Feuerbach*. Recuperado el 13/marzo/2021.

Página web *https://es.wikipedia.org/wiki/Carlos_Tejedor*. Recuperado el 13/marzo/2021. Torres Bas, citado por José Luis Clemente en el Código Procesal Penal de la Provincia de Córdoba, t. I, Córdoba, Ed. Marcos Lerner, 1998, ps. 49-50.

5. O SISTEMA PENAL DA REPÚBLICA ORIENTAL DO URUGUAI

Diego Sanjurjo
Joaquin Arigón

5.1 Introdução

Apesar da estabilidade política e da prosperidade socioeconômica das últimas décadas, os indicadores de criminalidade no Uruguai têm crescido continuamente desde o final do século XX. Se o país era tradicionalmente conhecido por seus baixos níveis de violência, a deterioração dos indicadores de criminalidade faz com que o Uruguai tenha hoje níveis medianos de criminalidade, passando de um dos países mais seguros da região para a quarta maior taxa de homicídios do continente. Essa situação também se reflete em um sentimento generalizado de temor na população frente à falta de segurança.

Embora haja esta deterioração, o Uruguai possui um sistema penal relativamente robusto, que se destaca na região pela legitimidade de suas forças policiais e pelas certezas proporcionadas por seu sistema judicial. Dessa forma, a Polícia Nacional do Uruguai é uma das poucas forças policiais da América Latina que se assemelha aos critérios de "polícia democrática" de Bayley (1995). Ou seja, uma organização policial que presta contas à lei e não ao governo, protege os direitos humanos, tem restrições quanto ao uso da força e tem a proteção dos cidadãos como sua máxima prioridade. O sistema judicial, por sua vez, goza de elevados níveis de legitimidade, mesmo tendo passado recentemente de um modelo inquisitivo para um processo acusatório. Em termos gerais, caracteriza-se pela integridade de sua administração de justiça e por oferecer amplas garantias para a manutenção do Estado de Direito.

O elo mais fraco do sistema penal uruguaio é, sem dúvida, o sistema penitenciário, que apresenta as mesmas carências e problemas que caracterizam outros sistemas penitenciários da região. Isso inclui superlotação, escassez de recursos humanos e orçamentários, corrupção e falta de supervisão dos funcionários, bem como a incapacidade de fornecer serviços educacionais e trabalhistas de qualidade aos usuários. Consequentemente, o sistema penitenciário uruguaio não tem atualmente a capacidade de garantir os direitos fundamentais dos reclusos ou de cumprir sua função primordial, que não é outra senão sua reabilitação.

Este capítulo oferece uma visão geral do sistema penal do Uruguai. Para isso, a segunda seção apresentará um esboço do país e seu contexto de segurança e uma terceira seção tratará do sistema penal e seus diferentes componentes. Ou seja, a força policial, o sistema judiciário, o sistema penitenciário e a legislação mais importante relacionada à matéria. O capítulo termina com referências.

5.2 Panorama geral do país e do contexto criminal

O Uruguai — oficialmente a República Oriental do Uruguai — é a segunda menor nação da América do Sul depois do Suriname, e tem cerca de 3,3 milhões de habitantes. A república está subdividida em 19 departamentos e 89 municípios, com 40% de sua população (1,4 milhões), vivendo na área metropolitana de Montevidéu, sua capital e maior cidade.

O Uruguai moderno é uma república constitucional democrática com um sistema presidencial e um Estado relativamente robustos, partidos políticos fortes e cidadania participativa. Segurança, justiça, defesa, educação e saúde são administradas em nível nacional, na forma de um estado unitário. Em termos de qualidade democrática, o Uruguai não apenas ocupa o primeiro lugar na região, mas também está em um nível comparável aos países do primeiro mundo (Freedom House, 2020). Em relação aos indicadores de desenvolvimento, o país ainda está distante dos países membros da Organização para a Cooperação e Desenvolvimento Econômico (OCDE), mas também é considerado uma nação com alto desenvolvimento humano. Assim, atualmente ocupa a posição 59 no Índice de Desenvolvimento Humano, onde apenas Argentina e Chile obtêm pontuações mais elevadas na América Latina (UNDP, 2019). Uruguai também é o país mais justo da região hoje (medido pelo coeficiente GINI) e tem o maior PIB per capita (Uruguay-INE, 2020; Banco Mundial, 2020).

Infelizmente, apesar da estabilidade política e da prosperidade socioeconômica, os indicadores de criminalidade têm crescido continuamente nas últimas três décadas. Isso inclui denúncias de furto e roubo com violência, por exemplo, que entre 1990 e 2020 aumentaram em cerca de 170 e 1.000%, respectivamente, mas também indicadores mais confiáveis, como homicídios, cujo índice passou de 6,6% para 9,5%. A impunidade também é alta e isso inclui homicídios, já que sua taxa de esclarecimento é de cerca de 50%, enquanto a última pesquisa nacional de vitimização sugere que apenas 28% das infrações são denunciadas (Uruguay-MI, 2017; 2020a; 2020b). As taxas de denúncias de violência doméstica também aumentaram significativamente neste período, considerando que a taxa de feminicídios por 100.000 mulheres foi medida desde 2012 e variou de 1,0 em 2014 a 1,7 em 2018 (Uruguay-MI, 2019).

Figura 01. Taxa de homicídios por 100.000 habitantes e percentual de homicídios cometidos com arma de fogo (1990-2020).

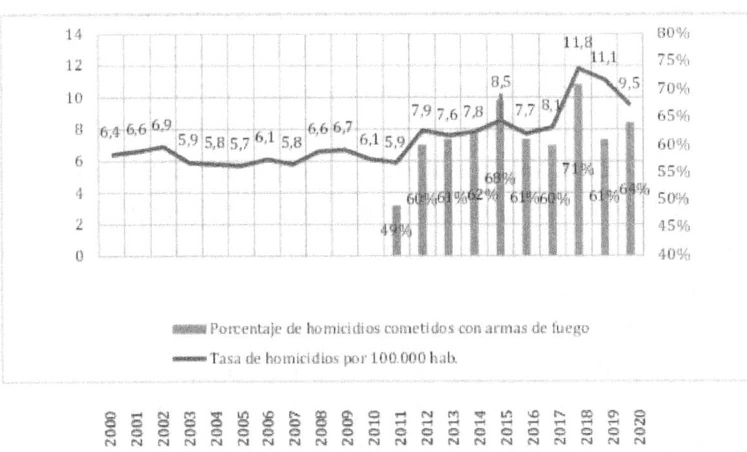

Fonte: Elaboração própria com dados do Uruguai-MI (2020b).

Como resultado — e contrário ao que normalmente se pensa — o Uruguai não tem índices de criminalidade baixos, mas médios. Na verdade, tradicionalmente deixou de ser um dos países mais seguros da região para ter a quarta maior taxa de homicídios da América do Sul, superado apenas por Brasil, Colômbia e Venezuela (UNODC, 2020). Esta situação também se reflete em um forte temor ante a insegurança por parte da sociedade. A última pesquisa nacional de vitimização sugere que 52% dos entrevistados definem o país como inseguro (Uruguay-MI, 2017), enquanto as pesquisas de opinião pública indicam que a insegurança se tornou o problema mais urgente para os uruguaios em 2009, o que permaneceu inalterado até o advento da pandemia do coronavírus em março de 2020 (CIFRA, 2020; 2018).

Como no resto do mundo, os homicídios no Uruguai afetam desproporcionalmente os homens jovens. Em 2020, 89% das vítimas eram do sexo masculino e 43% tinham entre 13 e 28 anos. Além disso, acredita-se que entre 50% e 60% de todos os homicídios estão relacionados a conflitos entre criminosos, tráfico de drogas e crime organizado. No caso das mulheres vitimadas, em 2018, 47% morreram nas mãos de seu parceiro ou ex-parceiro íntimo. Vale ressaltar também que o percentual de homicídios cometidos com arma de fogo passou de 49% em 2012 para 61% em 2019, evolução comum na região e geralmente associada com uma maior presença do crime organizado (Uruguay-MI, 2020; 2019).

Finalmente, Montevidéu concentra uma parte importante da atividade criminosa que ocorre no país, com 55% de todos os homicídios, e 46% e 79% de todas as denúncias de furto e roubo, respectivamente. A capital apresenta tendência de crescimento superior ao restante do país, passando de 6,2 homicídios por 100 mil habitantes, em 2007, para 12,1 em 2020 (Figura 03) (Uruguay-MI, 2020b). Vale ressaltar, porém, que em 2019, a taxa de homicídios era de 15,6 por cem mil habitantes, tornando Montevidéu a segunda capital com mais homicídios per capita na América do Sul, superada apenas por Caracas (Sanjurjo, 2020). Como em qualquer cidade, os crimes violentos também apresentam uma concentração espacial reconhecível, distribuída de forma desigual pelo território (Jaitman & Ajzenman, 2016). Assim, em 2019, mais de 50% dos homicídios e notificações de roubo concentraram-se em apenas 9 bairros (Uruguay-MI, 2020a, 2020b).

5.3 O sistema penal uruguaio

A seguir, são apresentados os elementos centrais do sistema penal uruguaio: a Polícia Nacional, o sistema judiciário, o sistema penitenciário e a legislação mais importante que versa sobre a matéria.

5.3.1 A Polícia Nacional[1]

5.3.1.1 Marco institucional e governança da segurança.

O Estado uruguaio tem competência exclusiva para a preservação da ordem pública e segurança. Sua manutenção corresponde ao Poder Executivo através do Ministério do Interior, que constitui o órgão responsável pelas políticas de segurança dentro das fronteiras nacionais. Tem como missão reger, executar, controlar e avaliar políticas, planos e programas relacionados com a segurança pública, garantindo o livre exercício dos direitos e liberdades fundamentais. De acordo com a Lei Orgânica Policial, nº 19.315 de 2015, a Polícia Nacional do Uruguai (PNU) constitui a principal força de segurança do país e está sob o Poder Executivo através do Ministério do Interior. Sua missão é garantir a ordem e a segurança interna no país, bem como proteger o livre exercício dos direitos e liberdades de seus habitantes. Constitui, por sua vez, uma força de segurança unificada a nível nacional, de natureza civil e profissional.

As Forças Armadas, por sua vez, estão subordinadas constitucionalmente ao Poder Executivo, por meio do Ministério da Defesa, e são compostas pelo Exército, Marinha e Força Aérea. De acordo com a Macro Lei de Defesa Nacional nº 18.650 de 2010, as Forças Armadas não participam da prevenção, controle, investigação ou combate ao crime, mas sim desenvolvem um conjunto de atividades civis e militares destinadas a preservar a soberania e a independência do país, da integridade do território e dos seus recursos estratégicos, bem como da paz da República.

Desta forma, as Forças Armadas são responsáveis por garantir a segurança contra ameaças externas, enquanto a PNU tem a função de garantir a segurança interna, vigilância e ordem dentro das fronteiras do país. Apesar disso,

[1] Para uma análise em profundidade, ver Sanjurjo, Trajtenberg e Castillo (2021).

existem exceções. A vigilância e o controle das áreas costeiras e das margens de rios e lagos navegáveis são de responsabilidade da *Prefectura Naval Nacional*, uma divisão da Marinha Nacional. Da mesma forma, os demais ramos das Forças Armadas prestam apoio à PNU de diversas formas, incluindo tarefas de vigilância em áreas de fronteira, segurança de perímetro externo de instalações prisionais ou o desempenho de determinadas funções de vigilância aérea (Rodríguez Cuitiño, 2019).

Também é importante destacar o trabalho da Guarda Republicana, que tem jurisdição nacional e forma um órgão operativo quase militar de elite que se reporta diretamente ao Ministro do Interior. À semelhança da PNU, a Guarda Republicana tem como missão garantir, manter e restaurar a ordem interna, bem como combater a criminalidade no território nacional e exercer as demais atividades estabelecidas pelo Poder Executivo. Da mesma forma, apoia e colabora no cumprimento das atribuições junto à PNU, ao Instituto Nacional de Reabilitação e demais instituições públicas que o solicitem.

5.3.1.2 Estrutura, Unidades e Pessoal

Conforme determinado pela Lei Orgânica de Polícia, nº 19.315 de 2015, a PNU é uma força de segurança unificada a nível nacional, cuja estrutura e organização é de natureza hierárquica e o seu funcionamento rege-se pela observância do ordenamento jurídico em vigor. A direção da PNU está nas mãos do diretor da Polícia Nacional, que é o quarto em comando do Ministério do Interior e cuja missão essencial é o comando operacional profissional da força. Seu cargo é de particular confiança e seu titular é indicado pelo Poder Executivo.

Uma série de direções de polícia de âmbito nacional dependem da Direção da Polícia Nacional, entre as quais estão a Direção de Planejamento e Estratégia Policial, a Direção Nacional de Polícia Científica, a Direção-Geral de Repressão ao Tráfico Ilícito de Drogas, a Direção Nacional de Polícia de Trânsito, a Direção Nacional de Identificação Civil, Direção Nacional de Migração, Direção Geral de Fiscalização de Empresas e o Centro de Comando Unificado. A Chefia Departamental também depende da Direção da Polícia Nacional, e a PNU está dividida em 19 chefias policiais, uma em cada departamento do país. Cada chefia tem seu próprio centro de operações para supervisionar as seccionais, lidar com investigações criminai s e responder a chamadas de serviço. A Chefia da Polícia de Montevidéu (JPM) é a maior e tem um papel de destaque, visto que a maioria dos uruguaios vive na capital e concentra grande parte da atividade criminosa do país. A nível territorial, a JPM está dividida em 4 chefias operacionais e 25 seccionais, às quais se acrescenta uma quinta chefia operacional com unidades e órgãos comuns a todo o departamento. Entre eles estão o Corpo de Polícia de Trânsito, o Grupo de Reserva Tática ou a Coordenação de Serviços Eventuais, entre outros.

Entre pessoal civil e policial, a PNU contratou mais de 32.500 trabalhadores em 2020, dos quais 24.000 eram pessoal executivo. Ou seja, pessoal que atua ativamente na prevenção, dissuasão, investigação e repressão ao crime. Naquele ano, a taxa de policiais por 100.000 habitantes era de 679, a maior da América Latina e consideravelmente superior à média da União Europeia (326) (Eurostat, 2018; PNUD, 2013, 113).

Quanto à formação, esta difere consoante sejam oficiais ou subordinados. A formação de oficiais apresenta-se como uma opção de ensino superior com duração de três anos na qual se ingressa já com o ensino médio completo. Os subalternos, por sua vez, constituem 90 % da força e recebem treinamento com duração de cerca de 6 meses, que tem como requisito mínimo de acesso a conclusão do ensino fundamental (Viscardi e Fraiman, 2013).

Finalmente, os salários da polícia aumentaram significativamente nos últimos anos e praticamente dobraram desde 2000. Em 2019, o salário mensal do menor posto policial era de US$ 865 (Uruguay-MI, 2019b), o que provavelmente constitui um salário relativamente alto entre as forças policiais da América Latina. No entanto, o salário médio na PNU naquele ano era de cerca de US$ 980, o que ainda é seis vezes menor do que o salário médio de um policial nos Estados Unidos (DePietro, 2020).

5.3.1.3 Modernização e modelos policiais

A transição da PNU para o século 21 foi marcada por uma mudança conceitual e operacional na forma de entender a segurança. Como em outras partes da América do Sul, o fim da ditadura cívico-militar (1973-1985) implicou no declínio gradual do que veio a se conhecer como Doutrina de Segurança Nacional. Essa era a variante regional do Estado de Segurança Nacional e focava na necessidade de exercer o controle militar do Estado para defendê-lo de ameaças internas e externas (Leal Buitrago, 2003). Em seu lugar, diversos paradigmas de segurança foram desenvolvidos, sendo os mais relevantes a segurança pública e a segurança cidadã ou comunitária. Enquanto o primeiro envolve esforços coordenados de combate ao crime por parte das instituições de segurança pública, o último dá maior ênfase à interação com a comunidade e à coesão social (Abizanda et al., 2012).

Com o retorno à democracia, a Polícia Nacional recuperou a liderança no fornecimento de segurança e adotou uma abordagem de segurança pública. Essa concepção começou a mudar no final da década de 1990, impulsionada por discussões regionais e globais sobre segurança pública, segurança cidadã e segurança humana (Vila, 2012). Essas mudanças conceituais, bem como a necessidade de desmilitarizar e despolitizar as instituições policiais, geralmente orientaram as tentativas de reforma das instituições policiais nos países latino-americanos (Dammert, 2019; Ungar, 2011). No caso da PNU, é importante destacar o papel do Banco Interamericano de Desenvolvimento (BID), que liderou e financiou grande parte das reformas por meio do Programa de Segurança Cidadã —- posteriormente Programa de Segurança Cidadã Integral — do Ministério do Interior (Trajtenberg, 2008). Essa transição implicou em um avanço moderado na direção de uma organização policial que prioriza práticas preventivas e comunitárias (Malone y Dammert, 2020).

De acordo com Sanjurjo, Trajtenberg e Castillo (2021), as mudanças pelas quais passou a PNU no último quarto de século podem ser agrupadas em três fases. A primeira envolveu esforços piloto para promover estratégias de prevenção do crime (1998-2004), incluindo programas tradicionais de policiamento comunitário, abordagens à violência doméstica e planos sociais de prevenção do crime. A segunda fase incluiu reformas estruturais para profissionalizar a força (2005-2012), entre as quais se destacam a criação de direções civis, a centralização da gestão policial, a introdução de compromissos de gestão e a melhoria das condições de trabalho. A terceira fase envolveu um compromisso com estratégias baseadas em evidências (2013-2020), que incluiu um maior desenvolvimento da análise e investigação criminal, a reforma da educação policial e a aplicação de modelos de policiamento preventivo (Vila, 2016; Paternain, 2017; BID y Uruguay-MI, 2018).

Todas essas reformas foram acompanhadas por investimentos relevantes em tecnologia policial. Entre eles, destaca-se a expansão de um sistema de vigilância CFTV que cobre grande parte das regiões metropolitanas do país (Munyo y Rossi, 2019); o desenvolvimento do Sistema de Gestão da Segurança Pública, que gerencia e concentra os registros administrativos de ocorrências criminais, acidentes e ocorrências policiais em todo o território nacional (UNODC- INEGI, 2021); a implementação de um sistema de radiocomunicação terrestre (TETRA) que permite a comunicação criptografada e o rastreamento GPS de veículos e agentes; o uso massivo de tablets e câmeras corporais no trabalho policial e a incorporação de sistemas eletrônicos de monitoramento de perpetradores de violência doméstica.

Em relação às estratégias e modelos policiais, destaca-se o Programa de Alta Dedicação Operacional (PADO), que se tornaria uma estratégia de policiamento baseada em evidências e focada em hot spots (BID and Uruguay-MI 2018). O PADO foi implementado pela primeira vez em 2016 e gradualmente expandido para partes adjacentes de Montevidéu e as cidades de Canelones e San José (Chainey, Serrano-Berthet, y Veneri, 2020). Sua gestão está a cargo da Direção de Análise Criminal do Centro de Comando Unificado, podendo ser considerado o resultado de um longo processo de profissionalização da PNU na gestão de recursos, análise de dados e mapeamento da criminalidade (Castillo, 2018).

Outra inovação notável é o desenvolvimento de programas de Policiamento Orientado a Problemas (POP) (Goldstein, 1979), que vieram para substituir as estratégias de policiamento comunitário que não alcançaram os resultados esperados. Embora o POP tivesse alguns projetos satisfatórios, dificuldades relacionadas à resistência organizacional, liderança inadequada e falta de recursos impediram sua consolidação e desenvolvimento (Castillo, 2019). Apesar disso, o POP sofreu uma expansão nos últimos tempos sob a designação de Polícia Comunitária Orientada a Problemas (PCOP), apostando num modelo alternativo que anexa as unidades de PCOP às zonas operacionais. Este programa ainda está ativo, mas não está consolidado, e seu futuro permanece incerto.

Em síntese, os esforços preventivos da polícia ganharam algum reconhecimento nos últimos tempos, mas ainda estão longe de alcançar o mesmo status, apoio e desenvolvimento dentro da PNU que as investigações criminais e as estratégias de dissuasão e resposta alcançaram (Castillo, 2020). Nesse sentido, a experiência uruguaia está de acordo com aqueles que afirmam que ainda não existem verdadeiros programas de policiamento comunitário na América Latina, pois estes foram apenas circunstanciais e não levaram a mudanças duradouras nas instituições policiais (Frühling, 2012; Dias Felix y Hilgers, 2020). Consequentemente, seria incorreto afirmar que a PNU adotou um paradigma de segurança cidadã, pois por enquanto a mudança de filosofia nada mais é do que uma aspiração. A maior parte da força policial segue práticas operacionais que se assemelham ao que é conhecido como modelo padrão de policiamento. Esta é uma estratégia de "tamanho único" baseada em patrulhamento preventivo de rotina, resposta rápida a chamadas de emergência e investigação retrospectiva (Sanjurjo, Trajtenberg, y Castillo, 2021).

5.3.1.4. Legitimidade e abuso policial

Junto com o Chile e a Costa Rica, o Uruguai é possivelmente um dos poucos países da América Latina com uma força policial que se assemelha ou atende aos critérios de "polícia democrática" de Bayley (1995). Ou seja, uma organização policial que presta contas à lei e não ao governo, protege os direitos humanos, tem restrições quanto ao uso da força e tem a proteção dos cidadãos como sua máxima prioridade. Sua situação excepcional em uma região marcada pela presença de policiais corruptos e não democráticos se deve em grande parte a uma transição democrática bem-sucedida e sua capacidade de manter algo próximo ao monopólio da violência.

Essa realidade se reflete em pesquisas de opinião pública, que sugerem que a confiança dos cidadãos na polícia uruguaia é significativamente maior do que na maioria dos países da região. De acordo com a Corporación Latinobarómetro (2018, 50). Em 2017, apenas 35% dos latino- americanos confiavam na polícia, enquanto no Uruguai esse percentual subiu para 59%, o maior entre 19 países. Resultados semelhantes foram obtidos pela Pesquisa Nacional de Vitimização de 2017, que sugere que 60% dos entrevistados confiavam na polícia, 51% estavam satisfeitos com a forma como sua denúncia foi tratada e 71% com o tratamento dado ao denunciante (Uruguay-MI, 2017).

Por outro lado, o abuso e o uso desnecessário da força são considerados elementos comuns das práticas policiais na região (Cruz, 2016; Dammert, 2019). De acordo com a pesquisa LAPOP de 2008, 4,2% dos entrevistados no Uruguai relataram ter sofrido abusos físicos ou verbais pela polícia nos últimos 12 meses, classificando o país em 11º entre 20 países (Cruz, 2009). No entanto, nas pesquisas de 2016 e 2017, apenas 2,9% dos entrevistados no Uruguai relataram que um policial havia lhes pedido suborno nos últimos doze meses, um número muito inferior à média regional de 12% (Cohen, Lupu, y Zechmeister, 2017). Da mesma forma, em uma região onde, – em média, – 44% dos entrevistados acham que é possível subornar policiais, no Uruguai esse percentual é de 21%, o segundo menor depois do Chile (Corporación Latinobarómetro, 2017). Por fim, o Uruguai é um dos poucos países da América Latina, – junto com o Chile e o Panamá, – que não apresenta evidências empíricas de violência sistemática do Estado (Cruz, 2016). Isso inclui tortura, execuções extrajudiciais, extorsão e sequestro por atores do governo, bem como conluio do Estado com organizações criminosas, entre outros.

5.3.1.5. Forças e fraquezas

Embora não seja possível fazer uma análise exaustiva da situação aqui, se a Polícia Nacional for comparada com outras forças policiais, é possível identificar os seguintes pontos fortes e fracos.

Pontos fortes:

- Regulamentos próprios e de acordo com as normas internacionais. Unificação organizacional em nível nacional.
- Apego à lei e ao marco jurídico.
- Baixos níveis de corrupção institucional. Níveis relativamente baixos de abuso policial. Grande número de efetivos policiais.
- Equipamento tecnológico.
- Sistema de Gerenciamento de Segurança Pública (SGSP).
- Experimentação – limitada – com modelos de policiamento comunitário e preventivo. Abertura para a avaliação e para a pesquisa científica.

Pontos fracos:

- Pessoal subalterno com educação e formação insuficientes.
- Salários baixos que não permitem o recrutamento de pessoal adequado. Fraca capacidade de investigação e análise criminal.
- Frota de viaturas deficitária. Isolamento interinstitucional.

5.3.4 O Sistema Judiciário

No Uruguai, continuam em vigor dois códigos processuais penais distintos, de um lado, o Código Processual Penal sancionado em 1980 pelo Decreto-Lei nº 15.032, de corte misto, — embora essencialmente inquisitivo, com juiz encarregado de dirigir o investigação e também de julgamento, em que a prisão preventiva é praticamente preceptiva (Preza, 2009; Franco, 2010) e que continua a ser aplicada nos processos que estavam pendentes a partir de 01 de novembro de 2017[2]; data em que a Lei nº 19.293, conhecida como *novo Código de Processo Penal* (nCPP), que desde a sua promulgação — e mesmo antes da sua entrada em vigor — sofreu múltiplas modificações normativas (Abal, 2018). Sua adoção significou o abandono de um sistema processual penal misto e a entrada em vigor de um processo penal acusatório que se configura como contraditório, adversária, oral e público (Sasson e Arroyo, 2020). Além dessa mudança, deve-se notar que este foi o primeiro código de processo penal, — ou código penal substancial, — sancionado durante um regime democrático.

No Uruguai, a competência criminal é hierarquicamente estruturada da seguinte forma: Suprema Corte de Justiça: órgão superior hierárquico do Poder Judiciário, com competência em cassação e revisão.

Tribunais de Apelos Penais: ouvir recursos (segunda instância).

Juizados de Primeira Instância em Matéria Criminal (Montevidéu) e Juizados de Primeira Instância do Interior (resto do país): tomam conhecimento das questões formais e substanciais que surgem nos processos por crimes e delitos, desde os depoimentos preliminares até o sentenciamento definitivo ou interlocutório com força definitiva.

Juizados de Primeira Instância em Matéria Penal Especializada em Crime Organizado: localizados em Montevidéu, com foro em todo o país. Com competência exclusiva em crimes econômicos, fiscais, crime organizado e pornografia ou prostituição infantil.

Juizados de Primeira Instância de Execução e Vigilância: responsáveis por todas as questões formais e substanciais que surgem a partir do momento em

[2] Em 2018, foram iniciados 1928 inquéritos no âmbito deste regime processual penal, e em 2019 este número foi de 1.065, uma redução de 44,8% (Poder Judiciário 2019).

que a sentença se torna definitiva. Juizados de Contravenções: em Montevidéu e em instância única, com jurisdição nos casos promovidos por contravenções.

Tribunais de Paz Departamentais do Interior: idênticos aos anteriores, mas no resto do país. Juizados de Primeira Instância de Menores: decidem em situações de abandono e os processos preventivos, educativos e corretivos provocados por atos cometidos por menores.

Entre as principais alterações que a implementação do nCPP acarretou, destaca-se a modificação do papel dos operadores, nomeadamente do juiz e do Ministério Público e Promotor (MSF). Se antes era o juiz quem conduzia a investigação, agora é o MSF com o apoio, — na qualidade de auxiliar, — das forças policiais. Este último também passa a ser o único titular da ação penal. Esta mudança significou romper com a chamada "contaminação" do anterior processo penal do tribunal inquisitorial, no qual o juiz dirigia a investigação e recolhia as provas (Camaño, 2018).

Por outro lado, aprofunda-se a regulação da Defesa, à qual é concedida participação e intervenção em todas as etapas do processo penal. Também se enfatiza a mudança de um processo essencialmente escrito para outro onde a oralidade é imposta.

Os principais *atores do sistema de justiça criminal* são o imputado e sua defesa, o procurador, representante do Estado, único titular da ação penal e condutor da investigação, o(s) juiz(es) interventores(s) – há um juiz de garantia e outro de julgamento – e a vítima. Esta tem reconhecidos direitos e faculdades processuais que não se apresentavam no sistema anterior, transformando-a em um ator coadjuvante do promotor, com faculdades probatórias, de requerimento de medidas protetivas e de oposição a certas decisões do MSF (Valentín, 2019). Assim, a vítima passa de mero objeto de prova a sujeito interveniente ativo e proativo ao longo do processo.

5.3.4.1 Estrutura ordinária ou julgamento oral

O julgamento oral é a principal via do nCPP. De acordo com as estatísticas publicadas pela Procuradoria-Geral da República da Nação, até outubro de 2018, 2,6% das investigações eram realizadas por esta via processual. Entre maio e outubro de 2019, o percentual foi de 3,6%, e de novembro de 2019 a abril de 2020, foi de 2,45% (Procuradoria-Geral da República, 2020).

Conta com as seguintes fases:

Inquérito preliminar de natureza administrativa, durante a qual os fatos são apurados sob a direção do Ministério Público e são coletadas provas para determinar se há fundamentos para submeter o indivíduo a um processo penal adequado.

Ao concluir o inquérito, se o promotor acredita que corresponde, solicita uma *audiência de formalização de investigação,* que se realiza na presença do investigado, de sua defesa e do juiz, quem decide a respeito da instauração ou não do processo penal contra o investigado, bem como a eventual aplicação de medidas cautelares.

Assim que a investigação for formalizada, se abre um período de *sumário.* Terá duração máxima de um ano, – com possibilidade de prorrogação única pelo mesmo período, – para que o Ministério Público faça a denúncia ou peça o indeferimento. Nesta fase, as provas da acusação e defesa devem ser obtidas para o julgamento oral, sob controle do mesmo juiz que vem atuando desde a indagatória preliminar.

Após a expiração do prazo, o promotor atuante deve *denunciar o acusado ou solicitar o arquivamento.* Após tomar conhecimento da ação da promotoria, a defesa deve, no prazo de 30 dias, responder com a oferta probatória que lhe parecer conveniente.

Assim que esta fase for concluída, se convoca a *audiência de controle de acusação* -, oral e pública, – dentro de 10 dias após o término do prazo para contestação da denúncia. Seu objetivo fundamental é o controle das partes e a reorganização do processo para obter um julgamento mais harmonioso.

Após a audiência, se assim o entender, o juiz dita o *auto de Abertura de Julgamento,* a decisão judicial de admitir a denúncia, cujo conteúdo delimitará o objeto do julgamento. Após esta ação, um novo magistrado assume a responsabilidade pelo julgamento oral.

Uma vez que o auto de Abertura de Julgamento é enviado ao novo juiz, as partes são notificadas da realização da *audiência de julgamento oral,* que deve ser realizada entre dez dias e três meses depois.

O *julgamento oral* é realizado em audiência oral e pública, presidida pelo juiz, e deve ser realizada de forma contínua e prolongar-se em sessões sucessivas até à sua conclusão na presença do promotor, acusado e sua defesa.

A *sentença* costuma ser ditada em audiência, embora excepcionalmente isto possa ser prorrogado por até 15 dias.

Finalmente, a sentença final é passível de recurso perante um *Tribunal de Recursos Criminais* (colegiado de 3 membros), com poderes probatórios limitados para as partes nesta segunda instância. Das sentenças finais de segunda instância, cabe recurso por meio de cassação perante a *Suprema Corte de Justiça* (órgão hierárquico superior do Poder Judiciário uruguaio, composto por 5 ministros).

Uma vez que a sentença final foi proferida e se torna definitiva —- isto é, o prazo para apelar expirou ou todos os recursos foram resolvidos, – o processo segue para *um Tribunal de Execução e Vigilância.* Esse será o caso em todos os casos, independentemente de a condenação ter sido alcançada por meio de julgamento oral ou outros mecanismos.

5.3.4.2 Processo abreviado

Estrutura sumária e breve, que consiste na admissão dos fatos e antecedentes da investigação pelo arguido em troca da diminuição da pena (*plea bargaining*) A possibilidade de proceder desta forma inicia-se com a formalização da investigação e vai até ao término do prazo para acusar ou requerer o arquivamento. O acusado deve cumprir em todos os termos o que foi acordado com o MSF, o que é feito sob o controle do juiz no que diz respeito aos requisitos formais para a procedência do acordo, a aceitação expressa dos fatos pelo acusado e seu consentimento livre e voluntário, entre outros elementos (Soba, 2020).

As causas decorrentes de crimes de homicídio agravado não podem ser processadas desta forma, tampouco o podem os casos em que a infração de base seja punida com pena mínima de prisão superior a quatro anos. Da mesma forma, a redução da pena não pode ultrapassar o limite inferior do previsto para a infração em causa. Apesar dessas limitações, atualmente 84,4% das investigações acabam tramitando por esta via (Procuradoria-Geral da Nação, 2020).

5.3.4.3 Processo simplificado

O processo simplificado é uma estrutura ou via processual que foi recentemente incorporada ao nCPP por meio da Lei de Consideração de Urgência (2020). A oportunidade processual de recorrer a esta via é a mesma do processo abreviado. Se o promotor solicitar o procedimento de tal forma e anunciar em audiência que não exigirá a aplicação de uma pena superior a três anos de prisão para o acusado, o juiz deve necessariamente admitir o pedido. Acolhido o pedido de tramitação por este meio, – preceptivamente ou não, – o Ministério Público deve fazer a denúncia em audiência, transferindo-a para a defesa no mesmo ato, que pode responder oralmente na presente instância ou fazê-lo por escrito no prazo de 10 dias.

Depois da resposta da defesa à denúncia, o arguido é consultado se admite a sua responsabilidade pelos fatos contidos na denúncia. Caso a resposta seja afirmativa, a sentença é proferida imediatamente. Caso seja negativa, prossegue-se com o julgamento, devendo ser convocada nova audiência no prazo de 20 a 40 dias, onde as partes devem apresentar todas as provas e são recebidas suas alegações inicial e final, proferindo sentença. A segunda instância tramitará da mesma forma que a descrita para o julgamento oral.

5.3.4.4 Formas alternativas de resolução de conflitos

O nCPP introduziu mecanismos alternativos de resolução de conflitos (MARCS), permanecendo em vigor os chamados acordos reparatórios e mediação extraprocessual, mas a suspensão condicional do processo foi revogada. A partir de 2019, o MARCS foi aplicado em 4,8% dos processos iniciados judicialmente, com notória proeminência a agora revogada suspensão condicional do processo (Poder Judiciário, 2019).

O acordo reparatório implica um acordo entre a vítima e o arguido para uma reparação material ou simbólica, podendo ser aplicado nos crimes para os quais não haja interesse público na sua ação penal, o que é determinado em termos gerais e mediante instruções da Procuradoria-Geral da Nação. Destacam-se aqui as infrações culposas e puníveis com multa, os crimes de lesão corporal ou lesão grave, infrações de conteúdo patrimonial, entre outros. Estes não procedem em casos de crimes sexuais ou violência doméstica.

Os acordos são submetidos à apreciação de um juiz que cumpre papel de controlador. A assinatura de um acordo reparatório e seu estrito cumprimento implicam na extinção do crime.

A mediação extraprocessual está prevista para os casos de conduta aparentemente criminosa, sem gravidade e em que haja o consentimento do suposto autor e da suposta vítima. São tramitados nos centros de mediação do Poder Judiciário e buscam a reaproximação e eventual acordo entre as partes.

5.3.4.5 Forças e fraquezas

Devido ao pouco tempo decorrido desde a entrada em vigor do nCPP, não é possível proceder a uma avaliação e análise aprofundada do mesmo deste. No entanto, os seguintes pontos fortes e fracos podem ser destacados.

Forças

- Não perceptividade da prisão preventiva e limites à sua decretação. Processo oral e público.
- Previsão de MARCS.
- Regulação específica do habeas corpus corretivo. Limites para a duração da investigação.
- Participação ativa e proativa da vítima ou de seu representante.
- O MSF dirige a investigação e é o único responsável pela ação criminal.
- Previsão de um juiz de garantias e outro tomador de decisão.

Fraquezas:

- Uso excessivo do processo abreviado.
- Falta de regulamentação da fase de inquérito preliminar. Dificuldades de acesso pela defesa aos expedientes da promotoria.
- Limitações aos institutos liberatórios, de redenção ou saídas transitórias. Uso escasso de MARCS.
- Modificação recorrente das regras processuais.
- Uso escasso de penas alternativas à privação de liberdade.

5.3.5 O sistema penitenciário[3]

5.3.5.1 População carcerária

Como na maior parte da América Latina (Vilalta & Fondevila, 2019), no Uruguai, o número de pessoas privadas de liberdade (PPL) experimentou um crescimento constante e sustentado desde as últimas décadas do século XX. Se entre 1963 e 2020 a população do país aumentou 34%, o número de PPL aumentou 82%. Na verdade, no século 21, ocorreram apenas duas quedas anuais em 2007 e 2017, que, no entanto, não mudaram a tendência. Consequentemente, o número de reclusos passou de 4.369 em 2000 para 13.039 ao final de 2020 (Figura 02). A última cifra representa uma taxa de encarceramento de 369,3 pessoas privadas de liberdade por 100.000 habitantes, a primeira ou a segunda mais alta da América do Sul (Figura 03) (Uruguay- CPP, 2019; World Prison Brief, s. f.).

Figura 02. Pessoas privadas de liberdade (Uruguai, 2000-2020).

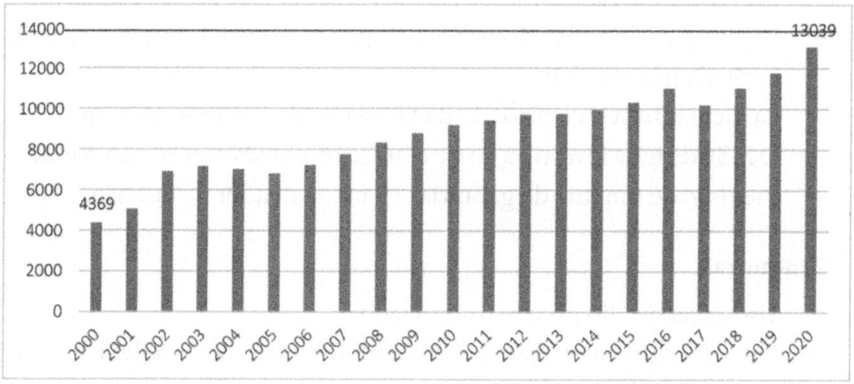

Fonte: elaboração própria com base em dados do Ministério do Interior.

[3] A pesquisa acadêmica nacional sobre prisão e reabilitação é limitada e mostra um atraso evidente (Rojido, Vigna e Trajtenberg, 2016).

Figura 03. Pessoas privadas de liberdade na América do Sul e Espanha por 100.000 habitantes (2019).

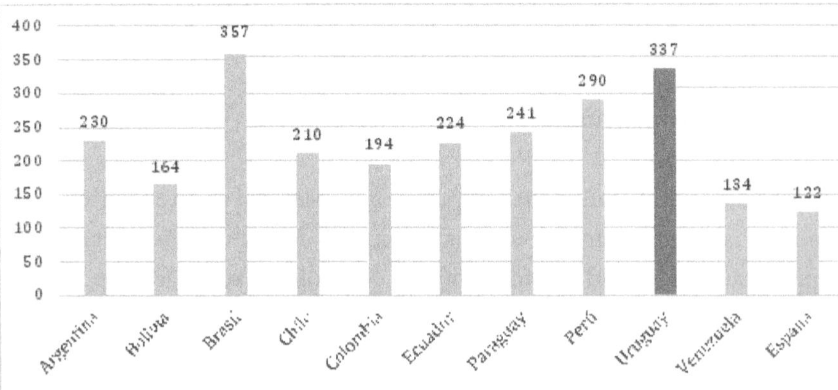

Fonte: Elaboração própria com base em dados do Uruguai-CPP (2020) e World Prison Brief (2021).

Caracterizando as PPL (Garcé et al., 2017; Uruguai-CPP, 2019), há um forte predomínio da população carcerária masculina, já que as mulheres representam menos de 7% do total. Em relação à idade, 70% têm menos de 35 anos, o que contrasta com a população em liberdade, onde tal porcentagem se aproxima dos 35%. Da mesma forma, 72% das PPL provêm da região metropolitana de Montevidéu, e a preponderância de Montevidéu e Canelones como locais de origem é ainda mais acentuada do que na população em liberdade.

Em relação ao nível educacional, duas em cada dez PPL não sabem ler ou o fazem com dificuldade, mais de 50% dos reclusos apenas concluíram ou não concluíram o ensino primário e apenas 1% concluiu ou está estudando o ensino superior. Quanto ao tipo de formação das PPL, apenas 51% declaram ter uma profissão ou ofício e, destes, 75% correspondem a ofícios manuais.

Existem três características adicionais a serem destacadas. Em primeiro lugar, a evolução das PPL que estão cumprindo prisão preventiva. Em 2017, esse percentual era de 69,3%, mas a introdução do novo Código de Processo Penal (nCPP) produziu uma queda acentuada que continua até hoje, e, em novembro de 2019, já esta cifra já havia caído para 22,6% (Uruguai- CPP 2019, 32). Em segundo lugar, o vínculo estreito e comprovado entre a privação de liberdade e a miséria, na medida em que se trata de duas populações que se sobrepõem parcialmente (Ciapessoni, 2016). Finalmente, a reincidência das PPL, que se estima afetar cerca de dois terços dos egressos, embora essa estimativa não tenha uma metodologia estatística rigorosa para apoiá-la (Uruguai-CPP, 2019, 44; Garcé et al., 2017, 93).

5.3.5.2 Marco institucional

Os três poderes do Estado têm competência no sistema penitenciário. A entrada na prisão, a fixação da pena e a libertação do recluso são funções que competem ao Poder Judiciário. Também controla a execução da pena por meio de visitas às penitenciárias e da análise dos expedientes das PPL. Em Montevidéu, o controle é feito pelos Tribunais de Execução, enquanto no resto do país são os próprios tribunais que processam, condenam e controlam a execução da pena.

O Poder Legislativo, por sua vez, exerce o controle legislativo do sistema penitenciário por meio dos legisladores, da Comissão de Direitos Humanos da Câmara dos Deputados, da Comissão Especial Bicameral de Fiscalização do Sistema Penitenciário e do Comissariado Parlamentar Penitenciário. Este último é um órgão de fiscalização parlamentar dos direitos humanos do sistema prisional, que interage com o Poder Executivo e faz recomendações de melhorias. Ao contrário dos pareceres que o Poder Legislativo pode emitir, as recomendações do Comissariado Penitenciário Parlamentar não são obrigatórias.

O Poder Executivo está encarregado de gerir a execução da pena e a administração penitenciária por meio do Ministério do Interior. Em sua órbita, estão o Instituto Nacional de Reabilitação (INR) e a Direção Nacional de Apoio aos Libertados (DINALI). O INR foi criado pela Lei do Orçamento Nacional nº 18.719 de 2010, e é o órgão responsável pela organização e gestão das instituições penitenciárias, pela assistência e reabilitação dos processados e condenados e pela administração das medidas substitutivas e alternativas à privação de liberdade. A sua direção corresponde a um Diretor-Geral, nomeado pelo Poder Executivo em regime de confiança particular. O DINALI, por sua vez, foi criado pela Lei nº 19.355 de 2015 e é responsável pela formulação e gestão das políticas públicas de apoio à reinserção social das PPL. Tanto o INR quanto o DINALI têm jurisdição nacional e se reportam diretamente ao Ministro do Interior.

Por fim, é importante destacar que a articulação com outros órgãos públicos tem aumentado notavelmente nas últimas décadas e engloba um importante universo de funções a serem desempenhadas (cf..: González et al., 2017). Entre as mais importantes, estão a articulação em matéria educacional com o Conselho de Educação Inicial e Primária (CODICEN), a Administração Nacional da Educação Pública (ANEP), a Universidade do Trabalho do Uruguai (UTU) e o Ministério da Educação e Cultura (MEC); cuidados de saúde para as PPL pela Administração de Serviços de Saúde do Estado (ASSE) – medicina geral, saúde mental e odontológica – através de um acordo com o Ministério da Saúde Pública (MSP); além da coordenação com a Direção Nacional da Emprego (DINAE) do Ministério doa Trabalho e Segurança Social (MTSS) e com o Instituto Nacional de Emprego e Formação Profissional (INEFOP) para formação profissional em centros de detenção.

5.3.5.3 Unidades e organização

Atualmente, existem 26 unidades de internamento de PPL sob a órbita do INR, que estão localizadas em diferentes partes do território nacional e operam em estabelecimentos urbanos, suburbanos e rurais. Cada unidade está a cargo de um diretor, de quem dependem duas subdivisões administrativas, uma técnica e uma de segurança. Em termos gerais, o sistema é heterogêneo e apresenta realidades diferentes e até opostas, tanto em sua dimensão como em sua metodologia de trabalho, clima de convivência e capacidade de resposta (cf.: Uruguai-CPP, 2019). O sistema também sofre de macrocefalia, pois grande parte dos internos concentram-se em um pequeno número de unidades prisionais, nas quais o número de internos geralmente supera em muito o número de vagas disponíveis. Especificamente em 2017, 68% das PPL estavam confinadas nas 9 unidades da área metropolitana (Garcé et al., 2017).

Dependendo do tipo de regime de confinamento, as unidades de internação são classificadas em regime fechado, semifechado ou aberto. As unidades de regime fechado são geralmente de máxima segurança e operam com estrito controle das atividades comuns e das relações com o mundo exterior. Nas unidades de regime semifechado existe maior liberdade nas atividades comuns, enquanto nas unidades de regime aberto a segurança é mínima e a dinâmica de trabalho e educação prevalece em condições semelhantes às da vida em liberdade.

Por outro lado, de acordo com o Decreto-Lei nº 14.470 de 1975, o regime administrativo de detenção deve basear-se em três princípios centrais: a classificação e individualização dos reclusos, a consequente separação por categorias e a progressividade no seu regime de reclusão e tratamento. Na prática, esses princípios são implementados apenas de forma circunscrita. A separação dos reclusos por sexo é observada em todo o sistema, e desde 2010 esforços têm sido feitos para aumentar a separação nas outras categorias. No entanto, em centros maiores, esses esforços ainda são amplamente insuficientes, e o mesmo se aplica à progressividade, que só foi experimentada nos últimos anos e em unidades abertas.

Por fim, além das 26 unidades de internação, existe o Centro de Admissão, Diagnóstico e Referência, instalado na Unidade 01 (Punta de Rieles Nueva). Este centro recebe a população masculina da região metropolitana (Montevidéu, Canelones e San José), realizando um exame médico e aplicando um protocolo de admissão (OASYS), que determina sua vulnerabilidade e risco, para determinar a qual unidade deve ser referido de acordo com seu perfil e situação.

5.3.5.4 Reabilitação e reentrada

O artigo 26 da Constituição da República (1967) estabelece que "em nenhum caso se permitirá que os presídios sirvam para mortificar, mas sim somente para assegurar aos processados e sentenciados, que buscam sua reeducação, a aptidão para o trabalho e a profilaxia do delito". Infelizmente, a falta de recursos humanos e materiais adequados impede o sistema penitenciário uruguaio de cumprir essa função atualmente. Os números são eloquentes neste sentido (Uruguai-CPP, 2019). Em 2019, a educação formal cobria apenas 23,5% da população carcerária e as cotas educacionais oferecidas estavam longe dos réus, o que constitui a negação de um direito humano básico. Da mesma forma, as oportunidades de trabalho são poucas, e no mesmo ano apenas 36,4% dos reclusos realizaram alguma atividade de trabalho por mês. Além disso, a maioria destas atividades – (78%) – não foram remuneradas, e não contribuem para o desenvolvimento pessoal ou profissional, nem servem como registro de trabalho.

Deficiências semelhantes podem ser encontradas em outras áreas relacionadas à convivência e ao desenvolvimento pessoal das PPL. Na saúde, por exemplo, os serviços médicos da maioria das unidades se limitam ao tratamento de doenças, não realizando atividades preventivas ou de atenção primária. A situação é ainda mais complexa nas "macro penitenciárias", onde nem todos que solicitam atendimento médico têm acesso aos serviços. Da mesma forma, os recursos de saúde mental são insuficientes e quase não existem instalações para cuidar de pessoas com patologias psiquiátricas. As consequências da falta de assistência médica são notórias e refletem-se, por exemplo, numa taxa de tuberculose por (100.000 PPL) 26 vezes superior à nacional, ou numa taxa de suicídio quatro vezes superior à nacional.

Embora seja importante reconhecer que nas últimas décadas, – e especialmente desde a reforma penitenciária iniciada em 2010, – houve avanços significativos na reabilitação e reingresso (González et al., 2015), é inegável que o sistema prisional atualmente não oferece à grande maioria dos presidiários as habilidades e padrões de comportamento necessários para reingressar na sociedade e não voltar a cometer infrações. Consequentemente, e como na maioria dos países latino-americanos (Dammert, 2017), o sistema prisional uruguaio reelaborou seus regulamentos para incluir a reabilitação e reentrada entre seus objetivos prioritários, mas essas mudanças não são mais do que um primeiro passo simbólico em um longo processo que apenas começou a ser tratado.

5.3.5.5 Forças e fraquezas

As deficiências do sistema prisional em termos de reabilitação e reentrada são óbvias, mas seria injusto limitar sua avaliação a este único aspecto. Consequentemente, e dado que não é possível fazer uma análise exaustiva da situação aqui, apresentamos a seguir os pontos fortes e fracos recentemente apontados por outros autores (González et al., 2015; Uruguai-CPP, 2019).

Pontos fortes:

- Regulamentos de acordo com convenções internacionais. Unificação organizacional e consolidação do INR.
- Melhoria contínua das práticas e modelos técnicos de reabilitação. Substituição progressiva de policiais por operadores civis.
- Aplicação padronizada de protocolos de entrada.
- Programas de reentrada experimentais em algumas unidades. Ampla articulação com organizações públicas e privadas.
- Experiência e uso de penas alternativas e substitutas da privação de liberdade.
- Aumento de estudos, consultorias e missões internacionais sobre o sistema prisional.

Pontos fracos:

- Diversidade e heterogeneidade entre unidades prisionais. Violência institucional e entre PPL.
- Superlotação crescente e crítica em algumas unidades.
- Serviços e programas de reabilitação e reentrada limitados e insuficientes. Serviços de saúde limitados e insuficientes.
- Prevalência de práticas prisionais privativas de liberdade.
- Pouco uso de penas alternativas e substitutas da privação de liberdade. Fraca articulação entre o sistema prisional de adultos e adolescentes. Falta de transparência, prestação de contas e comunicação.

5.4 Legislação

As normas legislativas mais relevantes relacionadas ao sistema penal estão listadas abaixo:

- Lei nº 14.095, sobre Crimes Econômicos (1972).
- Decreto – Lei n° 14.294, de Entorpecentes (1974).
- Decreto-Lei nº 14.470, Regras sobre Reclusão Carcerária e Pessoal Penitenciário (1975).
- Decreto-Lei nº 15.032, Código de Processo Penal (1980).

- Lei nº 16.707, Segurança Cidadã (1995).
- Lei nº 17.016, sobre corrupção pública (1998).
- Lei nº 17.684, sobre o Comissariado Parlamentar (2002).
- Lei nº 17.726, de Medidas Alternativas (2003).
- Lei nº 17.815, sobre Violência Sexual contra Crianças, Adolescentes ou Incapazes (2004).
- Lei nº 17.823, Código da Criança e do Adolescente (2004).
- Lei nº 17.861, ratificação da Convenção das Nações Unidas contra o Crime Organizado Transnacional e seus Protocolos ("Convenção de Palermo") (2004).
- Lei nº 17.897, de Humanização do Sistema Penitenciário (2005).
- Lei nº 18.026, sobre Crimes Contra a Humanidade (2006).
- Lei nº 18.250, sobre Delitos Migratórios (2008).
- Lei nº 18.315, de Procedimento Policial (2008).
- Lei nº 18.897, sobre Interrupção Voluntária da Gestação (2012).
- Lei nº 19.172, sobre Regulação e Controle da Cannabis (2013).
- Lei nº 19.247, sobre Posse e Porte de Armas (2014).
- Lei nº 19.293, Novo Código de Processo Penal (2014).
- Lei nº 19.315, Lei Orgânica Policial (2015).
- Lei nº 19.446, sobre a Regulamentação do Regime de Liberdade Provisória, Condicional e Antecipada e Penas Substitutivas da Privação de Liberdade.
- Lei nº 19.574, sobre Lavagem de Dinheiro e Financiamento do Terrorismo (2017).
- Lei nº 19.580, sobre Violência contra a Mulher com Base no Gênero (2017).
- Lei nº 19.643, de Prevenção e Combate ao Tráfico de Pessoas (2018).
- Lei nº 19.889, Lei de Urgente Consideração (2020) O Uruguai ratifica a convenção de Palermo por meio da Lei nº 17.861, de 2004.

Finalmente, é apropriado fazer duas menções adicionais. Em primeiro lugar, que o Uruguai possui uma normativa-marco sobre crime organizado, mas que a regulamentação relativa ao tema se encontra dispersado pelo ordenamento jurídico. Em segundo lugar, que todos os tratados internacionais do país podem ser consultados em: https://tratados.mrree.gub.uy/

Referências

Abal, Alejandro. 2018. *Antecedentes del Nuevo C.P.P. Las iniciativas de codificación procesal penal en Uruguay*. En *Curso sobre el Nuevo Código del Proceso Penal*, 17-37 Montevideo: Fundación de Cultura Universitaria.

Abizanda, Beatriz, Joan Serra Hoffman, Lina Marmolejo, y Suzanne Duryea. 2012. *Citizen Security: Conceptual Framework and Empirical Evidence.* Inter-American Development Bank. Banco Mundial. 2020. «Datos de libre acceso del Banco Mundial». 2020.

Bayley, David H. 1995. «A foreign policy for democratic policing». *Policing and Society* 5 (2): 79-93. https://doi.org/10.1080/10439463.1995.9964713.

BID (Banco Interamericano de Desarrollo), y Uruguay-MI (Ministerio del Interior). 2018. *¿Cómo evitar el delito urbano? El Programa de Alta Dedicación Operativa en la nueva Policía uruguaya.* Montevideo: Banco Interamericano de Desarrollo, Ministerio del Interior de la República Oriental del Uruguay.

Cairoli, Milton. 2001. *El Derecho Penal Uruguayo y las nuevas tendencias dogmático-penales*, Tomo I. Montevideo: Fundación de Cultura Universitaria.

Camaño, Diego. 2018. «El encarcelamiento cautelar en el modelo acusatorio de justicia penal». En *Estudios sobre el Nuevo Proceso Penal*, 133-157. Montevideo: Fundación de Cultura Universitaria.

Castillo, Federico del. 2018. «Génesis, desarrollo y profesionalización del análisis criminal en la Policía Nacional». En *¿Cómo evitar el delito urbano? El Programa de Alta Dedicación Operativa en la nueva Policía uruguaya.* Montevideo: Banco Interamericano de Desarrollo, Ministerio del Interior de la República Oriental del Uruguay.

———. 2019. «Obstacles to problem-oriented policing in Montevideo». *Policing* 42 (3): 334-
46. https://doi.org/10.1108/PIJPSM-02-2018-0025.

———. 2020. «¿Uruguay tiene una policía preventiva? La situación de la prevención del delito en la reforma policial uruguaya». *Fronteras* 14 (1): 28-40.

Chainey, Spencer P, Rodrigo Serrano-Berthet, y Federico Veneri. 2020. «The impact of a hot spot policing program in Montevideo, Uruguay: an evaluation using a quasi--experimental difference-in-difference negative binomial approach». *Police Practice and Research* 00 (00): 1-16. https://doi.org/10.1080/15614263.2020.1749619.

Cid, Alejandro. 2019. «Saturation Policing and Robberies: Quasi-Experimental Evidence about the Effect of Sudden and Quick Operations». *Justice Evaluation Journal* 2 (2): 164-80. https://doi.org/10.1080/24751979.2019.1629827.

CIFRA. 2018. «Inseguridad: el problema más grave, que afecta más a jóvenes y mujeres». 2018. https://bit.ly/2X0n5Hn.

———. 2020. «Principal problema del país, el económico». 2020. https://bit.ly/3jUeS1c.

Cohen, Mollie J., Noam Lupu, y Elizabeth J. Zechmeister, eds. 2017. *The Political Culture of Democracy in the Americas, 2016/17: A Comparative Study of Democracy and Governance.* AmericasBarometer. LAPOP, USAID and Vanderbilt University.

Corporación Latinobarómetro. 2017. *Informe Latinobarómetro 2017.* Buenos Aires, Argentina: Corporación Latinobarómetro.

———. 2018. «Informe Latinobarómetro 2018». Santiago de Chile: Corporación Latinobarómetro.

Cruz, José Miguel. 2009. «Police Abuse in Latin America». *Americas Barometer Insights*. Vol. 11

AmericasBarometer. LAPOP, USAID and Vanderbilt University.

———. 2016. «State and criminal violence in Latin America». *Crime, Law and Social Change* 66 (4): 375-96. https://doi.org/10.1007/s10611-016-9631-9.

Dammert, Lucía. 2016. «Rehabilitation in Latin America: Could innovation be fostered in precarious conditions?» https://bit.ly/3ySuE46.

Dammert, Lucía. 2019. «Challenges of police reform in Latin America». En *Routledge Handbook of Law and Society in Latin America*, editado por Rachel Sieder, Karina Ansolabehere, y Tatiana Alfonso, 1-26. New York: Routledge.

DePietro, Andrew. 2020. «Here's How Much Money Police Officers Earn In Every State». Forbes. 2020. https://bit.ly/2EgFclT.

Dias Felix, Annabelle, y Tina Hilgers. 2020. «Community oriented policing theory and practice: global policy diffusion or local appropriation?» *Policing and Society* 0 (0): 1-9. https://doi.org/10.1080/10439463.2020.1776280.

Eurostat. 2018. «Police, court and prison personnel statistics». 2018. https://bit.ly/30AX9D0. Fernández, Gonzalo. 2014. *Cuestiones actuales de Derecho Penal.* Montevideo: Fundación de Cultura Universitaria.

Franco, Marccello. 2010. *La prisión preventiva. ¿Remedio eficaz para enfrentar la amenaza a la seguridad pública o tan solo aseguramiento procesal?* Montevideo: Editorial Carlos Álvarez. Freedom House. 2020. «Freedom in the World 2020: A Leaderless Struggle for Democracy». Washington, D.C.: Freedom House. 2020. https://bit.ly/30Esvst.

Frühling, Hugo. 2012. «A realistic look at Latin American community policing programmes».

Policing and Society 22 (1): 76-88. https://doi.org/10.1080/10439463.2011.636816. Goldstein, Herman. 1979. «Improving Policing: A Problem-Oriented Approach». *Crime & Delinquency* 25 (2): 236-58.

Jaitman, Laura, y Nicolas Ajzenman. 2016. «Crime concentration and hot spot dynamics in Latin America». IDB Working Paper Series N° IDB-WP-699. Inter-American Development Bank. https://bit.ly/2CGlTSo.

Leal Buitrago, Francisco. 2003. «La Doctrina de Seguridad Nacional: Materialización de la Guerra Fría en América del Sur». *Revista de Estudios Sociales*, n.º 15: 74-87.

Mainwaring, Scott. 2018. «Party System Institutionalization in Contemporary Latin America». En *Party Systems in Latin America: Institutionalization, Decay, and Collapse*, editado por Scott Mainwaring, 34-70. Cambridge: Cambridge University Press.

Malone, Mary Fran T., y Lucía Dammert. 2020. «The police and the public: policing practices and public trust in Latin America». *Policing and Society* 0 (0): 1-16. https://doi.org/10.1080/10439463.2020.1744600.

Munyo, Ignacio, y Martín A. Rossi. 2019. «Police-Monitored Cameras and Crime».

Scandinavian Journal of Economics. https://doi.org/10.1111/sjoe.12375.

Paternain, Rafael. 2017. «Políticas de policía y gobiernos de izquierda. El caso de Uruguay».

Delito y Sociedad 2 (44): 161-200. https://doi.org/10.14409/dys.v2i44.7627.

PNUD (Programa de las Naciones Unidas para el Desarrollo). 2013. *Informe Regional de Desarrollo Humano 2013-2014. Seguridad Ciudadana con rostro humano: diagnóstico y propuestas para América Latina*. Ciudad de Panamá: PNUD.

Preza Restuccia, Dardo. 2009. *El Proceso Penal Uruguayo*. Montevideo: Fundación de Cultura Universitaria.

Rodríguez Cuitiño, María Del Rosario. 2019. «El uso del instrumento militar frente a nuevas amenazas: el caso de Uruguay». En *La transformación de las Fuerzas Armadas en América Latina ante el crimen organizado2*, editado por Carolina Sampó y Sonia Alda, 129-52. Lima: Real Instituto Elcano y Centro de Estudios Estratégicos del Ejército del Perú.

Rojido, Emiliano, Ana Vigna, y Nicolás Trajtenberg. 2016. «Rehabilitación e instituciones penitenciarias». En *Cárceles en el Uruguay en el siglo XXI*, editado por María Ana Folle y Ana Vigna, 11-33. Biblioteca Plural. Montevideo: CSIC – Universidad de la República.

Sanjurjo, Diego, Nicolás Trajtenberg, y Federico del Castillo. 2021. «Policing in Uruguay: History, Modernization and Features». En *Global Perspectives of Policing and Law Enforcement*, editado por Jospeter Mbuba. Lanham: Rowman and Littlefield.

Sasson, Eduardo y Arroyo, Martín. 2020. «Indagatoria preliminar. Deberes y límites del accionar fiscal en la recolección de evidencias, derechos del imputado y herramientas de la defensa». En *IX Jornadas Nacionales de Derecho Procesal (Minas-2019)*, 365-378. Lavalleja: Fundación de Cultura Universitaria.

Soba, Ignacio. 2020. *Proceso penal uruguayo. Estructuras procesales y vías alternativas*. Montevideo: La Ley Uruguay.

Trajtenberg, Nicolás. 2008. «Políticas públicas: el caso del Programa de Seguridad Ciudadana». En *Violencia, inseguridad y miedos en Uruguay. ¿Qué tienen para decir las ciencias sociales?*, editado por Rafael Paternain y Rafael Sanseviero, 171-76. Montevideo: Friedrich Ebert Stiftung.

UNDP (United National Development Program). 2019. *Human Development Report 2019: Beyond income, beyond averages, beyond today: Inequalities in human development in the 21st century*. New York: UNDP.

Ungar, Mark. 2011. *Policing Democracy: Overcoming Obstacles to Citizen Security in Latin America*. Baltimore: John Hopkins University Press. https://doi.org/10.1353/book.60322.

UNODC-INEGI. 2021. «El Sistema de Gestión de Seguridad Pública (SGSP) del Ministerio del Interior de la República Oriental del Uruguay». Serie de publicaciones sobre buenas prácticas para la calidad estadística. Ciudad de México: Naciones Unidas. https://bit.ly/3uVaPXz.

UNODC (United Nations Office on Drugs and Crime). 2020. «UNODC Statistics Online: Intentional Homicide Victims». 2020. https://bit.ly/3jzk22w.

Uruguay-CPP (Comisionado Parlamentario Penitenciario). 2019. «Informe Anual 2018». Montevideo: Parlamento del Uruguay.

Uruguay-FGN (Fiscalía General de la Nación). Desempeño del sistema penal uruguayo. Informe del primer semestre de 2019. https://bit.ly/3wYb0BI

Uruguay-FGN (Fiscalía General de la Nación). Desempeño del sistema penal uruguayo: primer cuatrimestre de 2020. https://bit.ly/3wMGj2y

Uruguay-INE (Instituto Nacional de Estadística). 2020. «Estimación de la pobreza por el método de ingreso 2019». Boletín Técnico. Montevideo: INE. https://bit.ly/3kEDLxg.

Uruguay-MI (Ministerio del Interior). 2017. «Encuesta Nacional de Victimización 2017». https://bit.ly/3jBXj5N.

———. 2019a. *Femicidios en Uruguay: Análisis para la homogeneización de criterios y su categorización.* Montevideo: Ministerio del Interior, MIDES, INMUJERES.

———. 2019b. «Remuneraciones 2019». https://bit.ly/2CxoEpe.

———. 2020a. «Denuncias de rapiña y hurto: 1º de Enero al 31 de Diciembre (2018-2019)». Montevideo: Observatorio Nacional sobre Violencia y Criminalidad. https://bit.ly/3flJhag.

———. 2020b. «Homicidios: 1º de Enero al 31 de Diciembre (2018-2019)». Montevideo: Observatorio Nacional sobre Violencia y Criminalidad. https://bit.ly/2WNflZa.

Valentin, Gaberiel. 2019. «Las partes». En *Estudios sobre el Nuevo Proceso Penal.* Montevideo: Fundación de Cultura Universitaria.

Vila, Alejandro. 2012. «La matriz policial uruguaya: 40 años de gestación». En *Uruguay: Inseguridad, delito y Estado*, editado por Rafael Paternain y Álvaro Rico, 203-29. Montevideo: CSIC – Universidad de la República.

———. 2016. «La política de seguridad ciudadana del mujiquismo: entre acuerdos y disensos». En *El Decenio Progresista: las políticas públicas de Vázquez a Mujica*, editado por Nicolás Bentancur y José Miguel Busquets, 255-77. Montevideo: Fin de Siglo.

Vilalta, Carlos, y Gustavo Fondevila. 2019. «Prison Populism in Latin America: Reviewing the Dynamics of Prison Population Growth». *Igarapé Institute | Strategic Note.*

Viscardi, Nilia, y Ricardo Fraiman. 2013. «Educación policial en Uruguay. Transformaciones para la consolidación de un modelo de protección integral». En *Conflictos sociales, luchas sociales y políticas de seguridad ciudadana*, editado por César Barreira, José Vicente Tavares dos Santos, Jaime Zuluaga Nieto, Roberto González Arana, y Felipe González Ortiz, 281-310. Ciudad de México: UAEM. https://bit.ly/2SKKNIf.

World Prison Brief. s. f. «Highest to Lowest – Prison Population Total». London: Institute for Criminal Policy Research. Accedido 6 de junio de 2020. https://bit.ly/2ZTUQMh.

Yacobucci, Guillermo. 2002. *El sentido de los principios penales. Su naturaleza y funciones en la argumentación penal.* Buenos Aires: Editorial Ábaco de Rodolfo de Palma.

6. COOPERAÇÃO NA TRÍPLICE FRONTEIRA: OS DESAFIOS DA HARMONIZAÇÃO JURÍDICO-INSTITUCIONAL

Fábio Ramazzini Bechara
Leandro Piquet Carneiro

Evidências colhidas no âmbito da Operação Lava Jato[1] revelam os países que cooperaram com o Brasil, países de diferentes tradições jurídicas – *Common Law e Civil Law*, ora sustentada em acordos bilaterais (Bélgica, China, Coréia do Sul, Espanha, Estados Unidos da América, França, Itália, México, Panamá, Peru, Portugal, Reino Unido e Suíça) ou em acordos multilaterais da Organização das Nações Unidas (Convenção de Palermo e Mérida) (Antígua e Barbuda, Bahamas, Curaçao, Gibraltar, Hong Kong, Ilhas de Man, Ilhas Cayman, Ilhas Virgens Britânicas, Macau, Singapura, Alemanha, Andorra, Angola, Argentina, Áustria, El Salvador, Grécia, Guatemala, Holanda, Israel, Japão, Liechtenstein, Luxemburgo, México, Moçambique, Mônaco, Noruega, República Dominicana, Rússia, Senegal, Suécia, Uruguai e Venezuela).

[1] BECHARA, Fábio R.; SMANIO, Gianpaolo P.; GIRARDI, Karin B. Cooperação jurídica internacional na Operação "Lava Jato": análise crítica a partir da diversidade entre os sistemas jurídicos nacionais. Revista Brasileira de Direito Processual Penal, Porto Alegre, vol. 5, n. 2, p. 703-736, mai./ago. 2019. https://doi.org/10.22197/rbdpp.v5i2.229. Dados atualizados de 2014 a 2017.

Gráfico 1. Países do Common Law e do Civil Law que cooperaram na Lava Jato com fundamento em acordo/tratado de cooperação em matéria penal.

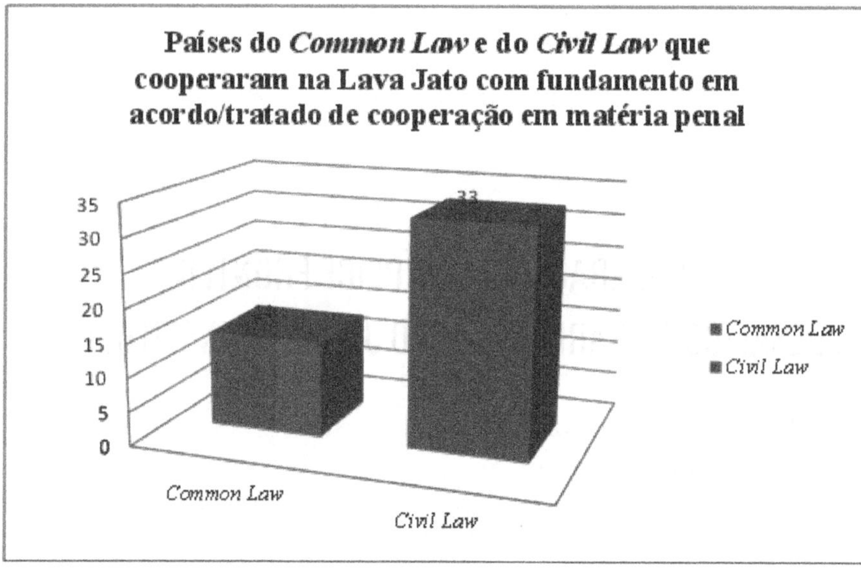

Common Law – Antígua e Barbuda, Bahamas, Canadá, Curaçao, Estados Unidos da América, Gibraltar, Hong Kong, Ilhas de Man, Ilhas Cayman, Ilhas Virgens Britânicas, Irlanda, Macau, Reino Unido e Singapura.

Civil Law – Alemanha, Andorra, Angola, Argentina, Áustria, Bélgica, China, Coreia do Sul, El Salvador, Espanha, França, Grécia, Guatemala, Holanda, Itália, Israel, Japão, Liechtenstein, Luxemburgo, México, Moçambique, Mônaco, Noruega, Panamá, Peru, Portugal, República Dominicana, Rússia, Senegal, Suécia, Suíça, Uruguai e Venezuela.

A diversidade entre os sistemas jurídicos nacionais não constituiu um obstáculo intransponível para o processamento dos pedidos de assistência mútua, em que o procedimento mais utilizado foi o pedido de auxílio direto, que simplifica a tramitação e a torna mais objetiva e ágil.

Gráfico 2. Mecanismos de cooperação jurídica internacional utilizados na Lava Jato.

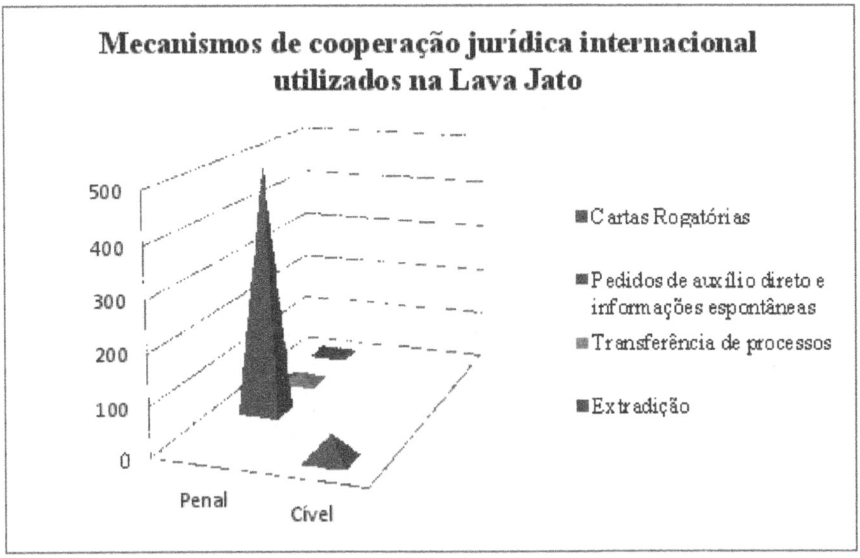

O maior dinamismo nos procedimentos de cooperação jurídica internacional possibilitou, ainda no âmbito da Operação Lava Jato, potencializar os seus resultados a partir das consequências econômicas dos crimes cometidos. Tal circunstância fica evidenciada nas medidas patrimoniais que constituíram objeto da assistência internacional, e os respectivos valores bloqueados e repatriados.

Gráfico 3. Provimentos cautelares patrimoniais.

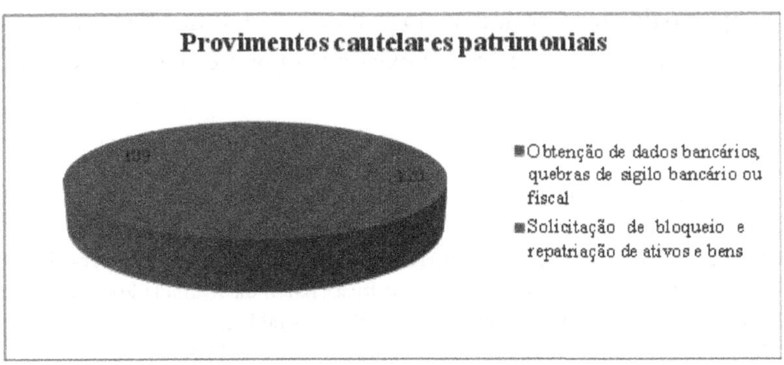

Gráfico 4. Bloqueios e Repatriações na Lava Jato.

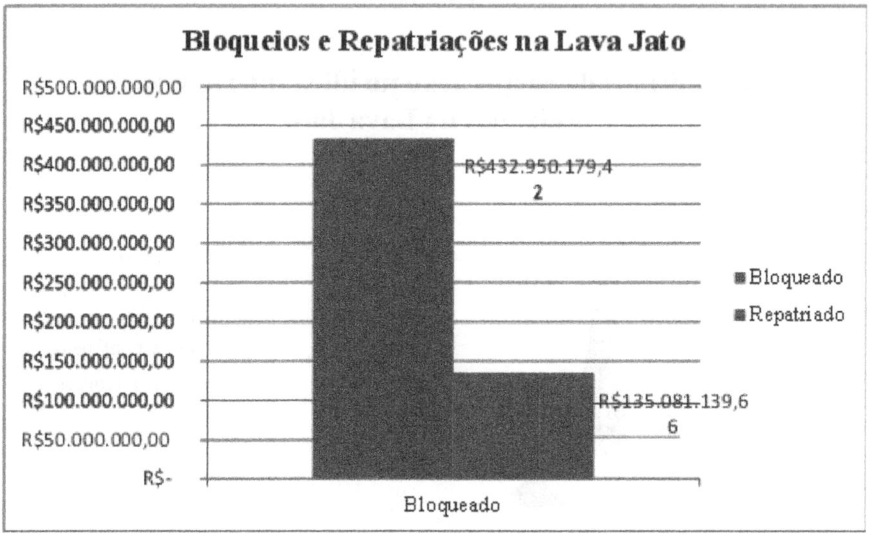

John D. Jackson e Sarah J. Summers (*The Internationalisation of Criminal Evidence*)[2] referem, precisamente, à crescente pressão para que os sistemas legais convirjam em resposta às demandas da globalização. Considerando os problemas comuns da criminalidade enfrentados pelos sistemas nacionais e a busca por soluções internacionais parametrizadas, surge a preocupação dos Estados-Nação em estruturar soluções transnacionais para o problema do crime organizado, um consenso mínimo sobre regras apropriadas em matéria de provas e de procedimento[3].

Nesse contexto, Brasil, Argentina e Paraguai possuem um sólido histórico de cooperação e auxílio mútuo. Desenvolvemos o Atlas Jurídico-Institucional com o objetivo de oferecer uma visão prática sobre os instrumentos de cooperação na área de justiça criminal existentes nos três países, e esperamos

[2] JACKSON, John D.; SUMMERS, Sarah J. The Internationalisation of criminal evidence: beyond the Common Law and Civil Law traditions. Cambridge: Cambridge University, 2012).

[3] BECHARA, Fábio R.; SMANIO, Gianpaolo P.; GIRARDI, Karin B. Cooperação jurídica internacional na Operação "Lava Jato": análise crítica a partir da diversidade entre os sistemas jurídicos nacionais. Revista Brasileira de Direito Processual Penal, Porto Alegre, vol. 5, n. 2, p. 703-736, mai./ago. 2019. https://doi.org/10.22197/rbdpp.v5i2.229

que este possa servir como um instrumento na construção do sistema de governança da Tríplice Fronteira.

Uma das mais importantes evidências nesse sentido são os inúmeros documentos internacionais, bilaterais e multilaterais de que os três países são signatários. O que significa, para além do valor político-diplomático, uma clara sinalização quanto à disposição em levar adiante agendas e pautas comuns.

O propósito do atlas é oferecer um glossário simples e objetivo, intuitivo e amigável, no qual realizamos um esforço de harmonização da legislação penal dos três países. Buscamos ainda estabelecer uma relação de equivalência[4] entre as legislações vigentes, respeitando, é claro, as diferenças[5] que singularizam as nações vizinhas. Acreditamos, dessa forma, contribuir para distensionar e reduzir o risco de conflito e falta de cooperação, principalmente na área da cooperação policial, tornando-a mais dinâmica e de uso mediato.

Há uma flexibilidade natural no âmbito da cooperação policial, em que o reconhecimento dos mesmos valores e/ou dos mesmos parâmetros[6] potencializa a capacidade de assistência mútua, independentemente das tradições jurídicas de cada Estado[7]. Diferente da cooperação jurídica internacional, cuja ritualidade natural tem uma cadência no tempo e no espaço, como, por exemplo, nos casos de extradição e de produção de prova.

Nosso ponto de partida é o quadro abaixo que detalha os principais compromissos internacionais de que fazem parte Brasil, Argentina e Paraguai, os quais versam sobre diversas agendas:

[4] MACHADO, Maíra Rocha. **Internacionalização do direito penal.** A gestão de problemas internacionais por meio do crime e da pena. São Paulo: Editora 34, 2004. p. 211.

[5] DELMAS-MARTY, Mireille. Op. cit., p. 36.

[6] LIMA, Jose Antonio Farah Lopes de. **Trans-border evidence matters and joint investigation teams within the European Union.** Dissertação (Mestrado em Estudos Jurídicos) – Universidade de Cambridge, Reino Unido, 2007. p. 40.

[7] RUBIO, Carlos Ramos. Comisiones Rogatorias para la obtención de pruebas. Problemas de validez de las pruebas obtenidas en el extranjero: análisis de la jurisprudencia del Tribunal Supremo Español. **Estudios Jurídicos,** Madrid: Ministério Fiscal, n. 3, p. 367, 2003.

Acordos Multilaterais em matéria Penal	
Protocolo de Assistência Jurídica Mútua em Assuntos Penais- MERCOSUL	Decreto nº 3.468, de 17 de maio de 2000
Convenção Interamericana sobre Tráfico Internacional de Menores	Decreto nº 2.740, de 20 de agosto de 1998
Convenção Interamericana para o Cumprimento de Sentenças Penais no Exterior	Decreto nº 5.919, de 10 de junho de 1996
Convenção Interamericana contra o Terrorismo	Decreto nº 5.639, de 26 de dezembro de 2005
Convenção Interamericana contra a Corrupção	Decreto nº 4.410, de 7 de outubro de 2002
Acordo Complementar ao Acordo de Assistência Jurídica Mútua em Assuntos Penais entre os Estados Partes do Mercosul, Bolívia e Chile	Decreto nº 8.331, de 12 de novembro de 2014
Convenção das Nações Unidas contra o Crime Organizado Transnacional	Decreto nº 5.015, de 12 de março de 2004
Convenção Interamericana contra a Fabricação e o Tráfico Ilícitos de Armas de Fogo, Munições, Explosivos e Outros Materiais Correlatos	Decreto nº 154, de 26 de junho de 1991
Convenção das Nações Unidas Contra a Corrupção	Decreto nº 5.687, de 31 de janeiro de 2006
Convenção Interamericana sobre Assistência Mútua em Matéria Penal	Decreto nº 6.340, de 03 de janeiro de 2008
Acordo de Extradição entre os Estados Partes do Mercosul	Decreto nº 4975, de 30 de janeiro de 2004
Acordo sobre Transferência de Pessoas Condenadas dos Estados Partes do Mercosul com a República da Bolívia e a República do Chile	Decreto nº 9.566, de 16 de novembro de 2018
Acordo sobre Tráfico Ilícito de Migrantes entre os Estados Partes do Mercosul	Decreto nº 133, de 25 de novembro de 2011

Acordos Bilaterais Brasil Paraguai	
Tratado de Extradição Criminosos entre o Brasil e o Paraguai	Decreto nº 16.925, de 27 de maio de 1925
Acordos Bilaterais Brasil-Argentina	
Tratado de Extradição entre o Brasil e a Argentina	Decreto nº 62.979, de 11 de julho de 1968

Já no quadro abaixo, destacamos as principais notícias veiculadas pelos meios de comunicação sobre iniciativas de cooperação entre os três países, em particular a mais recente, de 2019, que regulamenta a perseguição policial na região da fronteira:

NOTÍCIAS SOBRE ACORDOS CELEBRADOS	
NOTÍCIA	**LINK:**
MERCOSUL - 2001: combate à corrupção de agentes públicos na fronteira	https://politica.estadao.com.br/noticias/geral,mercosul-faz--acordo-contra-corrupcao-nas-fronteiras,20011130p34359
MERCOSUL - 2001: acordo sobre combate à corrupção de agentes públicos na fronteira	https://politica.estadao.com.br/noticias/geral,mercosul-faz--acordo-contra-corrupcao-nas- fronteiras,20011130p34359
MERCOSUL 2004: Mercosul fecha acordo para combater crime organizado	https://www.cartamaior.com.br/?/Editoria/Pelo-Mundo/Mercosul-fecha-acordo-para- combater-crime-organizado/6/1651
Brasil, Argentina e Paraguai: Acordo para minimizar o tráfico de mulheres na região da tríplice fronteira	https://www.gov.br/mdh/pt-br/navegue- por-temas/politicas-para-mulheres/arquivo/area-imprensa/ultimas_noticias/2009/11/not_trafico_trip_fronteira
Brasil e Paraguai - 2016 intensificação de acordos na área de segurança	https://www.novo.justica.gov.br/news/brasil-e-paraguai--deverao-intensificar-acordos-de- cooperacao-na-area-de--seguranca

Brasil e Paraguai – 2018: Defesa assina termo de Cooperação que visa o desenvolvimento de ações coordenadas e conjuntas, para a prevenção e o combate ao crime organizado transnacional e ao terrorismo.	https://www.defesa.gov.br/noticias/4380 5-defesa-assina-acordo-de-coopera%C3%A7%C3%A3o-m%C3%BAtua-com-paraguai-e-argentina
MERCOSUL – 2019 plano de combate à corrupção	https://www.gov.br/planalto/pt-br/acompanhe-o-planalto/noticias/2019/12/mercosul-assinara-acordos-durante-cupula-de-chefes-de-estado
Brasil, Paraguai e Argentina – 2019: acordos de proteção mútua de indicações geográficas, cooperação policial na fronteira, transporte de produtos perigosos, serviços financeiros, defesa do consumidor e reconhecimento recíproco de assinaturas digitais.	https://www.diariodepernambuco.com.br/noticia/politica/2019/12/bolsonaro-recebe-lideres-do-mercosul-nesta-quinta-feira.html
MERCOSUL – 2019: Acordo para perseguição policial nas fronteiras	https://www.novo.justica.gov.br/news/acordo-para-perseguicao-policial-nas-fronteiras-e-assinado-pelos-estados-do-mercosul

A cooperação no âmbito da Tríplice Fronteira traz desafios linguísticos e, também, barreiras decorrentes da diversidade dos sistemas jurídicos nacionais. Se, de um lado, os citados documentos internacionais, multilaterais e bilaterais, induzem a um processo de harmonização e de menor tensão entre os diferentes sistemas, de outro lado, a nosso ver, revela-se fundamental o nivelamento do conhecimento e do acesso à informação por parte dos agentes estatais quanto ao funcionamento e organização do sistema de justiça criminal dos países vizinhos.

Um dos temas que nos parece muito caro, e que merece uma particular atenção, refere-se ao exercício da atividade de inteligência na área criminal, que pode ou não estar associada a uma atividade de investigação para apuração de um crime. As atividades de inteligência passaram a desempenhar um papel cada vez mais relevante nos denominados crimes de risco, ao assessorar a prevenção e a investigação de crimes como o terrorismo[8], a criminalidade organizada, a lavagem de dinheiro e a corrupção.

São temas cada vez mais imersos no regime de governança internacional, seja no plano global como regional, na medida em que se beneficiam do comércio e do sistema financeiro internacional, das comunicações, dos deslocamentos que fazem com que o mundo esteja cada vez mais interconectado e interdependente. A globalização cria novas oportunidades de expansão da liberdade política e econômica, fortalece a paz e o entendimento entre diferentes culturas, mas ao mesmo tempo cria vulnerabilidades ao facilitar as atividades criminosas transnacionais, a proliferação de armas e o aumento das doenças infecciosas[9].

As variáveis chave para o enfrentamento de novas dinâmicas de mobilidade dos comportamentos ilícitos são as ações de vigilância integrada e o monitoramento contínuo das organizações criminais e dos mercados nos quais essas atuam, de modo que os esforços de intervenção do Estado possam ser dirigidos para o controle dos pontos centrais das redes que operam essas atividades ilícitas transnacionais[10].

A mobilidade financeira ilegal (não documentada, transfronteiriça e com o propósito de esconder e valorizar ativos) é uma variável crítica para a sustentação das organizações criminosas em suas atividades locais e transnacionais[11].

Nesse contexto, a pro atividade da inteligência aumenta o nível de governança sobre a movimentação de recursos de natureza ilícita e repercute, de forma positiva, nas investigações criminais[12].

[8] International Commission of Jurists Assessing Damage, Urging Action. Report of the Eminent Jurists Panel on Terrorism, Counter-Terrorism and Human Rights (Genebra-2009), p. 67 (http://ejp.icj.org/IMG/EJP- Report.pdf).

[9] TREVERTON, G.F., Intelligence for an Age of Terror, Cambridge 2009, pp. 15 e seguintes.

[10] GERMAN, Michael. Strengthening Intelligence Oversight. Brennan Center for Justice at New York University School of Law. 2015, p. 9

[11] V. RUGGIERO. Dirty Money. "On financial delinquency". Oxford University Press. 2017, p. 216-218.

[12] VERVAELE, John. "Special procedural measures and respect of human rights. General Report". International Review of Penal Law. N. 80. 1o/2o trimestre de 2009, p. 88. O autor aponta para uma redefinição do papel das instituições na investigação criminal, bem como a participação de novos atores, como órgãos administrativos decontrole e a comunidade de inteligência.

A transformação do processo penal tradicional é impulsionada por essa nova realidade antes ignorada no domínio das normas processuais, como o compartilhamento de dados sobre criminosos, o congelamento de bens, a produção de prova no exterior, a repatriação de ativos, dentre outros, cujo objeto é caracterizado pela multidisciplinariedade, o que motiva a extensão e a intersecção com a atividade de inteligência[13].

A compreensão quanto aos diferentes espaços de incidência da atividade de inteligência e de investigação, e, principalmente, a inevitável intersecção entre ambas, nem sempre clara e cristalina, reflete a importância da contribuição que o Atlas pode dar, ao permitir que qualquer agente tenha nas suas mãos um instrumento de fácil acesso que possa apoiar o processo de decisão dos operadores da área de segurança e justiça.

O dia a dia dos agentes de segurança pública na região da Tríplice Fronteira, onde as divisas geográficas entre os países nem sempre é visível, exige não somente conhecimento sobre a área, mas principalmente a tomada de decisão rápida.

Nesse sentido, o Atlas constitui mais um recurso à disposição do agente, simples e intuitivo, com informações objetivas e de fácil manuseio e acesso.

A estrutura do Atlas contempla os eixos temáticos que dialogam com a realidade na região, como o tráfico de armas, de drogas e de pessoas, o contrabando e o descaminho, a lavagem de dinheiro, a atuação de organizações criminosas, a corrupção, o financiamento ao terrorismo.

Não se resume, todavia, a apontar o referencial normativo em cada tipologia, mas também contempla os diferentes caminhos operacionais possíveis, seja no âmbito da investigação criminal, seja no âmbito da atividade de inteligência, para fins repressivos, mas principalmente de controle e prevenção. Compartilhamento de informações, produção de conhecimento, interceptação das comunicações, sequestro e indisponibilidade de bens, prisão, busca e apreensão de bens, quebra de sigilo bancário e fiscal, extradição, cooperação jurídica internacional são alguns dos inúmeros instrumentos à disposição dos agentes. Mas uma terceira questão igualmente nos preocupou na organização

[13] WINTER, Lorena Bachmaier. "Información de inteligencia y proceso penal" In Terrorismo, Proceso Penal y Derechos Fundamentales. Coord. Lorena Bachmaier Winter. Marcial Pons: Madrid. 2012, p. 47-49.

no Atlas: o modelo institucional de competências de cada país. Assim, soma-se ao descritivo normativo por tipologia e à regulação dos instrumentos e procedimentos de uso, o apontamento dos órgãos competentes para cada situação.

São as três perguntas básicas que o Atlas Jurídico-Institucional pretende responder: em relação ao "o quê", o Atlas detalhará dentro de cada eixo temático diferentes tipos de providência, como o compartilhamento de dados, o compartilhamento de informações e de provas, a prática de atos de investigação e de prova em cada país, e a respectiva legislação aplicável, seja no âmbito do sistema de justiça criminal, mais recorrente, mas principalmente no âmbito administrativo.

Quanto ao "quem", o Atlas identificará os diferentes atores cujas competências guardam conexão, direta ou indiretamente, com a realidade da Tríplice Fronteira, seja na repressão, seja no controle e prevenção. Estão compreendidos os agentes de segurança pública, como a polícia judiciária, a polícia militar, a polícia rodoviária federal, os respectivos órgãos de inteligência, mas também as unidades de inteligência financeiras, as unidades especializadas na prevenção e repressão a determinados ilícitos, as agências aduaneiras, os órgãos de defesa e segurança nacional, as agências de controle, como, por exemplo, os tribunais de contas.

Quanto ao "como", o objetivo do Atlas é detalhar os procedimentos em cada providência pretendida, o nível de formalidade a depender da finalidade, o funcionamento e operacionalização, a clareza em relação aos parâmetros de validade em cada situação. O compartilhamento de informações entre órgãos de inteligência possui uma ritualidade mais dinâmica; contudo, cercada de protocolos de segurança e sigilo, diferentemente do compartilhamento de provas numa determinada investigação criminal, em que a tramitação é mais burocrática, tendo em vista os reflexos que são gerados no processo judicial. A criação de bancos de dados compartilhados, a construção de sinais de alerta e pontos de atenção são mais alguns exemplos de iniciativas que se inserem no contexto dos objetivos do Atlas.

Não importa qual o nível de instrução e formação do profissional, a formatação do Atlas prioriza a simplicidade e objetividade, tanto na linguagem, como na organização e visualização da informação disponibilizada, e, principalmente, no acesso e no manuseio do conteúdo. O Atlas busca contribuir na tomada de decisão, seja no nível operacional, seja no nível tático e estratégico.

Entendemos que o Atlas é um ponto de partida, e não um ponto de chegada. E por esse motivo, a sua publicação deve ser sucedida por constantes atualizações e aperfeiçoamento, fruto da contribuição das centenas de profissionais, que pretendemos que não somente o utilizem, mas igualmente o critiquem, de modo a apontar as sempre necessárias e indispensáveis correções. Somente assim o Atlas fará sentido, não como mais um livro de prateleira como muitos, mas como o instrumento incorporado e ambientado na rotina de cada profissional.

7. REDES DE COOPERAÇÃO JURÍDICA INTERNACIONAL: O QUE SÃO, PARA QUE SERVEM E COMO USAR?

Fábio Ramazzini Bechara
Georgia Renata Sanchez Diogo

7.1 Introdução

Estima-se que as empresas perdem cerca de 5% em decorrência de fraude, segundo estudo da ACFE – *Association of Certified Fraud Examiners* (2018). As fraudes duram em média 16 meses antes de serem descobertas pelas empresas. Cerca de 22% das empresas perdem um milhão de dólares americanos ou mais, sendo vítimas de fraudes[1].

O Banco Mundial estima que cerca de um trilhão de dólares americanos é pago por ano em propina por empresas no mundo (2014)[2]. O Fórum Econômico Mundial estima que o curso de investimento em país corrupto é 10% maior do que em um país mais íntegro (2014)[3].

Esse quadro é ilustrado por grandes escândalos de corrupção, fraudes e lavagem de dinheiro, tanto no setor público como no privado, como os casos

[1] https://s3-us-west-2.amazonaws.com/acfepublic/2018-report-to-the-nations.pdf (acesso em 13/06/2019)

[2] https://nacoesunidas.org/corrupcao-custa-mais-de-us-26-trilhoes-por-ano-alerta-pnud (acesso em 13/06/2019)

[3] https://www.oecd.org/cleangovblz/49693613.pdf (acesso em 13/06/2019).

PETROBRÁS, WORLDCOM, ENRON e, FIFA, por exemplo. Isso impulsionou uma agenda internacional de integridade baseada na gestão de risco, em vista à preocupação não somente com os danos reputacionais, mas também com a saúde financeira dos negócios e à possibilidade de responsabilização no plano administrativo, patrimonial e criminal, seja de pessoas físicas como jurídicas[4].

Nesse sentido, a expressão *criminal compliance* vem sendo utilizada para designar as políticas e práticas para evitar o envolvimento de pessoas físicas e jurídicas com infrações penais, notadamente as infrações penais econômicas. Portanto, trata-se de um conjunto de cuidados e cautelas para garantir que a norma penal seja cumprida e impedir as consequências de sua eventual violação[5].

A corrupção internacional, por exemplo, é facilitada pelas práticas das empresas multinacionais, em que a lavagem de dinheiro viabiliza o caminho para que os corruptos transfiram os fundos para o exterior. As políticas que dificultam esse processo de transferência de fundos ilícitos são uma das chaves dos esforços globais contra a corrupção. E a cooperação internacional, notadamente a cooperação jurídica internacional, é um dos instrumentos mais importantes para influenciar a mudança de comportamento das empresas baseada em princípios éticos, e também auxilia na demonstração sobre como a luta global contra o crime organizado e a lavagem de dinheiro pode indiretamente limitar os benefícios da corrupção[6].

A cooperação jurídica internacional, que se traduz nos esforços de comunicação entre Estados soberanos ou entre estados e organismos internacionais, passou a desempenhar um papel essencial, na medida em que atenuou as restrições naturalmente impostas pelas barreiras geográficas e jurídicas.

[4] KILMAR, Cibelle Mortari e AMOROSO, Hugo von Acken Erdmann. Responsabilidade de sócios, administradores e conselheiros: facetas aplicadas do criminal compliance. In: NOHARA, Irene Patrícia e PEREIRA, Flávio de Leão Bastos. Governança, Compliance e Cidadania. São Paulo: Revista dos Tribunais. 2018, p. 207-209.

[5] BOTTINI, Pierpaolo Cruz, RIZZO, Beatriz Dias, ROCHA, Marcela. Algumas linhas sobre compliance criminal. In: CUEVA, Ricardo Villas Bôas e FRAZÃO, Ana. Compliance. Perpsectivas e desafios dos programas de conformidade. Belo Horizonte: Editora Fórum. 2014, p. 381.

[6] ACKERMAN, Susan Rose e PALIFKA, Bonnie J. Corruption and Government. Causes, consequences, and reform. New York. Cambridge University Press. 2016, p. 491.

Um dos fatores que aceleraram essa relação comunicacional entre diferentes países e organismos internacionais são as redes de cooperação internacional, que simplificam procedimentos, mitigam as diferenças, e melhoram a governança sobre problemas. É exatamente essa melhoria da governança sobre dados e informações, por exemplo, que potencializa o aperfeiçoamento da capacidade de monitoramento e detecção de irregularidades, fraudes corporativas, atos de corrupção, e que ao mesmo tempo repercute no processo de construção, implantação e monitoramento dos programas de integridade ou *compliance*. A gestão de risco que se pretende realizar nesses programas deve considerar esse incremento da vigilância a partir das redes de cooperação, tendo em vista a maior agilidade no rastreamento de comportamentos, no cruzamento de dados e engajamento na tomada de decisão, cada vez mais desfronteirizada e transnacional[7].

Ainda com o intuito de conferir maior agilidade aos processos de assistência mútua, os Estados têm desenvolvido protocolos para implantar a tramitação eletrônica de pedidos de cooperação jurídica e as redes têm sido remodeladas para atender a esse propósito.

Assim, o objetivo do capítulo é identificar as principais redes de cooperação jurídica internacional atualmente existentes, e analisar a sua natureza e regime jurídico aplicável, a partir do marco teórico sobre cooperação jurídica internacional e governança global.

7.2 A governança sobre questões transnacionais

Elke Krahmann propõe a definição de governança a partir da fragmentação da autoridade política em sete dimensões: geografia, função, recursos, interesses, normas, tomada de decisão e implementação de política[8]. Governança global, por sua vez, é uma expressão utilizada para designar os esforços para aportar respostas mais confiáveis e ordenadas para problemas políticos e sociais que vão além da capacidade dos estados em agir individualmente, como poluição

[7] GRAYCAR, Ada. International cooperation to combat money laundering. IN: NATARAJAN, Mangai. Cambridge: Cambridge University Press. 2011, p. 446.

[8] KRAHMAN, Elke. National, Regional and Global Governance: one phenomenon or many?. Global Governance 9 (2003), p. 323.

ambiental, crime transnacional, terrorismo, migração, doenças infecciosas etc., que somente podem ser resolvidos através da cooperação internacional[9].

Nas duas últimas décadas foram criados diversos regimes transnacionais, em nível regional e global, sendo que alguns deles exercem autoridade supranacional real, como também foram criadas redes públicas e privadas de cooperação, de diversos tipos, do nível local para o nível internacional.

Especificamente no que se refere às redes de cooperação internacional, estas contribuem para atenuar os reflexos do caráter multidimensional da governança, que pode ser atribuído a duas distintas visões: 1ª.) a dispersão da autoridade das jurisdições (internacional, nacional, regional, local) a um número limitado de níveis, cujos membros não interagem e concentram múltiplas funções; 2ª.) o caráter cada mais especializado das jurisdições, cujo número e escalas em que operam são variáveis[10].

Assim, Grainne De Burca, Robert O. Keohane e Charles Sabel propõem o modelo experimentalista de governança global como mais viável para superar o seu caráter multidimensional, se comparado ao esforço e à dificuldade que caracteriza o modelo de relações e regimes internacionais integrados, ou mesmo o modelo de redes articuladas entre atores e organizações internacionais no processo de tomada de decisão. Segundo os autores, o modelo de governança global experimentalista compreende um conjunto de práticas que envolvem livre participação de uma variedade de entidades, públicas e privadas, ausência de hierarquia formal nos acordos de governança, e por um amplo processo de tomada de decisão e implementação, inclusive, no plano regulatório[11].

A governança experimentalista, de acordo com os autores, possibilita uma forma de visão prospectiva ou responsabilização dinâmica não disponível em regimes centralizados, na medida em que aumenta a participação na elaboração conjunta de regras que podem contribuir em contextos transnacionais e globais.

[9] KRAHMAN, Elke. National, Regional and Global Governance: one phenomenon or many?. Global Governance 9 (2003), p. 329.

[10] HOOGHE, Liesbet e Gary Marks. Types of multi-level governance *in* Handbook on Multi-level Governance edited by Henry Enderlein, Sonja Wälti e Michael Zürn. Edward Elgar Publishing Inc. Northampton. 2010, p. 1718.

[11] DE BURCA, Grainne, KEOHANE, Robert O. Keohane e SABEL, Charles. New Modes of Pluralist Global Governance, 45 N.Y.U. J. Int'l L. & Pol. 723 (2013), p. 723-786.

Cresce, portanto, cada vez mais a necessidade de interação através de meios que se situam entre as tradicionais organizações internacionais e as comunicações "ad hoc", como as redes de cooperação. É o que Anne-Marie Slaughter e Thomas N. Hale denominam *transgovernmental networks,* como instituições informais que ligam ou conectam reguladores, legisladores, juízes e outros atores para além das fronteiras nacionais. A emergência desse modelo, segundo os autores, é uma resposta ao aumento da complexidade e à natureza transnacional de problemas contemporâneos. Em razão da sua horizontalidade, fortalece e prestigia a autoridade governamental nacional em vez da supranacional ou das burocracias internacionais[12].

Evidente que a operacionalização das redes traz outras questões para serem enfrentadas, principalmente nas situações em que a diversidade entre os sistemas jurídicos conduz a inevitáveis discussões acerca da validade do ato praticado no exterior e a sua respectiva utilidade, e, no mesmo sentido, as eventuais discussões sobre conflito de competência. Contudo, essas questões, embora relevantes, não constituem objeto desse capítulo.

As redes de cooperação jurídica internacional que serão detalhadas nos tópicos abaixo, retratam ao mesmo tempo o modelo de governança experimentalista proposto por Grainne De Burca, Robert O. Keohane e Charles Sabel, bem como se inserem no que Anne-Marie Slaughter e Thomas N. Hale denominam de *transgovernmental networks,* em razão da sua horizontalidade, que prestigia a autoridade governamental nacional ao invés tem vez da supranacional, seja no plano regulatório ou na capacidade operacional de tomada de decisões.

7.3 Conceito, natureza jurídica e finalidade

A cooperação jurídica internacional baseia-se na necessidade de compatibilizar a preservação da soberania nacional com a realização de medidas de

12 SLAUGHTER, Anne-Marie HALE, Thomas N. Transgovernmental networks and multi-level governance. IN: ENDERLEIN, Henrik, WÄLTI, Sonja e ZÜRN, Michael. Handbook on Multi-level Governance. Massachusetts: EE, 2010, p. 358-365.

interesse da justiça de um Estado no território de outro. É uma forma de relacionamento entre Estados, consubstanciada na colaboração mútua[13].

A implementação de medidas de auxílio a outro estado revela-se como uma obrigação jurídica assumida internacionalmente, e ainda como forma de preservação da própria soberania do Estado solicitado, com a proteção contra ingerências externas e males transnacionais e a garantia de aplicação de suas próprias regras e exercício de seu poder[14].

A despeito disso, a cooperação jurídica internacional continua a enfrentar diversas dificuldades que impactam sua eficácia e eficiência. Dentre elas, destacam-se os procedimentos burocráticos e lentidão dos trâmites de processamento das solicitações (tanto internamente quanto no estrangeiro), assim como a diversidade dos sistemas jurídicos, que suscita questões quanto à possibilidade e ao modo de atender às solicitações.

A fim de minimizar as adversidades do processamento das solicitações de auxílio, têm se aprimorado os mecanismos utilizados na cooperação jurídica internacional, principalmente no que diz respeito às vias e aos procedimentos de comunicação, como as redes de cooperação jurídica internacional.

É exatamente nesse contexto que as redes de cooperação internacional foram concebidas e estimuladas em acordos multilaterais, tanto no âmbito regional como universal, como, por exemplo, as Convenções das Nações Unidas contra a corrupção e o crime organizado transnacional, as convenções no âmbito da Organização dos Estados Americanos, no MERCOSUL, na União Europeia, dentre outros.

As redes de cooperação jurídica internacional são grupos que permitem a comunicação entre pontos de contato dos países por elas abrangidos,

13 TOFFOLI, José Antonio Dias; CESTARI, Virgínia Charpinel Junger. Mecanismos de cooperação jurídica internacional no Brasil. In: BRASIL. Ministério da Justiça. *Manual de cooperação jurídica internacional e recuperação de ativos: cooperação em matéria penal.* 1ª ed. DRCI, SNJ, MJ: Brasília, 2008, p. 24.

14 O Professor Antonio Scarance Fernandes indica a distinção entre eficiência, eficácia e efetividade, e propugna a necessidade de se buscar um equilíbrio entre eficiência e garantismo no processo penal. Segundo ele, a eficiência "expressa a capacidade, a força, o poder de algo que o leva a produzir um efeito", ao passo que a eficácia corresponde à produção do efeito esperado. Reflexões sobre as noções de eficiência e de garantismo no processo penal. In: FERNANDES, Antonio Scarance; ALMEIDA, José Raul Gavião de; MORAES, Maurício Zanoide de (Coord.). *Sigilo no processo penal: eficiência e garantismo.* São Paulo: RT, 2008, p. 25.

os quais são designados pelas autoridades centrais responsáveis pela cooperação jurídica, pelo Poder Judiciário, pelos Ministérios Públicos e por outras autoridades envolvidas na cooperação internacional, como as polícias, autoridades aduaneiras, bancos centrais e unidades de inteligência financeira.

Trata-se de um instrumento de natureza complementar e assessória, que não substitui e não se sobrepõe à via de cooperação oficial acordada, seja a diplomática, autoridade central ou direta.

Sua finalidade é coordenar a atuação nacional e facilitar que os pontos de contato possam intermediar o processo da cooperação. Encontros periódicos entre os pontos de contato são realizados de modo a desburocratizar o relacionamento e fomentar a construção de confiança mútua por meio da definição de procedimentos e fluxos padronizados.

Os pontos de contato que integram as redes, buscam realizar as seguintes atividades:

> (1) compilar a documentação normativa potencialmente útil à regulação das relações entre os países que a compõem; (2) disponibilizar dicas importantes sobre o manejo dos instrumentos normativos; (3) manter atualizados os textos dos tratados, bem como a lista dos países aderentes; (4) promover cursos de capacitação e especialização de profissionais que lidam com a cooperação internacional; (5) informar os canais de contato das autoridades competentes por temas específicos em cada um dos países; e (6) disponibilizar informações sobre o sistema jurídico e a legislação doméstica aplicável nos países[15].

Dentre os pedidos mais frequentes tramitados pelas redes, merecem destaque: (1) o exame preliminar de pedidos de auxílio; (2) dicas de interesse e informações práticas sobre como melhor encaminhar pedido específico de cooperação internacional; (3) confirmação de endereço para comunicação de atos processuais; (4) confirmação de recebimento de documentação enviada; (5) pedidos urgentes de complementação de informações; (6) informações sobre o andamento de pedidos encaminhados (diligência e cumprimento);

[15] https://www.gov.br/mj/pt-br/assuntos/sua-protecao/cooperacao-internacional/atuacao-internacional-2/ (acesso em 08/06/2019).

(7) arranjos para a participação de autoridades do Estado Requerente em diligências; e, finalmente, (8) pedidos de remarcação de audiências. Em suma, as redes de cooperação jurídica internacional têm como objetivo facilitar e acelerar a cooperação entre os Estados que as integram, prover informações jurídicas e práticas para as autoridades nacionais e auxiliá-las na formulação de solicitações de auxílio[16].

Os princípios que estruturam as redes de cooperação são a informalidade, a complementaridade, a horizontalidade e a flexibilidade. As informações que trafegam não se destinam a compor autos de processos, mas simplificam a comunicação de informações e a solução de problemas urgentes, a despeito das vias formais que poderão, posteriormente, revestir os atos processuais. São horizontais, porque não há hierarquia entre os pontos de contato, e flexíveis, uma vez que cada Estado é livre para definir a escolha de quem esteja melhor preparado e disponível para exercer as funções que lhes cabe na condição de pontos de contato.

O sentido do princípio da informalidade deve ser compreendido não como o mecanismo alternativo ao formal, mas aquele prévio, para que sejam cumpridas todas as formalidades exigidas ao processo da cooperação jurídica internacional, evitando, assim, devoluções de pedidos e morosidade em sua execução. O intercâmbio de informações entre pontos de contato das redes também deve ser incentivado para fins de inteligência, assim como para aprofundar o conhecimento do sistema de justiça dos países envolvidos. Não é, portanto, salutar, a utilização do termo "cooperação informal", tendo em vista que as redes são criadas no âmbito de Organismos e Organizações Internacionais e seus pontos de contato são formalmente designados pelas instituições dos estados que os integram, e, em sua maioria, por seus dirigentes superiores.

Em resumo, as redes de cooperação internacional visam facilitar o trabalho dos órgãos nacionais encarregados de promover a cooperação.

Os atores responsáveis por investigações criminais ou pela persecução penal fazem parte, também, de redes especializadas em crimes determinados ou em redes institucionais.

[16] https://www.gov.br/mj/pt-br/assuntos/sua-protecao/cooperacao-internacional/atuacao-internacional-2/ (acesso em 08/06/2019).

Essa pulverização de redes demonstra a eficácia desse mecanismo da cooperação internacional.

Vale ressaltar que as redes de cooperação internacional para o combate ao crime transnacional encontram amparo nas declarações de diversos foros internacionais, e sua criação tem sido incentivada pelos organismos internacionais. Como exemplo mais recente, a declaração de Quioto do 14º Congresso das Nações Unidas sobre Prevenção ao Crime e Justiça Criminal, realizado na cidade japonesa, em março de 2021[17]:

> *49. Tomar medidas para garantir o acesso à assistência jurídica eficaz, com recursos adequados e a preços acessíveis para aqueles que não têm meios suficientes ou quando os interesses da justiça assim o exigirem, e aumentar a conscientização sobre a disponibilidade de tal ajuda, inclusive promovendo a aplicação prática dos dispositivos dos Princípios e Diretrizes das Nações Unidas sobre Acesso à Assistência Jurídica em Sistemas de Justiça Criminal, das Ferramentas do Escritório das Nações Unidas sobre Drogas e Crime para garantir a qualidade dos serviços de assistência jurídica em processos de justiça criminal e outras ferramentas relacionadas, incentivando o desenvolvimento de guias de orientação, bem como o armazenamento e partilha de dados sobre o acesso à justiça e por meio do desenvolvimento de uma rede especializada de prestadores de assistência judiciária para o intercâmbio de informações e melhores práticas e para se apoiarem na realização do seu trabalho.*
> *Criminal, das Ferramentas do Escritório das Nações Unidas sobre Drogas e Crime para garantir a qualidade dos serviços de assistência jurídica em processos de justiça criminal e outras ferramentas relacionadas, incentivando o desenvolvimento de guias de orientação, bem como o armazenamento e partilha de dados sobre o acesso à justiça e por meio do desenvolvimento de uma rede especializada de prestadores de assistência judiciária para o intercâmbio de informações e melhores práticas e para se apoiarem na realização do seu trabalho.*
> *63. Estabelecer ou fortalecer redes de cooperação regional e transregional de agentes da lei e outros profissionais da justiça criminal para trocar informações*

[17] Texto da Declaração de Quioto em inglês: https://documents-dds-ny.un.org/doc/UNDOC/LTD/V21/006/54/PDF/V2100654.pdf?OpenElement

> *e melhores práticas com vistas a criar confiança entre estes e facilitar ainda mais a cooperação internacional;*
>
> *74. Garantir ações mais eficazes contra o terrorismo em todas as suas formas e manifestações, onde e por quem quer que seja cometido, em particular em investigações e processos judiciais baseados em informações e provas credíveis e verificáveis e, para este fim, melhorar a coleta, tratamento e preservação de informações e provas relevantes e, ainda, considerar a participação em redes de compartilhamento de informações e evidências, conforme apropriado.*

Consignamos, outrossim, que o Brasil, por exemplo, é atualmente parte das seguintes redes de cooperação jurídica internacional: a Rede de Cooperação Jurídica e Judiciária Internacional dos Países de Língua Portuguesa (CPLP), a Rede Ibero-americana de Cooperação Jurídica Internacional (IberRede), a Rede Hemisférica de Cooperação Jurídica Internacional em Matéria Penal da OEA, a Rede de Cooperação Jurídica Hemisférica em Matéria de Família e Infância da OEA. Além dessas, somos parte de duas redes de cooperação dedicadas à recuperação de ativos: a Rede de Recuperação de Ativos do GAFISUD – RRAG e a Plataforma Pontos Focais de Recuperação de Ativos StAR-Interpol.

Apresentaremos a seguir um mapa descritivo das principiais redes de cooperação atualmente existentes, dentre outras, no âmbito da Organização das Nações Unidas, e da Organização dos Estados Americanos, com as respectivas referências normativas, composição, objetivos e instrumentos de apoio.

7.4 Principais redes de cooperação jurídica internacional das quais o Brasil é parte

a) Rede hemisférica de cooperação jurídica internacional em matéria penal da OEA[18]

A Rede Hemisférica de Cooperação Jurídica Internacional em Matéria Penal, criada no âmbito da Organização dos Estados Americanos (OEA), foi

[18] https://www.justica.gov.br/sua-protecao/cooperacao-internacional/atuacao-internacional-2/redes-de- cooperacao/rede-groove; http://web.oas.org/mla/pt/Paginas/default.aspx; http://www.oas.org/juridico/mla/pt/index.html (acesso em 08/06/2019)

adotada pela V Reunião de Ministros da Justiça daquela Organização, realizada no ano de 2004 em Washington, EUA.

A REDE é gerida no âmbito das Reuniões de Ministros da Justiça ou Outros Ministros ou Procuradores-Gerais das Américas (REJMA), principal fórum técnico e de políticas no nível hemisférico em questões relacionadas à justiça e à cooperação jurídica internacional[19].

O item 4 do Documento de Washington dispõe sobre as funções da REJMA, dentre as quais se incluem[20]:

- Servir de foro hemisférico para o intercâmbio de informações e experiências, a coordenação de políticas públicas e a consolidação e o fortalecimento da cooperação nas áreas de competência das autoridades que delas participem.
- Promover e facilitar a coordenação e a colaboração entre as REMJA e outros processos de cooperação internacional nas áreas de competência das autoridades que participam das REMJA.

As demais que sejam necessárias para melhorar e consolidar o intercâmbio de informações e experiências, a coordenação de políticas públicas e a consolidação e fortalecimento da cooperação internacional nas áreas de competência das autoridades que participam das REMJA.

Fazem parte os 34 Estados membros da OEA.

No âmbito da REMJA, instrumentos de cooperação e treinamento foram desenvolvidos para melhorar e fortalecer a cooperação jurídica e judicial nas Américas. Buscam facilitar e promover, entre outros aspectos, o intercâmbio de informações e experiências, a coordenação de políticas públicas e a consolidação e fortalecimento das relações entre os Estados.

Entre as ferramentas de cooperação, se enquadram as ferramentas eletrônicas:

19 http://www.oas.org/en/sla/dlc/remja/ (acesso em 08/06/2019)

20 http://www.oas.org/juridico/portuguese/doc_washington_VII_por.pdf (acesso em 08/06/2019)

- REDE EM MATÉRIA PENAL[21]: é um conjunto de ferramentas eletrônicas para facilitar e tornar mais eficiente a cooperação e o intercâmbio de informações entre as autoridades centrais e de cooperação jurídica internacional e outros peritos governamentais responsáveis pelo auxílio mútuo em matéria penal e extradição dos Estados membros da OEA.
- SISTEMA SEGURO DE COMUNICAÇÃO ELETRÔNICA: trata-se de um software que promove o intercâmbio de informações por meio de aplicativos seguros de comunicação, tais como o correio eletrônico instantâneo, bem como espaços de trabalho, reuniões virtuais e intercâmbio de documentos mediante a utilização de redes públicas entre equipamentos geograficamente dispersos.

b) Rede Ibero-Americana de Cooperação Jurídica (IBERREDE)[22]

A Rede Ibero-americana de Cooperação Jurídica Internacional (IberRede) foi instituída em 2004, em Cartagena de Índias (Colômbia), após recomendação nesse sentido pela VI Cúpula Ibero-americana de Presidentes de Cortes Supremas e Tribunais Superiores de Justiça.

A IberRede foi concebida por três organizações distintas: A Conferência de Ministros da Justiça Ibero-americanos (COMJIB), a Associação Ibero-americana de Ministérios Públicos (AIAMP) e pela Cúpula Judicial Ibero-americana (CJI) , sendo assim composta por representantes dos Ministérios da Justiça, dos Ministérios Públicos e do Judiciário de 23 países que compõem a Comunidade Ibero-americana de Nações.

Além desses, a IberRede também intermedia comunicações com pontos de contato da Rede Judicial Europeia (RJE) e da Agência Europeia para a cooperação jurídica (Eurojust) e poderá desenvolver, ainda, trabalho para a complementação de pedidos de cooperação remetidos pelo Tribunal Penal Internacional.

Segundo consta do art. 3º do Regulamento, a Iberred tem como objetivos:

[21] http://web.oas.org/mla/pt/Paginas/default.aspx e http://www.oas.org/juridico/mla/pt/index.html(acesso em 08/06/2019)

[22] https://www.justica.gov.br/sua-protecao/cooperacao-internacional/atuacao-internacional-2/redes- decooperacao/iberrede e https://iberred.org/pt (acesso em 08/06/2019)

- o Otimizar a cooperação judiciária em matéria penal e civil entre os países participantes na Comunidade Ibero-Americana de Nações;
- o Estabelecer de forma progressiva e manter atualizado um sistema de informação sobre os diferentes sistemas jurídicos da Comunidade Ibero-Americana de Nações.

No sítio eletrônico da IberREDE, há informações sobre quais tratados cada país ratificou e compila textos sobre o ordenamento jurídico de cada um dos países, sobretudo o Código Penal e o Código de Processo Penal. Nenhuma informação específica sobre a articulação da rede de cooperação entre os países, ou outros dados sobre os procedimentos.

A IberREDE desenvolveu, ao longo dos anos, atividades diversas de capacitação em cooperação jurídica para atores competentes pela matéria, o que era no passado, reconhecidamente, uma lacuna dos cursos de direito dos países da região. Ainda, elaborou manuais de atuação e se estruturou em Grupos de Trabalho especializados sobre extradição, assistência penal mútua, subtração de menores, transferência de pessoas condenadas, delinquência organizada e corrupção. Seus pontos de contato se comunicam por meio de uma plataforma segura denominada Iber@.

Com o intento de aprimorar os mecanismos da cooperação jurídica contemporânea e conferir maior agilidade aos processos de assistência mútua, os Estados têm se debruçado, igualmente, em desenvolver meios para a tramitação eletrônica de pedidos. A iniciativa e- MLA da Interpol, por exemplo, tem esse intuito e pretende criar canais seguros de transmissão dos pedidos, o que aportará maior eficiência e acessibilidade aos processos de cooperação. Para além dos arranjos bilaterais que têm sido construídos com esse fim, países ibero- americanos assinaram, em 2019, durante uma Assembleia da Conferência de Ministros da Justiça Ibero-americanos, a COMJIB, o "Tratado de Medellín". O acordo, que contou com a firma do Brasil, regulamenta a transmissão eletrônica de pedidos de cooperação jurídica entre autoridades centrais dos países signatários, e prevê a possibilidade de utilização da IberREDE, por meio de sua plataforma Iber@. Testemunhamos, com isso, uma redefinição da funcionalidade das redes de cooperação.

c) Rede de Cooperação Jurídica e Judiciária Internacional dos Países de Língua Portuguesa (rede judiciária da CPLP)[23]

A Rede de Cooperação Jurídica e Judiciária Internacional dos Países de Língua Portuguesa (Rede da CPLP) foi criada em novembro de 2005.

Compõem a Rede os oito Países da CPLP: Angola, Brasil, Cabo Verde, Guiné-Bissau, Moçambique, Portugal, São Tomé e Príncipe e Timor Leste.

A Rede tem duas unidades distintas: uma dedicada à área penal; outra, à área civil e comercial[24].

A Rede Judiciária da CPLP desenvolve as suas atividades em complementaridade e articulação com a competência própria dos poderes executivos e das autoridades centrais em matéria de cooperação judiciária internacional dos Estados membros da CPLP, com vista à realização dos seguintes objetivos concretos:

- o Facilitar, agilizar e otimizar a cooperação judiciária entre os estados membros;

Construir, de forma progressiva, um sistema integrado e atualizado de informação sobre os diferentes sistemas jurídicos da Comunidade dos Países de Língua Portuguesa, bem como sobre a cooperação judiciária internacional, em geral;

Portuguesa, bem como sobre a cooperação judiciária internacional, em geral;

- o Estabelecer contatos com organismos internos e internacionais e colaborar em atividades de formação levadas a cabo pelos Estados membros ou por organismos internacionais;
- o Promover a aplicação efetiva e prática das convenções de cooperação judiciária internacional em vigor entre dois ou mais Estados membros.

[23] http://www.cmjplop.org/pt-PT/Rede-Judiciaria-da-CPLP/Historico.aspx(acesso em 08/06/2019)

[24] http://www.cmjplop.org/pt-PT/Rede-Judiciaria-da-CPLP/Estrutura-e-composicao.aspx(acesso em 08/06/2019)

Ainda não há um sistema unificado para troca de informações e dados entre os países integrantes da CPLP.

No tocante à cooperação jurídica internacional, a REDE possui apenas um Atlas Judiciário, que identifica as autoridades competentes para receber e executar pedidos de auxílio jurídico em cada um dos Estados Membros[25].

d) Grupo de Ação Financeira da América Latina (GAFILAT)[26]

O Grupo de Ação Financeira na América Latina (GAFILAT) é uma organização regional intergovernamental que agrupa 17 países da América do Sul, América Central, América do Norte e do Caribe para prevenir e combater a lavagem de dinheiro, financiamento do terrorismo e financiamento a proliferação de armas de destruição em massa.

É um grupo regional, pertencente à rede global. O núcleo desta Rede Global é o Grupo de Ação Financeira (GAFI), que faz parte da estrutura da Organização para Cooperação e Desenvolvimento Econômico (OCDE) na cidade de Paris, na França.

Este órgão emite as 40 Recomendações do GAFI, que todos os países membros e membros da Rede Global são obrigados a implementar em nível nacional. O GAFI tem 36 países membros, entre os quais também são membros do GAFILAT Argentina, Brasil e México, além de 8 grupos regionais, incluindo o GAFILAT, e outras agências associadas.

Por iniciativa do Escritório das Nações Unidas sobre Drogas e Crime (UNODC) e com o apoio da Comissão Interamericana para o Controle do Abuso de Drogas da Organização dos Estados Americanos (CICAD/OEA), a INTERPOL e da Secretaria Executiva da Ação financeira da América Latina (GAFILAT), foi proposta a criação de uma plataforma na região para desenvolver uma rede de contatos na região chamada de modo a facilitar a identificação e localização, tendendo a recuperação de ativos, produtos ou instrumentos de atividades ilícitas.

[25] http://www.cmjplop.org/pt-PT/Rede-Judiciaria-da-CPLP/Atlas-Judiciario.aspx (acesso em 08/06/2019)

[26] https://www.gafilat.org/index.php/es/ (acesso em 08/06/2019)

A Rede de recuperação de ativos do GAFILAT[27] levou em conta as Resoluções 3 (medidas cautelares e confisco) e 38 (cooperação jurídica internacional e extradição) do Grupo de Ação Financeira contra a Lavagem de Dinheiro e o Financiamento do Terrorismo – GAFI.

Neste sentido, o Escritório das Nações Unidas sobre Drogas e Crime (UNODC) e a iniciativa conjunta deste com o Banco Mundial, denominada *Stolen Assests Recovery* (stAR), vêm contribuindo para apoiar, criar e fortalecer redes regionais relacionadas ao tema da recuperação de ativos.

A rede de cooperação instituída pelo GAFILAT, principalmente, propõe-se a facilitar a identificação e localização, tendendo a recuperação de ativos, produtos ilícitos ou instrumentos através dos pontos de contato designados por cada uma das atividades do Estado.

A rede considera que as ferramentas que permitem seu monitoramento, apreensão e confisco são fundamentais para reduzir o potencial econômico das organizações criminosas e desestimular as atividades criminosas.

Entre os objetivos e compromissos da Rede está o fato de que ela deve ser consolidada como um centro de experiência em todos os aspectos para:

- Perseguir o produto do crime o promover o intercâmbio de informações; e
- Atuar como um grupo consultivo para as autoridades nacionais competentes;
- Aconselhar, prestar assistência jurídica mútua e, por sua própria iniciativa, compartilhar boas práticas, conhecimentos e experiências; e
- Fornecer feedback para colaborar com investigações sobre o assunto.

Desde outubro de 2010, o RRAG tem trocado informações por meio de uma plataforma eletrônica que garante a proteção e segurança das solicitações e respostas. Esta plataforma está localizada e é mantida na Unidade de Inteligência Financeira da Costa Rica.

Atualmente, são designados pontos de contato de todos os países membros do GAFILAT, representando as autoridades policiais, procuradores ou

[27] https://www.gafilat.org/index.php/es/espanol/18-inicio/gafilat/49-red-de-recuperacion--de-activos- delgafilat-rrag (acesso em 08/06/2019)

ministérios públicos, unidades de inteligência financeira ou outras autoridades centrais relevantes na matéria.

Da mesma forma, dois países observadores antes da GAFILAT designaram pontos de contato, que são a Espanha e a França, e a entrada de países externos cuja inclusão na Rede corresponde a objetivos estratégicos foi aprovada.

e) Plataforma de Pontos Focais de Recuperação de Ativos (STAR - INTERPOL)[28]

A Plataforma Pontos Focais de Recuperação de Ativos (*Stolen Asset Recovery* - StARInterpol) foi estabelecida pela iniciativa da Interpol em parceria com o Banco Mundial e o Escritório das Nações Unidas sobre Drogas e Crimes (UNODC), como forma de prestar apoio ao esforço de combate à corrupção em paraísos fiscais.

A plataforma foi lançada com o objetivo de fornecer meio seguro de auxílio operacional nos processos investigativos de crimes. Consiste em uma base de dados de operadores do direito que se encontram disponíveis 24 horas por dia, sete dias por semana, para responder aos pedidos urgentes de auxílio quando a ausência imediata de ação possa causar sérios danos à investigação do rastreamento de ativos.

A plataforma também tem como meta desenvolver informações sobre conduta criminal relacionadas às ofensas prescritas na Convenção das Nações Unidas contra a Corrupção, com o propósito de recuperar ativos por meio de uma rede global de contatos.

O foro StAR-INTERPOL tem natureza específica e concentra seu foco na recuperação de ativos relacionados a crimes de corrupção (sobretudo em paraísos fiscais) através da cooperação jurídica internacional e troca de informações sobre novas estratégias mundiais anticorrupção.

A Iniciativa ajuda os países a combater a corrupção em grande escala, especialmente o roubo de bens públicos por altos funcionários do governo e seus colaboradores.

[28] https://www.interpol.int/en/Crimes/Corruption/Asset-recovery#pt-1; https://star.worldbank.org/ (acesso em 08/06/2019)

O programa apoia os esforços para impedir a lavagem de dinheiro da corrupção e para confiscar ganhos ilícitos escondidos em países estrangeiros por funcionários corruptos[29].

O princípio da horizontalidade, analisado anteriormente, é um dos elementos presentes nas redes acima descritas e, certamente, o que as fortalece. Os pontos focais designados pelos distintos órgãos nacionais dotam essa rede de uma peculiar inter-institucionalidade. Representantes de um órgão nacional se relacionam com atores de órgãos estrangeiros distintos, com interesses comuns, rompendo a tradicional linha de cooperação entre instituições congêneres e reforçando o significado do termo "networking". Assim como no mundo dos negócios, onde empresários e empreendedores se comunicam, trocam informações, identificam oportunidades para expansão de seus mercados, os operadores do direito se conectam para fortalecer e intensificar a cooperação jurídica.

Assim como existem as redes que reúnem operadores de diversos órgãos nacionais, presenciamos, nos últimos anos, a criação de redes que integram especialistas de carreiras específicas, como membros de Ministérios Públicos e policiais. Essas apresentam características temáticas mais generalizadas da cooperação ou são desenvolvidas para agrupar especialistas no combate a delitos bem definidos, como tráfico de pessoas ou crimes ambientais.

Analisaremos a seguir esses grupos.

INTERPOL[30]

A Organização Internacional de Polícia Criminal (*International Criminal Police Organization* – INTERPOL) é uma organização intergovernamental, pela qual os 194 países membros[31] compartilham e acessam dados sobre crimes e criminosos.

A INTERPOL ainda oferece suporte técnico e operacional aos países.

29 https://star.worldbank.org/about-us/frequently-asked-questions (acesso em 08/06/2019)
30 https://www.interpol.int/
31 https://www.interpol.int/Who-we-are/Member-countries

Cada um dos países membros abriga um Escritório/Bureau Central Nacional – BCN (*Natcional Central Bureau* – NCB), que conecta as autoridades policiais nacionais com outros países e com a Secretaria- Geral por meio da rede global de comunicações policiais (chamada I-24/7).

O BCN procura a informação necessária de outros BCN para ajudar a investigar crimes ou criminosos no seu próprio país, e partilham dados e informações criminais para ajudar outro país[32].

Como parte do seu papel nas investigações globais, os BCN trabalham com:

- o Agências de aplicação da lei em seu próprio país;
- o Outros BCN e Sub-Bureaus em todo o mundo;
- o Escritórios da Secretaria- Geral em todo o mundo.

A atuação no âmbito internacional em cooperação com países ou organizações internacionais baseia-se na celebração de parcerias.

A INTERPOL formula parcerias com agências governamentais em todo o mundo, fornecendo desde a troca de informações e a junção de mão de obra e equipamentos até a cooperação em projetos financiados pelo governo em áreas de criminalidade relevantes para determinados países ou onde especialistas nacionais específicos foram desenvolvidos[33].

Tais parcerias governamentais, ao adotar uma abordagem simplificada e coordenada, permitem fortalecer as capacidades de aplicação da lei em nível global, unindo forças com organizações que compartilham objetivos e valores semelhantes e evitar duplicação.

A INTERPOL coopera com parceiros do setor público, incluindo todas as principais organizações internacionais, e mantém escritórios de representação na União Africana, na União Europeia e nas Nações Unidas[34].

A INTERPOL e a União Europeia trabalham em colaboração em assuntos de interesse comum, compartilhando seus recursos e perícia. A INTERPOL é um parceiro fundamental para a UE no domínio da segurança externa,

[32] Estatísticas e demais informações sobre as 17 Bases de Dados da INTERPOL: https://www.interpol.int/Howwe-work/Databases

[33] https://www.interpol.int/Our-partners/Government-partners

[34] https://www.interpol.int/Our-partners/International-organization-partners (acesso em 12/06/2019).

migração irregular, luta contra o terrorismo e criminalidade organizada[35]. O escritório especial da INTERPOL na UE, com sede em Bruxelas, trabalha no sentido de garantir que as preocupações da aplicação da lei global sejam adequadamente representadas nas iniciativas da UE e nas decisões políticas. Um de seus objetivos, em matéria de cooperação, é justamente promover a colaboração com a UE em áreas relacionadas com a aplicação da lei para garantir a mais forte cooperação internacional possível em matéria de segurança e contra o crime e o terrorismo, e garantir que cada uma das partes beneficie plenamente daquilo que a outra possa oferecer. A INTERPOL ainda trabalha em cooperação com agências da UE (EUROPOL, EUROJUST, FRONTEX, CEPOL, EU- LISA), em projetos conjuntos para aumentar o acesso aos bancos de dados da INTERPOL, programas de treinamento e capacitação, e outras iniciativas.

A INTERPOL também desempenha o papel de Observador Permanente nas Nações Unidas, Status inicialmente estabelecido pela Resolução da Assembleia Geral 51/1 e formalizado em um Acordo de Cooperação em 1997[36]. A cooperação entre a INTERPOL e a ONU se dá especialmente no que se refere ao terrorismo e ao tráfico de pessoas, além do envio de notificações especiais emitidas para alertar autoridades sobre a aplicação da lei a indivíduos e entidades sujeitas às sanções do Conselho de Segurança da ONU[37]. A INTERPOL colabora com diversas entidades da ONU, especialmente com o Escritório das Nações Unidas sobre Drogas e Crime (UNODC) em áreas de preocupação comum: de tráfico de drogas ilícitas ao tráfico de seres humanos e contrabando de migrantes, armas de fogo, gerenciamento de fronteiras, combate ao terrorismo, além de cibercrime e segurança ambiental.

35 https://www.interpol.int/Our-partners/International-organization-partners/INTERPOL--and-the- EuropeanUnion (acesso em 12.06.2019)

36 https://www.interpol.int/Our-partners/International-organization-partners/INTERPOL--and-the-United-Nations (acesso em 12.06.2019)

37 Avisos especiais do Conselho de Segurança da ONU: https://www.interpol.int/Our- partners/Internationalorganization-partners/INTERPOL-and-the-United-Nations/INTERPOL--United-Nations- Security-CouncilSpecial-Notices; Resoluções aprovadas pela Nações Unidas relacionadas ao papel da INTERPOL:
https://www.interpol.int/Our-partners/International-organization-partners/INTERPOL--and-the-UnitedNations/UNGA-and-UNSC-resolutions-highlighting-INTERPOL-s-role (acesso em 12/06/2019)

Dentre as iniciativas formuladas em conjunto com as Nações Unidas, destacam-se:

- CRIMJUST (INTERPOL, UNODC e *Transparency International*): reúne países da América Latina, Caribe e África Ocidental. Centra-se na identificação e desmantelamento de redes criminosas organizadas através de respostas eficazes da justiça criminal, incluindo investigações pré e pós-apreensão, construindo casos fortes para a acusação e garantindo condenações de criminosos.
- AIRCOP – *Aircraft Communication Project* (UNODC, World Customs Organization e INTERPOL: fortalece as capacidades dos aeroportos internacionais na África, América Latina, Caribe e Oriente Médio para detectar e interceptar drogas ilícitas e outros bens, bem como passageiros de alto risco.

Organization e INTERPOL: fortalece as capacidades dos aeroportos internacionais na África, América Latina, Caribe e Oriente Médio para detectar e interceptar drogas ilícitas e outros bens, bem como passageiros de alto risco.

A INTERPOL ainda realiza uma variedade de projetos conjuntos com outras entidades da ONU, incluindo iniciativas para aumentar o acesso aos bancos de dados e programas de capacitação. Entre as entidades, destacam-se: Departamento de Operações de Paz das Nações Unidas (DPO); Escritório para Assuntos de Desarmamento (UNODA); Departamento de Segurança e Proteção das Nações Unidas (UNDSS); Programa Ambiental das Nações Unidas (UNEP); Organização das Nações Unidas para a Educação, a Ciência e a Cultura (UNESCO); Comitê do Conselho de Segurança das Nações Unidas estabelecido em conformidade com a resolução 1540 (2004); Escritório das Nações Unidas de Serviços de Supervisão Interna (UNOIOS); Departamento de Gestão das Nações Unidas (UNDM); Departamento das Nações Unidas para Assuntos Políticos (UNDPA); Tribunais Ad Hoc das Nações Unidas[38].

[38] https://www.interpol.int/Our-partners/International-organization-partners/INTERPOL--and-the-United-Nations (acesso em 12/06/2019)

f) AMERIPOL[39]

A Comunidade das Forças Policiais da América (AMERIPOL), nasceu durante a III Reunião de Diretores, Comandantes e Chefes de Polícia da América Latina e do Caribe, em Bogotá D.C., Colômbia, de 12 a 15 de novembro de 2007 nas instalações do Centro Social de Oficiais da Polícia Nacional colombiana. Este mecanismo de cooperação policial é implementado com o objetivo de trocar informações em tempo real, garantindo horizontalmente que policiais de diferentes países possam operar simultaneamente para neutralizar a criminalidade e garantir que todos os cidadãos do hemisfério estejam livres de ameaças.

Nesse sentido, as Forças Policiais e/ou instituições homologam concordam com a criação, organização e operação da AMERIPOL, como o primeiro mecanismo de gênero policial como instrumento categórico, eficaz, prático e permanente de cooperação.

A Unidade AMERIPOL (UNA) é a unidade permanente que cada Corpo de Polícia e instituição de contrapartida membro devem estruturar dentro de sua instituição para permitir a comunicação direta com a Secretaria Executiva; é responsável pelo desenvolvimento das funções pertinentes para a troca de informações, assistência mútua e cooperação policial de acordo com o estatuto da Comunidade Policial da América, a fim de implementar os acordos e compromissos. É também o contato direto e permanente de cada membro com as Coordenações (Educação e Doutrina, Intercâmbio de Informações, Cooperação Técnica Científica policial, Apoio e Assistência à Investigação Criminal) da Secretaria Executiva.

Cada Unidade AMERIPOL nomeará um Chefe da UNA, e também terá internamente quatro funcionários que serão responsáveis por cada pilar: Educação e Doutrina, Intercâmbio de Informações, Cooperação Técnica - Cientista policial e Apoio à Investigação Criminal e Assistência Judiciária.

Cada instituição terá pelo menos três funcionários, levando em conta o perfil do cargo e as competências trabalhistas:

1) Chefe da Unidade Ameripol;

[39] <http://www.ameripol.org>

2) Responsável pela Educação e Doutrina, Responsável pela Cooperação Técnica Científica Policial;
3) Responsável pela Troca de Informações, Apoio Responsável à Investigação Criminal e Assistência Judiciária.

Funções da unidade AMERIPOL:

1) Articular dentro de cada Corpo de Polícia e instituição contrapartida, a atenção e a resposta aos requisitos e atividades decorrentes dos acordos e compromissos adquiridos como membro da AMERIPOL;
2) Canalizar processos de informação e cooperação em treinamento e doutrina, troca de informações, assistência técnico-científica policial e investigação criminal e assistência judicial.
3) Manter comunicação permanente e ativa com a Secretaria Executiva, por meio das ferramentas oficiais de comunicação fornecidas pela AMERIPOL;
4) Informar a Secretaria Executiva em tempo hábil de mudanças de comando dentro de sua instituição policial;
5) Adote os parâmetros estabelecidos no Protocolo de Guia da Unidade AMERIPOL.

A Secretaria Executiva é o escritório executor das disposições estabelecidas pelo Conselho de Administração e pela Presidência da Comunidade Policial da América (AMERIPOL), e será eleito por e entre aqueles que compõem o Conselho de Administração por períodos de três anos, exceto quando o término de seu mandato coincidir com a entrega da Presidência; neste caso, seu mandato como Secretaria Executiva se estende por mais um ano. Compete à secretaria executiva: coordenação de cooperação técnica científica da polícia; coordenação de troca de informações; coordenação de apoio à investigação criminal e assistência judiciária; coordenação da educação e da doutrina.

g) Redes desenvolvidas pelo Programa europeu El PacCTO

O programa EL PAcCTO (Programa de Assistência contra o Crime Transnacional Organizado - Europa -América Latina) é um programa de assistência técnica internacional financiado pela União Europeia que tem como objetivo o compartilhamento de boas práticas entre países europeus e latino-americanos e o reforço de competências dos atores envolvidos no combate ao crime. Suas atividades estão estruturadas em três pilares: Cooperação policial, cooperação entre sistemas de justiça e fortalecimento dos sistemas prisionais.

O projeto requer uma participação ativa dos países da região, e, assim como nas redes, a metodologia empregada é a de designação de pontos focais que recebem a assistência europeia e adaptam as experiências aprendidas à realidade dos seus países. Assim, os atores do sistema de justiça são designados Pontos Focais nos pilares, mas também há a escolha de pontos focais transversais que devem conectar os trabalhos dos eixos jurídico, policial e penitenciário europeu, com o claro propósito de intensificar a capacidade das forças de segurança em desenvolver investigações criminais e operações conjuntas na região. São elas:

Rede Jaguar

De acordo com dados de 2018 da Interpol e do Programa das Nações Unidas para o Meio Ambiente (ONU Meio Ambiente), os crimes ambientais movimentam, aproximadamente, entre 91 bilhões e 259 bilhões de dólares anualmente, tornando esse delito o terceiro negócio mais lucrativo, perdendo, apenas, para o tráfico de drogas e o tráfico de pessoas.

A Rede de policiais especializados em crimes ambientais na América Latina e na União Europeia (Red Jaguar) foi criada, em 2019, por uma demanda dos governos dos países amazônicos com o claro objetivo de promover e fortalecer a cooperação entre autoridades competentes por investigação, o intercâmbio de informações estratégicas, boas práticas e modus operandi de organizações criminosas.

A Rede é formada por 15 instituições de 12 países da América Latina e da União Europeia, incluindo a EUROPOL, e seus integrantes trabalham em coordenação com o Escritório Regional da INTERPOL em Buenos Aires, em ações operacionais específicas e intercâmbio de informações.

Rede Elipsia

Desde 2017, o programa EL PAcCTO se debruça, também, na luta contra a cibercriminalidade e na luta contra a pornografia infantil, no âmbito da cooperação policial, por meio da rede "ELIPSIA", que conta com a participação de 13 países latino-americanos, 6 países europeus, além de integrantes da Europol e da Interpol.

Durante a atual conjuntura de pandemia mundial, em que adultos e menores passam a maior parte do tempo em seus lares, confinados, registra-se o crescimento de centenas de crimes, em particular o crime cibernético. Assim, a rede Elipsia passou a se dedicar aos estudos da pedofilia na internet, reforçando a cooperação policial entre seus integrantes.

Rede ARCO

Cidadãos. Para enfrentar esse delito, o programa europeu EL PAcCTO trabalha, em conjunto com o continente latino-americano, na luta contra o tráfico ilícito de armas, peças, componentes, munições e materiais correlatos por meio da Rede ARCO. A rede tem desenvolvido ações de treinamento em investigações cibernéticas e rastreamento de armas de fogo.

A Rede lançou, igualmente, a revista ARCO, que tem o intuito de divulgar investigações de sucesso, modelos europeus e latino-americanos do *modus operandi* das organizações criminosas e descrição de fenômenos emergentes.

Rede COPEN

Os sistemas penitenciários da América do Sul também têm desenvolvido a sua rede de cooperação para fins de inteligência, a RedeCOPEN (Rede de Intercâmbio de Informações Penitenciárias), ferramenta de compartilhamento dos dados penitenciários que está sendo desenvolvida com apoio do Programa EL PAcCTO, com o intuito de combater a infiltração do crime nas penitenciárias da região.

i) Redes de Ministérios Públicos

Assim como os agrupamentos internacionais policiais, membros de Ministérios Públicos criaram suas redes de cooperação para a luta contra os diversos crimes transnacionais. A grande maioria destas são abarcadas pela Associação Ibero-americana de Ministérios Públicos -- AIAMP.

A seguir, analisaremos algumas dessas redes.

Rede contra o tráfico de pessoas e o contrabando de migrantes - REDTRAM

A Rede Ibero-americana de Procuradores Especializados em Tráfico de Pessoas e Contrabando de Migrantes (REDTRAM) foi constituída em 2011 no âmbito da Associação Ibero-Americana de Ministérios Públicos (AIAMP), com a adesão dos países ao "Protocolo de Cooperação Interinstitucional" para fortalecer a investigação, atendimento e proteção às vítimas do delito de tráfico de pessoas entre os Ministérios Públicos Ibero-americanos.

Cada um dos 21 países membros tem designado um ponto de contato nacional para integrar essa rede e os Procuradores-Gerais ibero-americanos definiram seus objetivos, criando mecanismos ágeis de proteção às vítimas desse delito, com o intuito de superar os inconvenientes da morosidade e do formalismo excessivo dos instrumentos de cooperação jurídica internacional.

A rede se reúne uma vez ao ano e trabalha, igualmente, com ações de capacitação na região. Ao final de cada reunião anual, é firmado um ato de compromisso. Seus trabalhos, no decorrer do ano, são realizados por meio da plataforma da Rede Ibero-americana de Cooperação Jurídica Internacional (IberRed), pela qual cada membro de Ministério Público possui um nome de usuário e uma senha, o que garante a segurança na transmissão da informação.

Rede de Procuradores antidrogas – RFAI

A Rede Ibero-americana de Procuradores Antidrogas (RFAI) foi criada em julho de 2014 e é o resultado da estratégia global da AIAMP, que visa fortalecer a eficácia das investigações contra o narcotráfico. A rede foi constituída com a elaboração de um "Guia de Boas Práticas na investigação do crime de tráfico de drogas e lavagem de dinheiro (2010 - 2011)"

A rede desenvolve atividades de capacitação e intercâmbio de boas práticas, por meio de plataforma on-line, e vem reforçando, nos últimos anos seu componente operacional, com base no mecanismo legal de informação espontânea.

A transmissão ativa de informações relacionadas a investigações em curso, com caráter transnacional, confere celeridade à cooperação pretendida. O instituto da entrega controlada é, também, uma das prioridades da rede, que desenvolveu o "Protocolo de Entregas Controladas aplicável em todas as Procuradorias da AIAMP", com o objetivo de estabelecer diretrizes que atendam à urgência dessas operações, garantindo o cumprimento dos requisitos necessários para apresentação válida de provas perante os tribunais.

Rede de delinquência cibernética - CiberRED

Ao passo em que cresce a utilização da internet para os mais diversificados fins, aumenta, também, o seu uso para objetivos ilícitos. Essa realidade sem fronteiras exige maior agilidade dos investigadores.

A Rede Ibero-americana de Promotores Públicos de Crimes Cibernéticos (CiberRed) foi criada em Lisboa em fevereiro de 2018, como resultado de uma resolução da Assembleia Geral da Associação Ibero-americana de Ministérios Públicos (AIAMP). É uma rede de procuradores especializados em investigação criminal e ação penal contra crimes cibernéticos, com pontos de contato nos diversos países ibero-americanos. Os objetivos desta rede são o de promover e melhorar a troca de informações sobre os diferentes ordenamentos jurídicos ibero-americanos nesta matéria; promover a troca de conhecimentos e experiências na área; criar e difundir boas práticas e, principalmente, otimizar e agilizar a cooperação institucional e as solicitações de cooperação judiciária internacional entre os diferentes países.

Rede Ibero-Americana de Procuradores Contra a Corrupção

Rede Ibero-Americana de Procuradores Contra a Corrupção pretende estabelecer mecanismos de simplificação e de compartilhamento de informações para reprimir os crimes econômicos, sistematizar uma lista de boas práticas adotadas por cada país, bem como compilar jurisprudência e documentos relacionados ao combate à corrupção em nível doméstico e regional.

A Rede conta com o apoio do Programa da União Europeia para a Coesão Social na América Latina (Eurosocial+) no âmbito da linha de ação sobre "boa governança e luta contra a corrupção". A rede lançou a publicação "Boas Práticas - Luta contra a corrupção" - com o objetivo de destacar o avanço dos países no combate a esse delito.

As redes especializadas no combate ao tráfico de drogas e aos crimes cibernéticos da AIAMP, tem têm apoiado, igualmente, a criação de redes sobre essas temáticas no âmbito da Comunidade dos Países de Língua Portuguesa - CPLP.

A *Rede de Procuradores Antidrogas da Comunidade dos Países de Língua Portuguesa (RPA-CPLP)*, por exemplo, foi criada por decisão dos Procuradores-Gerais da CPLP.

Foi aprovada, igualmente, no decurso do XIV Encontro de Procuradores-Gerais dos Países de Língua Portuguesa, a criação do *Fórum Cibercrime e Prova Digital*, com a alegação de que o idioma comum fortalece as redes criminosas e, portanto, faz-se necessária uma maior articulação entre os responsáveis pela persecução penal.

7.5. Outros mecanismos de cooperação policial

As redes de cooperação analisadas até o momento seguem protocolos e modelos de atuação semelhantes, com pontos de contato designados pelas instituições competentes, que desenvolvem suas atividades desde os seus países. Outro mecanismo de cooperação internacional tem se desenvolvido, nos últimos anos, os quais privilegiando o trabalho de cooperação *in loco*, com intercâmbio de informações e acesso a base de dados, de forma presencial e em tempo real. Discorremos, a seguir, sobre esses modelos.

Comando Tripartite

A cooperação policial nas fronteiras do Brasil é um dos alicerces da política de segurança pública do País. O Comando Tripartite é um mecanismo de cooperação que foi concebido, em 1996, pelos Ministros de segurança pública do Brasil, Argentina e Paraguai, para aprimorar a interlocução entre forças as de segurança das cidades de Foz do Iguaçu, Puerto Iguazú e Ciudad del Este, e que se encontra vigente desde então.

Os governos argentino, brasileiro e paraguaio, sendo aquele os responsáveis por liderar a iniciativa de inserção do terrorismo internacional na agenda de segurança do Cone Sul, logo após o bombardeio à AMIA (Associação Mutual Israelita Argentina) em Buenos Aires, em julho de 1994, criaram o Comando para a tríplice fronteira com o objetivo de intensificar intercâmbio de informações e integração de banco de dados.

Essa institucionalização em direção à coordenação regional coletiva foi estruturada por meio de Memorando de Entendimento que prevê reuniões mensais do Comando com o intercâmbio de informações úteis, oportunas e confiáveis para as organizações de segurança e a planificação de ações para a região.

Uma das principais características do comando é a sua horizontalidade, um dos princípios fundamentais das redes de cooperação. As reuniões ocorrem com a coordenação de um dos países, de forma alternada, e suas deliberações são descritas em atas do Comando.

Centro De Cooperação Policial Internacional da Polícia Federal (CCPI/PF)

O Centro de Cooperação Policial Internacional da Polícia Federal (CCPI/PF) tem sede na cidade do Rio de Janeiro, local em que delegados da Polícia Federal trabalham, lado a lado, com policiais da Argentina, Bolívia, Chile, Colômbia, Equador, Paraguai, Peru e Uruguai. O centro efetiva a cooperação policial internacional, sendo possível a troca de informações com autoridades policiais estrangeiras, por meio da consulta de bases de dados desses países, no interesse de investigações criminais e ações de segurança, o que confere agilidade e eficácia à cooperação.

O Centro foi montado, pela primeira vez, em 2014, na cidade de Brasília, com 205 policiais estrangeiros e 75 brasileiros, que atuaram na segurança do Copa do Mundo. Os agentes de segurança estrangeiros auxiliaram policiais federais brasileiros no acompanhamento de torcedores e na identificação de eventuais criminosos, atuando de forma conjunta e colaborativa.

Em seguida, o Centro foi reinaugurado em 2016, na cidade do Rio de Janeiro, com o intuito de prover segurança aos cidadãos durante os Jogos Olímpicos e Paralímpicos., no entanto, com os excelentes resultados obtidos com esse modelo, decidiu-se pela manutenção do Centro com a presença dos policiais estrangeiros que trabalham, diária e conjuntamente, no enfrentamento ao crime.

7.6. Conclusão

Ao tempo em que a criação de redes de cooperação é incentivada por organismos internacionais, os atores dos sistemas de justiça devem se empenhar para adaptá-las a novas realidades. Como mencionado anteriormente, a tramitação eletrônica de pedidos de assistência jurídica é, nos dias atuais, defendida pelos profissionais da cooperação jurídica e as redes podem ser remodeladas para atender a esse fim.

A multiplicação de redes tem exigido, também, novos padrões para a sua criação. As redes devem nascer da vontade soberana e expressa dos Estados, com o possível apoio dos Organismos Internacionais. Seus objetivos devem ser claros e bem definidos, sendo aconselhável, para tanto, um protocolo que aborde seus princípios fundamentais de funcionamento, estabelecendo o seu papel, as ações que poderão ser realizadas em seu âmbito, a competência das instituições que a integram e os limites para a troca de informações. A necessidade de estabelecimento de mecanismos de interação entre as redes também já é uma realidade.

A assimetria de informações transitadas nas redes de cooperação existentes é um desafio a ser superado. Os países fornecem dados por meio desses mecanismos, de acordo com o que lhes é permito por suas legislações internas, o que resulta em um desequilíbrio na cooperação. Por esse motivo, o conhecimento prévio dessas limitações deve ser estar refletido no protocolo de criação da rede, para que não sejam geradas expectativas frustradas de cooperação e atrasos na execução dos pedidos, muito comum nos casos práticos atuais.

Ademais, como exposto anteriormente, as informações obtidas pelos canais das redes, instituídas formalmente pelas instituições responsáveis pelo combate a atos ilícitos, são utilizadas para fins de inteligência e precedem os atos processuais, mas dificilmente poderão ser usadas nos processos judiciais em curso. Em que pese o tema não ser objeto deste artigo, não se pode negligenciar o debate sobre a validade jurídica das informações obtidas, a depender da natureza destas, o que deve se dar por meio de protocolos bilaterais ou multilaterais, no contexto da Secretaria Executiva da rede ou fora dele, fortalecendo a operacionalidade desse instrumento.

A coordenação das redes é imperiosa, por isso, a relevância de uma Secretaria Executiva que mantenha os pontos de contato institucionais, estratégicos e operacionais atualizados em cada país, promova encontros presenciais destes, desenvolva ferramentas de comunicação e troca de informações e produza dados estatísticos que podem ser de grande utilidade na elaboração de políticas públicas, em nível nacional, e, também, na construção de programas dos Foros regionais, inter--regionais e internacionais. Uma secretaria pode impulsar projetos de grande impacto com o apoio dos Pontos Focais, como manuais de atuação ou propostas de tratados internacionais, e promover, ainda, a assistência técnica entre os países integrantes.

Por fim, as redes de cooperação internacionais podem ser convertidas em entidades supranacionais de cooperação, como é o caso das agências europeias, como a Europol e a Eurojust, ou que pretende ser a Ameripol com a sua futura institucionalização.

Referências

BECHARA, Fabio Ramazzini. Cooperação jurídica internacional em matéria penal: eficácia da prova produzida no exterior. São Paulo: Saraiva, 2011.

BORDIGNON, Fabiano. AS COOPERAÇÕES POLICIAIS INTERNACIONAIS EM FRONTEIRAS, DO LOCAL AO GLOBAL: O COMANDO TRIPARTITE NA TRÍPLICE FRONTEIRA DE ARGENTINA, BRASIL PARAGUAI. UNIVERSIDADE ESTADUAL DO OESTE DO PARANÁ - PROGRAMA DE MESTRADO EM SOCIEDADE, CULTURA E FRONTEIRAS.LINHA DE PESQUISA: TERRITÓRIO, HISTÓRIA E MEMÓRIA. - 2019

BOTTINI, Pierpaolo Cruz, RIZZO, Beatriz Dias, ROCHA, Marcela. Algumas linhas sobre compliance criminal. In: CUEVA, Ricardo Villas Bôas e FRAZÃO, Ana. Compliance. Perpsectivas e desafios dos programas de conformidade. Belo Horizonte: Editora Fórum. 2014.

CERVINI, Raúl. Das garantias do concernido na Cooperação Judicial Penal Internacional. In: ZAFFARONI, Eugenio Raúl; KOSOVSKI, Ester (org.). *Estudos em homenagem ao prof. João Marcello de Araujo Junior*. Rio de Janeiro: Lumen Juris, 2001.

DE BURCA, Grainne, KEOHANE, Robert O. Keohane e SABEL, Charles. New Modes of Pluralist Global Governance, 45 N.Y.U. J. Int'l L. & Pol. 723 (2013).

FERNANDES, Antonio Scarance. Reflexões sobre as noções de eficiência e de garantismo no processo penal. In: FERNANDES, Antonio Scarance; ALMEIDA, José Raul Gavião de; MORAES, Maurício Zanoide de (Coord.). *Sigilo no processo penal: eficiência e garantismo*. São Paulo: RT, 2008.

FERRAJOLI, Luigi. Derechos y garantias: la ley del más débil. 4. ed. Madrid: Trotta, 2004.

GRAYCAR, Adam. International cooperation to combat money laundering. IN: NATARAJAN, Mangai. Cambridge: Cambridge University Press. 2011.

HOOGHE, Liesbet e Gary Marks. Types of multi-level governance *in* Handbook on Multi-level Governance edited by Henry Enderlein, Sonja Wälti e Michael Zürn. Edward Elgar Publishing Inc. Northampton. 2010.

JACKSON, John D., SUMMERS, Sarah J. "The internationalization of criminal evidence. Beyond the Common Law and Civil Law Traditions". Cambridge. 1a. edição. 2012, p. 6-7.

JAPIASSÚ; Carlos Eduardo A.; PUGLIESE, Yuri Sahione. A cooperação internacional em matéria penal no Direito brasileiro. In: PAGLIARINI, Alexandre Coutinho; CHOUKR, Fauzi Hassan (coord.). *Cooperação Jurídica Internacional*. Belo Horizonte: Fórum, 2014.

KILMAR, Cibelle Mortari e AMOROSO, Hugo von Acken Erdmann. Responsabilidade de sócios, administradores e conselheiros: facetas aplicadas do criminal compliance. In: NOHARA, Irene Patrícia e PEREIRA, Flávio de Leão Bastos. Governança, Compliance e Cidadania. São Paulo: Revista dos Tribunais. 2018.

KRAHMAN, Elke. National, Regional and Global Governance: one phenomenon or many?. Global Governance 9 (2003).

RAMOS, André de Carvalho. Estrutura da cooperação jurídica internacional e o novo Direito Internacional Privado. In: PAGLIARINI, Alexandre Coutinho; CHOUKR, Fauzi Hassan (coord.). *Cooperação Jurídica Internacional*. Belo Horizonte: Fórum, 2014.

SILVA, Ricardo Perlingeiro Mendes da. Cooperação jurídica internacional e auxílio direto. *Revista CEJ*. n. 32, v. 10, 2006.

SLAUGHTER, Anne-Marie HALE, Thomas N. Transgovernmental networks and multi-level governance. IN: ENDERLEIN, Henrik, WÄLTI, Sonja e ZÜRN, Michael. Handbook on Multi- level Governance. Massachusetts: EE, 2010.

SOUZA, Carolina Yumi de. Cooperação jurídica internacional em matéria penal: considerações práticas. *Revista Brasileira de Ciências Criminais*. n. 71, v. 16, 2008.

TOFFOLI, José Antonio Dias; CESTARI, Virgínia Charpinel Junger. Mecanismos de cooperação jurídica internacional no Brasil. In: BRASIL. Ministério da Justiça. *Manual de cooperação jurídica internacional e recuperação de ativos: cooperação em matéria penal*. 1ª ed. DRCI, SNJ, MJ: Brasília, 2008.

VAZ, Denise Provasi e BECHARA, Fábio Ramazzini IN: VAZ, Denise Provasi, DESEM, Guilherme Madeira, ZILLI, Marcos Alexandre Coelho, LOPES, Mariângela Tomé. Eficiência e garantismo no processo penal. Estudos em homenagem a Antonio Scarance Fernandes. São Paulo: Editora LiberArs. 2016.

ZAGREBELSKY, Gustavo. *El derecho* dúctil. ley, derechos, justicia. 5. ed. Madrid: Trotta, 2003.

https://www.justica.gov.br/sua-protecao/cooperacao-internacional/atuacao-internacional- 2/redes-de-cooperacao (acesso em 08/06/2019)

https://www.justica.gov.br/sua-protecao/cooperacao-internacional/atuacao-internacional- 2/redes-de-cooperacao (acesso em 08/06/2019)

https://e-justice.europa.eu/content_ejn_in_criminal_matters-22-pt.do;

https://www.ejn- crimjust.europa.eu/ejn/EJN_Home.aspx. (acesso em 08/06/2019)

https://eur-lex.europa.eu/legal- content/PT/TXT/HTML/?uri=CELEX:32008D0976&from=EN. (acesso em 08/06/2019)

https://e-justice.europa.eu/content_eurojust-23-pt.do; http://www.eurojust.europa.eu/Pages/languages/pt.aspx (acesso em 08/06/2019)

http://www.eurojust.europa.eu/doclibrary/Eurojustframework/ejdecision/New%20Eurojust%2 0Decision%20(Council%20Decision%202009-426-JHA)/Eurojust-Council--Decision-2009- 426-JHA-PT.pdf(acesso em 08/06/2019)

https://www.europol.europa.eu/ (acesso em 12/06/2019) https://www.europol.europa.eu/partners-agreements/member-states (acesso em 12/06/2019) https://www.europol.europa.eu/partners-agreements/strategic-agreements. (acesso em 12/06/2019).

https://www.europol.europa.eu/partners-agreements/operational-agreements (acesso em 12/06/2019)

http://www.eurojust.europa.eu/Practitioners/JITs/Pages/historical-background.aspx(acesso em 08/06/2019)

http://www.eurojust.europa.eu/doclibrary/JITs/JITs%20framework/2000%20EU%20Mutual%20Legal%20Assistance%20Convention/CAonMLA-2000-05-29-EN.pdf (2000) e http://www.eurojust.europa.eu/doclibrary/JITs/JITs%20framework/Framework%20Decision

%202002-465-JHA%20on%20JITs/CFDonJITs-2002-06-13-EN.pdf (2002) (acesso em 08/06/2019)

http://www.eurojust.europa.eu/Practitioners/JITs/Pages/legal-framework.aspx(acesso em 08/06/2019)

http://www.eurojust.europa.eu/doclibrary/JITs/JITs%20framework/2000%20EU%20Mutual

%20Legal%20Assistance%20Convention/CAonMLA-2000-05-29-EN.pdf; Decisão--Quadro 2002/465 / JAI:

http://www.eurojust.europa.eu/doclibrary/JITs/JITs%20framework/Framework%20Decision

%202002-465-JHA%20on%20JITs/CFDonJITs-2002-06-13-EN.pdf; Acordo Eurojust e Europol: http://www.eurojust.europa.eu/doclibrary/Eurojust- framework/agreements/Agreement%20between%20Eurojust%20and%20Europol%20(2010)/ Eurojust-Europol-2010-01-01-EN.pdf; Regulamento Europol: https://eur-lex.europa.eu/legal- content/EN/TXT/?qid=1479897160399&uri=CELEX:32016R0794. (acesso em 08/06/2019) https://www.europol.europa.eu/activities-services/sirius-project; (acesso em 08/06/2019) https://www.europol.europa.eu/newsroom/news/europol-launches-sirius-platform--to- facilitate-online-investigations(acesso em 08/06/2019)

https://e-justice.europa.eu/content_european_arrest_warrant-90-pt.do?clang=pt(acesso em 08/06/2019)

https://e-justice.europa.eu/content_evidence-92-pt.do?clang=pt(acesso em 08/06/2019) https://e-justice.europa.eu/content_freezing_of_assets_and_evidence-93-pt.do?clang=pt(acesso em 08/06/2019)

https://e-justice.europa.eu/content_confiscation-94-pt.do?clang=pt(acesso em 08/06/2019)

https://e-justice.europa.eu/content_criminal_records-95-pt.do?clang=pt(acesso em 08/06/2019)

https://e-justice.europa.eu/content_pre_and_posttrial_measures-96-pt.do?clang=pt(acesso em 08/06/2019)

https://e-justice.europa.eu/content_mutual_recognition_of_protection_measures-358-pt.do?clang=pt(acesso em 08/06/2019)

https://e-justice.europa.eu/content_mutual_recognition_of_financial_penalties-388-pt.do?clang=pt(acesso em 08/06/2019)

https://www.justica.gov.br/sua-protecao/cooperacao-internacional/atuacao-internacional- 2/redes-de-cooperacao/rede-groove; http://web.oas.org/mla/pt/Paginas/default.aspx; http://www.oas.org/juridico/mla/pt/index.html(acesso em 08/06/2019)

http://www.oas.org/en/sla/dlc/remja/(acesso em 08/06/2019)

http://www.oas.org/juridico/portuguese/doc_washington_VII_por.pdf (acesso em 08/06/2019) http://web.oas.org/mla/pt/Paginas/default.aspx e http://www.oas.org/juridico/mla/pt/index.html(acesso em 08/06/2019) https://www.justica.gov.br/sua--protecao/cooperacao-internacional/atuacao-internacional- 2/redes-de-cooperacao/iberrede e https://iberred.org/pt(acesso em 08/06/2019)

http://www.cmjplop.org/pt-PT/Rede-Judiciaria-da-CPLP/Historico.aspx(acesso em 08/06/2019)

http://www.cmjplop.org/pt-PT/Rede-Judiciaria-da-CPLP/Estrutura-e-composicao.aspx(acesso em 08/06/2019)

http://www.cmjplop.org/pt-PT/Rede-Judiciaria-da-CPLP/Atlas-Judiciario.aspx(acesso em 08/06/2019)

https://www.gafilat.org/index.php/es/(acesso em 08/06/2019)

https://www.gafilat.org/index.php/es/espanol/18-inicio/gafilat/49-red-de-recuperacion-de- activos-del-gafilat-rrag(acesso em 08/06/2019) https://www.interpol.int/en/Crimes/Corruption/Asset-recovery#pt-1; https://star.worldbank.org/ (acesso em 08/06/2019)

https://star.worldbank.org/about-us/frequently-asked-questions (acesso em 08/06/2019) https://www.interpol.int/ (acesso em 12/06/2019)

https://www.interpol.int/Who-we-are/Member-countries(acesso em 12/06/2019) https://www.interpol.int/How-we-work/Databases(acesso em 12/06/2019)

https://www.interpol.int/Our-partners/Government-partners

https://www.interpol.int/Our-partners/International-organization-partners (acesso em 12/06/2019).

https://www.interpol.int/Our-partners/International-organization-partners/INTERPOL--and- the-European-Union (acesso em 12.06.2019)

https://www.interpol.int/Our-partners/International-organization-partners/INTERPOL--and-the-United-Nations (acesso em 12.06.2019)

https://www.interpol.int/Our-partners/International-organization-partners/INTERPOL--and- the-United-Nations/INTERPOL-United-Nations-Security-Council-Special--Notices; (acesso em 12/06/2019)

Resoluções aprovadas pelas Nações Unidas relacionadas ao papel da INTERPOL: https://www.interpol.int/Our-partners/International-organization-partners/INTERPOL-and--the-United-Nations/UNGA-and-UNSC-resolutions-highlighting-INTERPOL-s-role (acesso em 12/06/2019)

https://www.interpol.int/Our-partners/International-organization-partners/INTERPOL--and- the-United-Nations (acesso em 12/06/2019)

https://s3-us-west-2.amazonaws.com/acfepublic/2018-report-to-the-nations.pdf (acesso em 13/06/2019)

https://nacoesunidas.org/corrupcao-custa-mais-de-us-26-trilhoes-por-ano-alerta-pnud (acesso em 13/06/2019)

https://www.oecd.org/cleangovblz/49693613.pdf (acesso em 13/06/2019).

https://eurosocial.eu/wp-content/uploads/2019/09/14_19_Livro_Boas_Praticas_Contra_Corrupcao.pdf

https://documents-dds-ny.un.org/doc/UNDOC/LTD/V21/006/54/PDF/V2100654.pdf?OpenElement

8. QUADRO COMPARATIVO DA LEGISLAÇÃO

8.1. QUADROS

CRIME ORGANIZADO	DEFINIÇÃO: "Grupo criminoso organizado" - grupo estruturado de três ou mais pessoas, existente há algum tempo e atuando concertadamente com o propósito de cometer uma ou mais infrações graves ou enunciadas na presente convenção, com a intenção de obter, direta ou indiretamente, um benefício económico ou outro benefício material. (Convenção de Palermo)			
	LEGISLAÇÃO BRASILEIRA	LEGISLAÇÃO ARGENTINA	LEGISLAÇÃO PARAGUAIA	LEGISLAÇÃO URUGUAIA
	LEI Nº 2848/40 (CÓDIGO PENAL - ARTIGO 288 - Associação CRIMINOSA)	LEI N° 26.733 (CÓDIGO PENAL ARTIGO 210 - Associação Ilícita)	LEI Nº 2298/2003 LEI Nº 2396/2004 LEI N°2116/2007 (QUE APROVA O PROTOCOLO CONTRA A Fabricação E O TRÁFICO Ilícito DE ARMAS DE FOGO, SUAS Peças E COMPONENTES E Munições, QUE COMPLEMENTA A Convenção DAS Naçõesunidas CONTRA A DELINQUÊNCIA ORGANIZADA TRANSNACIONAL) LEI Nº 3533/2008	LEI 15.322 (1982) – APROVA O SISTEMA DE Intermediação FINANCEIRA
	DECRETO N.º 5.015/04	CÓDIGO PENAL - ARTIGO 145	LEI N° 6.431/2019 (QUE CRIA O PROCEDIMENTO ESPECIAL PARA A Aplicação DO CONFISCO, CONFISCO ESPECIAL, Privação DE BENEFÍCIOS E GANHOS E O CONFISCO AUTÔNOMO)	LEI 17.060 (1999) – Proíbe E PUNE A Utilização DE PODER PÚBLICO PARA BENEFICIAR A Corrupção

	DECRETO Nº 5016/04 (PROTOCOLO ADICIONAL À CONU)	LEI Nº 25.632 (Convenção DAS Nações UNIDAS CONTRA O CRIME ORGANIZADO TRANSNACIONAL)	LEI N° 6396/2019 (MODIFICA O ARTIGO 46 DA LEI N°5876/17 "DA Administração DE BENS APREENDIDOS E CONFISCADOS)	LEI 18.056 (2006) – Convenção DAS Nações UNIDAS CONTRA A Corrupção
	DECRETO Nº 5017/04 (PROTOCOLO ADICIONAL À CONU)		LEI Nº 6.446/19 (CRIA O REGISTRO ADMINISTRATIVO DE PESSOAS E ESTRUTURAS Jurídicas E O REGISTRO ADMINISTRATIVO DE BENEFICIÁRIOS FINAIS DO PARAGUAI0	LEI 18.381 (2008) – LEI DE ACESSO À Informação PÚBLICA
	LEI N.º 11.343/06 ART. 35 (LEI SOBRE AS DROGAS)		LEI N° 6.379/2019 (CRIA A COMPETÊNCIA EM DELITOS ECONÔMICOS E CRIME ORGANIZADO NA Jurisdição DO FORO PENAL)	LEI 18.930 (2012) – Regulação DA Informação SOBRE Participação PATRIMONIAL À OPERADORA COM DESTINO AO BCU
	LEI Nº 12850/13 (Organização CRIMINOSA)		DECRETO FEDERAL N°8.903/16 (PROGRAMA DE Proteção INTEGRADA DE FRONTEIRAS (PPIF)	LEI 17.861 (Convenção DAS Nações UNIDAS CONTRA O CRIME ORGANIZADO TRANSNACIONAL)
			Convenção DAS Nações UNIDAS CONTRA O CRIME ORGANIZADO TRANSNACIONAL	

CORRUPÇÃO	DEFINIÇÃO: A corrupção é uma praga insidiosa que tem uma ampla gama de efeitos corrosivos nas sociedades. mina a democracia e o estado de direito, leva a violações dos direitos humanos, distorce os mercados, corrói a qualidade de vida e permite o crime, o terrorismo e outras ameaças à segurança humana floresçam. (UNCAC) o conceito de corrupção é amplo, incluindo as práticas de suborno e de propina, a fraude, a apropriação indébita ou qualquer outro desvio de recursos por parte de um funcionário público. além disso, pode envolver casos de nepotismo, extorsão, tráfico de influência, utilização de informação privilegiada para fins pessoais e a compra e venda de sentenças judiciais			
	LEGISLAÇÃO BRASILEIRA	**LEGISLAÇÃO ARGENTINA**	**LEGISLAÇÃO PARAGUAIA**	**LEGISLAÇÃO URUGUAIA**
	Lei N° 2848/40 Código Penal Art. 317 E 333)	Não É Tipificada No Código Penal O Conceito Engloba Múltiplos Crimes Contra A Administração Pública: Corrupção (Pagamento De Subornos); Entrega De Presentes (Dádiva); Tráfico De Influências; Desvio De Fundos Públicos; Enriquecimento Ilícito.	Lei N° 977/96 (Convenção Interamericana Contra A Corrupção)	Lei N°17.060 (Proíbe E Pune A Utilização De Poder Público Para Beneficiar A Corrupção)
			LEI N° 5282 (LIVRE ACESSO DO CIDADÃO À Informação PÚBLICA)	
			LEI N° 2880 (PUNE CRIMES CONTRA PATRIMÔNIO)	
			LEI N° 5295/14 (Proíbe O NEPOTISMO)	
	Decreto N° 3678/00 (Complementar A Convenção Contra Corrupção Da Onu)	Lei Nº 26097 (Aprova A Convenção Da Onu Contra A Corrupção, Adotada Em Nova Iorque Em 2003.	Lei N° 2523/04 (Previne E Sanciona O Enriquecimento Ilícito E O Tráfico De Influência)	Lei N°18.930 (Transparência Fiscal Internacional
		LEI Nº 27401/17 (LEI Anticorrupção; RESPONSABILIDADE PENAL DA PESSOA COLETIVA)	LEI N° 6.379/2019 (CRIA A COMPETÊNCIA EM DELITOS ECONÔMICOS E CRIME ORGANIZADO NA Jurisdição DO FORO PENAL)	LEI N° 18381 (ACESSO À Informação PÚBLICA)
			LEI N° 6.430/19 (QUE PREVINE, TIPIFICA E SANCIONA OS ATOS Puníveis DE SUBORNO INTERNACIONAL)	LEI N°18056 (Convenção INTERAMERICANA CONTRA A Corrupção)
			LEI N° 2535 (COMPLEMENTA A Convenção CONTRA CORRUPÇÃO DA ONU)	LEI N°15.322 (LEI DE Intermediação FISCAL)

LAVAGEM DE DINHEIRO E FINANCIAMENTO DO TERRORISMO

DEFINIÇÃO:

Pode-se conceituar lavagem de dinheiro como sendo o processo utilizado para ocultar ou dissimular a origem ilícita de determinados ativos financeiros ou bens patrimoniais com o intuito de lhes dar aparência legal, para futura utilização. (Receita Federal) O crime de lavagem de dinheiro caracteriza-se por um conjunto de operações comerciais ou financeiras que buscam a incorporação na economia de cada país, de modo transitório ou permanente, de recursos, bens e valores de origem ilícita e que se desenvolvem por meio de um processo dinâmico que envolve, teoricamente, três fases independentes que, com frequência, ocorrem simultaneamente. (COAF)

LEGISLAÇÃO BRASILEIRA	LEGISLAÇÃO ARGENTINA	LEGISLAÇÃO PARAGUAIA	LEGISLAÇÃO URUGUAIA
LEI N° 9613/98	LEI Nº 26733 ART. 303	LEI 1160/97 CÓDIGO PENAL LEI Nº 1015/97 (PREVINE E COMBATE ATOS Ilícitos PARA A Legitimação DE CAPITAL E BENS)	LEI 17.861 (2004) – Convenção DAS Nações UNIDAS CONTRA O CRIME ORGANIZADO TRANSNACIONAL E SEUS PROTOCOLOS COMPLEMENTARES
		LEI Nº 4024 (PENALIZA ATOS Passíveis DE SEREM CLASSIFICADOS COMO TERRORISMO, Associação TERRORISTA E FINANCIAMENTO DO TERRORISMO) LEI Nº 4503/2011 (Paralisação DE FUNDOS E ATIVOS FINANCEIROS)	LEI 19.574 (2017) – LEI DE LAVAGEM DE DINHEIRO E FINANCIAMENTO DO TERRORISMO
LEI N° 12683/12	LEI N° 25.246 (ENCUBRIMIENTO. UNIDAD DE INTELIGENCIA FINANCIERA) LEI Nº 26734 (DERROGA E INCORPORA ARTIGOS VINCULADOS AO FINANCIAMENTO DO TERRORISMO E AO CONGELAMENTO DE ATIVOS	LEI Nº 5582/16 (APROVA A EMENDA AO MEMORANDO DE ENTENDIMENTO DO GAFSUD) ART. 196 CP (DISPÕE SOBRE LAVAGEM DE DINHEIRO) LEI 6408/2019 (MODIFICA O ARTIGO 3º DA LEI Nº 4024/2010 "QUE CASTIGA OS ATOS Puníveis DE TERRORISMO, Associação TERRORISTA E FINANCIAMENTO DO TERRORISMO) LEI 6399/2019 (MODIFICA OS ARTIGOS 3° E 4° DA LEI N° 5.895/2017 "QUE ESTABELECE REGRAS DE TRANSPARÊNCIA NO REGIME DAS SOCIEDADES Constituídas POR Ações" E ESTABELECE MEDIDAS TRANSITÓRIAS).	LEI 19.749 (2019) – LEI CONTRA O FINANCIAMENTO DO TERRORISMO E Aplicação DE Sanções FINANCEIRAS CONTRA AS PESSOAS E ENTIDADES VINCULADAS AO TERRORISMO, SEU FINANCIAMENTO E A Proliferação DE ARMAS DE Destruição EM MASSA
	DECRETO Nº 918/12 (REGULAMENTA ART 6 DA 26.734)	LEI 6.452/2019 (MODIFICA VÁRIAS Disposições DA LEI N° 1160/1997 "CÓDIGO PENAL" E SUA MODIFICADORA, A LEI N° 3.440/2008). LEI N° 6.419/2019 (REGULA O CONGELAMENTO DE ATIVOS FINANCEIROS DE PESSOAS VINCULADAS COM O TERRORISMO E A Proliferação DE ARMAS DE Destruição MASSIVA E OS PROCEDIMENTOS DE DIFUSÃO, INCLUSÃO E EXCLUSÃO EM LISTAS DE Sanções ELABORADAS EM VIRTUDE DAS Resoluções DO CONSELHO DE Segurança DAS Nações UNIDAS).	
LEI N° 13260/16	LEI Nº 26268 (CRIMES CONTRA A ORDEM FINANCEIRA) LEI N° 26 023 (APROVA A Convenção INTERAMERICANA CONTRA O TERRORISMO ADOTADA EM BARBADOS, 2002)		

COMÉRCIO ILEGAL DE TABACO

DEFINIÇÃO:

Pode-se conceituar lavagem de dinheiro como sendo o processo utilizado para ocultar ou dissimular a origem ilícita de determinados ativos financeiros ou bens patrimoniais com o intuito de lhes dar aparência legal, para futura utilização. (Receita Federal) O crime de lavagem de dinheiro caracteriza-se por um conjunto de operações comerciais ou financeiras que buscam a incorporação na economia de cada país, de modo transitório ou permanente, de recursos, bens e valores de origem ilícita e que se desenvolvem por meio de um processo dinâmico que envolve, teoricamente, três fases independentes que, com frequência, ocorrem simultaneamente. (COAF)

LEGISLAÇÃO BRASILEIRA	LEGISLAÇÃO ARGENTINA	LEGISLAÇÃO PARAGUAIA	LEGISLAÇÃO URUGUAIA
DECRETO Nº 95/18 (PROTOCOLO - Comércio Ilícito DO TABACO)	Disposição N° 3662/2011 (CIGARRO ELETRÔNICO)	LEI Nº 2422 CÓDIGO ADUANEIRO	LEI N° 18.256/08 (LEI DE Proteção AOS DANOS NO MEIO AMBIENTE PELO CONSUMO DE TABACO - ARTIGO 12)
Decreto Nº 7212/10 (Pacotes De 20 Unidades)	Resolução N° 152/14 Do Instituto De Propriedade Intelectual	PROTOCOLO DE Eliminação DO Comércio Ilícito DE PRODUTOS DO TABACO (FUTURO)	LEI N° 17.793 (LEI COMPLEMENTAR A Convenção QUADRO DA OMS PARA O CONTROLE DO TABACO)
Lei Nº 9782/99 (Institui A Anvisa)	LEI N° 5.538 (LEI COMPLEMENTAR A Convenção QUADRO DA OMS PARA O CONTROLE DO TABACO)	LEI Nº 1333 (PUBLICIDADE E Promoção DE PRODUTOS DO TABACO)	Lei Nº 19276 (Código Aduaneiro)
LEI Nº 10.167/00 (MULTA PARA Violação)		Lei 5538/2015 (Modifica A Lei 4045/2010 Que Modifica A Lei 125/91, Modificadora Pela Lei 2421/04, Sobre Regime Tributário, Que Regula As Atividades Relacionadas Ao Tabaco E Estabelece Medidas Sanitárias De Proteção À População")	
Resolução ANVISA Nº 46 (COMPONENTES DO CIGARRO)		LEI Nº 2969/06 (LEI COMPLEMENTAR A Convenção QUADRO DA OMS PARA O CONTROLE DO TABACO)	
Resolução ANVISA Nº 346 (REVOGA RES. Nº 105. NORMAS PARA CADASTRO DE FABRICANTES)			
Instrução NORMATIVA SECRETARIA RECEITA FEDERAL Nº 396 (PROGRAMA GERADOR DA Declaração DE Informações FISCAIS)			
DECRETO Nº 1/03 (COMISSÃO NACIONAL PARA A Convenção - CONTROLE DO TABACO E SEUS PROTOCOLOS)			
Decreto Nº 9516/18			
Resolução BACEN Nº 2833/01 (FINANCIAMENTO AO TABACO)			

	LEI Nº 10.167/00 (MULTA PARA Violação)		Modifica A Lei 125/91, Modificadora Pela Lei 2421/04, Sobre Regime Tributário, Que Regula As Atividades Relacionadas Ao Tabaco E Estabelece Medidas Sanitárias De Proteção À População")	
	Resolução ANVISA Nº 46 (COMPONENTES DO CIGARRO)		LEI Nº 2969/06 (LEI COMPLEMENTAR A Convenção QUADRO DA OMS PARA O CONTROLE DO TABACO)	
	Resolução ANVISA Nº 346 (REVOGA RES. Nº 105. NORMAS PARA CADASTRO DE FABRICANTES)			
	Instrução NORMATIVA SECRETARIA RECEITA FEDERAL Nº 396 (PROGRAMA GERADOR DA Declaração DE Informações FISCAIS)	LEI N° 5.538 (LEI COMPLEMENTAR A Convenção QUADRO DA OMS PARA O CONTROLE DO TABACO)		
	DECRETO Nº 1/03 (COMISSÃO NACIONAL PARA A Convenção - CONTROLE DO TABACO E SEUS PROTOCOLOS)			
	Decreto Nº 9516/18			
	Resolução BACEN Nº 2833/01 (FINANCIAMENTO AO TABACO)			
	Instrução NORMATIVA SECRETARIA DA RECEITA FEDERAL Nº 60/99 (Taxação DE PRODUTOS DO TABACO)			
	DECRETO N° 5658 (COMPLEMENTAR A Convenção QUADRO DA OMS PARA O CONTROLE DO TABACO)			
	DECRETO Nº 2876/98 (IMPOSTO DE Exportação E Alíquotas			
	Instrução NORMATIVA DA SECRETARIA DA RECEITA FEDERAL Nº 55/01 (NORMAS PARA SELO DE CONTROLE)			

CONTRABANDO DE ÁLCOOL	DEFINIÇÃO: O mercado ilegal de álcool inclui práticas como fabricação e venda de bebidas adulteradas, falsificação e pirataria, contrabando e sonegação. (CISA) Álcool contrabandeado: álcool com marca original que foi ilegal contrabandeado para uma jurisdição e vendido, evitando tarifas e alfândegas. isso inclui bebidas trazidas através da fronteira por meio de contrabando organizado ou em excesso subsidio regulamentado do viajante. (TRACIT)			
	LEGISLAÇÃO BRASILEIRA	**LEGISLAÇÃO ARGENTINA**	**LEGISLAÇÃO PARAGUAIA**	**LEGISLAÇÃO URUGUAIA**
	Cp Lei N° 2848/40 Art. 334-A (Contrabando)	Lei N° 2.2415 Código Alfandegário (Contrabando)	Lei N° 2422 Código Alfandegário	Lei N°19276 (Código Alfandegário)
	Lei N°13 008/14 (Contrabando)			LEI N°16753 (Regulamentação A Fabricação DE BEBIDAS ALCÓLICAS).
	Lei N° 7678/88 (Vinho E Derivados Da Uva)			
	Decreto N° 8198/14 (Regulamenta)			
	DECRETO N° 9799/19 (TEQUILA E Cachaça. ACORDO México BRASIL. SUPERVISÃO)			
	DECRETO N° 7968/13 (Wisky)			
	DECRETO N° 6871/09 (BEBIDAS EM GERAL; Infrações E Sanções)			
	Instrução NORMATIVA MAPA N° 67/18 (Certificação DE Importação E Exportação)			
	Instrução NORMATIVA MAPA N° 4/16 (Fiscalização)			
	Instrução NORMATIVA MAPA N° 55/09 (TERMOS Importação/Exportação)			
	Instrução NORMATIVA MAPA N° 32/18 (PROCEDIMENTOS Exportação/Importação)			
	Instrução NORMATIVA MAPA N° 28/14 (LIMITE DE SUBSTÂNCIA)			
	DECRETO N° 6871/09 (BEBIDAS EM GERAL; Infrações E Sanções)			
	Instrução NORMATIVA MAPA N° 67/18 (Certificação DE Importação E Exportação)			
	Instrução NORMATIVA MAPA N° 4/16 (Fiscalização)			
	Instrução NORMATIVA MAPA N° 55/09 (TERMOS Importação/Exportação)			
	Instrução NORMATIVA MAPA N° 32/18 (PROCEDIMENTOS Exportação/Importação)			
	Instrução NORMATIVA MAPA N° 28/14 (LIMITE DE SUBSTÂNCIA)			

COMÉRCIO DE PRODUTOS ELETRÔNICOS FALSIFICADOS

DEFINIÇÃO:
O comércio ilícito - em todas as suas formas - está em justaposição direta ao ods 16, por alimentando a violência e fomentando a corrupção, minando a confiança nas instituições e o estado de direito, gerando enormes fluxos financeiros ilícitos. (TRACIT)

LEGISLAÇÃO BRASILEIRA	LEGISLAÇÃO ARGENTINA	LEGISLAÇÃO PARAGUAIA	LEGISLAÇÃO URUGUAIA
Cp Lei Nº 2848/40 Art. 334-A (Contrabando)	LEI Nº 22415 CÓDIGO ADUANEIRO (CONTRABANDO)	LEI Nº 2422 CÓDIGO ADUANEIRO	LEI N°19276 (CÓDIGO ALFANDEGÁRIO)
Lei Nº 13 008/14 (Contrabando)			
CP LEI Nº 2848/40 ART. 184 (Comércio DE PRODUTOS FALSIFICADOS)			
Cdc Lei Nº 8078/90 Art. 66 (Crime Contra O Consumidor)	LEI Nº 26.687 (APROVA O CONVÊNIO MARCO DA OMS PARA O CONTROLE DO TABACO)	LEI Nº 2969/06 (APROVA O CONVÊNIO MARCO DA OMS PARA O CONTROLE DO TABACO)	
Lei Nº 9.279/96 (Propriedade Intelectual)			
Lei Nº 9610/98 (Direitos Autorais)			
DECRETO Nº 6759/09 (Regulação ADUANEIRA)			

COMÉRCIO ILÍCITO DE MEDICAMENTOS E CONTRAFEITOS

DEFINIÇÃO:
O comércio de produtos farmacêuticos ilícitos se estende além do geralmente conhecido problema de "falsificações" para incluir drogas abaixo do padrão, falsificadas, não registradas e não licenciadas, bem como seu roubo, fraude, desvio ilícito, contrabando e tráfico. (TRACIT)

LEGISLAÇÃO BRASILEIRA	LEGISLAÇÃO ARGENTINA	LEGISLAÇÃO PARAGUAIA	LEGISLAÇÃO URUGUAIA
Cp Lei Nº 2848/40 Art. 334-A (Contrabando) - Lei 13 008/14 (Contrabando)	Lei 27737/89 (Lei De Drogas Atual)	Lei Nº 2422 (Código Aduaneiro)	Lei Nº 19276 (Código Aduaneiro
CP LEI Nº 2848/40 ART. 273 (Falsificação DE PRODUTOS PARA FINS MEDICINAIS/TERAPÊUTICOS)		LEI 836 ART. 265 (CÓDIGO SANITÁRIO. Proíbe O Comércio)	LEI Nº 19574 (LEI DE LAVAGEM DE ATIVOS, ARTIGO 34)
Lei Nº 9677/98 (Alterou O Cp)		Lei 1340/1988 Emendada Por Lei 1881 (Pune O Tráfico Ilícito De Drogas Perigosas)	
Lei Nº 11343/06 Art. 31 E 33 (Lei Sobre As Drogas)	Cp Art. 200 E 201 (Falsificação De Medicamentos)	Lei 1119 (Regula Fabricação, Elaboração, Controle De Qualidade, Distribuição Etc.)	Lei N° 16.579 (Lei Complementar A Convenção Contra O Tráfico Ilícito De Entorpecentes E Substâncias Psicotrópicas)
Lei Nº 9695/98 (Crime Hediondo)			
Cdc Lei Nº 8078/90 Art. 66 (Crime Contra O Consumidor)			
Lei Nº 9.279/96 (Propriedade Intelectual)			
Lei Nº 8080/90 (Assistência Farmacêutica)			
Cdc Lei Nº 8078/90	LEI 26524/09 (PUNE A Falsificação PERIGOSA PARA A SAÚDE)		
Decreto Nº 45490/00 (Ctrc Transporte Rodoviário)			
AJUSTE SINIEF Nº 07/02 (Indicação DO LOTE NAS FATURAS)			
LEI Nº 11903/09 (SEGUIMENTO DA Produção E CONSUMO)			
Portaria Nº 2.814/98 Ms (Procedimentos Para Produtoras, Importadoras Etc.)			

RECUPERAÇÃO DE ATIVOS: COOPERAÇÃO JURÍDICA ITNTERNACIONAL

DEFINIÇÃO:

"Assistência judiciária entre estados partes nas investigações, nos processos e em outros atos judiciais, quando o estado parte requerente tiver motivos razoáveis para suspeitar que as infrações são de caráter transnacional, inclusive quando as vítimas, testemunhas, o produto, os instrumentos ou os elementos de prova destas infrações se encontrem no estado parte requerido e nelas esteja implicado um grupo criminoso organizado". (Art. 18, 1, Adaptado, Convenção de Palermo)

LEGISLAÇÃO BRASILEIRA	LEGISLAÇÃO ARGENTINA	LEGISLAÇÃO PARAGUAIA	LEGISLAÇÃO URUGUAIA
Cpp Decreto Lei Nº 3689/41 Art. 1, I; 368 E 784-790	Tratados De Extradição E Assistência Legal Mútua (Argentina E Polônia; Argentina E Cazaquistão, Argentina E Costa Rica	Convênios Sobre Extradição	Lei 15.982 (1988) - Código Geral Do Processo
		CONVÊNIOS SOBRE TRÁFICO DE DROGAS, ENTORPECENTES E ATOS CORRELATOS	Decreto-Lei 14.294 (1974) E Lei 17016 (1998)
		Convenção DA ONU CONTRA O TRÁFICO DE ENTORPECENTES	Lei 17.861 (2004) – Convenção De Palermo E Protocolos Complementares
		Cooperação EM Matéria PENAL (ARGENTINA, BRASIL, Bolívia, CHILE, COLÔMBIA, COSTA RICA, EQUADOR, ESTADOS UNIDOS, HONDURAS, México, PANAMÁ, PERU, VENEZUELA)	
		Lei 16/90. Convenção Das Nações Unidas Contra O Tráfico Ilícito De Entorpecentes E Substâncias Psicotrópicas	Lei 19.574 (2017) – Lavagem De Ativos E Financiamento Do Terrorismo
		Lei 2298/03. Convenção Das Nações Unidas Contra A Delinquência Organizada Transnacional, E Seus Protocolos Seguintes.	
		Lei 2396. Protocolo Para Prevenir, Reprimir E Sancionar O Tráfico De Pessoas, Especialmente Mulheres E Crianças	
CP LEI Nº 2848/40 ART. 7 E 9		LEI 3533/08. PROTOCOLO CONTRA O TRÁFICO ILÍCITO DE MIGRANTES POR TERRA, MAR E AR.	Protocolo De Assistência Jurídica Mútua Em Assuntos Penais De San Luís
Lei Nº 6.815/80 Art. 76-84 (Estatuto Do Estrangeiro)		Lei 3216/07. Protocolo Contra A Fabricação E O Tráfico De Armas De Fogo, Suas Peças, Componentes E Munições.	
		LEI 2535/05. (CONVENÇÃO DAS NAÇÕES UNIDAS CONTRA A CORRUPÇÃO	
		LEI 2194/03. (CONVENÇÃO INTERAMERICANA SOBRE ASSISTÊNCIA MÚTUA EM MATÉRIA PENAL.)	

			LEI 977/96. (CONVENÇÃO INTERAMERICANA CONTRA A CORRUPÇÃO.)	
	Lei Nº 9613/98 Art. 8 (Lei De Lavagem De Dinheiro – Coaf)	Programa De Assistência Contra O Crime Transnacional Organizado;	Lei 2048/03. (Protocolo De Assistência Jurídica Mútua Em Assuntos Penais Do Mercosul (San Luis)).	
	Lei 11343/06 Art. 65 (Lei Sobre As Drogas)			
	Decreto Nº 9662/19 (Extradição E Transferência De Pessoas Condenadas - Drci)			
	Decreto Nº 8431/15 (Extradição)			
	Decreto Nº 6747/09 (Exceção, Tratado De Assistência Mútua Canadá - Pgr)			
	Decreto Nº 9662/19 (Ministério Da Justiça E Segurança Pública)	Lei 24.767/97 (Lei De Cooperação Internacional Em Matéria Penal)		
	Lei Nº 445/17 Art. Cap Vii Seção I E Iii (Lei Da Migração; Extradição E Transferência De Persona Condenada)			
	Portaria Mj Nº 89 (Procedimentos De Transferência)		ACORDO DE COOPERAÇÃO INTERINSTITUCIONAL ENTRE OS MINISTÉRIOS PÚBLICOS E FISCAIS MEMBROS DA AIAMP	
	Portaria Mj Nº 217 (Procedimentos Extradição)		DIREÇÃO DE COOPERAÇÃO E ASSISTÊNCIA JUDICIAL INTERNACIONAL	
	Lei Nº 13445/17 (Documentos Instrução Para Extradição)			
	Resolução Stj 9/05			
	Portaria Conjunta Mj/Pgr/Agu Nº 01/05			
	Portaria Interministerial Mre/Mj 501/12			
	Instrução Normativa 01/10 Do Cnj (Difusões Vermelhas)			

COOPERAÇÃO POLICIAL

DEFINIÇÃO:

"Instrumento efetivo, prático e permanente de cooperação destinado ao fortalecimento, à educação, doutrina e à formação de filosofias policiais em matéria de assistência técnico-científica, inteligência e investigação que favoreçam a prevenção e neutralização do crime transnacional organizado na região" (art. 1º, estatuto da AMERIPOL).

"Apoio técnico mútuo, por meio do intercâmbio de metodologias e tecnologias; capacitação, por meio da realização de cursos e treinamentos dirigidos à prevenção, investigação e repressão de delitos nas regiões de fronteiras; intercâmbio de informações, sobretudo para a prevenção de atos ilícitos;
execução de medidas de investigação, operações e diligências relacionadas a fatos delitivos, que serão levadas a efeito por cada uma das partes ou por todas elas, de maneira coordenada; persecução transfronteiriça" (art. 3, Acordo De Cooperação Policial Aplicável Aos Espaços Fronteiriços Entre Os Estados Partes do MERCOSUL).

LEGISLAÇÃO BRASILEIRA	LEGISLAÇÃO ARGENTINA	LEGISLAÇÃO PARAGUAIA	LEGISLAÇÃO URUGUAIA
DECRETO CMC Nº 29/02 (ACORDO DE INTELIGÊNCIA POLICIAL, TERRORISMO E DELITOS CONEXOS MERCOSUL, BOLÍVIA E CHILE)	LEI N° 27737/89 (LEI DE DROGAS ATUAL)	LEI Nº 2422 CÓDIGO ADUANEIRO	LEI 18.315 (2008) – PROCEDIMENTO POLICIAL
			MERCOSUL/CMC/DEC. N. 16/06 - ACORDO QUADRO SOBRE COOPERAçÃO EM MATéRIA DE SEGURANçA REGIONAL ENTRE OS ESTADOS PARTES DO MERCOSUL, A REPÚBLICA DA BOLÍVIA, A REPÚBLICA DO CHILE, A REPÚBLICA DA COLÔMBIA, A REPÚBLICA DO EQUADOR, A REPÚBLICA DO PERU E A REPÚBLICA BOLIVARIANA DA VENEZUELA.
			MERCOSUL/CMC/DEC. N. 12/19 - ACORDO DE COOPERAçÃO POLICIAL APLICÁVEL AOS ESPAçOS FRONTEIRIçOS ENTRE OS ESTADOS PARTES DO MERCOSUL.
		LEI 836 ART. 265 (CÓDIGO SANITÁRIO. PROÍBE O COMéRCIO)	LEI N. 18.157 (2007) - ACORDO SOBRE COOPERAçÃO POLICIAL NA INVESTIGAçÃO, PREVENçÃO E CONTROLE DE FATOS DELITIVOS ENTRE A REPÚBLICA ORIENTAL DO URUGUAI E A REPÚBLICA FEDERATIVA DO BRASIL.
		LEI 1340/1988 EMENDADA POR LEI 1881 (PUNE O TRÁFICO ILÍCITO DE DROGAS PERIGOSAS)	
		LEI 2887/2006. (MODIFICA VÁRIOS ARTIGOS DA LEI 222/93 "ORGÂNICA DA POLÍCIA NACIONAL".	
		LEI 5757/2016, (ACORDO MARCO DE COOPERAçÃO EM MATéRIA DE SEGURANçA ENTRE OS ESTADOS PARTE DO MERCOSUL, BOLÍVIA E CHILE.)	
DECRETO CMC Nº 43/00 (REGULAçÃO INTERNA DO CENTRO DE COORDENAçÃO POLICIAL DO MERCOSUL, BOLÍVIA E CHILE)	ARTIGOS 200 E 201 DO CÓDIGO PENAL (FALSIFICAçÃO DE MEDICAMENTOS)	LEI 1119 (REGULA FABRICAçÃO, ELABORAçÃO, CONTROLE DE QUALIDADE, DISTRIBUIçÃO ETC.)	
	LEI N° 26524/09 (PUNE A FALSIFICAçÃO PERIGOSA PARA A SAÚDE)		
DECRETO Nº 8.360/14 (MEMORANDO ENTENDIMENTO BRASIL-COLÔMBIA)			
DECRETO Nº 6.731/009 (ACORDO BRASIL- URUGUAI)			

SISTEMA DE INTELIGÊNCIA	DEFINIÇÃO: Atividade de inteligência: exercício permanente de ações especializadas, voltadas para a produção e difusão de conhecimentos, com vistas ao assessoramento das autoridades governamentais nos respectivos níveis e áreas de atribuição, para o planejamento, a execução, o acompanhamento e a avaliação das políticas de estado (ABIN).			
	LEGISLAÇÃO BRASILEIRA	**LEGISLAÇÃO ARGENTINA**	**LEGISLAÇÃO PARAGUAIA**	**LEGISLAÇÃO URUGUAIA**
	LEI Nº 9883/99 (SISBIN)	LEI N° 25.246 (ENCOBRIMENTO. UNIDADE DE INTELIGÊNCIA FINANCEIRA - UIF)	LEI N° 1337/99 (DEFESA NACIONAL E DE SEGURANçA INTERNA.)	LEI 19.574 (2017) - LAVAGEM DE ATIVOS E FINANCIAMENTO DO TERRORISMO
			LEI N° 5241/2014. (CRIA O SISTEMA NACIONAL DE INTELIGÊNCIA)	LEI 19.696 (2018) - SISTEMA NACIONAL DE INTELIGÊNCIA DE ESTADO.
			LEI N° 3783/09	
	DECRETO Nº 3695/00 (SSISP)	LEI N° 26119 (UNIDADE DE INFORMAçÃO FINANCEIRA)		
	DECRETO Nº 4376/02 (SISBIN ESTRUTURA E FUNCIONAMENTO)			
	LEI Nº 9613/98 (LEI SOBRE A LAVAGEM DE DINHEIRO - COAF)			

TRÁFICO DE DROGAS	DEFINIÇÃO: "A produção, a fabricação, a extração, a preparação, a oferta para venda, a distribuição, a venda, a entrega em quaisquer condições, a corretagem, o envio, o envio em trânsito, o transporte, a importação ou a exportação de qualquer entorpecente ou substância psicotrópica, contra o disposto nas convenções internacionais e nas leis internas, assim como a posse ou aquisição de qualquer entorpecente ou substância psicotrópica com o objetivo de realizar qualquer uma das atividades acima enumeradas" (art. 3º, adaptado, da Convenção Contra O Tráfico Ilícito De Entorpecentes E Substâncias Psicotrópicas).			
	LEGISLAÇÃO BRASILEIRA	**LEGISLAÇÃO ARGENTINA**	**LEGISLAÇÃO PARAGUAIA**	**LEGISLAÇÃO URUGUAIA**
	LEI N° 11.343/2006	LEI N° 27.737	LEI N° 16/90 (CONVENçÃO DAS NAçÕES UNIDAS CONTRA O TRÁFICO ILÍCITO DE ENTORPECENTES E SUBSTÂNCIAS PSICOTRÓPICAS)	DECRETO-LEI 14.294 (1974) - DROGAS
				LEI 17.861 (2004) - CONVENçÃO DE PALERMO E SEUS PROTOCOLOS
			LEI N° 1881/2002 (MODIFICA A LEI 1340 DE 22 DE NOVEMBRO DE 1988 "QUE REPRIME O TRÁFICO ILÍCITO DE ENTORPECENTES E DROGAS PERIGOSAS E OUTROS DELITOS AFINS E ESTABELECE MEDIDAS DE PREVENçÃO E RECUPERAçÃO DE FARMACODEPENDENTES".)	LEI 19.172 (2013) – REGULAçÃO E CONTROLE DA CANNABIS
			LEI N° 13.40/1988	LEI 19.889 (2020) – LEI DE URGENTE CONSIDERAçÃO
	DECRETO N° 9761/2019 (POLÍTICA NACIONAL DE DROGAS)			

TRÁFICO DE PESSOAS	DEFINIÇÃO: "O recrutamento, o transporte, a transferência, o alojamento ou o acolhimento de pessoas, recorrendo à ameaca ou uso da forca ou a outras formas de coacão, ao rapto, à fraude, ao engano, ao abuso de autoridade ou à situação de vulnerabilidade ou à entrega ou aceitação de pagamentos ou benefícios para obter o consentimento de uma pessoa que tenha autoridade sobre outra para fins de exploração, no mínimo, da prostituição de outrem ou outras formas de exploração sexual, o trabalho ou serviços forçados, escravatura ou práticas similares à escravatura, a servidão ou a remocão de órgãos" (protocolo adicional à Convenção Das Nações Unidas Contra O Crime Organizado Transnacional Relativo À Prevenção, Repressão E Punição Do Tráfico De Pessoas, Em Especial Mulheres E Crianças)			
	LEGISLAÇÃO BRASILEIRA	**LEGISLAÇÃO ARGENTINA**	**LEGISLAÇÃO PARAGUAIA**	**LEGISLAÇÃO URUGUAIA**
	ARTIGO 149-A DO CÓDIGO PENAL	EI Nº 27046/14	LEI Nº 2396. (PROTOCOLO PARA PREVENIR, REPRIMIR E SANCIONAR O TRÁFICO DE PESSOAS, ESPECIALMENTE MULHERES E CRIANçAS.)	LEI 17.815 (2004) - DISPÕE SOBRE A VIOLÊNCIA COMERCIAL OU NÃO COMERCIAL COMETIDA CONTRA CRIANçAS, ADOLESCENTES OU INCAPAZES.
			LEI Nº 4788/12	LEI 17.861 (2004) - CONVENçÃO DE PALERMO E PROTOCOLOS COMPLEMENTARES
		LEI Nº 26842/12		LEI 18.250 (2008) - DELITOS MIGRATÓRIOS
	LEI Nº 13344/2016	DECRETO Nº 111/15	LEI Nº 1160/97 (CÓDIGO PENAL - ARTIGO 129)	LEI 19.643 (2018) - LEI DE PREVENçÃO E COMBATE AO TRÁFICO DE PESSOAS
		LEI Nº 26364 /08		

TRÁFICO DE FAUNA E FLORA	DEFINIÇÃO: Comércio ilícito: exportação, reexportação, importação e introdução procedente do mar de espécie ou espécime sem a licença ou certificado concedidos pela autoridade administrativa nacional responsável (Convenção Sobre Comércio Internacional Das Espécies Da Flora E Fauna Selvagens Em Perigo De Extinção – CITES)			
	LEGISLAÇÃO BRASILEIRA	**LEGISLAÇÃO ARGENTINA**	**LEGISLAÇÃO PARAGUAIA**	**LEGISLAÇÃO URUGUAIA**
	LEI Nº 5197/67	LEI Nº 19282/71	LEI Nº 96/92 (VIDA SILVESTRE)	NÃO HÁ LEGISLAÇÃO
		LEI Nº 20961/75	LEI Nº 294/93 (AVALIAçÃO DE IMPACTO AMBIENTAL)	
		LEI Nº 21676/77	LEI Nº 253/93 (CONVENIO MARCO SOBRE DIVERSIDADE BIOLÓGICA	
	LEI Nº 9605/98 (CRIMES AMBIENTAIS)	LEI Nº 22344/80	LEI Nº 352/94 (ÁREAS SILVESTRES PROTEGIDAS)	
		LEI Nº 22421/81		
		LEI Nº 26094/84		
		LEI Nº 23582/88	EI Nº 716/96 (DELITOS AMBIENTAIS)	
		LEI Nº 24702/96		
		LEI Nº 25052/08		
	DECRETO Nº 6514/08	LEI Nº 25463/01		
		LEI Nº 25577/02		
		LEI Nº 25679/03	LEI Nº 1314/98 (ANIMAIS SILVESTRES)	
		LEI Nº 26447/08		
		LEI Nº 22421/81		
		DECRETOS ANMAC		

TRÁFICO DE ARMAS E MUNIÇÃO

DEFINIÇÃO:

"Tráfico ilícito" significa importação, exportação, aquisição, venda, entrega, transporte ou transferência de armas de fogo, suas peças e componentes e munições deste ou através do território de um estado parte para o território do outro estado parte, caso qualquer dos estados partes em questão não o autorize de conformidade com os termos deste protocolo, ou caso as armas de fogo não estejam marcadas de conformidade com o artigo 8 do presente protocolo. (Convenção De Palermo)

LEGISLAÇÃO BRASILEIRA	LEGISLAÇÃO ARGENTINA	LEGISLAÇÃO PARAGUAIA	LEGISLAÇÃO URUGUAIA
LEI N°10826/2003 (ESTATUTO DO DESARMAMENTO)	LEI N° 20409/73 (LEI NACIONAL DE REGULAMENTAçÃO DE ARMAS E EXPLOSIVOS)	LEI N° 3216/07.(PROTOCOLO CONTRA A FABRICAçÃO E O TRÁFICO DE ARMAS DE FOGO, SUAS PEçAS, COMPONENTES E MUNIçÕES)	LEI N°19247 (ATUALIZAçÃO DO CÓDIGO PENAL REFERENTE A ARMAS)
DECRETO N° 5015 (COMPLEMENTAR A CONVENçÃO DAS NAçÕES UNIDAS O CRIME ORGANIZADO TRANSNACIONAL	LEI N° 25.632/2001 (LEI COMPLEMENTAR A CONVENçÃO DAS NAçÕES UNIDAS O CRIME ORGANIZADO TRANSNACIONAL	LEI N°4036/10 (LEI COMPLEMENTAR A CONVENçÃO DAS NAçÕES UNIDAS O CRIME ORGANIZADO TRANSNACIONAL	LEI N°17861/04 (LEI COMPLEMENTAR A CONVENçÃO DAS NAçÕES UNIDAS O CRIME ORGANIZADO TRANSNACIONAL

PROTEÇÃO DE VÍTIMAS E TESTEMUNHAS

Definição:

Proteção de vítimas e testemunhas: medidas adequadas para garantir a segurança, o bem-estar físico e psicológico, a dignidade e a vida privada das vítimas e testemunhas (art. 68, 1, primeira parte, Estatuto De Roma Do TPI). Proteção à mulher vítima: procedimentos jurídicos justos e eficazes para a mulher sujeita a violência, inclusive, entre outros, medidas de proteção, juízo oportuno e efetivo acesso a tais processos (art. 7, F, Convenção Interamericana Para Prevenir, Punir E Erradicar A Violência Contra A Mulher).

LEGISLAÇÃO BRASILEIRA	LEGISLAÇÃO ARGENTINA	LEGISLAÇÃO PARAGUAIA	LEGISLAÇÃO URUGUAIA
LEI 9.807/99 - ESTABELECE NORMAS PARA A ORGANIZAÇÃO E A MANUTENÇÃO DE PROGRAMAS ESPECIAIS DE PROTEÇÃO A VÍTIMAS E A TESTEMUNHAS AMEAÇADAS, INSTITUI O PROGRAMA FEDERAL DE ASSISTÊNCIA A VÍTIMAS E A	LEI 25.764/2003 – PROGRAMA NACIONAL DE PROTEÇÃO A TESTEMUNHAS E IMPUTADOS.	LEI 4.083/2011 – PROGRAMA DE ACOMPANHAMENTO DE TESTEMUNHAS E VÍTIMAS EM PROCESSOS PENAIS.	LEI 19.293 (2014) – CÓDIGO DE PROCESSO PENAL.
TESTEMUNHAS AMEAÇADAS E DISPÕE SOBRE A PROTEÇÃO DE ACUSADOS OU CONDENADOS QUE TENHAM VOLUNTARIAMENTE PRESTADO EFETIVA COLABORAÇÃO À INVESTIGAÇÃO POLICIAL E AO PROCESSO CRIMINAL	LEI 26.485/2009 – PROTEÇÃO INTEGRAL PARA PREVENIR, SANCIONAR E ERRADICAR A VIOLÊNCIA CONTRA AS MULHERES NAS SUAS RELAÇÕES INTERPESSOAIS.	LEI 5.777/2016 – PROTEÇÃO INTEGRAL ÀS MULHERES CONTRA TODA FORMA DE VIOLÊNCIA.	LEI 19.580 (2017) – LEI SOBRE A VIOLÊNCIA DE GÊNERO CONTRA AS MULHERES
LEI 11.340/06 - CRIA MECANISMOS PARA COIBIR A VIOLÊNCIA DOMÉSTICA E FAMILIAR CONTRA A MULHER	LEI 27.372/2016 – LEI DOS DIREITOS E GARANTIAS DE PESSOAS VÍTIMAS DE DELITOS.	DECRETO 6973/2017 – REGULAMENTA A LEI 5777/2016, DE PROTEÇÃO INTEGRAL ÀS MULHERES CONTRA TODA FORMA DE VIOLÊNCIA	LEI 17.861 (2004) – CONVENÇÃO DE PALERMO E PROTOCOLOS COMPLEMENTARES
GUIAS DE SANTIAGO (ATENÇÃO E PROTEÇÃO DE VÍTIMAS E TESTEMUNHAS). DOCUMENTO APROVADO NA XVI ASSEMBLEIA GERAL ORDINÁRIA DA ASSOCIAÇÃO IBERO-AMERICANA DOS MINISTÉRIOS PÚBLICOS	GUIAS DE SANTIAGO (ATENÇÃO E PROTEÇÃO DE VÍTIMAS E TESTEMUNHAS). DOCUMENTO APROVADO NA XVI ASSEMBLEIA GERAL ORDINÁRIA DA ASSOCIAÇÃO IBERO-AMERICANA DOS MINISTÉRIOS PÚBLICOS.	GUIAS DE SANTIAGO (ATENÇÃO E PROTEÇÃO DE VÍTIMAS E TESTEMUNHAS). DOCUMENTO APROVADO NA XVI ASSEMBLEIA GERAL ORDINÁRIA DA ASSOCIAÇÃO IBERO-AMERICANA DOS MINISTÉRIOS PÚBLICOS	GUIAS DE SANTIAGO (ATENÇÃO E PROTEÇÃO DE VÍTIMAS E TESTEMUNHAS). DOCUMENTO APROVADO NA XVI ASSEMBLEIA GERAL ORDINÁRIA DA ASSOCIAÇÃO IBERO-AMERICANA DOS MINISTÉRIOS PÚBLICOS.

8.2 TABELAS

ATLAS TRÍPLICE FRONTEIRA			
ARRANJO INSTITUCIONAL			
Persecução Penal e Instituições de Segurança Pública			
País	**Instituições**	**Contatos**	**Peculiaridades**
Brasil	Departamento da Polícia Federal	DPF	
	Polícia Rodoviária Federal	PRF	
	Força Nacional de Segurança	FNS	
	Exército Brasileiro	EB	
	Estado Maior Conjunto das Forças Armadas	EMCFA	
	Ministério da Justiça	MJ	
	Ministério Público Federal	MPF	
	Secretaria de Gestão e Ensino em Segurança Pública	SEGEN	Além das propostas relacionadas com a administração, a SEGEN será responsável por promover estudos e pesquisas para um melhor desenvolvimento e aperfeiçoamento das competências dos profissionais de segurança pública.
	Secretaria das Operações Integradas	SEOPI	
	Secretaria Nacional de Segurança Pública	SENASP	É um órgão público superior de nível federal, vinculado ao Ministério da Justiça. Ele é o responsável pela política de segurança pública do país.
	Secretaria Municipal de Segurança Pública - Foz do Iguaçu	SMSP	A Secretaria Municipal de Segurança Pública é o órgão que deverá viabilizar o acompanhamento e cooperação, ao nível do Município, da atuação dos órgãos oficiais encarregados das funções de segurança pública, com vista à implementação coordenada de medidas preventivas de longo alcance, e de medidas repressivas destinadas a promover a segurança pública, tendo como atribuições a formulação de uma política de cooperação e integração em matéria de segurança pública; firmar convênio com a iniciativa privada edemais órgãos da administração pública.
	Departamento de Operações de Fronteira	DOF	O DOF atua em 53 municípios do Estado de Mato Grosso, com presença mais efetiva nos 730,8 quilômetros de fronteira seca, dentre os mais de 1.500 quilômetros de fronteira com o Paraguai e com a Bolívia, incluindo, inclusive, uma extensa área rural. Em caso de necessidade, e por determinação do Secretário de Estado da Justiça e Segurança Pública, o DOF também atua em outros municípios do sul de Mato Grosso.
	Polícia Civil do Paraná	PCPR	As Polícias Civis são instituições históricas, tipicamente brasileiras, que exercem funções de polícia judiciária nas unidades federativas do Brasil, cuja função é, de acordo com o artigo 144 da Constituição Federal de 1988, o exercício dasegurança pública.

Polícia Militar do Paraná	PMPR	
Conselho dos Chefes da Polícia Civil	CCPC	
Grupo Nacional de Combate às OrganizaçõesCriminosas	CNCOC	O Grupo Nacional de Combate às Organizações Criminosas (GNCOC) reúne o Ministério Público Brasileiro e foi criado em fevereiro de 2002, por iniciativa do Conselho Nacional dos Procuradores- Gerais dos Ministérios Públicos dos Estados e da União (CNPG), para combater o crime organizado que atinge todo o país. O GNCOC, formado pelos Grupos de Ação Especial Contra o Crime Organizado (GAECO's), atua de forma integrada com as polícias (civil, militar, federal e federal rodoviária), Abin (Agência Brasileira de Inteligência), receitas estaduais e federal, a Agência Nacional de Petróleo, entre outros órgãos.
Conselho Nacional dos Comandantes Gerais	CNGC	O CNCG é um colegiado formado por todos os Comandantes-Gerais da Polícia Militar e do Corpo de Bombeiros Militar dos Estados e do Distrito Federal, instituído em 12 de fevereiro de 1993.
Batalhão de Polícia de Fronteira	BATALHÃO DE POLÍCIA DE FRONTEIRA	O Batalhão de Polícia de Fronteira (BPFron) é uma unidade especializada da Polícia Militar do Estado do Paraná. É o primeiro Batalhão de Polícia de Fronteira do país. Criado no âmbito estadual pelo decreto-lei nº 4.905, de 6 de junho de 2012, o BPFron é uma proposta para o desenvolvimento de ações relacionadas ao Plano Estratégico de Fronteiras e ao ENAFron, que está subordinado ao Subcomando Geral da Polícia Militar do Paraná. Atuando nas fronteiras com foco na prevenção, controle, fiscalização e repressão de crimes transfronteiriços, o BPFron conta com o apoio dos municípios e órgãos governamentais que integram este processo.
Gabinetes de Gestão Integrada de Fronteiras	GGIF	Tem como objetivo a proposição de ações conjuntas com vistas à integração e à articulação das ações decompetência da União
Gabinete de Gestão Integrada Municipal de Foz do Iguaçu/PR	GGIM-Foz do Iguaçu	O GGIM é uma rede que atua na proposição de açõesintegradas e promove a troca de informações e experiências, alimentando o sistema de planejamento e políticas municipais preventivas de segurançapública.
Centro Integrado de Operações de Fronteira	CIOF	O centro brasileiro vai funcionar em uma área de 600m² dentro do Parque Tecnológico de Itaipu, e vai envolver, de forma inédita, todos os atores da segurança pública que antes exerciam suas funções sozinhos, ou até mesmo em conjunto, mas nunca efetivamente coordenados, como polícias estaduais, Polícia Federal (PF), Polícia Rodoviária Federal (PRF), Agência Nacional de Inteligência (Abin), Ministério da Defesa, Unidade de Inteligência Financeira (UIF - ex-Coaf), Receita Federal, Departamento de Recuperação de Ativos e Cooperação Jurídica Internacional (DRCI), Departamento Penitenciário Nacional (Depen), entre outros órgãos.
Instituto de Desenvolvimento Econômico e Social	IDESF	O Instituto de Desenvolvimento Econômico e Social de Fronteiras (Idesf) é uma instituição civil, de direito privado, sem fins lucrativos, com sede em Foz do Iguaçu (PR), que visa criar mecanismos de promoção da igualdade, integração e desenvolvimento das regiões fronteiriças.
Força Aérea Brasileira	FAB -CINDACTA	
Marinha do Brasil	Marinha do Brasil	
Sistema de Vigilância de Fronteiras (SISFRON)	SISDRON	

	GAECOS	GAECOS	O GAECO - Grupo de Ação Especial de Combate ao Crime Organizado, criado pelo Ministério Público do Estado de São Paulo em 1995, tem como função a prevenção e repressão às atividades de organizações criminosas no Estado, devendo oficiar nas representações, inquéritos policiais, procedimentos investigativos de natureza criminal, informações e ações criminais, por meio da atuação integrada com o Promotor de Justiça Natural e articulando ações conjuntas com outras instituições. Atualmente, são quatro Núcleos de ação, distribuídos em todas as regiões do Estado de São Paulo.
Argentina	Polícia Federal - Ministério da Segurança	PF	Força Federal que desenvolve as funções de Policiade Segurança do Estado e Auxiliar de Justiça em todo o território nacional; comprometida com a investigação e combate a crimes federais e complexos, e com atuação ativa na cooperação policial internacional por meio da Interpol.
	Gendarmería Nacional Argentina (Militar) -Ministério da Segurança	MPF	Força de Segurança de Natureza Militar com características de força intermediária, que cumpre a sua missão e funções no âmbito da Segurança Interna, Defesa Nacional e apoio à Política Externa.
	Ministério Público Fiscal	MPF	O Ministério Público é parte fundamental da administração da justiça, composta pelo Poder Judiciário e pelos Ministério Públicos: Promotor e de Defesa. Juntos, eles constituem as três partes fundamentais de um processo judicial. Da mesma forma, o Ministério Público é um órgão independente do sistema de administração da justiça. Está a cargo do Procurador ou Procuradora-Geral da República, que é proposto ou proposta pelo Poder Executivo e aprovado pelo Congresso Nacional. É independente até do Poder Judiciário (chefiado pela Corte Suprema de Justiça). A função que cabe aos procuradores que integram o MPF tem finalidades e objetivos: defender os interesses gerais da sociedade.
	Polícia Naval Argentina	PNA	Autoridade marítima; Força de Segurança que desempenha funções de polícia de segurança da navegação, prevenção da ordem pública, proteção ambiental, polícia judiciária, alfandegária, migratória e sanitária.
	Polícia de Segurança Aeroportuária	PSA	Força de Segurança que protege e garante a segurança interna no âmbito jurisdicional aeroportuário, através da prevenção, interrupção e investigação de crimes e infrações não previstos no Código da Aeronáutica.
	Polícia Nacional do Paraguai (Civil)	PNP	A Polícia Nacional é uma instituição de caráter Constitucional permanente, com a missão de proteger a vida, preservar a ordem pública, a paz, osdireitos, a segurança e a integridade das pessoas; garantir o desenvolvimento individual e social, bem como a realização da convivência harmoniosa dos habitantes da República do Paraguai, por meio da execução de ações coordenadas, eficientes e transparentes. Busca o fortalecimento institucional para garantir a segurança e a ordem interna da República do Paraguai, por meio de estratégias voltadas a um melhor atendimento ao cidadão, com um desenvolvimento previsível, eficiente, com capacidade operacional, preventiva e investigativa, alcançando a redução de atos puníveis, bem como a devida proteção dos direitos das pessoas, entidades e seus bens.
	Forças Militares Paraguaias (Exército, Marinha, Aeronáutica e Logística)	FMP	As Forças Militares por ordem constitucional não tem faculdade de investigação, por si mesmas.

Paraguai	Ministério Público	MP	O Ministério Público representa a sociedade perante os órgãos jurisdicionais do Estado, desfrutando de autonomia funcional e administrativa no cumprimento de seus deveres e atribuições. É exercido pelo Procurador Geral do Estado e pelos agentes promotores, conforme determinado por lei. "Lei nº 1562/00, orgânica do Ministério Público, Titulo 1, Art. 1..." "O Ministério Público é um órgão com autonomia funcional e administrativa, que representa a sociedade perante os órgãos jurisdicionais para velar pelo respeito aos direitos e garantias constitucionais; promover ações criminais públicas em defesa do patrimônio público e social, do meio ambiente e de outros interesses e direitos difusos dos povos indígenas e exercer ações penais nos casos em que não seja necessário a iniciativa da parte. "Compete ao Ministério Público, por intermédio dos agentes promotores, funcionários designados e seus órgãos auxiliares, dirigir a investigação dos atos puníveis e promover a ação penal pública. Para o efeito, praticará todos os atos necessários à preparação da denúncia e à participação no processo, nos termos do disposto no Código Penal e em sua lei orgânica. Ele será o encarregado da direção funcional e controle dos funcionários e das repartições da Polícia
	Comando das ForçasMilitares	Comando das Forças Militares	Coordena as ações dos mandos superiores do Exército, da Armada, da Força Aérea e da Logística, para assegurar o fiel cumprimento da missão constitucional das Forças Militares. De forma independente como componente das Forças Públicas e de forma coordenada com outros organismos do Poder Executivo, realiza Operações Militares, Especiais e Tipo Policia para diminuir a criminalidade e assim garantir o ambiente de paz social, a ordem interna e desenvolvimento Nacional com a finalidade de cumprir a Missão constitucional de custodiar a integridade territorial e de defender as autoridades legitimamente constituídas.
	Forças Armadas da Nação a cargo do Ministério de Defesa Nacional	Forças Armadas da Nação a cargo do Ministério de Defesa Nacional	O Ministério da Defesa Nacional é o órgão do Poder Executivo cuja função é a direção, gestão eexecução da Política de Defesa Nacional, e o desempenho das funções administrativas das Forças Armadas da Nação.

ATLAS TRIPLE FRONTERA			
ARRANJO INSTITUCIONAL			
Cooperação Jurídica Internacional - Recuperação de Ativos			
País	**Instituições**	**Contatos**	**Peculiaridades**
Brasil	Departamento de Recuperação de Ativos e Cooperação Jurídica Internacional (RDCI) - Ministério da Justiça	MJ	
Argentina	Assistência Jurídica Internacional em Matéria Penal - Ministério de Relações Exteriores e Culto	DAJIN	Sua função é centralizar todos os procedimentos relacionados em matéria de cooperação jurídica internacional e atuar como elo natural entre as representações e as organizações nacionais e estrangeiras, bem como entre os tribunais federais, nacionais e provinciais, com os tribunais estrangeirosnos procedimentos relacionados aos pedidos de assistência jurídica internacional.
	Direção Geral de Cooperação Regional eInternacional (Ministério Público)	DGCRI	A direção tem como funções o acompanhamento dos expedientes administrativos de extradição, a intervenção na assistência internacional ativa e passiva, assessorar os procuradores nos casos relacionados com os pedidos de extradição e a inter- relação com os organismos de colaboração institucional regional e internacional, coordenação de todas as atividades relativas à cooperação internacional, para conseguir uma resposta célere e eficaz para as demandas das diferentes promotorias, procuradorias especializadas, unidades especializadas do Ministério Público e direções- gerais.
	Direção Geral de Recuperação eDesmantelamento de Ativos	DGRADB	As funções da direção são conceber programas de ação que visem aumentar a eficiência na recuperação oportuna de ativos; Conceber estratégias e protocolosde investigação para a recuperação de ativos de origem criminosa; Propor reformas legislativas para tornar a recuperação e gestão de ativos e bens mais eficientes durante o processo; Gerar uma base de dados com as informações disponiveis sobre as medidas judiciais destinadas à recuperação de ativos, bens apreendidos e sua destinação; Solicitar ao Ministério Público e aos órgãos competentes na matéria as informações necessárias para o cumprimento das suas funções; Sugerir, a pedido do Ministério Público, medidas para a recuperação antecipada de bens de origem criminosa.
	Oficina Anticorrupção Lei nº 25.233/99	OA	O Gabinete Anticorrupção trabalha para fortalecer a ética e a integridade na administração pública nacional, por meio da prevenção e investigação da corrupção e da formulação de políticas de transparência.

Paraguai	Direção de Assuntos Internacionais e Assistência Jurídica Externa (Ministério Público)	DAIAE	Assessora o Procurador-Geral do Estado na análise e elaboração de acordos no âmbito internacional, no estudo de projetos de tratados internacionais de cooperação jurídica e técnica, a serem firmados com instituições públicas ou privadas nacionais e internacionais. Formula as estratégias de participação e posicionamento do Ministério Público do Paraguai no cenário internacional. Apoia o Procurador-Geral do Estado na formulação de mecanismos e procedimentos relacionados com extradições, intercâmbio de provas e informações de natureza jurídica e técnica, recuperação de automóveis roubados, exigidos por outros Estados, organismos internacionais, representações diplomáticas e pela justiça paraguaia. Opera como elo entre o Ministério Público e as Representações Diplomáticas, Consulares e de Missões Internacionais credenciadas junto à República do Paraguai e demais Ministérios Públicos. Constitui uma fonte permanente de consulta técnica sobre leis e procedimentos penais internacionais, em apoio ao trabalho dos membros dos Ministérios Públicos. A Direção conta com um Departamento de Extradições, Departamento de Assistência Jurídica Internacional, Departamento de Autoridade Central e Departamento de Foros e Redes Internacionais, além da Secretaria.
	Direção de Cooperação e Assistência Judicial	DECAJI	A Direção de Cooperação e Assistência Judicial Internacional tem como missão fortalecer a presença
	Direção de Cooperação Internacional (Ministério de Relações Exteriores - Direção Geral de Política Multilateral)	DCI	A Direção de Cooperação Internacional se encarregada gestão externa da cooperação internacional. Dedica-se à gestão de questões relacionadas com osdiferentes tipos e modalidades de cooperação bilateral e multilateral, bolsas e assistência humanitária dos diferentes países com os quais mantém relações diplomáticas, e/ou outorga a República do Paraguai, através de contatos com fontes de cooperação, por meio de Representações Nacionais e Missões Permanentes credenciadas no exterior, Representações Diplomáticas e Missões Permanentes credenciadas junto ao Governo Nacional, Organizações Internacionais e de Cooperação Técnica Multilateral com sede no país.

ATLAS TRIPLE FRONTERA			
ARRANJO INSTITUCIONAL			
Inteligência			
País	**Instituições**	**Contatos**	**Peculiaridades**
Brasil	Agência Brasileira de Inteligência	ABIN	
	Procuradoria Geral da República (Portugal,Canadá, alimentos)	PGR	
	Advocacia Geral da União - Sequestro Internacional de Crianças e Adolescentes	AGU	
Argentina	Direção de Inteligência Criminal	DNCI	Órgão independente do Ministério de Segurança, tem como função a produção de inteligência criminal relativa aos delitos federais complexos e aos delitos de ordem pública ou constitucional.
	Agência Federal de Inteligência	AFI	É um órgão que funciona sob a direção política e institucional do Poder Executivo Nacional. É o órgão máximo do Sistema Nacional de Inteligência (SIN) e abarca os organismos que o compõem. Seu dever é assessorar o Presidente da Nação e os funcionários de mais alto nível para a tomada de decisões, no âmbito de sua responsabilidade. Dentro de sua função específica, está a produção de inteligência nacional e de inteligência criminal referente a crimes federais complexos, no marco do respeito pelos direitos e garantias dos cidadãos consagrados na Constituição Nacional e nos tratados internacionais, bem como nas leis que regulam a sua atividade.
	Inteligência Estratégica Militar	DNIEM	Órgão dependente do Ministério de Defesa, temcomo função a produção de inteligência militar.
	Sistema de Inteligência Criminal	SIGEN	O sistema de inteligência criminal da Gendearmeria Nacional é um órgão que visa proporcionar a reunião adequada e eficiente de informações e produção de inteligência criminal, necessária para a condução da Força, e para satisfazer os pedidos de distintos organismos do Estado Nacional.
Paraguai	Sistema Nacional de Inteligência	SIN	Criado pela Lei Nº 5241/2014, "Que cria o Sistema Nacional de Inteligência (SINAI)", O Sistema Nacional de Inteligência é composto por um conjunto de organismos de inteligência, independentes entre si, funcionalmente coordenados e articulados para criar conhecimento útil, sistematicamente organizados em matéria de inteligência e contrainteligência, para colocá-los à disposição do Presidente da República e dos diversosníveis superiores de condução do Estado, com o objetivo de garantir a paz e a segurança do Estado, proteger a soberania nacional, preservar a ordem constitucional e o regime democrático vigente. Os organismos de inteligência que compõem o Sistema Nacional de Inteligência (SINAI), são osseguintes: a) Direção de Inteligência Estratégica do Ministério de Defesa Nacional. b) Direção Geral de Inteligência das ForçasMilitares. c) Direção de Inteligência do Ministério do Interior. d) Direção de Inteligência da Polícia Nacional. e) Direção de Inteligência da Secretaria NacionalAntidrogas (SENAD). f) Direção Geral de Análise Financeira da Secretaria de Prevenção de Lavagem de Dinheiro ou Bens (SEPRELAD); e g) Outros organismos do Estado conforme determinea Secretaria Nacional de Inteligência (SNI), com aprovação do Conselho Nacional de Inteligência.

ATLAS TRIPLE FRONTERA			
ARRANJO INSTITUCIONAL			
Inteligência Financeira			
País	Instituições	Contatos	Peculiaridades
Brasil	Conselho de Controle de Atividades	COAF	
Argentina	Unidade de Informação	UIF	Organismo com autonomia e autarquia financeira a cargo da análise, tratamento e transmissão de informações visando prevenir e impedir a lavagem de dinheiro, e financiamento do terrorismo.
Paraguai	Secretaria de Lavagem de Dinheiro ou Bens	SEPRELAD	A Secretaria de Prevenção de Lavagem de Dinheiro o Bens – SEPRELAD, é a entidade governamental encarregada de regular as obrigações, as atuações e os procedimentos para prevenir e impedir a utilização do sistema financeiro e de outros setores da atividade econômica para a realização dos atos destinados à lavagem de dinheiro e o financiamentodo terrorismo. A SEPRELAD é regida pela Lei Nº 1015/97 "Que previne e reprime os atos ilícitos destinados à legitimação de dinheiro ou bens" e sua modificadora a Lei Nº 3783/09, em virtude da qual, se constitui como Unidade de Inteligência Financeira (UIF) da República do Paraguai, goza de autonomia funcional e administrativa dentro dos limites da lei e dos regulamentos.

ATLAS TRIPLE FRONTERA			
ARRANJO INSTITUCIONAL			
Inteligência – Regulação			
País	Instituições	Contatos	Peculiaridades
Brasil	Agência Nacional de Vigilância Sanitária	ANVISA	
Argentina	Administração Nacional de Medicamentos, Alimentos e Tecnologia	ANMAT	Organismo descentralizado da Administração Pública Nacional. Colabora com a proteção da saúde humana assegurando que os alimentos, medicamentos e dispositivos médicos a disposição dos cidadãos possuam segurança, eficácia e qualidade. Para tanto, leva adiante os processos de autorização, registro, normatização, vigilância e fiscalização dos produtos de sua competência em todo território nacional.
Paraguai	Direção Nacional de Vigilância Sanitária	DNVS	Se encarrega de regular e controlar a fabricação, elaboração, fracionamento, controle de qualidade, distribuição, prescrição, dispensação, comercialização, representação, importação, exportação, armazenamento, uso racional, regime de preços, informação, publicidade e a avaliação, autorização e registro dos medicamentos de uso humano que contenham ou não substâncias entorpecentes, psicotrópicas, precursoras, drogas, produtos químicos, reativos e todo outro produto de uso e aplicação em medicina humana e os produtos considerados como cosméticos, sanitários e afins. Coordena as ações das diversas dependências da Direção Nacional de Vigilância Sanitária (DNVS), de forma a concretizar uma atuação integrada no quadro das políticas e objetivos institucionais. Provê permanentemente assistência técnica e administrativa a todos os níveis da estrutura organizacional da Direção Nacional de VigilânciaSanitária (DNVS). Salvaguarda e promove a saúde das pessoas e, especialmente, do consumidor, em termos de medicamentos de uso humano e de todos os produtos

ATLAS TRIPLE FRONTERA			
ARRANJO INSTITUCIONAL			
Inteligência - Aduana			
País	Instituições	Contatos	Peculiaridades
Brasil	Receita Federal	RF	
Argentina	Direção Geral de Aduanas - Administração Federal de Ingressos Públicos	AFIP	A Direção-Geral das Alfândegas, na dependência da Receita Pública Federal, é a autoridade competente na aplicação da legislação que regulamenta o desembaraço aduaneiro, bem como os sistemas, métodos e procedimentos aos quais deve estar sujeitaa alfândega.
Paraguai	Direção Nacional de Aduanas	DNA	É uma instituição autônoma e autárquica, facilitadorado comércio internacional, responsável pela

ATLAS TRIPLE FRONTERA			
ARRANJO INSTITUCIONAL			
Proteção à Vítimas e Testemunhas			
País	Instituições	Contatos	Peculiaridades
Brasil	Secretaria de Estado dos Direitos Humanos	SEDH	À Secretaria de Estado de Direitos Humanos (SEDH) cabe a função de coordenar o Sistema Estadual a
Argentina			
Paraguai	Dirección de Protección a Testigos del Ministerio Público	Dirección de Protección a Testigos del Ministerio Público	Presta proteção - através de medidas assistenciais e de segurança - à testemunha, vítima-testemunha,
	"Centro de Atenção a Vítimas do Ministério Público"	"Centro de Atenção a Vítimas do Ministério Público"	A lei orgânica do Ministério Público N° 1562/00 em seu Art. 65 expressa que o Centro de Atenção às Vítimas "cumprirá todas as funções de assistência às pessoas ofendidas pelos fatos puníveis, aos efeitos deencarar o correspondente processo criminal". Atualmente conforma o Gabinete de Acesso à Justiça - Res. F.G.E. N° 1831/15. Presta atendimento à vítima do crime que se dirige ao Ministério Público, com o objetivo de evitar ou minimizar situações de revitimização durante o processo penal.

ATLAS TRIPLE FRONTERA			
ARRANJO INSTITUCIONAL			
Instituições Internacionais relevantes para a Segurança Pública na Tríplice Fronteira			
Instituição	**Áreas de Atuação**	**Contatos**	**Peculiaridades**
Comando Tripartite	Compartilhamento de Informações Combate ao Terrorismo e ao Crime Organizado Transnacional Cooperação em Operações Conjuntas	Gendarmería Nacional Argentina (ARG) Prefeitura Naval Argentina (ARG) Polícia Federal Argentina (ARG) Polícia de Segurança Aeroportuária (ARG) Departamento da Polícia Federal (BRA) Agência Brasileira de Inteligência (BRA) Polícia Rodoviária Federal (BRA)	O Comando Tripartite não é um organismo com sede e estrutura física próprias, sendo constituído pela cooperação entre diferentes instituições de Segurança Pública dos países que compõem a região e suas unidades designadas para atuar na Tríplice Fronteira.
MERCOSUL	Definição de Normas para a Cooperação Regional Intercâmbio de Informações Cooperação em Operações Conjuntas Capacitação de Agentes em Segurança Pública	Tratados e Convenções MERCOSUL	A cooperação em Segurança Pública é matéria abordada desde os primeiros anos do MERCOSUL. Dentre os avanços mais recentes, destaca-se a ratificação para a criação do Sistema de Intercâmbio de Informações de Segurança do MERCOSUL (SISME), que potencializará a cooperação e ação integrada entre as instituições de Segurança Pública dos países do Bloco e seus associados.
OEA	Capacitação de Agentes em Segurança Pública Reuniões Ministeriais para Discussões deProblemas Comuns Cooperação Jurídica e Julgamento de Casos sob as normas acordadas entre os países-membros	Organização dos Estados Americanos - Site Oficial Secretaria de Seguridad Multidimensional Mecanismos Avaliativos para Analisar os Progressos na Luta Contra as Drogas Ilegais e a Corrupção	
AIAMP	Grupos de Trabalho para Cooperação Internacionalem Casos de Criminalidade Organizada Transnacional no Continente	Associação Ibero-Americana de Ministérios Públicos - Site Oficial	
AMERIPOL	Intercâmbio horizontal de informações entreInstituições Policiais das Américas Capacitação de Agentes de Segurança Pública	AMERIPOL - Site oficial (em espanhol)	
COMJIB	Intercâmbio de Informações Fórum de Debates para discussão de Desafios comuns em Matéria de Segurança Pública e Crime Organizado	Conferência dos Ministros da Justiça de Países Iberamericanos - Site Oficial	

INTERPOL	Combate ao Crime Organizado e EmergenteCombate ao Cybercrime Enfretamento ao Terrorismo	INTERPOL - Site Oficial (em inglês)	A Organização Internacional de Polícia Criminal (INTERPOL) é uma das mais antigas instituições para cooperação policial internacional. Os 194 paísesque a compõem buscam conectar e trocar informações sobre Segurança Pública e atividade policial. Portanto, o principal objetivo da INTERPOL é compartilhar informações entre as instituições de cumprimento da lei e conectar essas instituições com investigadores e especialistas dedicados a tipos específicos de crime.
UNODC	Capacitação para profissionais de Estados-membros da ONU Pesquisa em Matéria de Segurança Pública e Criminalidade Organizada Assistência na Implementação de Resoluções da ONU em assuntos relativos à Segurança Pública	UNODC - Site Oficial (em inglês) Escritório de Ligação e Parceria no Brasil e Cone Sul	Embora não se trate de um órgão de ação direta no combate às ameaças do crime organizado, os relatórios, manuais e recomendações disponibilizados pela UNODC e pela ONU em geral tendem a influenciar nas decisões dos países sobre asprincipais ameaças da criminalidade organizada no momento e na construção de estratégias para o enfrentamento destas.
EgmontGroup	Combate à Lavagem de Capitais e do Financiamento ao Terrorismo.	Egmont Group	
GAFILAT	Combate à Lavagem de Capitais e do Financiamento ao Terrorismo.	GAFILAT	O principal objetivo do GAFILAT é auxiliar os seusmembros na implementação das 40 recomendações do GAFI (International Financial Action Group) contra a lavagem de capitais e ativos financeiros, bem como a criação de um sistema para prevenir a lavagem de ativos e combater o financiamento do terrorismo.

ATLAS TRÍPLICE FRONTEIRA			
	ARRANJO JURÍDICO		
Tipo Penal			
	Brasil	Argentina	Paraguai
Crime Organizado	CP Lei nº 2848/40 art. 288 (associação criminosa)	Lei n° 26733 CP art. 210 (Associação Ilícita)	Lei nº 2298/2003;
	Decreto n.º 5.015/04	CP 145 i art. 145 bis	Lei nº 2396/2004;
	Decreto nº 5016/04 (protocolo adicional àCONU)		Lei 2116/2007 (que aprova o Protocolo contra a Fabricação e o Tráfico Ilícito de Armas de Fogo, suas peças e componentes e munições, que complementa a Convenção das Nações Unidas contra a DelinquênciaOrganizada Transnacional.)
	Decreto nº 5017/04 (protocolo adicional àCONU)	Lei nº 25.632 (Convenção das Nações Unidas contra o Crime Organizado Transnacional	Lei nº 3533/2008;
			Lei N° 6.431/2019 (que cria o Procedimento Especial para a Aplicação do Confisco, Confisco Especial, Privação de Benefícios e Ganhos e o Confisco Autônomo.)
			Lei N° 6396/2019 (modifica o artigo 46 da Lei N°5876/17 "Da administração debens apreendidos e confiscados.)
			Lei Nº 6.446/19 (Cria o Registro Administrativo de Pessoas e Estruturas Jurídicas e o Registro Administrativo de Beneficiários Finais do Paraguai.)
			Lei N° 6.379/2019 (Cria a competência em Delitos Econômicos e Crime Organizado na Jurisdição do Foro Penal.)
			Decreto federal 8.903, de 16 de novembro de 2016 (Programa de Proteção Integrada de Fronteiras (PPIF)
	Lei n.º 11.343/06 art. 35 (Lei sobre as Drogas)		Convenção das Nações Unidas contra oCrime Organizado Transnacional
	Lei nº 12850/13 (Organização Criminosa)	Proyecto de ley: "por el cual se crean juzgados penales de garantías, deejecución penal,	

Corrupção	CP Lei nº 2848/40: art. 317 e 333.	Não está tipificada no Código Penal	Lei nº 977/96 (Convenção Interamericana contra a Corrupção) Lei nº 5282 (livre acesso do Cidadão àInformação Pública)
		Conceito engloba múltiplos delitos contra a administração pública: ica: cohecho (pago de subornos); entregade regalos (dádiva); tráfico de influências; malversación de fondos públicos; enriquecimento ilícito	Lei nº 2880 (pune crimes contra Patrimônio)
	Lei nº 12846/13 (PJ)		Lei nº 5295/14 (proíbe o Nepotismo)
			Lei nº 2523/04 (Previne e Sanciona oEnriquecimento Ilícito e o Tráfico deInfluência)
	Decreto nº 3678/00 (Convenção da ONU)	Ley nº 26097 (aprueba la Convencióndе la ONU contra la corrupción, adptada en NY en 2003.	Lei N° 6.379/2019 (Cria a Competênciaem Delitos Econômicos e Crime Organizado na Jurisdição do Foro Penal.) Ley Nº 6.430/19 (que Previne, Tipificae Sanciona os Atos Puníveis de Suborno Internacional)
		Ley nº 27401/17 (ley anticorrupción;responsabilidad penal de la persona jurídica)	Corrupção: Lei 2535 (aprova a convenção da ONU)
Lavagem de Dinheiro e Financiamento do Terrorismo	Lei nº 9613/98	Lei nº 26733 art. 303	Lei 1160/97 Código penal
	Lei nº 9613/98	Lei n° 25.246	Lei nº 1015/97 (previne e combate atos ilícitos para a legitimação de capital e bens)
	Lei nº 12683/12	(encubrimiento. Unidad de inteligencia financiera)	Lei nº 4024 (penaliza atos passíveis deserem classificados como terrorismo, associação terrorista e financiamento doterrorismo)
	Lei nº 12683/12	Lei nº 26734 (derroga e incorpora artigos vinculados ao financiamentodo terrorismo e ao congelamento deativos	Lei nº 4503/2011 (paralisação de fundos e ativos financeiros)
	Lei n. 13260/16	Decreto nº 918/12 (regulamenta art. 6da 26.734)	Lei nº 5582/16 (aprova a emenda ao memorando de entendimento do GAFSUD) Art. 196 CP (dispõe sobre lavagem dedinheiro)

	Lei n. 13260/16	Lei nº 26268 (crimes contra a OrdemFinanceira)	Lei nº 5582/16 (aprova a emenda ao memorando de entendimento do GAFSUD)
		Lei n° 26 023 (aprova a Convenção Interamericana contra o terrorismoadotada em Barbados, 2002)	Art. 196 CP (dispõe sobre lavagem dedinheiro) Ley 6408/2019 (modifica o artigo 3º da Lei Nº 4024/2010 "Que Castiga os Atos
			Ley 6399/2019 (modifica os artigos 3° e 4° da Lei N° 5.895/2017 "Que
			Lei 6.452/2019 (modifica várias disposições da Lei N° 1160/1997
			Lei N° 6.419/2019 (Regula o Congelamento de Ativos Financeiros de
	Decreto nº 95/18 (Protocolo - comércio ilícito	Disposição nº 3662/2011 (cigarroeletrônico)	Lei nº 2422 Código Aduaneiro
Tipo Penal	Decreto nº 7212/10 (pacotes de 20 unidades)	Disposição nº 3662/2011 (cigarroeletrônico)	Lei nº 2422 Código Aduaneiro
			Protocolo de Eliminação do ComércioIlícito de Produtos do Tabaco (futuro)
		Resolução nº 152/14 do Instituto dePropriedade Intelectual	
	Lei nº 9782/99 (institui a ANVISA)	Disposição nº 3662/2011 (cigarroeletrônico)	Lei nº 2422 Código Aduaneiro
	Lei nº 10.167/00 (multa para violação)		
			Protocolo de Eliminação do ComércioIlícito de Produtos do Tabaco (futuro)

		Resolução nº 152/14 do Instituto dePropriedade Intelectual	
			Protocolo de Eliminação do Comérciolllícito de Produtos do Tabaco (futuro)
		Resolução nº 152/14 do Instituto dePropriedade Intelectual	
			Lei nº 1333 (publicidade e promoçãode produtos do tabaco)
	Resolução Anvisa nº 46 (componentes do cigarro)		Protocolo de Eliminação do Comérciolllícito de Produtos do Tabaco (futuro)
	Resolução Anvisa nº 346 (revoga res. Nº 105. Normas para cadastro de fabricantes)		
	Instrução Normativa Secretaria Receita Federal nº 396 (Programa Gerador da Declaração de Informações Fiscais)	Resolução nº 152/14 do Instituto dePropriedade Intelectual	Lei nº 1333 (publicidade e promoçãode produtos do tabaco)

			Lei nº 1333 (publicidade e promoçãode produtos do tabaco)
			Lei nº 1333 (publicidade e promoçãode produtos do tabaco)
Comércio Ilegal de Tabaco	Decreto nº 1/03 (Comissão Nacional para aConvenção - Controle do tabaco e seus protocolos)		
			Lei 5538/2015 (modifica a Lei 4045/2010que modifica a Lei 125/91, modificadora pela Lei 2421/04, sobreRegime Tributário, que regula as atividades relacionadas ao Tabaco e Estabelece medidas sanitárias de Proteção à População")
	Resolução BACEN nº 2833/01 (financiamento ao tabaco)	Convênio Marco para o controle dotabaco - OMS	Lei nº 2969/06 (aprova o convênio Marco da OMS para o controle do tabaco)
	Instrução Normativa Secretaria da ReceitaFederal nº 60/99 (taxação de produtos do tabaco)		
	Decreto nº 2876/98 (imposto de exportação ealíquotas)		
	Instrução Normativa da Secretaria da Receita Federal nº 55/01 (normas para selo de controle)		
Contrabando de Álcool	CP Lei nº 2848/40 art. 334-A (contrabando)	Lei nº 22415 Código Aduaneiro (contrabando)	Lei nº 2422 Código Aduaneiro
	Lei 13 008/14 (contrabando)		
	Lei nº 7678/88 (vinho e derivados da uva)		
	Decreto nº 8198/14 (regulamenta)		
	Decreto nº 9799/19 (Tequila e cachaça. Acordo México Brasil. Supervisão)		
	Decreto 7968/13 (Wisky)		
	Decreto nº 6871/09 (bebidas em geral; infrações e sanções)		
	Instrução Normativa MAPA nº 67/18 (certificação de importação e exportação)		
	Instrução Normativa MAPA nº 4/16 (fiscalização)		

	Instrução Normativa MAPA nº 55/09 (termosimportação/exportação)		
	Instrução Normativa MAPA nº 32/18 (procedimentos exportação/importação)		
	Instrução Normativa MAPA nº 28/14 (limitede substância)		
Comércio de Produtos Eletrônicos Falsificados	CP Lei nº 2848/40 art. 334-A (contrabando)	Lei nº 22415 Código Aduaneiro (contrabando)	Lei nº 2422 Código Aduaneiro
	Lei nº 13 008/14 (contrabando)		
	CP Lei nº 2848/40 art. 184 (comércio de produtos falsificados)		
	CDC Lei nº 8078/90 art. 66 (crime contra oconsumidor)		
	Lei nº 9.279/96 (propriedade intelectual)	Convênio Marco para o controle dotabaco - OMS	Lei nº 2969/06 (aprova o convênio Marco da OMS para o controle do tabaco)
	Lei nº 9610/98 (Direitos Autorais)		
	Decreto nº 6759/09 (regulação aduaneira)		
Comércio Ilícito de Medicamentos e Contrafeitos	CP Lei nº 2848/40 art. 334-A (contrabando)	Lei 27737/89 (lei de drogas atual)	Lei nº 2422 Código Aduaneiro
	- Lei 13 008/14 (contrabando)		
	CP Lei nº 2848/40 art. 273 (falsificação de produtos para fins medicinais/terapêuticos)		
	Lei nº 9677/98 (alterou o CP)		
	Lei nº 11343/06 art. 31 e 33 (lei sobre as Drogas)	CP art. 200 e 201 (falsificação de medicamentos)	
	Portaria nº 2.814/98 MS (Procedimentos para produtoras, importadoras, etc.)		elaboração,controle de qualidade, distribuição, etc.)

<table>
<tr><td rowspan="5">Cooperação Jurídica Internacional</td><td>- CPP Decreto Lei nº 3689/41 art. 1, I; 368 e784-790</td><td rowspan="5">Tratados de Extradição e AsistênciaLegal Mútua (Argentina e Polonia; Argentina e Kazajistán, Argentina e Costa Rica</td><td rowspan="3">Convênios sobre Extradição</td></tr>
<tr><td>- CP Lei nº 2848/40 art. 7 e 9</td></tr>
<tr><td>Lei nº 6.815/80 art. 76-84 (Estatuto do Estrangeiro)</td></tr>
<tr><td>Lei nº 9613/98 art. 8 (Lei de lavagem de Dinheiro - COAF)</td><td rowspan="2">Convênios sobre tráfico de Drogas, Entorpecentes e Atos correlatos</td></tr>
<tr><td>Lei 11343/06 art. 65 (Lei sobre as Drogas)</td></tr>
<tr><td rowspan="11">Recuperação de Ativos: Cooperação Jurídica Internacional</td><td>Decreto nº 9662/19 (extradição e transferência de pessoas condenadas - DRCI)</td><td rowspan="11">Programa de Asistencia contra el Crimen Transnacional Organizado;</td><td></td></tr>
<tr><td>Decreto nº 8431/15 (extradição)</td><td rowspan="3">Convenção da ONU Contra o Tráfico de Entorpecentes</td></tr>
<tr><td>Decreto nº 6747/09 (exceção, Tratado de Assistência Mútua Canadá - PGR)</td></tr>
<tr><td>Decreto nº 9662/19 (Ministério da Justiça eSegurança Pública)</td></tr>
<tr><td>Lei nº 445/17 art. Cap VII Seção I e III (lei da migração; extradição e transferência de persona condenada)</td><td rowspan="3">Cooperação em matéria penal (Argentina, Brasil, Bolívia, Chile, Colômbia, Costa Rica, Equador, Estados Unidos, Honduras, México, Panamá, Peru, Venezuela)</td></tr>
<tr><td>Portaria MJ nº 89 (procedimentos de transferência)</td></tr>
<tr><td>Portaria MJ nº 217 (procedimentos extradição)</td></tr>
<tr><td rowspan="4"></td><td>Lei 16/90. Convenção das Nações Unidas contra o Tráfico Ilícito de Entorpecentes e Substâncias</td></tr>
<tr><td>Lei 2298/03. Convenção das Nações Unidas contra a Delinquência Organizada Transnacional, e seus</td></tr>
<tr><td>-
Lei 2396. Protocolo para prevenir, reprimir e sancionar o Tréfico de</td></tr>
<tr><td>Lei 3533/08. Protocolo contra o Tráfico Ilícito de Migrantes por terra, mar e ar.</td></tr>
</table>

	Lei nº 13445/17 (documentos instrução paraextradição)	Lei 24.767/97 (Lei de CooperaçãoInternacional em Matéria Penal)	- Lei 3216/07. Protocolo contra a Fabricação e o Tráfico de armas de
			Lei 2535/05. (Convenção das Nações)
			Lei 2194/03. (Convenção Interamericana sobre Asistência)
			Lei 977/96. (Convenção Interamericana)
			Lei 2048/03.(Protocolo de Asistência Jurídica Mútua em
			Acordo de Cooperação Interinstitucionalentre os Ministérios Públicos e Fiscales membros da AIAMP)
	Resolução STJ 9/05		Direção de Cooperação e Assistência Judicial Internacional
	Portaria Conjunta MJ/PGR/AGU nº 01/05		
	Portaria Interministerial MRE/MJ 501/12		
	Instrução Normativa 01/10 do CNJ (difusõesvermelhas)		
Cooperação Policial	Decreto CMC nº 29/02 (Acordo de Inteligência Policial, Terrorismo e Delitos conexos MERCOSUL, Bolívia e Chile)	Lei 27737/89 (lei de drogas atual)	Lei nº 2422 Código Aduaneiro
	Decreto CMC nº 43/00 (Regulação Interna doCentro de Coordenação Policial do Centro de Coordenação Policial do MERCOSUL, Bolívia e Chile)	CP art. 200 e 201 (falsificação de medicamentos)	Lei 836 art. 265 (Código sanitário. proíbe o comércio)
			Lei 1340/1988 emendada por lei 1881(pune o tráfico ilícito de drogas perigosas)
	Decreto nº 8.360/14 (Memorando entendimento Brasil Colômbia)		
	Decreto nº 6.731/009 (Acordo Brasil Uruguai)	Lei 26524/09 (pune a falsificação perigosa para a saúde)	Lei 2887/2006. (modifica vários artigos daLei 222/93 "Orgânica da Polícia Nacional".
			Lei 5757/2016, (Acordo marco de cooperaçãc em matéria de Segurançaentre os Estados parte do Mercosul, Bolívia e Chile.)
			Lei 1119 (regula fabricação, elaboração,controle de qualidade, distribuição, etc.)

Sistema de Inteligência			Lei 1337/99 (Defesa Nacional e De Segurança Interna.)
			Lei 5241/2014. (Cria o Sistema Nacional deInteligência)
	Lei nº 9883/99 (SISBIN)	Lei n° 25.246	Lei nº 3783/09
	Decreto nº 3695/00 (SSISP)		
	Decreto nº 4376/02 (SISBIN estrutura e funcionamento)	(encobrimento. Unidade de Inteligência Financeira - UIF)	
	Lei nº 9613/98 (lei sobre a lavagem de dinheiro - COAF)	Lei nº 26119 (Unidade de Informação Financeira)	
Tráfico de Drogas			Lei 16/90. (Convenção das Nações Unidascontra o Tráfico Ilícito de Entorpecentes e Substâncias Psicotrópicas)
		Lei n. 26447/08	Lei n. 1314/98 (animais silvestres)
		Lei 22421/81	
		Decretos ANMAC	
Tráfico de Armas e Munição			Lei 3216/07. (Protocolo contra a Fabricaçãoe o Tráfico de armas de fogo, suas peças, componentes y munições.)
	Lei nº 10826/2003 (Estatuto do Desarmamento)	Lei n. 20409/73	Lei n. 4036/10
Proteção de vítimas e testemunhas	Lei no 9807/99	Lei 25.764/2003 Programa Nacionalde proteção às testemunhas e imputados	Lei 4083/2011 Programa de acompanhamento de Testemunhas e Vítimas em processos penais
			Guias de Santiago (Atenção e Proteção de Vítimas e Testemunhas. Documento Aprovado na XVI Asambleia General
	Lei 11340/2006 Lei Maria da Penha	Lei 27327 Lei dos Direitos e Garantias de Pessoas vítimas de delitos	Lei 5777/2016 Proteção das mulherescontra toda forma de violência

ATLAS TRÍPLICE FRONTEIRA					
		ARRANJO JURÍDICO			
Tipo Penal	Descrição	Brasil	Argentina	Paraguai	Uruguai
Crime Organizado	"Grupo criminoso organizado" - grupo estruturado de três ou mais pessoas, existente há algum tempo e atuando concertadamente com o propósito de cometer uma ou mais infrações graves ou enunciadas na presente Convenção, com a intenção de obter, direta ou indiretamente, um benefício econômico ou outro benefício material. (Convenção de Palermo)	CP Lei nº 2848/40 art. 288 (associação criminosa)	Lei n° 26733 CP art. 210 (Associação Ilícita)	Lei nº 2298/2003;	Lei 15.322 (1982) – Aprova o sistema de intermediação financeira Lei 17.060 (1999) – Proíbe e pune a utilização de poder público para beneficiar a corrupção Lei 18.056 (2006) – Convenção das Nações Unidas contra a Corrupção Lei 18.381 (2008) – Lei de Acesso à Informação Pública Lei 18.930 (2012) – Regulação da informação sobre Participação Patrimonial à Operadora com destino ao BCU
		Decreto n.º 5.015/04	CP 145 i art. 145 bis	Lei nº 2396/2004;	
		Decreto nº 5016/04 (protocolo adicional à CONU)		Lei 2116/2007 (que aprova o Protocolo contra a Fabricação e o Tráfico Ilícito de Armas de Fogo, suas peças e componentes e munições, que complementa a Convenção das Nações Unidas contra a Delinquência Organizada Transnacional.)	
		Decreto nº 5017/04 (protocolo adicional à CONU)	Lei nº 25.632 (Convenção das Nações Unidas contra o Crime Organizado Transnacional	Lei nº 3533/2008;	
				Lei N° 6.431/2019 (que cria o Procedimento Especial para a Aplicação do Confisco, Confisco Especial, Privação de Benefícios e Ganhos e o Confisco Autônomo.)	
				Lei N° 6396/2019 (modifica o artigo 46 da Lei N°5876/17 "Da administração de bens apreendidos e confiscados.)	
				Lei Nº 6.446/19 (Cria o Registro Administrativo de Pessoas e Estruturas Jurídicas e o Registro Administrativo de Beneficiários Finais do Paraguai.)	17.861 (Convenção das Nações Unidas contra o Crime Organizado Transnacional

				Lei N° 6.379/2019 (Cria a competência em Delitos Econômicos e Crime Organizado na Jurisdição do Foro Penal.)	
				Decreto federal 8.903, de 16 de novembro de 2016 (Programa de Proteção Integrada de Fronteiras (PPIF)	
		Lei n.º 11.343/06 art. 35 (Lei sobre as Drogas)		Convenção das Nações Unidas contra o Crime Organizado Transnacional	
		Lei nº 12850/13 (Organização Criminosa)	Proyecto de ley: "por el cual se crean juzgados penales de garantías, de ejecución penal,		
Corrupção	A corrupção é uma praga insidiosa que tem uma ampla gama de efeitos corrosivos nas sociedades. Mina a democracia e o Estado de direito, leva a violações dos direitos humanos, distorce os mercados, corrói a qualidade de vida e permite o crime, o terrorismo e outras ameaças à segurança humana floresçam. (UNCAC)	CP Lei nº 2848/40: art. 317 e 333.	Não está tipificada no Código Penal	Lei nº 977/96 (Convenção Interamericana contra a Corrupção)	Lei 15.322 (1982) – Aprova o sistema de intermediação financeira Lei 17.060 (1999) – Proíbe e pune a utilização de poder público para beneficiar a corrupção Lei 18.056 (2006) – Convenção das Nações Unidas contra a Corrupção Lei 18.381 (2008) – Lei de Acesso à Informação Pública Lei 18.930 (2012) – Regulação da informação sobre Participação Patrimonial à Operadora com destino ao BCU
				Lei nº 5282 (livre acesso do Cidadão à Informação Pública)	
			Conceito engloba múltiplos delitos contra a administração pública: ica: cohecho (pago de sobornos); entrega de regalos (dádiva); tráfico de influências; malversação de fondos públicos; enriquecimento ilícito	Lei nº 2880 (pune crimes contra Patrimônio)	
		Lei nº 12846/13 (PJ)		Lei nº 5295/14 (proíbe o Nepotismo)	
	O conceito de corrupção é amplo, incluindo as práticas de suborno e de propina, a fraude, a apropriação indébita ou qualquer outro desvio de recursos por parte de um	Decreto nº 3678/00 (Convenção da ONU)	Ley nº 26097 (aprueba la Convención de la ONU contra la corrupción, adptada en NY en 2003.	Lei nº 2523/04 (Previne e Sanciona o Enriquecimento Ilícito e o Tráfico de Influência)	
				Lei N° 6.379/2019 (Cria a Competência em Delitos Econômicos e Crime Organizado na Jurisdição do Foro	

	funcionário público. Além disso, pode envolver casos de nepotismo, extorsão, tráfico de influência, utilização de informação privilegiada para fins pessoais e a compra e venda de sentenças judiciais, entre diversas outras práticas. (UNODC)		Ley nº 27401/17 (ley anticorrupción; responsabilidad penal de la persona jurídica)	Penal.) Lei Nº 6.430/19 (que Previne, Tipifica e Sanciona os Atos Puníveis de Suborno Internacional) Corrupção: Lei 2535 (aprova a convenção da ONU)	
Lavagem de Dinheiro e Financiamento do Terrorismo	Pode-se conceituar lavagem de dinheiro como sendo o processo utilizado para ocultar ou dissimular a origem ilícita de determinados ativos financeiros ou bens patrimoniais com o intuito de lhes dar aparência legal, para futura utilização. (Receita Federal) O crime de lavagem de dinheiro caracteriza-se por um conjunto de operações comerciais ou financeiras que buscam a incorporação na economia de cada país, de modo transitório ou permanente, de recursos, bens e valores de origem ilícita e que se desenvolvem por meio de um processo dinâmico que envolve, teoricamente, três fases independentes que, com frequência, ocorrem simultaneamente. (COAF)	Lei nº 9613/98	Lei nº 26733 art. 303 Lei n° 25.246	Lei 1160/97 Código penal Lei nº 1015/97 (previne e combate atos ilícitos para a legitimação de capital e bens)	Lei 17.861 (2004) – Convenção das Nações Unidas contra o Crime Organizado Transnacional e seus Protocolos Complementares Lei 19.574 (2017) – Lei de Lavagem de Dinheiro e Financiamento do Terrorismo Lei 19.749 (2019) – Lei contra o Financiamento do Terrorismo e Aplicação de Sanções Financeiras contra as Pessoas e Entidades Vinculadas ao Terrorismo, seu Financiamento e a Proliferação de Armas de Destruição em Massa
		Lei nº 12683/12	(encubrimiento. Unidad de inteligencia financiera) Lei nº 26734 (derroga e incorpora artigos vinculados ao financiamento do terrorismo e ao congelamento de ativos	Lei nº 4024 (penaliza atos passíveis de serem classificados como terrorismo, associação terrorista e financiamento do terrorismo) Lei nº 4503/2011 (paralisação de fundos e ativos financeiros)	
		Lei n. 13260/16	Decreto nº 918/12 (regulamenta art. 6 da 26.734) Lei nº 26268 (crimes contra a Ordem Financeira) Lei n° 26 023 (aprova a Convenção Interamericana contra o terrorismo adotada em Barbados, 2002)	Lei nº 5582/16 (aprova a emenda ao memorando de entendimento do GAFSUD) Art. 196 CP (dispõe sobre lavagem de dinheiro) Lei 6408/2019 (modifica o artigo 3º da Lei Nº 4024/2010 "Que Castiga os Atos Puníveis de Terrorismo, Associação Terrorista e	

				Financiamento do Terrorismo)	
				Lei 6399/2019 (modifica os artigos 3° e 4° da Lei N° 5.895/2017 "Que estabelece regras de transparência no regime das sociedades constituídas por ações" e estabelece medidas transitórias.)	
				Lei 6.452/2019 (modifica várias disposições da Lei N° 1160/1997 "Código Penal" e sua modificadora, a Lei N° 3.440/2008.)	
				Lei N° 6.419/2019 (Regula o Congelamento de Ativos Financeiros de Pessoas Vinculadas com o Terrorismo e a Proliferação de Armas de Destruição Massiva e os Procedimentos de Difusão, Inclusão e Exclusão em Listas de Sanções Elaboradas em Virtude das Resoluções do Conselho de Segurança das Nações Unidas.)	
Comércio Ilegal de Tabaco	Por "comércio ilícito" entende-se toda prática ou conduta proibida por lei relativa à produção, envio, recepção, posse, distribuição, venda ou compra, incluída toda prática ou conduta destinada a facilitar essa atividade. (CQCT) O comércio ilícito de produtos de tabaco é reconhecido globalmente como um obstáculo ao alcance dos objetivos da	Decreto nº 95/18 (Protocolo - comércio ilícito do tabaco)	Disposição nº 3662/2011 (cigarro eletrônico)	Lei nº 2422 Código Aduaneiro	Lei N° 18.256/08 (Lei de Proteção aos danos no meio ambiente pelo consumo de tabaco - Artigo 12)
		Decreto nº 7212/10 (pacotes de 20 unidades)			Lei N° 17.793 (Lei complementar a Convenção Quadro da OMS para o Controle do Tabaco)
		Lei nº 9782/99 (institui a ANVISA)		Protocolo de Eliminação do Comércio Ilícito de Produtos do Tabaco (futuro)	Lei nº 19276 (Código Aduaneiro)
		Lei nº 10.167/00 (multa para violação)			
		Resolução Anvisa nº 46	Resolução nº 152/14 do Instituto de Propriedade		

	Convenção-Quadro e um grave problema de saúde pública, pois os baixos preços dos cigarros ilegais minam os efeitos positivos das políticas do Tratado, em especial a de aumento de impostos e preços sobre cigarros, considerada uma das medidas mais efetivas para prevenir a iniciação de jovens no tabagismo e estimular a cessação de fumar nas populações de menor renda e escolaridade. (INCA)	(componentes do cigarro)	Intelectual			
		Resolução Anvisa nº 346 (revoga res. Nº 105. Normas para cadastro de fabricantes)		Lei nº 1333 (publicidade e promoção de produtos do tabaco)		
		Instrução Normativa Secretaria Receita Federal nº 396 (Programa Gerador da Declaração de Informações Fiscais)				
		Decreto nº 1/03 (Comissão Nacional para a Convenção - Controle do tabaco e seus protocolos)				
		Decreto nº 9516/18		Lei 5538/2015 (modifica a Lei 4045/2010 que modifica a Lei 125/91, modificadora pela Lei 2421/04, sobre Regime Tributário, que regula as atividades relacionadas ao Tabaco e Estabelece medidas sanitárias de Proteção à População")		
		Resolução BACEN nº 2833/01 (financiamento ao	Lei 5.538 (Lei complementar a Convenção Quadro da	Lei nº 2969/06 (Lei complementar a Convenção Quadro		

		tabaco) Instrução Normativa Secretaria da Receita Federal nº 60/99 (taxação de produtos do tabaco) Decreto n° 5658 (Complementar a convenção quadro da OMS para o controle do tabaco) Decreto nº 2876/98 (imposto de exportação e alíquotas) Instrução Normativa da Secretaria da Receita Federal nº 55/01 (normas para selo de controle)	OMS para o Controle do Tabaco)	da OMS para o Controle do Tabaco)	
Contrabando de Álcool	O mercado ilegal de álcool inclui práticas como fabricação e venda de bebidas adulteradas, falsificação e pirataria, contrabando e sonegação. (CISA) Álcool contrabandeado: álcool com marca original que foi ilegal contrabandeado para uma jurisdição e vendido, evitando tarifas e alfândegas. Isso inclui bebidas trazidas através da fronteira por meio de contrabando organizado ou em excesso subsídio regulamentado do viajante. (TRACIT)	CP Lei nº 2848/40 art. 334-A Lei 13 008/14 (contrabando) Lei nº 7678/88 (vinho e derivados da Decreto nº 8198/14 (regulamenta) Decreto nº 9799/19 (Tequila e cachaça. Acordo México Brasil. Supervisão) Decreto 7968/13 (Wisky) Decreto nº 6871/09 (bebidas em geral; infrações e sanções)	Lei nº 22415 Código Aduaneiro (contrabando)	Lei nº 2422 Código Aduaneiro	Lei nº 19276 (Código Aduaneiro) Lei N° 16753 (Lei que regula a fabricação de bebidas alcoólicas).

		Instrução Normativa MAPA nº 67/18 (certificação de importação e			
		Instrução Normativa MAPA nº 4/16 (fiscalização)			
		Instrução Normativa MAPA nº 55/09 (termos importação/exportação)			
		Instrução Normativa MAPA nº 32/18 (procedimentos exportação/importação)			
		Instrução Normativa MAPA nº 28/14 (limite de substância)			
Comércio de Produtos Eletrônicos Falsificados	O comércio ilícito - em todas as suas formas - está em justaposição direta ao ODS 16, por alimentando a violência e fomentando a corrupção, minando a confiança nas instituições e o estado de direito, gerando enormes fluxos financeiros ilícitos.(TRACIT)	CP Lei nº 2848/40 art. 334-A	Lei nº 22415 Código Aduaneiro (contrabando)	Lei nº 2422 Código Aduaneiro	Lei nº 19276 (Código Aduaneiro)
		Lei nº 13 008/14 (contrabando)			
		CP Lei nº 2848/40 art. 184 (comércio de produtos falsificados)			
		CDC Lei nº 8078/90 art. 66 (crime contra o consumidor)			
		Lei nº 9.279/96 (propriedade	Lei nº 26.687 (aprova o convênio Marco da OMS para o controle do tabaco)	Lei nº 2969/06 (aprova o convênio Marco da OMS para o controle do tabaco)	
		Lei nº 9610/98 (Direitos Autorais)			
		Decreto nº 6759/09 (regulação aduaneira)			

Comércio Ilícito de Medicamentos e Contrafeitos	O comércio de produtos farmacêuticos ilícitos se estende além do geralmente conhecido problema de "falsificações" para incluir drogas abaixo do padrão, falsificadas, não registradas e não licenciadas bem como seu roubo, fraude, desvio ilícito, contrabando e tráfico. (TRACIT)	CP Lei nº 2848/40 art. 334-A (contrabando)	Lei 27737/89 (lei de drogas atual)	Lei nº 2422 (Código Aduaneiro)	Lei nº 19276 (Código Aduaneiro)
		- Lei 13 008/14 (contrabando)			Lei nº 19574 (Lei de lavagem de ativos, Artigo 34)
		CP Lei nº 2848/40 art. 273 (falsificação de produtos para fins medicinais/terapêuticos)			Lei n° 16.579 (Lei complementar A Convenção Contra o Tráfico Ilícito de Entorpecentes e Substâncias Psicotrópicas)
		Lei nº 9677/98 (alterou o CP)			
		Lei nº 11343/06 art. 31 e 33 (lei sobre as Drogas)	CP art. 200 e 201 (falsificação de medicamentos)		
		Lei nº 9695/98 (crime hediondo)			
		CDC Lei nº 8078/90 art. 66 (crime contra o consumidor)			
		Lei nº 9.279/96 (propriedade intelectual)		Lei 836 art. 265 (Código sanitário. proíbe o comércio)	
		Lei nº 8080/90 (assistência farmacêutica)			
		CDC Lei nº 8078/90			
		Decreto nº 45490/00 (CTRC transporte rodoviário)	Lei 26524/09 (pune a falsificação perigosa para a saúde)	Lei 1340/1988 emendada por lei 1881 (pune o tráfico ilícito de drogas perigosas)	
		Ajuste SINIEF nº 07/02 (indicação do lote nas faturas)			
		Lei nº 11903/09 (seguimento da produção e consumo)		Lei 1119 (regula fabricação, elaboração, controle de qualidade, distribuição, etc.)	
		Portaria nº 2.814/98 MS (Procedimentos para produtoras, importadoras, etc.)			

Recuperação de Ativos: Cooperação Jurídica Internacional	"Assistência judiciária entre Estados Partes nas investigações, nos processos e em outros atos judiciais, quando o Estado Parte requerente tiver motivos razoáveis para suspeitar que as infrações são de caráter transnacional, inclusive quando as vítimas, testemunhas, o produto, os instrumentos ou os elementos de prova destas infrações se encontrem no Estado Parte requerido e nelas esteja implicado um grupo criminoso organizado". (art. 18, 1, adaptado, Convenção de Palermo)	- CPP Decreto Lei nº 3689/41 art. 1, I; 368 e 784-790	Tratados de Extradição e Assistência Legal Mútua (Argentina e Polonia; Argentina e Kazajistán, Argentina e Costa Rica	Convênios sobre Extradição	Lei 15.982 (1988) - Código Geral do Processo Decreto-Lei 14.294 (1974) e Lei 17016 (1998) Lei 17.861 (2004) – Convenção de Palermo e Protocolos complementares Lei 19.574 (2017) – Lavagem de Ativos e Financiamento do Terrorismo Protocolo de Assistência Jurídica Mútua em Assuntos Penais de San Luís
		- CP Lei nº 2848/40 art. 7 e 9			
		Lei nº 6.815/80 art. 76-84 (Estatuto do Estrangeiro)			
		Lei nº 9613/98 art. 8 (Lei de lavagem de Dinheiro - COAF)		Convênios sobre tráfico de Drogas, Entorpecentes e Atos correlatos	
		Lei 11343/06 art. 65 (Lei sobre as Drogas)			
		Decreto nº 9662/19 (extradição e transferência de pessoas condenadas -			
		Decreto nº 8431/15 (extradição)	Programa de Asistencia contra el Crimen Transnacional Organizado;	Convenção da ONU Contra o Tráfico de Entorpecentes	
		Decreto nº 6747/09 (exceção, Tratado de Assistência Mútua Canadá - PGR)			
		Decreto nº 9662/19 (Ministério da			
		Justiça e Segurança Pública)			
		Lei nº 445/17 art. Cap VII Seção I e III (lei da migração; extradição e		Cooperação em matéria penal (Argentina, Brasil, Bolívia, Chile, Colômbia, Costa Rica, Equador, Estados Unidos, Honduras, México, Panamá, Peru, Venezuela)	
		Portaria MJ nº 89 (procedimentos de transferência)	Lei 24.767/97 (Lei de Cooperação Internacional em Matéria Penal)		
		Portaria MJ nº 217 (procedimentos extradição)			
		Lei nº 13445/17 (documentos instrução para extradição)		Lei 16/90. Convenção das Nações Unidas contra o Tráfico Ilícito de Entorpecentes e Substâncias Psicotrópicas	

				Lei 2298/03. Convenção das Nações Unidas contra a Delinquência Organizada Transnacional, e seus	
				- Lei 2396. Protocolo para prevenir, reprimir e sancionar o	
				Lei 3533/08. Protocolo contra o Tráfico Ilícito de Migrantes por terra, mar e ar.	
				- Lei 3216/07. Protocolo contra a Fabricação e o Tráfico de	
				Lei 2535/05. (Convenção das Nações Unidas contra a	
				Lei 2194/03. (Convenção Interamericana sobre Assistência Mútua em Matéria Penal.)	
				Lei 977/96. (Convenção Interamericana contra a Corrupção.)	
				Lei 2048/03.(Protocolo de Assistência Jurídica Mútua em Assuntos Penais do Mercosul. (San Luis))	
				Acordo de Cooperação Interinstitucional entre os Ministérios Públicos e Fiscales membros da AIAMP	
		Resolução STJ 9/05		Direção de Cooperação e Assistência Judicial Internacional	
		Portaria Conjunta MJ/PGR/AGU nº 01/05			
		Portaria Interministerial MRE/MJ 501/12			
		Instrução Normativa 01/10 do CNJ (difusões vermelhas)			

Cooperação Policial	"Instrumento efetivo, prático e permanente de cooperação destinado ao fortalecimento, à educação, doutrina e à formação de filosofias policiais em matéria de assistência técnico-científica, inteligência e investigação que favoreçam a prevenção e neutralização do crime transnacional organizado na região" (Art. 1º, Estatuto da Ameripol). "Apoio técnico mútuo, por meio do intercâmbio de metodologias e tecnologias; Capacitação, por meio da realização de cursos e treinamentos dirigidos à prevenção, investigação e repressão de delitos nas regiões de fronteiras; Intercâmbio de informações, sobretudo para a prevenção de atos ilícitos; Execução de medidas de investigação, operações e diligências relacionadas a fatos delitivos, que serão levadas a efeito por cada uma das Partes ou por todas elas, de maneira coordenada; Persecução transfronteiriça" (art. 3, Acordo de Cooperação Policial Aplicável aos Espaços Fronteiriços entre os Estados Partes do Mercosul).	Decreto CMC nº 29/02 (Acordo de Inteligência Policial, Terrorismo e Delitos conexos MERCOSUL, Bolívia e Chile) Decreto CMC nº 43/00 (Regulação Interna do Centro de Coordenação Policial do MERCOSUL, Bolívia e Chile) Decreto nº 8.360/14 (Memorando entendimento Brasil Colômbia) Decreto nº 6.731/009 (Acordo Brasil Uruguai)	Lei 27737/89 (lei de drogas atual) CP art. 200 e 201 (falsificação de medicamentos) Lei 26524/09 (pune a falsificação perigosa para a saúde)	Lei nº 2422 Código Aduaneiro Lei 836 art. 265 (Código sanitário. proíbe o comércio) Lei 1340/1988 emendada por lei 1881 (pune o tráfico ilícito de drogas perigosas) Lei 2887/2006. (modifica vários artigos da Lei 222/93 "Orgânica da Policia Nacional". Lei 5757/2016,(Acordo marco de cooperação em matéria de Segurança entre os Estados parte do Mercosul, Bolívia e Chile.) Lei 1119 (regula fabricação, elaboração, controle de qualidade, distribuição, etc.)	Lei 18.315 (2008) – Procedimento Policial Mercosul/CMC/Dec. n. 16/06 - Acordo Quadro sobre Cooperação em Matéria de Segurança Regional entre os Estados Partes do Mercosul, a República da Bolívia, a República do Chile, a República da Colômbia, a República do Equador, a República do Peru e a República Bolivariana da Venezuela. Mercosul/CMC/Dec. n. 12/19 - Acordo de Cooperação Policial Aplicável aos Espaços Fronteiriços entre os Estados Partes do Mercosul. Lei n. 18.157 (2007) - Acordo sobre Cooperação Policial na Investigação, Prevenção e Controle de Fatos Delitivos entre a República Oriental do Uruguai e a República Federativa do Brasil.

Sistema de Inteligência	Atividade de inteligência: exercício permanente de ações especializadas, voltadas para a produção e difusão de conhecimentos, com vistas ao assessoramento das autoridades governamentais nos respectivos níveis e áreas de atribuição, para o planejamento, a execução, o acompanhamento e a avaliação das políticas de Estado (ABIN).	Lei nº 9883/99 (SISBIN) Decreto nº 3695/00 (SSISP) Decreto nº 4376/02 (SISBIN estrutura e funcionamento) Lei nº 9613/98 (lei sobre a lavagem de dinheiro - COAF)	Lei n° 25.246 (encobrimento. Unidade de Inteligência Financeira - UIF) (encobrimento. Unidade de Inteligência Financeira - UIF) Lei nº 26119 (Unidade de Informação Financeira)	Lei 1337/99 (Defesa Nacional e De Segurança Interna.) Lei 5241/2014. (Cria o Sistema Nacional de Inteligência) Lei nº 3783/09	Lei 19.574 (2017) - Lavagem de Ativos e Financiamento do Terrorismo Lei 19.696 (2018) - Sistema Nacional de Inteligência de Estado.
Tráfico de Drogas	"A produção, a fabricação, a extração, a preparação, a oferta para venda, a distribuição, a venda, a entrega em quaisquer condições, a corretagem, o envio, o envio em trânsito, o transporte, a importação ou a exportação de qualquer entorpecente ou substância psicotrópica, contra o disposto nas Convenções Internacionais e nas leis internas, assim como a posse ou aquisição de qualquer entorpecente ou substância psicotrópica com o objetivo de realizar qualquer uma das atividades acima enumeradas" (Art. 3º, adaptado, da Convenção contra o Tráfico Ilícito de Entorpecentes e Substâncias Psicotrópicas).	Lei nº 11.343/2006; Decreto nº 9761/2019 (Política Nacional de Drogas)	Lei nº 27.737	Lei 16/90. (Convenção das Nações Unidas contra o Tráfico Ilícito de Entorpecentes e Substâncias Psicotrópicas) Lei 1881/2002 (modifica a Lei 1340 de 22 de novembro de 1988 "Que reprime o Tráfico Ilícito de Entorpecentes e Drogas Perigosas e outros Delitos Afins e estabelece medidas de prevenção e recuperação de fármaco dependentes".) Lei nº 13.40/1988	Decreto-Lei 14.294 (1974) - Drogas Lei 17.861 (2004) - Convenção de Palermo e seus protocolos Lei 19.172 (2013) – Regulação e Controle da Cannabis Lei 19.889 (2020) – Lei de Urgente Consideração

Tráfico de Pessoas	"O recrutamento, o transporte, a transferência, o alojamento ou o acolhimento de pessoas, recorrendo à ameaça ou uso da força ou a outras formas de coação, ao rapto, à fraude, ao engano, ao abuso de autoridade ou à situação de vulnerabilidade ou à entrega ou aceitação de pagamentos ou benefícios para obter o consentimento de uma pessoa que tenha autoridade sobre outra para fins de exploração, no mínimo, da prostituição de outrem ou outras formas de exploração sexual, o trabalho ou serviços forçados, escravatura ou práticas similares à escravatura, a servidão ou a remoção de órgãos" (Protocolo Adicional à Convenção das Nações Unidas contra o Crime Organizado Transnacional Relativo à Prevenção, Repressão e Punição do Tráfico de Pessoas, em Especial Mulheres e Crianças)	Art. 149-A CP; Lei nº 13344/2016	Lei n. 27046/14 Lei n. 26842/12 Decreto 111/15 Lei 26364 /08	Lei 2396. (Protocolo para prevenir, reprimir e sancionar o Tráfico de Pessoas, especialmente Mulheres e Crianças.) Lei nº 4788/12 Lei 1160/97 (Código Penal) art. 129	Lei 17.815 (2004) - Dispõe sobre a violência comercial ou não comercial cometida contra crianças, adolescentes ou incapazes. Lei 17.861 (2004) – Convenção de Palermo e Protocolos complementares Lei 18.250 (2008) – Delitos migratórios Lei 19.643 (2018) - Lei de prevenção e combate ao tráfico de pessoas
Tráfico de Fauna e Flora	Comércio ilícito: Exportação, reexportação, importação e introdução procedente do mar de espécie ou espécime sem a licença ou certificado concedidos pela autoridade administrativa nacional responsável (Convenção sobre Comércio Internacional das Espécies da Flora e Fauna Selvagens em Perigo de Extinção – CITES)	Lei nº 5197/67; Lei nº 9605/98 (crimes ambientais); Decreto nº 6514/08	Lei n. 19282/71 Lei n. 20961/75 Lei 21676/77 Lei n. 22344/80 Lei n. 22421/81 Lei 26094/84 Lei n. 23582/88 Lei n. 24702/96 Lei 25052/08 Lei n. 25463/01 Lei n. 25577/02 Lei n. 25679/03 Lei n. 26447/08 Lei 22421/81 Decretos ANMAC	Lei n. 96/92 (vida silvestre) Lei n. 294/93 (avaliação de impacto ambiental) Lei n. 253/93 (Convenio Marco sobre Diversidade Biológica) Lei n. 352/94 (áreas silvestres protegidas) Lei n. 716/96 (delitos ambientais) Lei n. 1314/98 (animais silvestres)	Não há Legislação
Tráfico de Armas e Munição	"Tráfico ilícito" significa importação, exportação, aquisição, venda, entrega, transporte ou transferência de armas de fogo, suas peças e componentes e munições deste ou através do território de um Estado Parte para o território do outro Estado Parte, caso	Lei nº 10826/2003 (Estatuto do Desarmamento)	Lei n. 20409/73 (Lei Nacional de Regulamentação de Armas e Explosivos)	Lei 3216/07.(Protocolo contra a Fabricação e o Tráfico de armas de fogo, suas peças, componentes e munições) Lei n. 4036/10 (Lei complementar a Convenção Das Nações Unidas O Crime Organizado Transnacional	Lei N° 19247 (Referente a Posse e Porte de Armas).

	qualquer dos Estados Partes em questão não o autorize de conformidade com os termos deste Protocolo, ou caso as armas de fogo não estejam marcadas de conformidade com o artigo 8 do presente Protocolo.(Convenção de Palermo)				
Proteção de vítimas e testemunhas	Proteção de vítimas e testemunhas: Medidas adequadas para garantir a segurança, o bem-estar físico e psicológico, a dignidade e a vida privada das vítimas e testemunhas (art. 68, 1, primeira parte, Estatuto de Roma do TPI). Proteção à mulher vítima: Procedimentos jurídicos justos e eficazes para a mulher sujeita a violência, inclusive, entre outros, medidas de proteção, juízo oportuno e efetivo acesso a tais processos (art. 7, f, Convenção Interamericana para Prevenir, Punir e Erradicar a Violência contra a Mulher).	Lei 9.807/99 - Estabelece normas para a organização e a manutenção de programas especiais de proteção a vítimas e a testemunhas ameaçadas, institui o Programa Federal de Assistência às Vítimas e a Testemunhas Ameaçadas e dispõe sobre a proteção de acusados ou condenados que tenham voluntariamente prestado efetiva colaboração à investigação policial e ao processo criminal. Lei 11.340/06 - Cria mecanismos para coibir a violência doméstica e familiar contra a mulher.	Lei 25.764/2003 – Programa Nacional de Proteção a Testemunhas e Imputados. Lei 26.485/2009 – Proteção Integral para Prevenir, Sancionar e Erradicar a Violência contra as Mulheres nas suas Relações Interpessoais. Lei 27.372/2016 – Lei dos Direitos e Garantias de Pessoas Vítimas de Delitos. Guias de Santiago (Atenção e Proteção de Vítimas e Testemunhas). Documento aprovado na XVI Assembleia Geral Ordinária da Associação Ibero- Americana dos Ministérios Públicos.	Lei 4.083/2011 – Programa de Acompanhamento de Testemunhas e Vítimas em Processos Penais. Lei 5.777/2016 – Proteção Integral às Mulheres contra Toda Forma de Violência. Decreto 6973/2017 – Regulamenta a Lei 5777/2016, de Proteção Integral às Mulheres contra toda Forma de Violência. Guias de Santiago (Atenção e Proteção de Vítimas e Testemunhas). Documento aprovado na XVI Assembleia Geral Ordinária da Associação Ibero-Americana dos Ministérios Públicos.	Lei 19.293 (2014) – Código de Processo Penal. Lei 19.580 (2017) – Lei sobre a Violência de Gênero contra as Mulheres Lei 17.861 (2004) – Convenção de Palermo e protocolos complementares. Guias de Santiago (Atenção e Proteção de Vítimas e Testemunhas). Documento aprovado na XVI Assembleia Geral Ordinária da Associação Ibero-Americana dos Ministérios Públicos.
		Guias de Santiago (Atenção e Proteção de Vítimas e Testemunhas). Documento aprovado na XVI Assembleia Geral Ordinária da Associação Ibero-Americana dos Ministérios Públicos.			

ATLAS TRÍPLICE FRONTERA	
MEDIDAS JUDICIAIS	
Medidas	**Descrição**
1. MONITORAMENTO E INTERCEPÇÃO DE (TELE) COMUNICAÇÕES	101. Interceptação, gravação e transcrição de telecomunicações
	102. Rastreamento de Telecomunicações
	103. Interceptação e registro de outras formas de comunicação
	104. Interceptação de correio
	105. Observação
	106. Interceptação de telecomunicações - art. 18 (2) (b) da Convenção contra a Lavagem de Dinheiro
	107. Interceptação de telecomunicações sem a assistência técnica de outro Estado Membro
2. AGENTES E INFORMANTES - INFILTRAÇÃO	201. Infiltração por agentes disfarçados do Estado requerido
	202. Infiltração por agentes do Estado requerente no território do Estado requerido
	203. Infiltração por um informante do Estado requerido
	204. Tratamento de informantes
3. EXAMINAÇÃO, REVISTA E AVALIAÇÃO ESPECIALIZADA	301. Revista Superficial
	302. Revista Invasiva
	303. Exame Médico Psiquiátrico
	304. Controle de identidade, medidas para identificação judicial
	305. Exame técnico/científico ou avaliação de especialistas
4. DOCUMENTOS	401. Troca espontânea de informações
	402. Pedido para produção de documentos
	403. Outras possibilidades de obtenção de informações relacionadas a impostos ou contas bancárias
	404. Acesso a documentos públicos em arquivos judiciais
	405. Comunicação de registros policiais/criminosos individuais
	406. Envio e entrega de peças processuais
5. BENS - SEQUESTRO, CONFISCAÇÃO E RESTITUIÇÃO	501. Sequestro de Bens
	502. Congelamento de contas bancárias
	503. Restituição
	504. Medidas provisórias tendo em vista o confisco
	505. Confisco
6. LOCAIS - VISITAS E BUSCAS	601. Visitas e buscas em casas
	602. Visitas e buscas em cenas de crime
	701. Convocação de testemunhas
	702. Depoimento de Testemunha: procedimento padrão
	703. Depoimento de testemunha: por videoconferência
	704. Depoimento de testemunha: por telefone
	705. Depoimento de crianças

7. TESTEMUNHAS, VÍTIMA, SUSPEITOS - CONVOCAÇÃO EDEPOIMENTOS	706. Depoimento de pessoas que colaboram com a investigação
	707. Depoimento das vítimas/autores
	708. Depoimento de especialistas
	709. Convocação de suspeitos/acusados
	710. Depoimento de suspeitos/acusados: procedimento padrão
	711. Depoimento de suspeitos/acusados: por videoconferência
	712. Depoimento de suspeitos/acusados: por telefone
	713. Acareação
8. OPERAÇÕES TRANSFRONTEIRIÇAS	801. Observação transfronteiriça
	802. Busca Transfronteiriça
	803. Rastreamento transfronteiriço (colocação de um rastreador ou similar em um veículo ou pessoa)
	804. Entregas controladas
	805. Equipes de investigação conjuntas
9. MEDIDAS ESPECÍFICAS PARA INSTRUMENTOS DE RECONHECIMENTO MÚTUO	901. Ordem de prisão europeia
	902. Execução de pena de multa
	903. Execução da sentença de custódia
	904. Medidas condicionais
	905. Execução de uma medida de supervisão
	906. Ordem de proteção europeia
10. TRANSFERÊNCIA DE PROCEDIMENTOS	1001. Transferência de Procedimentos

ATLAS TRÍPLICE FRONTERA	
JUDICIAL MEASURES	
MEASURES	**DESCRIPTION**
1. TRACING AND INTERCEPTION OF (TELE) COMMUNICATIONS	101. Interception, recording and transcription of telecommunications Click to view content
	102. Tracing of telecommunications Click to view content
	103. Interception and recording of other forms of communication Click to view content
	104. Interception of mail Click to view content
	105. Observation Click to view content
	106. Interception of telecommunication - Art. 18 (2) (b) of the MLA Convention Click to view content
	107. Interception of telecommunication without the technical assistance of another Member State
2. AGENTS ET INFORMERS - INFILTRATION	201. Infiltration by undercover agents of the requested State Click to view content
	202. Infiltration by agents of the requesting State in the territory of the requested State Click to view content
	203. Infiltration by an informer of the requested State Click to view content
	204. Handling of informers
3. EXAMINATION, BODY SEARCH AND EXPERT EVALUATION	301. Superficial body search Click to view content
	302. Invasive body search Click to view content
	303. Psychiatric medical examination Click to view content
	304. Control of identity, measures for judicial identification Click to view content
	305. Technical or scientific examinations or expert evaluations
4. DOCUMENTS	401. Spontaneous exchange of information Click to view content
	402. Order to produce documents Click to view content
	403. Other possibilities of obtaining information concerning taxes or bank accounts Click to view content
	404. Access to public documents in judicial files Click to view content
	405. Communication of individual police records/criminal records Click to view content
	406. Sending and service of procedural documents
5. ASSETS - SEQUESTRATION, CONFISCATION AND RESTITUTION	501. Sequestration of assets Click to view content
	502. Freezing of bank accounts Click to view content
	503. Restitution Click to view content
	504. Interim measures in view of confiscation Click to view content
	505. Confiscation
6. PLACES - VISITS AND SEARCH	601. Visit to and search of homes Click to view content
	602. Visit and search on the site of an offence
	701. Summoning witnesses Click to view content

7. WITNESS, VICTIMS, SUSPECTS - SUMMONING AND HEARING	702. Hearing witnesses: standard procedure Click to view content
	703. Hearing witnesses: by video conference Click to view content
	704. Hearing witnesses: by telephone Click to view content
	705. Hearing children Click to view content
	706. Hearing persons collaborating with the inquiry Click to view content
	707. Hearing victims/plaintiffs Click to view content
	708. Hearing experts Click to view content
	709. Summoning suspects/persons accused Click to view content
	710. Hearing suspects/persons accused: standard procedure Click to view content
	711. Hearing suspects/persons accused: by video conference Click to view content
	712. Hearing suspects/persons accused: by telephone Click to view content
	713. Confrontation
8. CROSS-BORDERS OPERATIONS	801. Cross-border observation Click to view content
	802. Cross-border hot pursuit Click to view content
	803. Cross-border tracking (by placing a beeper on a vehicle or a person) Click to view content
	804. Controlled deliveries Click to view content
	805. Joint investigation teams Click to view content
9. MEASURE SPECIFIC TO MUTUAL RECOGNITION INSTRUMENTS	901. European Arrest Warrant Click to view content
	902. Enforcement of a Financial Penalty Click to view content
	903. Enforcement of a Custodial Sentence Click to view content
	904. Probation measures Click to view content
	905. Execution of a Supervision Measure Click to view content
	906. European Protection Order
10. TRANSFER OF PROCEEDINGS	1001. Transfer of proceedings

PARTE 2
VERSIÓN EN ESPAÑOL

SUMARIO

1. INTRODUCCIÓN

La obra "Atlas Jurídico-Institucional: seguridad multidimensional en la Triple Frontera" tiene como objetivos promover la cooperación y nivelación del conocimiento sobre la regulación y funcionamiento de las instituciones que actúan de forma directa e indirecta, en la prevención, control y represión de ilícitos en la región de frontera.

Es la síntesis del resultado de los esfuerzos de colaboración de innumerables profesionales y agentes públicos brasileños, argentinos y paraguayos, coordinados por el Instituto de Relaciones Internacionales de la Universidad de São Paulo, y por la Facultad de Derecho de la Universidad Presbiteriana Mackenzie, y que se incluye en el contexto del proyecto "Mercados Ilícitos y Crimen Organizado en la Triple Frontera: El desafío de la cooperación policial", vencedor del concurso público PMI-Impact promovido por la Fundación Internacional Phillip Morris. Este proyecto asimismo contó con el apoyo institucional del Ministerio de Justicia y Seguridad Pública de Brasil.

La cooperación en la Triple Frontera es un camino iniciado hace décadas, cuya dinámica y volatilidad desafían la capacidad de coordinación y articulación entre los agentes públicos de manera estable y sostenible, demandan una gobernanza de resultados y presuponen la búsqueda incesante de armonización y distensión de la diversidad entre los sistemas jurídicos nacionales.

Nuestra expectativa es que el Atlas Jurídico-Institucional sea un recurso más de apoyo a la cooperación, a disposición de cientos de profesionales que trabajan en la frontera, accesible e intuitivo, sencillo y didáctico, y sujeto a constante mejora y actualización.

¡Una excelente lectura!

Fábio Ramazzini Bechara
Leandro Piquet Carneiro

2. APROXIMACIÓN AL SISTEMA DE JUSTICIA PENAL EN LA REPÚBLICA ARGENTINA

Liliana Korniat

La República Argentina es un Estado federal integrado por 23 Provincias y la Ciudad Autónoma de Buenos Aires (C.A.B.A.) como su Ciudad Capital, modelo instituido en la Constitución de 1853/1860 y que incorporó las modificaciones introducidas en las reformas de 1866, 1898, 1957 y 1994.

Citando a Carl Friedrich "existen tantos federalismos como Estados federales con sus múltiples variantes", la República Argentina no es una excepción, cuando observamos que el federalismo, imitación imperfecta del modelo estadounidense, combina un Estado Nacional soberano y una pluralidad de unidades autónomas que "conservan todo el poder no delegado por la Constitución al Gobierno Federal y el que expresamente se hayan reservado por pactos especiales al tiempo de su incorporación", según reza el Artículo 121 de la Carta Magna.

Ello implica la coexistencia entre una Constitución Nacional y Constituciones Provinciales y la Constitución de C.A.B.A. que, aún sin ser técnicamente una Provincia, detenta un gobierno autónomo y facultades legislativas y jurisdiccionales propias, elige un Jefe de Gobierno y miembros de un Poder Legislativo en forma directa por el electorado residente en la ciudad.

El federalismo vernáculo se traduce en un expresivo grado de autonomía que, mediando la preservación del sistema representativo y republicano de gobierno, permite a las unidades provinciales crear sus propias instituciones; elegir sus autoridades ejecutivas y legislativas; configurar su sistema de administración de justicia y dictar sus códigos procesales (que coexisten con los Códigos de fondo aprobados por el Congreso Nacional) así como su modelo de control de las Constituciones y los institutos procesal-constitucionales.

El modelo judicial argentino se articula, institucionalmente, como un modelo federal que incluye al Ministerio Público, al Poder Judicial de la Nación (compuesto por la Corte Suprema de Justicia, al Consejo de la Magistratura, los Juzgados de Primera Instancia en los diversos fueros y las Cámaras de Apelaciones), a los 23 Poderes Judiciales Provinciales y al poder judicial de C.A.B.A., lo que en palabras de Victor Bazan "marca la existencia de un universo plural de instrumentos jurídicos, jurisdicciones y competencias".

En el fuero penal el sistema se rige por un Código Penal (que tipifica los delitos y establece sanciones mínimas y máximas dependiendo de las circunstancias particulares de cada hecho) y un Código Procesal Penal de alcance nacional y con competencia en delitos federales (aquellos que por su alcance y/o consecuencias son de particular interés del Estado Nacional) que coexisten con el Código Procesal Penal de cada unidad federada.

La Reforma Constitucional de 1994, pretendió promover medidas de robustecimiento del modelo federal, aspiración y expectativa que fue contrastando con la creciente dependencia económica y financiera de una cantidad de Provincias respecto de los recursos de coparticipación federal y otras líneas de asistencia de la Nación, que encuentran su paralelismo en una lenta pero progresiva concentración de poder en el Gobierno Federal y sus consistentes avances sobre los poderes provinciales, el Poder Legislativo y el Poder Judicial.

Parafraseando a Daniel Muchnik, "el federalismo argentino es el resultado de un proceso histórico particular de formación de una alianza entre la macrocefálica Buenos Aires y un cuerpo que no ha guardado proporción"

2.1 El impacto de la Reforma Constitucional de 1994 sobre el Sistema Judicial

Sin perjuicio de lo expuesto, la reforma constitucional de 1994 incorporó enmiendas significativas al paradigma de la defensoría pública, al otorgarle jerarquía constitucional y reconocer la autonomía funcional y la autarquía financiera del Ministerio Público.

Esta reforma, posteriormente perfeccionada con la sanción de la Ley nº 24.946/1998 (primera ley orgánica del Ministerio Público) se tornó referencia para otros gobiernos provinciales y también para terceros Estados que vieron en este cambio la reafirmación, en la Carta Magna, de la obligación del Estado Nacional de garantizar el acceso a la justicia y al debido proceso legal a todos los ciudadanos y especialmente a los universos sociales más vulnerables que suelen estar sujetos a la interferencia de factores ajenos a la justicia como tal.

De esta forma, el Ministerio Público (órgano bicéfalo formado por el Ministerio Público de la Defensa presidido por el Defensor General de la Nación y por el Ministerio Público Fiscal a cargo del Procurador General de la Nación) comenzó a tornarse una parte fundamental del proceso judicial, como órgano técnicamente calificado de defensa de los intereses generales de la sociedad.

El Defensor General de la Nación como titular del Ministerio Público de la Defensa, es el responsable de velar por la protección de los Derechos Humanos y de garantizar una defensa pública efectiva y adecuada a los ciudadanos en asuntos penales y en asuntos no penales (civiles, comerciales, laborales, tributarios), así como en cuestiones de minoridad, igualdad de género, violencia y trata de personas, migración y refugio, discapacidad y derechos de niños, niñas y adolescentes.

El Procurador General de la Nación es indicado por el Poder Ejecutivo con acuerdo del Senado Nacional por dos tercios de sus miembros presentes y su cargo es vitalicio, siendo su rol en el ámbito de actuación penal el más relevante entre todos los fueros, ya que allí se pauta, fácticamente, la política criminal (pudiendo crear fiscalías especializadas).

Esto es particularmente importante en relación al procedimiento penal, ya que al impulsarse la migración desde el sistema inquisitivo hacia el sistema acusatorio, mudanza aprobada con la reforma al Código Procesal Penal en 2019 se confiere una importancia medular a la Procuraduría, al concentrar la investigación penal y la instrucción de la causa en los fiscales.

Importa destacar que, en virtud del criterio de progresividad adoptado, el sistema acusatorio fue implementado inicialmente en algunas Provincias del Norte del país, Salta y Jujuy, que presentan una fuerte incidencia del delito complejo multidimensional y transnacional favorecido por la porosidad de sus fronteras y su localización próxima a países productores y exportadores de estupefacientes y con incidencia destacada en el tráfico humano.

La lógica de este sistema, que inclusive contempla la posibilidad de que haya "juicio por jurados" responde a la necesidad de superar un modelo obsoleto donde la investigación era resorte de los jueces, para pasar a una investigación más ágil, a cargo de los fiscales, recapacitando a las Fuerzas y Cuerpos de Seguridad para tornar más profesional, eficaz y eficiente su desempeño como eslabón clave en el sostenimiento del orden público como en el sistema de flagrancia.

Un claro ejemplo de ello, ha sido la reciente implementación del mencionado "sistema de flagrancia", que contempla específicamente la realización de un proceso simple y abreviado, logrando condenar a los culpables de forma rápida y eficaz.

Este cambio de paradigma coloca, técnicamente al juez como parte imparcial en el proceso, revalorizando el rol de los Fiscales y también de los Defensores; facilitando a través de la oralidad del proceso una participación más activa de la víctima al tiempo que se procura fortalecer el Estado de Derecho y la salvaguarda de los derechos humanos. Más allá de ello, el objetivo principal de esta mudanza es acortar los tiempos procesales y minimizar la cantidad de detenidos sin condena.

Es import\ante destacar, que de acuerdo al Ministerio Público Fiscal, el sistema acusatorio tiene como principios rectores, además de la oralidad, los que a continuación se relacionan:

La publicidad (que torna públicas las audiencias salvo escasas excepciones); la celeridad (estimulando la agilidad de los plazos); la desformalización (evitando ritos excesivos); la concentración (de la mayor actividad procesal en las audiencias evitando interrupciones injustificadas); la inmediación (producción de pruebas por las partes en presencia de los jueces que adopten las decisiones); la contradicción (principio por el cual las partes desde posiciones equivalentes plantean su visión del caso al juez o tribunal, que decidirá con imparcialidad.

La reforma procesal penal también incorpora otros cambios destacables, tales como la posibilidad de solucionar los conflictos a través de conciliación (restringido a delitos económicos) y reparación integral; la aplicación del criterio de oportunidad por parte de la fiscalía (en casos de insignificancia o de penalidad natural); la reivindicación del derecho de la víctima para impulsar una causa de acuerdo a su percepción del delito; la ampliación de la posibilidad del recurso de casación (una instancia más en el proceso penal) para discutir no solo cuestiones de derecho sino hechos concretos y la restricción del dictado de prisión preventiva a los casos de riesgo de fuga o de potencial entorpecimiento de la investigación por parte del imputado.

En cuanto al procedimiento penal que culmina en juicio oral y público el Código admite que una causa puede ser iniciada por "prevención policial" a partir de una denuncia o una detención, a la que sigue la notificación al magistrado competente y al fiscal o por requerimiento de la fiscalía con base en denuncia formalizada ante la Cámara de Apelaciones (o bien ante el juzgado de turno o en la fiscalía), modalidad ésta donde el fiscal es informado de la denuncia, pudiendo requerir al juzgado el inicio de la instrucción o bien su desistimiento y/o remisión a otro juzgado por incompetencia jurisdiccional.

En opinión de Sarrabairouse (obra citada), la iniciación por prevención policial otorga a las fuerzas de seguridad un margen de autonomía amplio para la producción de pruebas, ya que si bien las mismas no pueden obtener más información que la que surge del "interrogatorio de identificación", al nutrirse de denuncias anónimas, fuentes humanas, datos de inteligencia y otros, pueden entregar a la justicia un "paquete armado", obviando la orden judicial.

De hecho, la prueba comienza a ser construida durante la instrucción siendo el magistrado el responsable de tomar declaraciones (testimoniales e indagatorias) aunque, como menciona la misma autora, "en los hechos estas funciones son realizadas por los empleados". En éste punto, se cuestiona críticamente desde diversas perspectivas la doble función atribuida al magistrado en el sistema inquisitivo enfatizando las bondades del sistema acusatorio, ya que si el mismo juez que debe garantizar los derechos del imputado también debe proceder a investigarlo, su "objetividad e imparcialidad" podría verse comprometida.

El escenario actual presenta, en la práctica, un sistema mixto entre inquisitivo y acusatorio en el cual, ante una denuncia por un delito federal, el juez decide si deriva la misma al Fiscal o la causa permanece a su cargo y, una vez que uno u otro llevan a cabo la investigación, ésta se cierra y puede o no pasar a Juicio Oral. Si durante ese proceso las partes interpusieran apelaciones, se trasnfiere a la Cámara Penal y una vez resueltas en esa instancia, se inicia el juicio propiamente dicho, fase desde donde se abren recursos a otras instancias (Cámara de Casación que es la tercera instancia) y Corte Suprema de Justicia (última instancia a la cual la Cámara de Casación puede o no habilitar, dando lugar en caso de negativa a si puede acceder a la Corte interponiendo un "recurso de queja").

En este sistema, el Ministerio Público se encuadra en un debate técnico, ya que los fiscales y defensores oficiales no deben ser parte del poder judicial, justamente para que lleven adelante la acusación y la defiendan siendo imparciales frente a un juez, que de acuerdo al sistema acusatorio debería estar técnicamente desprovisto de toda noción del caso, para atenderlo sin prejuicios a partir del momento en que lo recibe. Pero en este sistema mixto que rige, si la investigación la lleva adelante el Juez, su juzgamiento va a estar interferido por ser él mismo quien lo investiga.

La única excepción al caso, vale para la justicia de C.A.B.A., donde rige plenamente el sistema acusatorio para causas menores y contravenciones, aunque no aplica para delitos federales ni crímenes complejos.

2.2 El proyecto de "Ley de Organización y Competencia de la Justicia Federal"

Al presente, la Administración del Presidente Fernández impulsa el proyecto de reforma de "Ley de Organización y Competencia de la Justicia Federal" que propone rediseñar la justicia federal a partir de la unificación del fuero Criminal y Correccional con el fuero Penal Económico, que cuentan con 12 y 11 magistrados, respectivamente.

Complementariamente, se pretende ampliar la estructura de la justicia federal penal creando 23 nuevos juzgados que se sumarán a los 23 existentes argumentando que "se busca superar la concentración del poder decisorio en un reducido número de magistrados que, como sucede en la actualidad, tienen el poder de conocer y decidir en casi la totalidad de las causas con relevancia institucional y consecuentemente mediática" (declaración del Primer Mandatario).

Este proyecto también contempla la unificación, a nivel federal, de los juzgados civiles y comerciales con los contencioso-administrativos; la creación de cinco tribunales orales en lo penal federal (integrados por tres jueces cada uno) y sumar otros 94 juzgados penales federales distribuidos en las Provincias.

Asimismo, el texto de la reforma pauta el comportamiento de los jueces al cumplimiento de ciertos criterios (por ejemplo, abstenerse de favorecer a alguna parte en litigio, evitar que sus decisiones sean influenciadas por el clamor popular o por el temor a la crítica) y cuya inobservancia podrá acarrear sanciones administrativas y penales.

En el marco de esta reforma, el Poder Ejecutivo ha creado finalmente el "Consejo Consultivo para el Fortalecimiento del Poder Judicial y del Ministerio Público", que lo integran 11 juristas (Claudia Sbdar, Hilda Kogan, Maria Battani, Marisa Herrera, Inés de Roca, Carlos Beraldi, Andres Gil Dominguez, Omar Palermo, Raul Ferreyra, Leon Arslanian y Enrique Bacigalupo), y que, transcurridos 90 días de su constitución, elevó al Mandatario un primer informe conteniendo sugerencias de reformas sobre la estructura y funcionamiento del Poder Judicial. Entre estas propuestas destacan recomendaciones relativas a la Unidad de Información Financiera (órgano regido por la ley nª 25.246) para que se mantenga como un "órgano autónomo e independiente, dotado de recursos financieros, humanos y técnicos propios, así como de un cuerpo de medidas legales que les permita crear políticas, programas y estrategias contra el lavado de dinero, desarrollar trabajos de investigación y análisis de fondo, capaz de iniciar y ejercer acciones judiciales en todo momento". Esto implica tácitamente desaconsejar la incorporación de la Unidad de Información Financiera al Ministerio Público Fiscal.

La reforma propiciada por las autoridades argentinas, ha sido "cuestionada" por los Procuradores y Fiscales Generales de los países miembros y asociados del Mercosur, quienes emitieron una Declaración en la que expresan "preocupación ante las continuas manifestaciones y acciones de otros poderes que buscan limitar la actuación de los Ministerios Públicos que controlan directamente su independencia y autonomía".

También reiteran en esa Declaración lo manifestado en las Reuniones Especializadas de Ministerios Públicos del Mercosur sobre "la necesidad de que los Ministerios Públicos puedan ejercer sus funciones de manera independiente y autónoma, con los recursos necesarios para esos fines y así actuar libres de todo tipo de presión, injerencia, persecución o amenaza, exigiendo respeto por estas condiciones mínimas de actuación".

Frente a la intención gubernamental es posible plantearse: ¿es necesaria una reforma?

En la percepción de un expresivo número de especialistas es necesario modificar el sistema procesal, el sistema penal, el sistema penitenciario y el sistema judicial, toda vez que el mismo adolece de déficits robustos, pero ésta percepción es contrarrestada cuando se observan tentativas de reforma dirigidas, indirectamente, a interferir en el Poder Judicial minando su autonomía e independencia.

Un caso bien concreto es la tentativa de reformar el mecanismo de elección del Procurador General de la República desde un sistema que requiere el acuerdo de las dos terceras partes del Senado Federal hacia un sistema de aprobación por mayoría simple, cuando constitucionalmente rige el principio de que la remoción del mismo solo puede ocurrir por juicio político (arts. 53 y 59 de la Constitución Nacional).

2.3 Entre el garantismo del proceso penal y la victimización del delincuente

No existe la menor duda de que el sistema de justicia penal debe priorizar la defensa de las garantías procesales generales (la presunción de inocencia, el derecho de defensa material y técnica, el derecho al debido proceso y a la tutela jurisdiccional, entre otras) tanto como las garantías procesales específicas (igualdad, investigación oficial, publicidad y otras) y estimular el carácter preventivo por sobre el represivo de todos los engranajes que configuran este sistema.

La evolución del proceso político institucional en Argentina configura una variable cuya importancia no es menor para explicar la transición de un sistema basado en la pena como figura de legitimación de la justicia penal hacia una filosofía que, fácticamente la considera un "acto de poder" y en última instancia un hecho político, al que le niega cualquier fin positivo que legitime el sistema penal.

En esta evolución el retorno a la democracia (1983) marca un hito no solo en términos de recuperación de la estabilidad institucional sino de desmilitarización de la seguridad pública e impulso a cambios destinados a corregir y revertir la arbitrariedad y severidad en la aplicación de la ley penal, instaurándose una corriente filosófico-jurídica regida por el criterio de moderación del rigor punitivo de la justicia penal que enfatiza, fundamentalmente, lo inconducente del encarcelamiento como mecanismo sancionatorio y de reinserción social del delincuente.

El garantismo, en tanto "sistema institucional que fija límites a los poderes públicos en tutela de los derechos fundamentales" para salvaguardar la defensa efectiva de los derechos humanos y las garantías del debido proceso penal a todo ciudadano, no fue acompañado de una estrategia integrada de prevención del delito (basada en información, educación e inclusión) ni de una reforma estructural del sistema penitenciario (medidas de resocialización y de formación técnica con fines de reinserción laboral) ya que el mismo "no reforma, no reinserta ni reeduca".

Ese garantismo se ha ido consolidando en un contexto en el que la seguridad pública y privada se tornaron un tópico de creciente centralidad en el escenario social a medida que la delincuencia y la criminalidad fueron proyectándose como un problema clave a nivel nacional, particularmente desde la década del 90 en adelante.

Efectivamente la tasa de población carcelaria en Argentina observa un sostenido incremento anual, ubicándose en 2018 en 213 detenidos por cada 100 mil habitantes, lo que duplica sensiblemente los registros del año 2000 (103 por cada 100.000 habitantes), siendo la comisión de delitos de robo o tentativa de robo la causa principal, seguido por delitos de infracciones a la ley de estupefacientes y homicidio doloso, tres modalidades que registran incremento del 47%, del 203% y del 60% entre 2006 y 2017.

Según la información del Sistema Penitenciario Nacional, al 2019 el Sistema Penitenciario Federal registró una población aproximada de 13.500 detenidos de los cuales el 57% no tenía condena firme. El universo carcelario supera los 100.000 presos a nivel federal y provincial, siendo la cuarta parte de ese total "reincidentes o reiterantes en el delito". En cuanto a la configuración del universo penitenciario, el 96% son hombres, el 60% menores de 35 años, el 94% es de nacionalidad argentina y el 69% tiene estudios primarios. Del total registrado, el 42% manifiesta encontrarse sin empleo formal al momento de la detención y solo el 24% reconoce haber participado de algún tipo de formación laboral intrapenitenciaria.

Desde una perspectiva filosófica, jurídica y política, la Doctrina Zaffaroni, ampliamente extendida más allá de las fronteras nacionales y reivindicada por un amplio espectro del ambiente judicial, relativiza que la pena pueda tener alguna finalidad positiva que legitime el sistema penal, lo que ha fortalecido los fundamentos favorables a la promoción e implementación de medidas alternativas a la privación de la libertad, en particular para grupos vulnerables y muchas veces a la excesiva flexibilización de la pena, que contribuye a crear una sensación de "impunidad" de la víctima o bien a inducir actos de "justicia por mano propia".

El Juez Daniel Eduardo Rafecas, expresaba en 2005 que en el entendimiento de la doctrina Zaffaroni existe una "permanente tensión entre el Estado Policial –que pugna por expandirse- y el Estado de Derecho –que lucha por detener las pulsiones del Estado Policial que abriga en su interior-" y que "la agencia judicial real, especialmente en América Latina, no se diferencia demasiado de las agencias policiales: son verticalizadas y revelan los peores rasgos de las burocracias, realizan una segunda fuerte selección conforme a estereotipos y óperas toscas sobre la materia prima ya filtrada, presentada por la agencia policial; son a su modo violentas y discriminatorias, y permeables por muchos costados a la corrupción de las restantes agencias y factores de poder".

Añade el Dr Rafecas que "el integrante de la agencia judicial, lejos del ideal ilustrado humanista, por lo general es un funcionario que debe su cargo a favores de distinta índole, sin mayor formación jurídica, ni conciencia acerca del importante rol que Zaffaroni le asigna en el plano ideal. Lejos de ello, por lo general, la agencia judicial legitima sin objetar la actuación policial y reproduce en su propio ámbito los mismos vicios".

El juez Rafecas, candidato que ha sido mencionado como candidato a sustituir al Procurador General de la República en ejercicio (Dr. Eduardo Ezequiel Casal) en el marco de la reforma a la Ley Orgánica del Ministerio Público Fiscal que propicia el gobierno argentino, destaca que "debemos aprovechar la construcción teórica de Zaffaroni en este sentido: la lucha entre Estado de Policía y Estado de Derecho es absolutamente cierta, pero no se da de la forma idealizada en que es presentada en el Tratado de Derecho Penal (agencias policiales versus agencia judicial) sino más bien de otro modo, es decir, en cada tribunal, en cada comisaria, en cada cárcel coexisten elementos que tienden en uno u otro sentido y que pugnan por imponerse; la tensión se revela en los distintos criterios que pueden tener dos o más funcionarios para llevar a cabo un allanamiento, ultimar una sentencia, ejecutar una privación de libertad; no solo eso, la lucha entre ambos opuestos se da en el interior de cada uno de los operadores del sistema penal, en sus inclinaciones hacia el autoritarismo o hacia el respeto y la tolerancia.

Adicionalmente, dice el Juez Rafecas, "aquí aparece la importancia de las universidades y demás agencias reproductoras de ideología (escuelas de policías, penitenciarios, etc) y de los medios de comunicación, ya que ambos tienen una influencia capital en el moldeado de las futuras decisiones de todos los operadores del sistema penal".

Ante este entendimiento, académicos y juristas enfatizan que más allá de ser un sistema institucional burocrático y normativo claramente regulado por una compleja y vasta arquitectura jurídica compatible y sometida a la Carta Magna, "el Poder Judicial reconoce un "universo paralelo" constituido por el juego de poder que se establece entre jerarquías, clientelismo y status que "se complementan de modo complejo".

2.4 A modo de conclusión

El sistema de justicia penal en la República Argentina es complejo y presenta innúmeras fortalezas y debilidades.

La transición en la que se encuentra el proceso penal anticipa cambios saludables en términos de derechos y garantías de la víctima y del victimario, (re)jerarquizando el rol de los fiscales y defensores frente al juez y encuadrando el rol de las Fuerzas y Cuerpos de Seguridad como eslabones auxiliares junto al Ministerio Público Fiscal.

Sin embargo, el régimen de progresividad que rige la instrumentación de la reforma al Código de Proceso Penal en el país, no permite apreciar su real impacto en términos de tornar más eficaz y eficiente el sistema judicial, donde la burocracia obstructiva y la interferencia de factores ajenos a este Poder interfieren en forma estructural y sistémica.

Más allá de las bondades aparentes de la reforma y sin entrar en mérito de los cambios que impulsa el gobierno nacional, existe una deuda política inherente a revertir los déficits del modelo penitenciario y otra deuda jurídica relacionada con la necesidad de blindar a la Justicia de todo tipo de injerencia externa garantizando la imparcialidad del proceso y la sentencia.

El respeto a las garantías y derechos del ciudadano, dentro y fuera del proceso penal, es uno de los principios esenciales de la democracia, que debe ser priorizado en un contexto donde la víctima sea debidamente compensada y el victimario necesariamente readaptado y resocializado.

Finalmente, es de esperar que políticas públicas que inviertan en capacitación permanente permitan alcanzar la tan ansiada profesionalización del universo policial y penitenciario con vistas a optimizar el desempeño de las Fuerzas y Cuerpos de Seguridad dotándolos de los recursos (humanos, tecnológicos y presupuestarios) necesarios al enfrentamiento de las amenazas convergentes derivadas del crecimiento exponencial de los delitos federales en el país.

Referencias

Carl Friedrich: "Teoría y realidad de la organización constitucional democrática, México DF Fondo de Cultura Económica, 1946, p.207.

Bazán, Víctor. El sistema federal argentino: actualidad y perspectivas. Anuario de Derecho Constitucional Latinoamericano. Año XIX. Bogotá, 2013, PP 235-278, ISSn 2346- 0849

Muchnik, Daniel: "El ilusorio federalismo argentino", en Le Monde Diplomatique. http://www.insumisos,com/diplo/NODE/3413.HTM

Recomendaciones del Consejo Consultivo para el Fortalecimiento del Poder Judicial y del Ministerio Público. Capítulo IV

https://www.argentina.gob.ar/sites/default/files/consejo_consultivo_para_fortalecimie nto_pod er_judicial.pdf

Díez Ripollés, José Luis. El abuso del sistema penal. Trabajo realizado en el marco del proyecto de investigación DER2015-64846-P. http://perso.unifr.ch/derechopenal/assets/files/anuario/an_2015_06.pdf

Rafecas, Daniel Eduardo. Una mirada crítica a la teoría agnóstica de la pena. Universidad Nacional de Buenos Aires. Programma. N.1 Bahía Blanca 2005. Versión impresa ISSN 1669-8673.http://bibliotecadigital.uns.edu.ar/scielo.php?script=sci_arttext&pid=S1669- 86732005001100006

Sarrabayrouse Oliveira, Maria José. Grupos, lealtades y prácticas: el caso de la justicia penal argentina. Dossie Ciudadanía y Violencia. Revista de Sociología y Política. N. 13. Curitiba, noviembre de 1999. 1999 https://doi.org/10.1590/S0104-44781999000200007

3. SISTEMA DE JUSTICIA PENAL BRASILEÑO

Leandro Piquet Carneiro
Fábio Ramazzini Bechara

El sistema de justicia penal brasileño abarca las tres esferas de la Federación (federal, estatal y municipal), articula diferentes órganos ejecutivos y judiciales, y está organizado en tres frentes principales: (1) seguridad pública (fuerzas policiales); (2) justicia y (3) sistema correccional. La Constitución promulgada en 1988, después del régimen militar de 1964-1985, definió la organización actual del sistema de justicia penal en Brasil.

Las fuerzas policiales existentes derivan su autoridad de la Constitución Nacional a través de los siguientes órganos: Policía Federal, Policía Federal de Carreteras, Policía Federal de Ferrocarriles, Policía Federal Penitenciaria, Policía Civil Estatal Policía Militar Estatal y Policía Penitenciaria Estatal. Además de estas fuerzas policiales, los municipios son responsables de crear guardias municipales locales, órganos con poderes de policía limitados.

Los cuerpos de policía civil y policía militar son instituciones estatales reguladas por leyes y constituciones de cada estado. Como Brasil es una república federativa formada por la Unión de 26 estados federales y el Distrito Federal, 54 fuerzas policiales estatales son responsables de la vigilancia policial, el control del crimen y las actividades de investigación. A nivel local, el 60% de los 5 mil municipios (993 municipios) cuentan una guardia municipal (IBGE 2012).

El federalismo brasileño es en buena medida diferente al de Estados Unidos y los estados no poseen la atribución de aprobar legislación penal ni modificar la organización de las fuerzas policiales. Además de esta limitación a la acción de los Estados, los gobiernos municipales, aunque reconocidos como parte de la Federación, no poseen facultad constitucional para establecer un cuerpo policial dedicado a la seguridad pública. La guardia municipal normalmente proporciona servicios de seguridad en las instalaciones del gobierno local, limitada a la protección del patrimonio público. Sin embargo, en los últimos años, los guardias municipales han ampliado considerablemente su papel en las actividades de seguridad pública. Una nueva ley federal de 2014 autorizó la realización de actividades de patrullaje preventivo, un cambio significativo con respecto al modelo constitucional que limita las prerrogativas del municipio en esta área. Este cambio fue motivado principalmente por alcaldes y administraciones locales ante la inmensa presión generada por la violencia y el aumento de las tasas de criminalidad en Brasil (Pereira Filho, Alves y Souza 2018; IPEA, 2019)[1]. La demanda social de una respuesta más adecuada y eficaz a los problemas de seguridad pública ha producido esta importante adaptación institucional.

Además de estos órganos, el Ministerio Público (MP) pasó a tener competencia para promover, a través de su autoridad, las investigaciones penales[2]. El Ministerio Público brasileño está integrado por el Ministerio Público de la Unión y los Ministerios Públicos de los Estados. El Ministerio Público de la Unión está integrado por el Ministerio Público Federal, del Trabajo, Militar y del Distrito Federal. El control externo del Ministerio Público es ejercido por el Consejo Nacional del Ministerio Público, introducido en la Constitución Federal mediante la Enmienda Constitucional n. 45.

[1] La tasa nacional de homicidios en 2017 era de 28,5 por cada 100.000 habitantes y cayó a 20,1 en 2017. Las tasas de homicidio son considerablemente más altas en capitales importantes como Manaos (55,9 por 100.000 habitantes); Salvador (63,5); Fortaleza (87,9); Belén (74,3); Rio de Janeiro (35,6), entre otras capitales. Estos números ubican a algunas ciudades brasileñas entre las ciudades más violentas de la región de las Américas. Fuentes: Violence Monitor G1 e IPEA 2019. http://especiais.g1.globo.com/monitor-da- violencia/2018/mortes-violentas--no brasil/?_ga=2.62510572.1711685417.1581424139-28686389.1558827135#/dados-anuais.

[2] Luego de un largo proceso de litigio, el Supremo Tribunal Federal reconoció en 2015 las prerrogativas constitucionales del Ministerio Público para realizar directamente actividades investigativas con fines de acción penal.

Entre las atribuciones del MP, cabe destacar el control externo de las actividades policiales. Como resultado, las infracciones penales cometidas por agentes de policía y los derechos constitucionales de los presos bajo la custodia directa de las autoridades policiales son monitoreados e investigados por el Ministerio Público Federal y por los MPs estatales. No existe una subordinación formal de las fuerzas policiales al MP a nivel nacional o estatal. No obstante, si el fiscal constata alguna falta disciplinaria, deberá informar a los superiores sobre el agente policial infractor y proponer las sanciones legales aplicables, salvo que la infracción constituya infracción penal, en cuyo caso el propio MP podrá investigar.

El sistema de justicia penal brasileño está cambiando gradualmente de un modelo inquisitorio a un modelo más dialéctico y acusatorio bajo la norma constitucional de 1988, siguiendo tendencias extranjeras e internacionales.

Los jueces y magistrados desempeñan un papel importante en el sistema de justicia penal, especialmente en el proceso de investigación y condena (Lopes Jr, 2018), sin embargo, actúan de manera reactiva, y no tienen competencia para investigar. En Brasil, la justicia está estructurada en instancias, la primera de las cuales es responsable del proceso y juzgamiento de la mayoría expresiva de los casos. En segunda instancia los tribunales penales están organizados en nivel nacional y estatal. Los jueces federales y los tribunales regionales federales se ocupan de los delitos interjurisdiccionales y contra la Unión. A nivel de los estados, los jueces y los tribunales de justicia estatales administran la mayoría de los casos penales en el país. La Defensoría Pública a nivel nacional y estatal se ocupa de la adjudicación diaria del sistema de justicia penal, brindando asistencia legal a los acusados indigentes.

En materia de ejecución penal, la Ley Nacional de Ejecución Penal regula el sistema penitenciario supervisado por el Consejo Nacional de Política Penal y Penitenciaria. A nivel federal, la administración del sistema penitenciario y la definición de las políticas públicas en la zona están a cargo del Departamento Nacional Penitenciario y la nueva policía penal creada en 2019 por fuerza de una Enmienda Constitucional[3]. Esta nueva policía penal federal y sus contrapartes estatales tienen la misión de escoltar a presos y proteger las

[3] Presidencia de la República de Brasil, ENMIENDA CONSTITUCIONAL No. 104, DEL 4 DE DICIEMBRE DE 2019.

prisiones estatales y federales[4]. Dichas instituciones asesoran al Ministerio de Justicia y proponen los lineamientos para la política criminal y para el sistema penitenciario nacional. Aunque la idea de resocializar a los delincuentes ha inspirado normativamente el modelo del sistema penitenciario brasileño, las instalaciones sobrepobladas donde 773.000 presos ocupan 461.000 lugares[5] y la propagación nacional de pandillas en las cárceles, hacen del sistema penitenciario una amenaza significativa para los órganos de aplicación de la ley, como veremos más adelante. Sin embargo, el sistema penitenciario también es responsabilidad de los Estados, a través de las secretarías de justicia o administración penitenciaria, que gestionan los establecimientos y el proceso de cumplimiento de las penas, como un órgano más del sistema de ejecución. El sistema de ejecución, ya sea a nivel federal o estatal, está integrado por órganos de los Poderes Ejecutivo y Judicial, además del Ministerio Público, la Defensoría Pública, así como la sociedad civil, representada a través de diferentes iniciativas, con el fin de asistir en la rehabilitación del condenado.

3.1 Fuerzas policiales nacionales

Los cuatro cuerpos de la Policía Federal son la Policía Judicial (Departamento de Policía Federal), la Policía Federal de Carreteras, la Policía Ferroviaria (sólo en existencia legal) y la Policía Nacional Penitenciaria. El foco operativo de la Policía Federal es el tráfico ilícito de drogas, otros delitos transnacionales y, sobre todo, la corrupción política. La policía marítima, aérea y de fronteras se encuentra entre sus atribuciones constitucionales. Los delegados de la policía, policías graduados en derecho y con cinco meses de formación en la Academia Nacional de Policía, ocupan cargos de conducción en la Policía Federal. Los investigadores y especialistas forenses ingresan al cuerpo en una carrera diferente que no les permite convertirse en oficiales de policía de alto rango (a menos que realicen un nuevo examen público para la carrera de delegado).

[4] Menores de 18 años y personas con un trastorno mental son penalmente inimputables de acuerdo con la legislación brasileña. Los infractores menores de edad son condenados a los llamados establecimientos correccionales "socioeducativos".

[5] Estudio realizado por el Departamento Nacional Penitenciario, 2019

Esta doble carrera es una característica común del sistema de aplicación de la ley en Brasil, tanto a nivel nacional como estatal.

La Policía Federal de Carreteras es la autoridad policial de seguridad vial responsable de realizar actividades de patrullaje en las carreteras federales contra el tráfico de drogas y otros tipos de delitos. Si bien la Constitución de 1988 instituye la Policía Federal de Ferrocarriles, el Congreso no votó la legislación necesaria para regular la organización de esta fuerza policial y, por lo tanto, no existe en Brasil una institución pública dedicada puntualmente a la vigilancia de los ferrocarriles. Una asociación de tipo sindical que aglutina a los trabajadores responsables de la seguridad en la infraestructura ferroviaria del país defiende el derecho a brindar servicios de seguridad a la autoridad ferroviaria federal y de ser reconocida como fuerza policial. Este reclamo no ha tenido éxito hasta ahora. La Policía Criminal Federal es la agencia policial más nueva creada en el país, solo en 2019, para inspeccionar a 2.000 internos del sistema penitenciario federal.

La Secretaría Nacional de Seguridad Pública (SENASP) es responsable de promover la integración de los órganos de aplicación de las leyes del país para la planificación, monitoreo y evaluación de las políticas de seguridad pública del gobierno federal. Desde su creación en 1997, la SENASP ha ampliado su capacidad política y operativa, impulsando y brindando asistencia técnica a las fuerzas policiales nacionales y estatales, y apoyando las iniciativas municipales de seguridad pública. La SENASP administra el Sistema Nacional de Información de Seguridad Pública (INFOSEG) y el Sistema Único de Seguridad Pública (SUSP), programa que promueve la articulación entre las instituciones locales y nacionales de aplicación de la ley. La ambiciosa idea del SUSP es la búsqueda de un modelo nacional de gestión integrada de la seguridad pública.

Los estados y municipios que adhieren al Sistema Único de Seguridad Pública suscriben un protocolo de intenciones con el Ministerio de Justicia y Seguridad Pública, creando un departamento de gestión integrada a nivel estatal, con representantes de las fuerzas policiales nacionales, estatales y guardias municipales. Un Comité de Gestión Nacional monitorea y evalúa las políticas propuestas y las apoya a través del Fondo Nacional de Seguridad Pública, creado en 2000, inmediatamente después del primer Plan Nacional de Seguridad Pública. Finalmente, es necesario considerar la Fuerza Nacional de Seguridad Pública (FNSP), creada en noviembre de 2004 e inspirada en las fuerzas de paz de las Naciones Unidas (ONU). La Fuerza Nacional no opera de manera permanente; toma prestados sus agentes policiales de otros órganos de seguridad pública y, por lo tanto, depende exclusivamente de la cooperación de los estados con el gobierno federal. Los estados adhieren voluntariamente al programa y deciden, de acuerdo con sus capacidades operativas, el número y el momento de enviar a sus agentes de policía para incorporarse a la Fuerza de Seguridad Nacional. El Ministro de Justicia y Seguridad Pública, a solicitud del gobernador del estado, ordena la movilización y despliegue de la Fuerza Nacional. Cada año, un nuevo grupo de 150 a 200 policías de estado es entrenado de acuerdo con los estándares operativos de la Fuerza Nacional. Después de un breve período de entrenamiento, ellos regresan a sus estados de origen y permanecen disponibles para movilización futura.

3.2 Fuerzas policiales estatales

Las Policías Militares de Brasil son fuerzas policiales de tipo gendarme. Su organización evolucionó a lo largo del siglo XX inspirada en gran medida por las fuerzas policiales europeas y latinoamericanas como la *Gendarmerie Nationale* de Francia[6], la Guardia Nacional Republicana de Portugal, la *Gendarmería Nacional* de Argentina y otras fuerzas policiales nacionales de América Latina. Las fuerzas de la policía militar son responsables de patrullar, responder a emergencias y prevenir el delito. Están subordinadas *de hecho* a los gobiernos estatales y en la mayoría de los estados están bajo la autoridad de la secretaría de seguridad pública. Actualmente hay 12 rangos, de soldado a coronel, reflejando la organización del Ejército brasileño, con excepción del cargo de general, que no existe en la policía. El comandante en jefe de la Policía Militar de los estados ostenta el rango de coronel. Según la Constitución, la Policía Militar es una fuerza auxiliar del Ejército y puede ser destacada en caso de conflicto militar externo o guerra civil. Si bien esta disposición constitucional

[6] A principios del siglo XX, la Fuerza Pública de São Paulo, actual Policía Militar del Estado de São Paulo, contrató, en marzo de 1906, un programa de entrenamiento de una unidad del ejército francés que efectuaba actividades policiales en París. Esta unidad militar llevó a cabo un extenso programa de entrenamiento para la Policía Militar de São Paulo de 1906 a 1914 y de 1919 a 1924.

no ha sido utilizada por ningún gobierno hasta la fecha, en términos prácticos es coherente con la naturaleza de tipo gendarme de la policía militar. Al igual que sus homólogos internacionales, las policías militares pueden ser movilizadas y comandadas por el Ejército brasileño en situaciones de conflictos civiles internos o conflictos internacionales. Es importante enfatizar que no existe un vínculo directo o jerárquico entre el Ejército y las fuerzas policiales militares estatales, excepto cuando la soberanía nacional y la paz social están directamente amenazadas.

Para ilustrar este punto, considérese el último régimen militar (1964-1985) y la Constitución Federal de 1967. Incluso bajo el gobierno de cinco generales del Ejército consecutivos designados como Presidente de la República, la Policía Militar fue ampliamente preservada como fuerza policial estadual, informando a los gobernadores (nominados por los militares) y comandada, en la gran mayoría de los casos, por agentes policiales locales y no por militares de las Fuerzas Armadas. Este aspecto de la Constitución Federal, que define a las Policías Militares como fuerzas auxiliares del Ejército Brasileño, alimenta una dura controversia que moviliza a los principales investigadores del área y organizaciones que defienden la "desmilitarización" de la Policía Militar. Esta cuestión será tratada más adelante en este capítulo.

Los oficiales de las policías militares son integrados a la fuerza después de un entrenamiento de dos a cuatro años en una Academia de Policía Militar y comienzan su carrera como teniente. El rango más alto es el de coronel, como ya fue señalado. Los agentes de policía encargados de la patrulla son reclutados después de un entrenamiento de tres a doce meses como soldados y pueden alcanzar el rango de sargento primero. Brevemente, los oficiales de la Policía Militar siguen dos carreras distintas: los puestos de mando están reservados a los oficiales cuando alcanzan el rango de coronel, mientras que el personal alistado (que realiza la mayor parte del patrullaje de calles) no es elegible para puestos de mando.

La otra fuerza policial estatal que tiene un rol importante en el sistema de justicia penal brasileño es la Policía Civil, institución que realiza investigaciones judiciales en el ámbito del sistema de justicia penal local. Junto a la Policía Militar forman dos instituciones distintas e independientes, con carreras, atribuciones y organizaciones diferentes. Un delegado de policía dirige las comisarías de Policía Civil o equipos de investigación. Para ocupar el puesto de delegado de policía, es necesario ser graduado en derecho y haber concluido un breve período de entrenamiento en un centro de formación policial local[7].

El delegado de Policía Civil no necesita tener experiencia previa en el trabajo policial, sino que basta con poseer formación jurídica. Normalmente los delegados de policía no están previamente familiarizados con la rutina del trabajo policial. La razón de esta arquitectura institucional particular puede ser encontrada en la evolución histórica del sistema de justicia brasileño. Debido a la escasez de jueces municipales en el interior despoblado de Brasil durante el siglo XIX y principios del XX (Viana, 1949)[8], el jefe de la Policía Civil estaba a cargo de prestar los servicios legales esenciales y garantizar las actividades de aplicación de la ley (Holloway, 1993). Actualmente, el delegado de la Policía Civil gestiona las comisarías, planifica, controla y coordina las actividades de la Policía Judicial, tales como investigar actividades delictivas, arrestos, ejecutar órdenes de jueces e instaurar investigaciones. No son responsables de las patrullas u otros servicios policiales de emergencia, ya que estos son responsabilidad de la Policía Militar. Aunque los estándares de carrera de la Policía Civil difieren de un estado a otro, existe una distinción común entre el delegado y los agentes policiales de menor rango que conducen investigaciones, se desempeñan como secretarios y llevan adelante trabajos forenses. Ninguno de estos policías es elegible para convertirse en jefe de policía (delegado) por mérito o ascenso, a menos que reciba capacitación legal en una facultad de derecho y apruebe un examen público para el cargo de delegado. Así, se observa el mismo modelo de carreras paralelas observado en otros cuerpos; sólo los delegados pueden alcanzar los cargos

[7] Cada estado define el tiempo de entrenamiento necesario para convertirse en jefe de policía. Normalmente de cinco a siete meses.

[8] Después de su independencia en 1822, Brasil adoptó por 67 años un régimen de monarquía constitucional parlamentaria representativa. La monarquía fue derrocada por un golpe cívico-militar en 1889 y adoptó el actual sistema presidencialista. Otro hito histórico importante en la historia de Brasil es la Revolución de 1930 (segundo golpe cívico-militar) que puso fin al período de la primera república (1889-1930). La dictadura de Getúlio Vargas terminó en 1946, y un nuevo período democrático duró hasta 1964, cuando una dictadura militar derrocó a líderes elegidos democráticamente y gobernó el país hasta 1985, año en el que un presidente civil fue elegido por el Congreso. Una nueva Asamblea Constituyente votó la actual Constitución brasileña en 1988.
La forma actual de las instituciones policiales brasileñas provino principalmente del período posterior a la década de 1930.

de jefe de comisaría y jefe de la Policía Civil. En algunos estados, la unidad forense forma una Policía Científica independiente, pero en la mayoría de los estados estas actividades las lleva a cabo la Policía Civil.

3.3 Actividad de inteligencia

El sistema de seguridad pública y justicia penal también comprende entre sus actividades ordinarias la inteligencia, traducida en la producción de conocimiento orientado a la decisión sustentada, prospectiva, del reconocimiento de amenazas y vulnerabilidades para la planificación y desarrollo de estrategias para su solución.

La inteligencia de seguridad pública forma parte del sistema nacional de inteligencia, con un carácter ejecutivo más que estratégico, por lo que no se confunde con la inteligencia de estado. Posee una importancia fundamental para orientar las políticas de prevención, control y represión del delito. Todos los cuerpos policiales, así como el Ministerio Público y el Poder Judicial, cuentan con unidades de inteligencia, enfocadas no solo en sus necesidades internas, sino principalmente en una ejecución más eficiente de sus funciones legales.

3.4 Acción integrada y coordinada

Para la Copa del Mundo de 2014 y los Juegos Olímpicos de 2016 fueron creados los Centros Integrados de Mando y Control en doce estados brasileños, con el objetivo de simplificar la comunicación, el intercambio de información, la planificación operativa y la toma de decisiones entre los órganos del sistema de seguridad pública, incluyendo no solo a las policías de nivel federal y estatal, y guardias municipales, sino también a los órganos de defensa, tránsito, infraestructura y salud, entre otros.

Esta experiencia resultó ser exitosa y, principalmente, bien ponderada por los profesionales y la población, quienes reconocieron la efectividad del modelo no solo desde el punto de vista del uso de los recursos humanos y materiales disponibles, sino principalmente por el incremento exponencial en el control y la solución de casos. En el mismo sentido, fueron creados centros integrados de inteligencia de seguridad pública en varias unidades de la federación, incluso en la región de la triple frontera, con la participación de fuerzas policiales y otras instituciones, incluida la inteligencia financiera y fiscal, con el propósito de reducir la distancia y la fragmentación que caracteriza el diseño institucional, simplificando el intercambio de información, y al mismo tiempo facilitando la toma de decisiones colaborativas, más asertivas y enfocadas en las causas.

3.5 Sistema procesal penal de carácter acusatorio

El sistema procesal penal brasileño es de origen inquisitivo, propio de países con tradición de civil law. Sin embargo, a partir de la Constitución Federal de 1988, influenciado por los principales documentos internacionales de derechos humanos, adquirió una nítida tendencia acusatoria. Ello significa reconocer la separación de roles entre quien acusa y quien juzga, la intensa participación y protagonismo de las partes en la actividad probatoria, la publicidad y la oralidad como regla.

La adopción del modelo acusatorio trae importantes ventajas, especialmente en lo que respecta a la cooperación internacional, en particular en América del Sur, donde los países siguieron la misma orientación.

3.6 Amenazas y cuestiones emergentes

Los problemas enfrentados por los órganos de aplicación de la ley en Brasil son muchos y complejos. El primero y más difundido es la presencia difusa del crimen organizado en Brasil, manifestado a través de diversas actividades ilegales, como el tráfico de armas y drogas, asaltos a bancos, biopiratería, contrabando, falsificación de productos y trata de personas. Las patrullas fronterizas nacionales no han logrado controlar estos desafíos en evolución. Brasil se encuentra entre los mayores consumidores de cocaína a nivel mundial (Abdalla et al 2014; Bastos y Bertoni, 2014.). Las extensas fronteras del país con Colombia, Perú y Bolivia, los tres más importantes exportadores de cocaína del mundo, y las rutas de tráfico a través de Paraguay hacen del control de las fronteras un importante desafío operativo. Esto ejerce una enorme presión sobre las instituciones brasileñas de aplicación de la ley. También existe una presencia generalizada del crimen organizado en los negocios legítimos y en las actividades oficiales del gobierno, incluidas las transacciones financieras, la burocracia estatal, los servicios policiales y la política local (Carneiro, 2010). Para entender cómo el país ingresó a este corredor de problemas, es importante considerar tanto las características históricas que llevaron al sistema de justicia penal a adoptar su actual modelo institucional como las decisiones políticas tomadas en la transición a la democracia en la década de 1980.

3.7 Las opciones intrínsecas

El sistema de justicia penal brasileño consolidó su estructura actual de manera gradual a lo largo de su evolución histórica. Las tensiones entre las élites nacionales y locales fueron definiendo las características y el rol de las instituciones estatales de seguridad y justicia, lo que explica en parte las diferentes trayectorias y patrones de funcionamiento y organización de las fuerzas policiales estatales. Las agencias de coordinación de políticas de seguridad nacional, como la SENASP y el SUSP, son relativamente nuevas y tienen una influencia limitada a nivel local. A pesar del aumento de la participación federal, los principales protagonistas de las políticas de seguridad siguen siendo los gobiernos estatales.

La solución institucional encontrada fue descentralizar la administración de las instituciones encargadas de hacer cumplir la ley, pero al mismo tiempo mantener al Ejecutivo nacional y al Congreso como legisladores con poder de veto sobre las decisiones de los estados. Este modelo institucional del sistema de justicia penal fue concebido gradualmente y fue tomando forma después de la independencia de Brasil en 1822. Los estados pueden administrar el sistema, pero no pueden decidir cómo organizarlo para atender adecuadamente a las necesidades locales.

Como resultado de este proceso histórico, Brasil posee un sistema policial fragmentado. El primer oficial de respuesta al delito suele ser un agente de policía militar, que debe relatar el delito a un agente de la policía judicial, quien a su vez inicia el proceso de acusación penal. Después de la investigación de la policía civil, el fiscal lleva la causa penal ante un juez, siguiendo un rito inquisitivo de justicia penal. Este sistema policial fragmentado es un aspecto controvertido del sistema de justicia penal brasileño. Las iniciativas de reforma legal han propuesto la unificación de ambas fuerzas policiales bajo una organización civil. Los críticos del actual orden institucional apuntan a la ineficiencia inherente producida por dos instituciones distintas, con profundo antagonismo, obligadas a cooperar para prevenir y resolver delitos. Divididos entre dos organizaciones concurrentes, los servicios policiales comunes, como patrullaje, respuesta a emergencias, vigilancia proactiva e investigación criminal, apenas están conectados, son ineficaces y consumen una cantidad considerable de recursos públicos escasos.

Una segunda cuestión recalcitrante es la organización de la Policía Militar como fuerza policial gendarme y las relaciones entre comunidad y policía. Para la mayoría de los críticos del actual orden institucional, Brasil no ha superado la influencia negativa del régimen militar sobre las fuerzas policiales. Es común entre los estudiosos del tema la opinión de que "el país aún no ha logrado llevar los principios de justicia, paz, desarrollo e igualdad a importantes estratos de la población" (Souza, 2015). La Policía Militar resulta frecuentemente retratada como una organización intrínsecamente inadecuada para servir a la sociedad. Los militares, temen los analistas, son reacios a cualquier forma de control externo y transparencia, y tienden a tratar con superioridad a los civiles (Zaverrucha, 2005). Existe un intenso debate en la actualidad sobre la desmilitarización de la Policía Militar y su fusión con la Policía Civil (Bicudo, 2000). Durante las últimas tres décadas, el Congreso Nacional ha evaluado más de 130 proyectos de ley y enmiendas a la Constitución con el objetivo de modificar la organización de las fuerzas policiales estatales. Todos fracasaron. La presión del corporativismo, no solo de la Policía Militar, sino también de la Policía Civil, derrotó los intentos más ambiciosos de reforma legislativa.

La alegación de que Brasil enfrenta una tendencia hacia la militarización de la seguridad pública ha ganado fuerza en el debate político nacional. Un aspecto importante de este debate fue la nueva legislación (aprobada en 1999 y 2001)[9] que reglamentó la asistencia de las Fuerzas Armadas en Operaciones

[9] Estas operaciones especiales están reguladas por la Constitución Federal, en su artículo 142, por la Ley Complementaria 97/1999 y por el Decreto 3897/2001.

para Garantizar la Ley y el Orden (GLO). Estas operaciones especiales, tanto episódicas como temporales, están estrictamente reglamentadas y requieren el apoyo de otros órganos constitucionales. El Ejército Nacional no puede iniciar una GLO por sí solo. El presidente podría emplear a las Fuerzas Armadas en una GLO directamente por iniciativa propia o por solicitud de los titulares de otros órganos constitucionales, como los presidentes del Supremo Tribunal Federal, del Senado Federal o de la Cámara de Diputados. Aunque las GLO están bajo control civil, no deben ser confundidas con otras iniciativas similares en América Latina de militarización de la seguridad pública.

Si bien no se están llevando a cabo las reformas macroinstitucionales del sistema de justicia penal anteriormente discutidas, es fundamental examinar más de cerca las políticas públicas que ayudan a reconfigurar la forma en que las fuerzas policiales operan en el país. Desde la década de 2000, han surgido políticas de seguridad pública más innovadoras y consistentes en algunos estados. El estado de São Paulo, el más poblado de Brasil, es un caso inusual en este aspecto. La tasa de encarcelamiento en São Paulo está por encima del promedio nacional, con 508 internos por cada 100.000 habitantes[10]. También presenta la menor tasa nacional de homicidios, con 9,5 homicidios por cada 100.000 habitantes, habiendo pasado de ser uno de los estados más violentos de Brasil en 2000 al menos violento en 2010. São Paulo no es el único buen ejemplo. Incluso en el complejo escenario criminal de Rio de Janeiro, con extensas áreas controladas por el narcotráfico y las milicias, la experiencia de la "Policía Pacificadora" de 2008 a 2013 produjo una reducción del 63,6% en el número de homicidios (Lessing, 2018: 26). Si bien esta política ha sobrevivido por poco tiempo, ha contribuido a romper la inercia producida por décadas de políticas equivocadas y mal implementadas que le han otorgado al crimen organizado el rol de proveedor de servicios de seguridad en estas zonas. En el estado de Pernambuco, en el Noreste del país, un nuevo sistema de gestión inspirado en el COMPSTAT de Nueva York, denominado "Pacto por la Vida", produjo una reducción del 24% en los homicidios durante el período 2007-2012. Es poco probable que estas políticas puedan perdurar y producir mejoras en el desempeño de los órganos de aplicación de la ley en Brasil. Junto

[10] Fórum Brasileño de Seguridad Pública, Anuario Brasileño de Seguridad Pública. Disponible en: https://forumseguranca.org.br/anuario-brasileiro-seguranca-publica/

con las nuevas estructuras de coordinación nacional descritas anteriormente (SENASP, SUSP y FNSP), estos ejemplos impactaron positivamente el debate sobre las políticas de control de la criminalidad y representaron una base compartida de experiencias exitosas.

Otra cuestión a ser tratada es la polémica sobre el encarcelamiento. Brasil tiene una tasa de encarcelamiento de 323 internos por cada 100.000 habitantes, ocupa el 17º lugar en el mundo, con la cuarta población carcelaria más grande, detrás de Estados Unidos, China y Rusia. El actual sistema penitenciario brasileño se caracteriza por el hacinamiento, la falta de asistencia legal a los reclusos, los servicios médicos y psicológicos insuficientes, el control de las pandillas, el abuso violento de los reclusos por parte de los funcionarios penitenciarios y la corrupción. Todo esto es parte de la vida diaria en las cárceles brasileñas. Como fue señalado anteriormente, solo una pequeña fracción del sistema penitenciario está bajo responsabilidad federal[11], mientras que las cárceles estatales albergan a casi 760.000 presos. Las diferencias entre los estados son significativas. Aun así, las dificultades para controlar esta población carcelaria son inmensas, incluso para los estados más ricos del sur y sureste del país. El sistema penitenciario es, sin duda, un área donde los gobiernos locales y nacionales avanzan muy lentamente hacia cualquier mejora levemente perceptible. Con fondos insuficientes y administrado con negligencia por una burocracia no cualificada, constituye en la actualidad el componente más vulnerable del sistema de justicia penal. Para el público, el sistema penitenciario es un fenómeno opaco, lo que contribuye a mantenerlo fuera de la prioridad de los gobiernos locales.

Un tema emergente vinculado a la discusión anterior sobre el sistema penitenciario es el problema del encarcelamiento de los afrodescendientes. Estos son más propensos a sufrir una muerte violenta a manos de pandillas y violencia policial, y también son encarcelados con una tasa más elevada (Sinhoreto y Morais, 2018). La investigación sobre raza y criminalidad ha crecido considerablemente durante la última década y ha señalado diferencias significativas en los riesgos de victimización entre negros y blancos en Brasil.

[11] De acuerdo con el Departamento Nacional Penitenciario (DEPEN), actualmente solo se encuentran en funcionamiento cinco penitenciarios federales, con capacidad para albergar un máximo de 1.200 internos (Departamento Nacional Penitenciario, 2020)

En una revisión de la literatura, Trindade y Lima (2017) indicaron que los jóvenes afrodescendientes de los barrios menos favorecidos de las grandes ciudades brasileñas se encuentran entre aquellos con un mayor riesgo de victimización por homicidio. Los estudios epidemiológicos también proporcionan una fuerte evidencia de la diferenciación racial en la victimización criminal: los afrodescendientes representaron el 69% de las víctimas de homicidio en 2009, aunque representaron el 45% de la población brasileña. Además, los homicidios entre afrodescendientes aumentaron un 28,6% entre 2000 y 2009 (Soares Filho, 2011). Los ingresos y la educación no mitigan la victimización para los afrodescendientes tan bien como para la población blanca. Los afrodescendientes con ingresos más altos y niveles de educación más bajos experimentaron un mayor riesgo de victimización entre 2000 y 2009. Durante el mismo período, el riesgo disminuyó para la población blanca para ambos grupos socioeconómicos.

El prejuicio racial en la violencia policial también es un tema crítico en el debate nacional sobre la situación del sistema de justicia penal. Hasta el momento resultan escasos datos confiables sobre la violencia policial. Uno de los informes más completos sobre el problema fue publicado en 2017 por la Defensoría del Pueblo de la Policía del Estado de São Paulo[12]. El informe analiza 639 registros policiales de 756 casos de civiles asesinados por la policía y encuentra pruebas de uso excesivo de la fuerza por parte de los agentes de policía en el 74% de los casos. Aproximadamente el 50% de los asesinados por la policía ese año fueron niños de entre 18 y 25 años, y el 65% de ellos eran afrodescendientes. No está claro cómo la sociedad brasileña aumentará la responsabilidad policial. Las respuestas de la sociedad a este debate pueden ayudar a remodelar la cultura institucional de los departamentos de policía y sus códigos informales de silencio, en los EUA conocidos como *"Blue Wall of Silence"* (Muro Azul del Silencio), históricamente asociados con el racismo contra la población negra.

[12] "El uso de la fuerza letal por parte de la policía en São Paulo y la victimización policial" disponible en: http://www.ssp.sp.gov.br/ouvidoria/

3.8 El debilitamiento del sistema de justicia penal

Las políticas formuladas en respuesta a la ola de delincuencia que azotó a Brasil en la nueva era democrática después de 1985 fueron inadecuadas por diversas razones. Primero, el problema de la delincuencia se enmarcó como un tema secundario en la agenda de redemocratización del país. La defensa de los derechos humanos es una gran preocupación para una sociedad que emerge de más de veinte años de un gobierno autoritario. Los líderes políticos y la opinión pública fueron demasiado sensibles al argumento de que Brasil era criminalmente violento, ya que aún no era una democracia plena. La creencia en aquel entonces era que la escalada del crimen en las décadas de 1980 y 1990 era un reflejo del fracaso social y político del régimen autoritario recientemente derrocado. El crimen no era un problema en sí mismo, era el pensamiento común en ese momento, sino un mero reflejo de las características estructurales y políticas de la sociedad brasileña. Una democracia totalmente nueva sería el antídoto que poco a poco haría de Brasil una sociedad menos violenta. En segundo lugar, el papel mismo de las instituciones de justicia penal en el control y la restricción del delito fue desacreditado y debilitado políticamente (Carneiro, 2016). El hecho de que Brasil estuviera en un rápido proceso de convertirse en uno de los países más violentos del mundo estaba fuera de la visión de los líderes que guiaron el movimiento de redemocratización.

Pasaron más de dos décadas para que los líderes políticos del país comenzaran a darse cuenta de que solo con instituciones de justicia penal fuertes sería posible promover políticas eficaces de control del delito. Brasil, como otros países de América Latina, tiene un sistema de justicia penal relativamente pequeño e ineficiente, a juzgar por el alto nivel de criminalidad y violencia observado. En general, los países de América Latina tienen un bajo nivel de encarcelamiento y policías per cápita (Soares y Naritomi, 2010). A nivel mundial, estos países forman un grupo homogéneo con políticas similares de control del crimen. Las penas de prisión son aplicadas con menos frecuencia de lo esperado, dado el nivel de delitos violentos en estos países, y la disponibilidad de agentes de policía sigue la misma tendencia.

En un país caracterizado por altos niveles de desigualdad y pobreza, y deficiencias estructurales en la provisión de servicios básicos como salud y educación, muchas veces es difícil priorizar las políticas de seguridad pública y posicionarlas para un financiamiento adecuado. El argumento que prevaleció durante el período de transición democrática fue que las políticas sociales ampliadas deberían tener prioridad sobre las políticas de control del crimen. Este pensamiento político oblicuo tuvo la capacidad de acelerar la violencia en un momento en que, contradictoriamente, el país producía mejoras en la distribución del ingreso, reducía la pobreza, controlaba la inflación y ampliaba el acceso a la educación[13]. En este sentido, el contraste entre la mejora de las condiciones sociales y el aumento de la criminalidad define la posición única de Brasil entre los países más violentos del mundo.

En contraste con la expectativa común, la sociedad brasileña gradualmente optó por una legislación penal menos punitiva ante un aumento inesperado de las tasas de criminalidad. Por otra parte, los actores políticos clave han debilitado el papel de la policía y la justicia penal en el control del crimen y la violencia, quitando recursos a los sectores de defensa y seguridad pública. La consecuencia de estas elecciones fue y sigue siendo bastante pesada para la sociedad: la tasa de homicidios aumentó en un 110% entre 1985 y 2019 (el primer año de la actual administración democrática)[14], las pandillas en las cárceles se tornaron un fenómeno nacional, y las fuerzas policiales se encuentran entre las instituciones con peor clasificación del país en la evaluación pública[15].

Es notable que Brasil se encuentre entre el 5% de los países más violentos del mundo, con una tasa de homicidios casi tres veces superior al promedio mundial. Lo difícil de explicar en el caso brasileño es la combinación de riqueza y violencia. Entre el otro 5% de los países más violentos (Liberia, Rusia, Somalia, Venezuela, Guatemala, El Salvador, Angola, Sudáfrica, Sierra Leona y Colombia), solo los países exportadores de petróleo (Rusia y Venezuela)[16]

[13] El período de 12 años desde el primer gobierno de Fernando Henrique Cardoso (1994) hasta el primer gobierno de Dilma Roussef (finalizado en 2014).

[14] Instituto de Investigaciones Aplicadas y Foro Brasileño de Seguridad Pública https: /// www.ipea.gov.br/atlasviolyance / data-series / 20

[15] Encuesta realizada por Datafolha en abril de 2019. Disponible en https://g1.globo.com/politica/noticia/2019/04/11/datafolha-aponta-que-51percent- dos-brasilians-tem-medo-da--policia- e-47percent-confiam-nos- cops.ghtml

[16] *Our World in Data* (Nuestro Mundo en Datos, en traducción libre), datos de 2015 (última estimación disponible para Venezuela). Disponible en: https://ourworldindata.org/grapher/gdp-per-capita-worldbank?region=World

tienen un ingreso per cápita más alto que Brasil. El país es el miembro más rico de un grupo de países violentos de bajos ingresos. Una investigación más profunda de las características y posibles áreas de mejora del sistema de justicia penal y de sus órganos podría ayudar a dar una respuesta a este enigma.

Referencias

Abdalla, Renata Rigacci, Clarice S. Madruga, Marcelo Ribeiro, Ilana Pinsky, Raul Caetano y Ronaldo Laranjeira. 2014. Prevalence of cocaine use in brazil: Data from the II Brazilian national alcohol and drugs survey (BNADS). Addictive Behaviors 39 (1): 297-301.

Bastos, Francisco Inácio y Neilane Bertoni. 2014. Encuesta nacional sobre uso de crack. Rio de Janeiro: FIOCRUZ.

Bicudo, Hélio. 2000. La unificación de las fuerzas policiales en Brasil. Estudios avanzados 14, (40): 91-106.

Aries, L. Piquet. 2010. Amenaza del crimen organizado a la seguridad pública. Interés Nacional 3 (10).

Carneiro, L. Piquet y Fabio R. Bechara. 2016. El impacto de los mercados ilícitos globales y el crimen transnacional en Brasil En: Crimen organizado: Investigación, Derecho y Ciencia.1 ed. São Paulo: Almedina, pág. 69-104.

Departamento Penitenciario Nacional 2020. Relevamiento Nacional de Información Penitenciaria (INFOPEN). Brasilia, Gobierno Federal. Consultado el 23/09/2020 http://dados.gov.br/dataset/infopen-levantamento-nacional-de- informacoes- penitenciarias1/resource/320b7326-3f9b-40ba-9c86-5acc10cfbb5e.

Holloway, Thomaz. 1993. Policing Rio de Janeiro Repression and resistance in a 19th-century city. Redwood City, California: Stanford University Press.

Instituto Brasileño de Geografía y Estadística. (2012). Búsqueda de información básica municipal. en el Instituto Brasileño de Geografía y Estadística. Rio de Janeiro. Consultado el 09/15/2020 http;//www.ibge.gov.br/home/estatistica/economia/ perfilmunic/2012

IPEA – Instituto de Estudios Económicos Aplicados. 2019. Atlas de la violencia: Retratos de municipios brasileños. Rio de Janeiro: IPEA - Instituto de Estudios Económicos Aplicados.

Lessing, B. 2018. Making Peace in Drug War, Cambridge: University Press.

Lopes Jr, Aury. 2018. Derecho Procesal Penal 15. ed. São Paulo: Saraiva.

Pereira Filho, O. Alves, M. Sousa y PF Alves. 2018. Evaluación del impacto de los guardias municipales sobre la delincuencia mediante tratamientos binarios, multivalor y continuos. Revista Brasileña de Economía 72 (4): 515-44.

Sinhoreto, Jacqueline and Souza Morais, Danilo de. 2018. Violencia y racismo: nuevas caras de una afinidad reiterada. Revista Estudos Sociales 64: 15-26. http://www.scielo.org.co/scielo.php?script=sci_arttext&pid=S0123- 885X2018000200015&lng=en&nrm=iso.

Soares Filho, Adauto Martins. 2011. Victimización por homicidio según características raciales en Brasil. Rev. Salud Pública 45 (4): 745-755. http://www.scielo.br/scielo.php?script=sci_arttext&pi d=S0034- 89102011000400015&lng=en&nrm=iso.

Soares, Rodrigo R. y Naritomi, J. 2010. "Understanding High Crime Rates in Latin America: The Role of Social and Policy Factors," NBER Chapters, in: The Economics of Crime: Lessons for and from Latin America, pages 19-55, National Bureau of Economic Research, Inc.

Souza, Luís Antônio F. 2015. Dispositivo militarizado de seguridad pública. Tendencias recientes y problemas en Brasil. Sociedad y. estado, vol.30, n.1 [cited 2020-09-29], pp.207-223.http://www.scielo.br/scielo.php?script=sci_arttext&pid=S0102-69922015000100207 & lng = en & nrm = iso.

Trindade, A. and Lima, R. S. de. 2018. Boletín Informativo Bibliográfico 84 (2): 81- 106.https://www.anpocs.com/index.php/bib-pt/bib-84/11101-estatisticas -oficiais-violencia- e- crime-no-brasil/file.

Viana, Oliveira. 1949. Instituciones políticas brasileñas fundamentos sociales del estado. Rio de Janeiro: Jose Olympio Editora.

Zaverrucha, J. 2005. FHC, Fuerzas Armadas y Policía: entre el autoritarismo y la democracia, 1999-2002.Rio de Janeiro: Record.

4. EL SISTEMA PENAL DESDE LA CONSTITUCIÓN DE LA REPÚBLICA DEL PARAGUAY DEL AÑO 1992

Manuel Nicolás Doldán Breuer

4.1 Introducción

En todos los sistemas jurídicos, las normas son dictadas con base a criterios de jerarquía –o primacía de unas respecto de otras– es decir, en una secuencia lógica que se construye en estricta observancia del nivel de preferencia que éstas ocupan dentro del ordenamiento jurídico de un Estado, y se representan común y gráficamente en lo que se conoce como Pirámide de Kelsen[1], en cuya cúspide, se encuentra ubicada la Constitución Nacional (o con sus diversas denominaciones: Ley Suprema, Ley Fundamental, Carta Política, Carta Magna)[2]. Sea cual fuese el sistema adoptado por un Estado, la norma fundamental seguirá siendo la Constitución.

[1] *Hans Kelsen (Praga, 11 de octubre de 1881 – Berkeley, California, 19 de abril de 1973) fue un jurista y filósofo austriaco. Es considerado el jurista más influyente del siglo XX. Recuperado el 9 de marzo de /2021, de https://es.wikipedia.org/wiki/Hans_Kelsen.*

[2] *Artículo 137 DE LA SUPREMACÍA DE LA CONSTITUCIÓN. La ley suprema de la República es la Constitución. Esta, los tratados, convenios y acuerdos internacionales aprobados y ratificados, la leyes dictadas por el Congreso y otras disposiciones jurídicas de inferior jerarquía, sancionadas en consecuencia, integran el derecho positivo nacional en el orden de prelación enunciado. Quienquiera que intente cambiar dicho orden, al margen de los procedimientos previstos en esta Constitución, incurrirá en los delitos que se tipificarán y penarán en la ley. Esta Constitución no perderá su vigencia ni dejará de observarse por actos*

La Constitución reúne en sí misma, todos los principios, derechos y garantías que se tendrán como sustento para el tipo de Nación que se desea construir, cuyos delineamientos serán transversales y afectarán con verticalidad a toda normativa que se encuentre en pie de igualdad con la fundamental –aunque en un rango normativo inferior en la estructura gráfica, como los Tratados Internacionales que poseen rango constitucional implícito, pero sujetos al control de constitucionalidad por parte de la máxima instancia judicial– o por debajo de ella; es decir, toda ley local deberá necesaria e irremediablemente estar inspirada a partir del contenido y contexto constitucional, al cual deberá ceñirse de manear estricta en toda su extensión, para su validez e indiscutible observancia y aplicabilidad permanente.

De conformidad con el artículo 1 de la Ley Fundamental, la República del Paraguay se constituye en Estado Social de Derecho, unitario, indivisible y descentralizado y, adopta para su gobierno, la democracia representativa (o democracia indirecta, gobierno representativo, en donde el pueblo ejerce soberanía a través de los gobernantes por ellos electos), participativa (en donde la ciudadanía está incluida en los procesos deliberativos y decisivos) y pluralista (en donde coexisten grupos sociales con ideas e intereses diferenciados), fundada en el reconocimiento de la dignidad humana.

En los siguientes articulados de la Carta Magna se declaran principios, derechos y garantías; se reconoce que la soberanía reside en el pueblo, quien ejerce el poder público a través del sufragio; y, se resalta que el gobierno es ejercido por los poderes Legislativo, Ejecutivo y Judicial en un sistema de separación, equilibrio, coordinación y recíproco control.

En un segundo momento, la norma fundamental declara ciertas políticas que el Estado deberá tener en cuenta para la resolución de conflictos; así, establece los principios de legítima defensa, de supremacía del orden jurídico y del objeto de las penas.

Al realizar un estudio del orden jurídico penal de la República del Paraguay, se advierte que el mismo no puede ser comprendido al margen del derecho constitucional; por el contrario, la norma constitucional es también

de fuerza o fuera derogada por cualquier otro medio distinto del que ella dispone. Carecen de validez todas las disposiciones o actos de autoridad opuestos a lo establecido en esta Constitución

la esencia del derecho penal, ya que establece y delimita su contenido y su finalidad.

La primera norma que declara los bienes jurídicos de una sociedad es la Constitución, ella delimita la intervención del Estado en el ejercicio punitivo y determina la finalidad de la aplicación de las sanciones penales, por lo que la relación Constitución – Derecho Penal, es inseparable.

El estudio del derecho penal debe iniciarse por la comprensión de su finalidad, es decir, responder a esta interrogante: ¿Cuál es la razón que justifica la intervención del Estado para imponer una pena? ¿Qué legitimación tiene el Estado para aplicar un determinado marco penal a ciertos tipos de hechos punibles?

El derecho penal se caracteriza fundamentalmente por ser la única rama del derecho que, en estricto sentido, impone penas y medidas; ese derecho penal es el que faculta al Estado a limitar el derecho de las personas que han violado una norma por la realización de una conducta (activa u omisiva) penalmente relevante, hasta privarlas de su libertad –como sucede en nuestro derecho– e incluso, como otros Estados, en donde va más allá y les faculta a imponer incluso la pena capital (o penal de muerte), es decir, privarle de la vida a un ser humano, a causa de la conducta, penalmente relevante, realizada por éste.

La intervención del Estado en este sentido, debe necesariamente estar delimitada por la aspiración constante del logro efectivo de la una convivencia social pacífica, debe elevar la percepción de seguridad y la confianza plena en la vigencia del derecho y debe generar los espacios para brindar oportunidad de resocialización y readaptación a aquel ser humano que ha cometido un hecho punible (delito o crimen), sólo así se puede llegar a justificar la imposición de una pena, en consonancia con los estándares mínimos de respeto a los derechos humanos y en estricto apego a las derivaciones legales que descienden del sistema constitucional de la República del Paraguay.

4.2 Incidencia de la reforma constitucional en el sistema penal paraguayo.

La reforma constitucional del año 1992, ingresó a la República del Paraguay a un escenario de transformación plena y profunda de su sistema judicial penal, que sin lugar a dudas reflejó el compromiso, de toda la sociedad paraguaya y el de su gobierno, de adecuar sus normativas a las corrientes más actuales, modernas y progresistas del mundo.

La Constitución Nacional de la República del Paraguay vino acompañada de un número importante de instrumentos normativos que fueron entrando en plena vigencia en un periodo de aproximadamente diez años, y de entre los cuales se pueden destacar la Ley 1.160/1997 "CÓDIGO PENAL DE LA REPÚBLICA DEL PARAGUAY", la Ley 1.286/1998 "CÓDIGO PROCESAL PENAL DE LA REPÚBLICA DEL PARAGUAY", la Ley 1.444/1999 "QUE REGULA EL PERIODO DE TRANSICIÓN AL NUEVO SISTEMA PROCESAL PENAL" y la Ley 1680/2001 "CÓDIGO DE LA NIÑEZ Y LA ADOLESCENCIA".

Este conjunto normativo, reemplazó el sistema penal de estilo "inquisitivo", escrito y parcialmente secreto (conocido como el código de Teodosio González, inspirado en el Código Penal del Reino de Baviera de 1813, escrito por Anselm von Feurbach[3] y en el Proyecto Tejedor de la entonces Provincia de Buenos Aires, escrito por el jurista argentino Carlos Tejedor[4]) que regía en el país desde el año 1910, por un modelo acusatorio de tinte adversarial, que pretendió adecuar el orden jurídico penal, vigente en ese tiempo, a los postulados constitucionales y de derechos humanos del debido proceso legal, congruente con los Principios naturales de ese Estado Social de Derecho propugnado por la ley fundamental reformada en el año 1992, en pro de la administración de justicia penal.

El Código Procesal Penal de Paraguay (Ley 1.286/1998) entró en vigencia el 1 de marzo del año 2000, con un proceso de transición (etapa o periodo temporal determinado en una fecha límite: el 28 de febrero del año 2003) regulado normativamente (Ley 1.444/1999) para el traspaso total del sistema inquisitivo, al nuevo sistema de enjuiciamiento penal acusatorio y de tinte adversarial.

[3] *Paul Johann Anselm von Feurbach (Hainichen, Jena, 14 de noviembre de 1775 – Fráncfort del Meno, 29 de mayo de 1833) fue un criminalista y filósofo de origen alemán... redactor del Código Penal de Baviera de 1813, que sirvió de modelo a otros Códigos penales tanto europeos como latinoamericanos. Recuperado el13/marzo/2021, de https://es.wikipedia.org/wiki/Paul_Johann_Anselm_von_Feuerbach.*

[4] *Carlos Tejedor (Buenos Aires, 4 de noviembre de 1817 – 3 de enero de 1903) fue un jurisconsulto y político argentino. Recuperado el 13/marzo/2021, de https://es.wikipedia.org/wiki/Carlos_Tejedor.*

Con la reforma integral de la justicia penal –que introdujo un modelo garantista, eficiente y respetuoso de los derechos humanos– se logró además, dar inicio a una etapa de solución de situaciones conflictuales que fueron enraizadas durante la vigencia del modelo anterior –que como se dijo, rigió por más de un siglo en el país– y que se construían sobre la base de un ciego desconocimiento del principio de eficiencia y de rasgos de humanidad en el contexto sistemático de administración de justicia en la materia penal; es decir, con un andamiaje judicial penal que era poco previsible, con una sumamente compleja accesibilidad, sin previsión de aspectos fundamentales como el juicio previo o la presunción constitucional de inocencia, sin dejar de lado el cercenamiento atendible del derecho de defensa en juicio y la veda absoluta de información para el encausado, por citar algunos aspectos relevantes.

En la reforma penal –que llegó de la mano de la nueva Constitución– opera una suerte de desconcentración del poder del juez, a través de la distribución de sus funciones, principalmente en un nuevo actor del sistema: el Fiscal, quien se convierte en responsable de la actividad investigativa, probatoria y acusatoria en un modelo equilibrado y subordinado a la libertad e igualdad, con el acompañamiento activo de la víctima.

Por otro lado, se introducen mecanismos procesales que pretenden garantizar el ejercicio de una defensa efectiva; es decir, los derechos del indiciado (investigado, perseguido, imputado) se sitúan desde allí, en un pie de igualdad a los del acusador, y adquieren potestades igualitarias de defensa en el sistema de enjuiciamiento penal, de tinte adversarial. Además, da lugar a la construcción de una personalidad neutral, imparcial e independiente: el Juez, a quien se le entrega la potestad exclusiva del control de garantías legales y de decidir, luego de valorar las pruebas con su leal saber y entender, como con su sana crítica, la aplicación o no de una sanción penal.

El sistema incorpora además, mecanismos de control vinculados con la duración máxima del procedimiento, variables de resoluciones alternativas al proceso ordinario (como el Criterio de Oportunidad, que permiten la prescindencia de la persecución penal con base en circunstancia definidas por ley; la Suspensión Condicional del Procedimiento, con el consentimiento del imputado y admisión de los hechos por parte del mismo; la Conciliación, con la extinción de la acción penal por reparación del daño en los casos en que las leyes lo autoricen y, el Procedimiento Abreviado), la excepcionalidad de las medidas cautelares (que además deben ser proporcionales y limitadas), varios procedimientos especiales relacionados con la propia naturaleza del conflicto penal, de la sanción penal o de los involucrados (como ser juicios por acción penal privada, juicios para la aplicación de medidas, juicios para adolescentes en conflicto con la ley penal, juicios para pueblos originarios, entre otros).

Por último, como evento de relevancia trascendental y absoluta novedad, se introduce al escenario del enjuiciamiento penal, la etapa de debate oral en juicio público (Juicio Oral y Público) que adquiere carácter central en este nuevo.

4.3 El Ministerio Público en el modelo acusatorio vigente.

El modelo acusatorio de tinte adversarial –hoy convertido en sistema específico dentro del esquema de justicia penal de Paraguay– establece como parámetro fundamental la imparcialidad del juez (órgano jurisdiccional), autoridad que deja de investigar y se dedica a su función natural de conocer y decidir, es decir, a juzgar. Al tiempo, el sistema penitenciario pasa a ser regido por otro órgano dependiente del Poder Ejecutivo (Ministerio de Justicia) y la Policía Nacional, al margen de su función constitucional y legal preventiva (Artículo 6, numerales 1, 2, 3 y demás concordantes de la Ley 5757/2016[5]), en paralelo se dedicará a investigar los hechos punibles (delitos, crímenes) bajo el control y la dirección judicial, especialmente, bajo la dirección del Fiscal (Artículo 6, numerales 4, 5, 28, 31, 32 y demás concordantes de la Ley 5757/2016).

El Ministerio Público (Fiscalía), que por mandato constitucional es ejercido por el Fiscal General del Estado y por los Agentes Fiscales exclusivamente, se erige en órgano autónomo, con la legalidad y la objetividad como reglas principales de actuación y, pasa a ocupar un rol protagónico activo (antes era solo un órgano consultivo y alternativo), con la directa y exclusiva responsabilidad en etapa preparatoria del proceso penal: la investigación, durante el cual el representante del Ministerio Público actúa como director, con acompañamiento de la Policía Nacional en función investigativa y, el control de cumplimiento de las garantías legales, es asumido por el Juez Penal de Garantías.

[5] *Ley 5757/2016 que modifica varios artículos de la Ley 222/1993 "Orgánica de la Policía Nacional".*

Así, el Ministerio Público tiene la importante tarea de investigar los hechos punibles de acción pública que lleguen a su conocimiento por todos los medios a su alcance (monopolio de la acción penal pública) y, en ese estricto sentido, luego de reunir los elementos de convicción basados en la libertad probatoria que estatuye el artículo 173 del Código Procesal Penal respecto de los hechos y circunstancias relacionadas con el objeto del procedimiento, asume en su oportunidad y con criterios de objetividad, el rol natural de acusador (que constituye el elemento activo y dinámico del sistema de enjuiciamiento penal, vinculado con el ejercicio de la acción penal) cuando estime que la investigación desplegada proporciona fundamentos serios para lograr el enjuiciamiento público del encausado en un debate oral y público con todas las garantías de ley.

La investigación de todo hecho punible requiere de herramientas legales que respalden la tarea del agente fiscal, tanto en el proceso de recolección de elementos probatorios, como en la etapa de valoración de dichos elementos y hasta en la protección de quienes por colaborar con la administración de justicia penal se encuentren en riesgo cierto o peligro inminente de sufrir represalias (perder la vida, sufrir en su integridad física o psíquica, en su seguridad o la de un familiar) como consecuencia directa de su acción de cumplir con la carga pública de colaborar con la justicia penal o por ser sujeto interviniente en la investigación de un caso.

4.4 La actuación oficiosa del Ministerio Público y el impulso externo.

La tarea investigativa puede iniciarse de oficio (inclusive sin necesidad de denuncia) en los casos que existan suficientes indicios de la realización de un hecho punible (delito, crimen) de acción penal pública.

Al respecto, el artículo 18 de la Ley Procesal Penal establece que:

> *"El Ministerio Público estará obligado a promover la acción penal pública de los hechos punibles que lleguen a su conocimiento, siempre que haya suficientes indicios fácticos de la existencia de los mismos. Cuando sean admisibles, se aplicarán los criterios de oportunidad establecidos...".*

De esta manera se ha puesto de manifiesto que la investigación penal se puede dar de forma oficiosa por el Ministerio Público –con criterios de seriedad, legalidad y objetividad– y, además, como es lógico, por instancia externa (a través de una denuncia presentada ante el propio Ministerio Público, o bien, ante la Policía Nacional).

No obstante, esta cuestión obvia (denuncia ante el órgano público encargado por ley de recibirla) el propio Código Procesal Penal, en su artículo 285, al establecer la forma y contenido de una denuncia, exige en lo posible un relato circunstanciado del hecho, con indicación de los participantes, testigos y demás elementos probatorios que puedan conducir a su comprobación y calificación legal provisoria. Por su parte, en concatenación con lo expuesto, el artículo 290 del mismo cuerpo legal, dispone que el Ministerio Público, al recibir información fehaciente sobre la comisión de un hecho punible, organizará la investigación conforme a las reglas establecidas en la Ley Ritual.

Así las cosas, se puede señalar que la denuncia en materia penal, es una manifestación de conocimiento mediante la cual, una persona ofendida o no (tercero, con conocimiento del hecho) con la infracción, da cuenta al órgano de investigación (Fiscalía o Policía Nacional) un hecho penalmente relevante, con expresión detallada de las circunstancias de tiempo, modo y lugar que le consten. Este acto, cuasi formal, constituye el motor que impulsa la intervención estatal competente; es decir, vincula al Ministerio Público (Fiscalía) a ejercitar la acción penal pública para investigar la supuesta ocurrencia de un hecho penalmente relevante, sin que sea exigida otra acción de parte o impulso procesal alguno.

En atención a las lógicas implicaciones de orden social, patrimonial, moral y legal que una denuncia penal puede acarrear a determinado o determinados ciudadanos, el legislador ha decidido dotar a esta actividad propulsora (denuncia) de algunos requisitos previos o exigencias –muy básicas de por sí– con el único, pero firme y acertado propósito, de dar a este evento la seriedad mínima para la indemnidad de los derechos fundamentales de la persona (la preservación del buen nombre, de la honorabilidad, así como el derecho a la no invasión de la privacidad, entre otros), al tiempo reducir denuncias infundadas o temerarias que generarían la movilización del aparato de justicia penal de manera desgastante e irregular, con sus consecuencias obvias (artículo 288 del Código Procesal Penal).

Se trata de unos mínimos requerimientos que, sin obstruir el racional acceso al aparato jurisdiccional, la provean de elementos que permitan establecer el fundamento que reclama la disposición legal contenida en el artículo 18 del Código Procesal Penal (descrito en parágrafos anteriores) que supedita la obligatoriedad de la promoción de la acción penal pública de los hechos punibles y el consecuente desarrollo de una investigación por parte del Ministerio Público, a que hayan "suficientes indicios fácticos de la existencia de los mismos"; es decir, que de la denuncia surjan circunstancias de las que se pueda extraer una conclusión primaria en relación con la potencial existencia o clara inexistencia de un hecho.

La expresión *"...siempre que hayan suficientes indicios fácticos..."*, impone al denunciante una carga informativa que permita inferir razonablemente que el hecho denunciado efectivamente pudo haber existido. Esto, no busca más que promover la buena fe de la parte y sumar condiciones más óptimas para el buen funcionamiento de la administración de la justicia penal, propiciando la construcción de canales reales, formales y respaldados de información noticiosa que encienda el aparato jurisdiccional para su tránsito debido a través de la concentración de esfuerzos, recursos y en miras a la efectividad. Al establecer presupuestos que propicien, desde un comienzo, una ruta exitosa para la investigación penal, se estarán construyendo escenarios propicios para el incremento de los resultados positivos y palpables, que solo operarán en beneficio directo de la promoción de los derechos de las víctimas (directas e indirectas) de los hechos punibles.

4.5 El Ministerio Público y la acción penal.

Si bien todos los hechos punibles que integran el catálogo del Código Penal vigente y de las Leyes Penales Especiales revisten importancia para el derecho penal paraguayo, se resalta que los denominados de acción penal pública son de exclusiva responsabilidad del Ministerio Público, tanto en lo que hace a la promoción, como a la ejecución (monopolio de la acción penal pública).

Se puede comprender a la acción penal como un poder jurídico de naturaleza pública, y excepcionalmente de ejercicio privado, que tiende a mover al órgano jurisdiccional para que el mismo en definitiva emita una decisión concluyente sobre el fundamento de las pretensiones jurídicos penales, que se han hecho valer o deducido[6].

La ley ritual penal, en su artículo 15 refiere que los hechos punibles serán proseguibles de oficio por el Ministerio Público, es decir, confiere a esta institución (órgano del Estado) la facultad exclusiva de ejercer la acción penal pública como monopolio directo. En estos casos, con criterios de orden constitucional, la Fiscalía General del Estado y los Agentes Fiscales actúan en carácter de representantes de la sociedad ante los órganos jurisdiccionales del Estado paraguayo, en un contexto autónomo e independiente en el ejercicio de esta acción.

Siguiendo la línea de razonamiento, se puede advertir que esta facultad de ejercer una determinada pretensión y movilizar al órgano jurisdiccional posee características bien diferenciadas, de entre las cuales se puede advertir la *iniciativa propia* en ejercicio de un deber funcional de la Fiscalía, que como se indicó más arriba no requiere impulso exógeno para actuar así como indica el artículo 15 del Código Procesal Penal (oficiosidad), la obligatoriedad de actuación ante la noticia que sea contentiva de las exigencias del artículo 18 del Código Procesal Penal (legalidad) y la particularidad del direccionamiento unificado y obligado de la acción en contra de todo aquel que tenga participación en un hecho punible (indivisibilidad).

Ahora bien, dicho esto, es dable aclarar que, con respecto a los catalogados hechos punibles de acción penal privada, al Ministerio Público le está vedada la capacidad de actuación; es decir, carece absolutamente de facultades legales para la persecución de los mismos, de acuerdo a la enunciación taxativa del artículo 17 del Código Procesal Penal. En estos casos, solo el particular puede mover la jurisdicción a través de la querella de la víctima (del particular ofendido) o de su representante legal, conforme al procedimiento especial que es regulado en los artículos 422 al 426 del Título III del Libro Segundo de la Ley 1.286/1998.

El ejercicio de la acción penal privada se justifica en la preponderancia del interés del agraviado por el delito, ya que afectan con menor intensidad el interés público determinado por el legislador. Sin embargo, el catálogo de delitos

[6] Torres Bas, citado por José Luis Clemente en el Código Procesal Penal de la Provincia de Córdoba,t. I, Córdoba, Ed. Marcos Lerner, 1998, ps. 49-50.

de acción penal privada es escaso (actualmente 14 hechos determinados en el articulado citado) por lo que constituyen una excepción y se circunscriben a hechos en donde tendría relevancia una cuestión de naturaleza particular y, es por ello que, la acción privada reemplaza a la acción pública en el deber de ejercitar la persecución del delito ante el órgano jurisdiccional.

En este tipo de procesos de carácter especial, el interés individual subordina la realización jurídico-penal. Ésta queda condicionada a la pretensión penal del ofendido, quien puede disponer de ella no ejerciendo la acción o abandonando su ejercicio, y aun perdonando al condenado[7].

El sistema acusatorio que hoy rige, permite que el Ministerio Público ejerza la acción penal en un sentido integral y completo, tal como está diseñado en la Constitución, dejando el perfil institucional híbrido que tenía cuando regía el sistema inquisitivo.

En los delitos de acción penal pública, el Ministerio Público, a través de los Agentes Fiscales ejerce el control y dirección funcional de la Policía Nacional en todo lo relativo a la investigación de los delitos. Esto permite que personas objetivas y técnicas (puesto que los Agentes Fiscales son especialistas en derecho penal y procesal penal) puedan tener una visión integral con relación al contexto de las investigaciones penales.

El hecho de que el Ministerio Público tenga habilitada la vía de actuación directa u oficiosa en el contexto de la investigación de hechos punibles de acción penal pública, propicia el cumplimiento de una de las funciones naturales del sistema procesal penal en la Etapa Preparatoria del proceso, cual es la de evitar que se disipen los elementos de prueba, necesarios para la construcción de las bases sólidas que requiere el estado de Acusación Pública, que a su vez puede dar pie a la ventilación del caso en escenarios orales y públicos de juicio penal.

Dado que el Ministerio Público puede recibir la noticia criminal en forma directa (sin intermediarios), el funcionario de la oficina de denuncias, que hoy en día es altamente calificado, puede obtener en forma directa la información de la víctima/denunciante e interpretarla correctamente. En la actualidad, el Ministerio Público ha capacitado a sus funcionarios receptores de denuncias en técnicas de entrevistas, sensibilización en atención a víctimas,

[7] *Clariá Olmedo, Jorge A.; Derecho Procesal Penal, t. I. Santa Fe, Rubilzal Culzoni, 2004, p. 174.*

intervención en crisis, subsunción penal y redacción. Esto ayuda a que se logre un mayor acercamiento con las víctimas y se genere la empatía, así como el ambiente necesario para poder obtener información detallada sobre el hecho denunciado.

Los hechos punibles de acción penal pública tienden a ser más fácilmente esclarecidos que los hechos punibles de acción penal privada, en razón de que el Ministerio Público tiene mayor capacidad y técnica de investigación que los querellantes particulares.

Como se reseñó, el sistema penal de la República del Paraguay se basa en exclusividad en la Constitución Nacional, a partir de ella, surge la política criminal del Estado y adquiere realce la lucha frontal contra la criminalidad compleja, organizada y de carácter trasnacional, que exige de la coordinación y cooperación jurídica internacional para procurar la vigencia plena de los derechos humanos, la justicia y la paz.

La nueva dinámica impone la readaptación del sistema penal a principios constitucionales como los de justicia, protección de bienes jurídicos y derechos fundamentales, reconocimiento del orden jurídico supranacional y cooperación internacional.

4.6 Conclusión

La Constitución Nacional de 1992 fue la piedra angular del proceso de reforma penal en la República del Paraguay. Ésta, incluyó la modificación del sistema penal inquisitivo al sistema acusatorio de tinte adversarial, con cambios radicales del código penal inspirado en el derecho penal alemán, de protección de bienes jurídicos y de finalidad preventiva especial positiva, al concebir la función de resocialización del condenado.

En ese mismo sentido, la ley fundamental influyó en el nuevo diseño de las reglas procesales al establecer roles bien diferenciados y separados para la persecución penal de hechos penalmente relevantes que sean de acción penal pública: un órgano investigador denominado Ministerio Público ejercido por el Fiscal General del Estado y los Agentes Fiscales, las garantías para el ejercicio de la defensa y un órgano jurisdiccional imparcial que se dedica de manera exclusiva y excluyente a juzgar.

Siguiendo con los lineamientos constitucionales, el Ministerio Público, con el monopolio de la acción penal pública, tiene la carga de la prueba para revertir el principio de presunción de inocencia del cual goza el imputado; así también, el sistema probatorio se rige por reglas de legalidad en su origen, incorporación y producción, las cuáles no serán secretas para el procesado y, adquiere especial relevancia la excepcionalidad de la aplicación de la prisión preventiva.

Por último, el sistema penal se inspira en la tutela de los derechos humanos fundamentales de las víctimas, así como de testigos, peritos y otros sujetos que intervienen en el proceso penal, y que por su participación o colaboración con la justicia, estén en riesgo o peligro inminente de sufrir represalias. Esto, hace especial referencia a la lucha contra el crimen organizado, cuya naturaleza trasnacional vuelve compleja la persecución e investigación penal, invocando para ello la más amplia cooperación internacional dentro de los límites del respeto a la dignidad humana.

Referencias

Constitución de la República de 1992.

Clariá Olmedo, Jorge A.; Derecho Procesal Penal, t. I. Santa Fe, Rubilzal Culzoni, 2004.

Ley 1.160/1997 "Código Penal de la República del Paraguay".

Ley 1.286/1998 "Código Procesal Penal de la República del Paraguay".

Ley 1.444/1999 "Que regula el periodo de transición al nuevo Sistema Procesal Penal" Ley 1.680/2001 "Código de la Niñez y la Adolescencia".

Ley 5.757/2016 que modifica varios artículos de la Ley 222/1993 "Orgánica de la Policía Nacional".

Página web *https://es.wikipedia.org/wiki/Hans_Kelsen*. Recuperado el 9/marzo/2021.

Página web *https://es.wikipedia.org/wiki/Paul_Johann_Anselm_von_Feuerbach*. Recuperado el 13 de marzo de /2021.

Página web *https://es.wikipedia.org/wiki/Carlos_Tejedor*. Recuperado el 13/marzo/2021.

Torres Bas, citado por José Luis Clemente en el Código Procesal Penal de la Provincia de Córdoba, t. I, Córdoba, Ed. Marcos Lerner, 1998, ps. 49-50.

5. EL SISTEMA PENAL DE LA REPÚBLICA ORIENTAL DEL URUGUAY

Dr. Diego Sanjurjo
Joaquín Arigón

5.1 Introducción

A pesar de la estabilidad política y la prosperidad socioeconómica de las últimas décadas, en Uruguay los indicadores delictivos han crecido de manera constante desde finales del siglo XX. Si el país era conocido tradicionalmente por sus bajos niveles de violencia, el deterioro en los indicadores delictivos llevó a que Uruguay tenga hoy niveles de criminalidad medios, y haya pasado de ser uno de los países más seguros de la región a tener la cuarta tasa de homicidios más alta del continente. Esa coyuntura también se refleja en una sensación generalizada en la población de temor ante la falta de seguridad.

A pesar de este deterioro, Uruguay cuenta con un sistema penal relativamente robusto, que se destaca en la región por la legitimidad de sus fuerzas policiales y por las certezas que brinda su sistema judicial. De esta forma, la Policía Nacional del Uruguay es una de las pocas fuerzas policiales de América Latina que se asemeja a los criterios de "policía democrática" de Bayley (1995). Es decir, una organización policial que rinde cuentas a la ley y no al gobierno, protege los derechos humanos, restringeestá restringida en el uso de la fuerza y tiene la protección de los ciudadanos como su máxima prioridad.

El sistema judicial, por su parte, goza de altos niveles de legitimidad, incluso habiendo transitado recientemente desde un modelo inquisitivo a un proceso acusatorio. En términos generales, se caracteriza por la integridad de su impartición de justicia y por brindar amplias garantías para el sostenimiento del estado de derecho.

El eslabón más débil del sistema penal uruguayo es sin dudas el sistema penitenciario, el cual presenta las mismas carencias y problemas que caracterizan a otros sistemas penitenciarios de la región. Entre ellos se destaca la sobrepoblación, la escasez de recursos humanos y presupuestarios, la corrupción y falta de fiscalización de los funcionarios, así como la incapacidad de brindar servicios educativos y laborales de calidad a sus usuarios. En consecuencia, el sistema penitenciario uruguayo no tiene actualmente la capacidad de garantizar los derechos fundamentales de los penados ni de cumplir con su función primordial, que no es otra que su rehabilitación.

Este capítulo brinda un panorama general del sistema penal del Uruguay. Para ello, la segunda sección presentará un bosquejo del país y de su contexto de seguridad y una tercera sección atenderá el sistema penal y sus distintos componentes. Esto es, la fuerza policial, el sistema judicial, el sistema penitenciario y la legislación más importante en la materia. El capítulo termina con referencias.

5.2 Panorama general del país y del contexto criminal

Uruguay –oficialmente la República Oriental del Uruguay– es la segunda nación más pequeña de América del Sur después de Surinam y alberga a aproximadamente 3,3 millones de habitantes. La república está subdividida en 19 departamentos y 89 municipios, con el 40 por ciento de su población –1,4 millones– viviendo en el área metropolitana de Montevideo, su capital y ciudad más grande.

El Uruguay moderno es una república constitucional democrática con un sistema presidencial y un estado relativamente robusto, partidos políticos consolidados y una ciudadanía participativa. La seguridad, la justicia, la defensa, la educación y la salud se administran a nivel nacional, en forma de estado unitario. En términos de calidad democrática, Uruguay no solo ocupa el primer lugar en la región, sino que también se encuentra en un nivel comparable a los países del primer mundo (Freedom House 2020).

En cuanto a los indicadores de desarrollo, el país se encuentra todavía lejos de los países miembros de la Organización para la Cooperación y el Desarrollo Económicos (OCDE), pero es considerada igualmente una nación con alto desarrollo humano. Así, ocupa actualmente el puesto 59 en el Índice de Desarrollo Humano, donde solo Argentina y Chile obtienen puntajes más altos en América Latina (UNDP 2019). Uruguay es también el país más equitativo de la región actualmente (medido por el coeficiente GINI) y tiene el PIB per cápita más alto (Uruguay-INE 2020; Banco Mundial 2020).

Desafortunadamente, y a pesar de la estabilidad política y la prosperidad socioeconómica, los indicadores delictivos han crecido de manera constante en las últimas tres décadas. Ello incluye las denuncias de hurtos y robos con violencia, por ejemplo, que entre 1990 y 2020 aumentaron alrededor de un 170 y 1.000 por ciento, respectivamente, pero también indicadores más fiables, como pueden ser los homicidios, cuya tasa pasó de 6,6 a 9,5. La impunidad también es alta y ello incluye los homicidios, ya que su tasa de aclaración ronda el 50 por ciento, mientras que la última encuesta nacional de victimización sugiere que solo el 28 por ciento de los delitos se denuncian (Uruguay-MI 2017; 2020a; 2020b). Las tasas de denuncia por violencia intrafamiliar también ha crecido significativamente en este período, mientras que la tasa de feminicidios por cada 100.000 mujeres se mide desde 2012 y ha oscilado entre 1,0 en 2014 y 1,7 en 2018 (Uruguay-MI 2019).

Figura 01. Tasa de homicidios por cada 100.000 hab. y porcentaje de homicidios cometidos con armas de fuego (1990-2020).

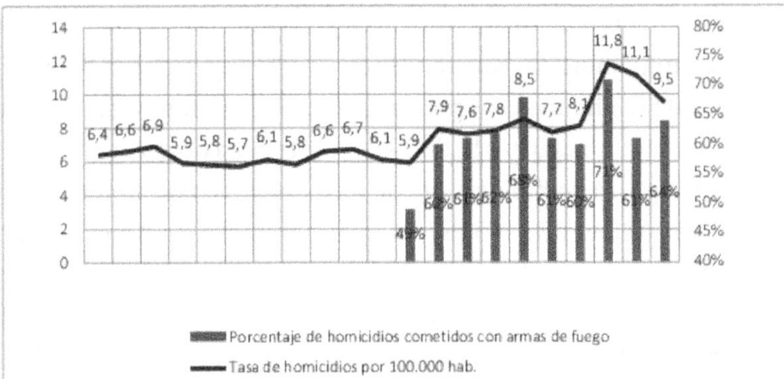

Fuente: elaboración propia con datos de Uruguay-MI (2020b).

Como resultado –y en contraposición a lo que suele creerse–, Uruguay no tiene niveles de criminalidad bajos sino medios. De hecho, ha pasado de ser tradicionalmente uno de los países más seguros de la región a tener la cuarta tasa de homicidios más alta de América del Sur, superado actualmente solo por Brasil, Colombia y Venezuela (UNODC 2020). Esta coyuntura también se refleja en una fuerte sensación de temor ante la inseguridad por parte de la ciudadanía. La última encuesta nacional de victimización sugiere que el 52 por ciento de los encuestados definen al país como inseguro (Uruguay-MI 2017), mientras que las encuestas de opinión pública indican que la inseguridad se convirtió en el problema más apremiante para los uruguayos en 2009, lo que se mantuvo sin cambios hasta el advenimiento de la pandemia de coronavirus en Marzo de 2020 (CIFRA 2020; 2018).

Como en el resto del mundo, los homicidios en Uruguay afectan de manera desproporcionada a los hombres jóvenes. En 2020, el 89 por ciento de las víctimas eran hombres y el 43 por ciento tenía entre 13 y 28 años. Además, se cree que entre el 50 y el 60 por ciento de todos los homicidios están relacionados con conflictos entre delincuentes, narcotráfico y crimen organizado. En el caso de las mujeres víctimas, en 2018, el 47 por ciento falleció a manos de su pareja íntima o expareja. También cabe mencionar que el porcentaje de homicidios cometidos con armas de fuego pasó de 49 en 2012 a 61 en 2019, una evolución que es común en la región y suele asociarse con una mayor presencia de crimen organizado (Uruguay-MI 2020; 2019).

Finalmente, Montevideo concentra una parte importante de la actividad criminal que tiene lugar en el país, con el 55 por ciento de todos los homicidios y el 46 y 79 por ciento de todas las denuncias de hurtos y rapiñas, respectivamente. La capital muestra una tendencia al alza superior a la del resto del país, pasando de 6,2 homicidios por cada 100.000 habitantes en 2007, a 12,1 en 2020 *(Figura 03)* (Uruguay-MI, 2020b). Vale la pena destacar, sin embargo, que en 2019 la tasa de homicidios fue de 15,6, convirtiendo a Montevideo en la segunda capital con más homicidios por habitante de América del Sur, superada solo por Caracas (Sanjurjo, 2020). Como en toda ciudad, los delitos violentos muestran también una concentración espacial reconocible, distribuidos de manera desigual en el territorio (Jaitman & Ajzenman, 2016). Así, en 2019 más del 50 por ciento de los homicidios y de las denuncias de rapiñas se concentraron en tan solo 9 barrios (Uruguay- MI, 2020a, 2020b).

5.3 El sistema penal uruguayo

A continuación, se presentan los elementos centrales del sistema penal uruguayo: la Policía Nacional, el sistema judicial, el sistema penitenciario, y la legislación más importante en la materia.

5.3.1 La Policía Nacional[1]

5.3.1.1 Marco institucional y gobernanza de la seguridad

El Estado uruguayo tiene competencia exclusiva para la preservación del orden público y la seguridad. Su mantenimiento corresponde al Poder Ejecutivo a través del Ministerio del Interior, que constituye el órgano rector de las políticas de seguridad dentro de las fronteras nacionales. Su misión es gobernar, ejecutar, controlar y evaluar las políticas, planes y programas relacionados con la seguridad pública, garantizando el libre ejercicio de los derechos y libertades fundamentales.

De acuerdo con la Ley Orgánica Policial nº 19.315 de 2015, la Policía Nacional de Uruguay (PNU) constituye la principal fuerza de seguridad del país y depende del Poder Ejecutivo por intermedio del Ministerio del Interior. Su misión es garantizar el orden y la seguridad interna del país, así como proteger el libre ejercicio de los derechos y libertades de sus habitantes. Constituye, a su vez, una fuerza de seguridad unificada y de ámbito nacional, de carácter civil y profesional.

Las Fuerzas Armadas, por su parte, están subordinadas constitucionalmente al Poder Ejecutivo a través del Ministerio de Defensa, y están integradas por el Ejército, la Armada y la Fuerza Aérea. De acuerdo con la Macro Ley de Defensa Nacional nº 18.650 de 2010, las Fuerzas Armadas no participan en la prevención, control, investigación o lucha contra la delincuencia, sino que se dedican a un conjunto de actividades civiles y militares encaminadas a preservar la soberanía e independencia del país, la integridad del territorio y sus recursos estratégicos, así como como la paz de la República.

[1] Para un análisis en profundidad, véase Sanjurjo, Trajtenberg y Castillo (2021).

De esta manera, las Fuerzas Armadas son responsables de brindar seguridad contra amenazas externas, mientras que la PNU tiene la tarea de brindar seguridad interna, vigilancia y orden dentro de las fronteras del país. A pesar de ello, se aplican excepciones. La vigilancia y el control de las zonas costeras y de las orillas de ríos y lagos navegables son responsabilidad de la Prefectura Nacional Naval, una división de la Armada Nacional. De igual forma, las demás ramas de las Fuerzas Armadas brindan apoyo a la PNU de varias maneras, lo que incluye tareas de vigilancia en zonas fronterizas, la seguridad perimetral externa de las instalaciones penitenciarias o el desempeño de ciertas funciones de vigilancia aérea (Rodríguez Cuitiño 2019).

También es importante destacar la labor de la Guardia Republicana, que tiene jurisdicción nacional y conforma un cuerpo operativo cuasi-militar de élite que depende directamente del ministro del Interior. Al igual que la PNU, la Guardia Republicana tiene la misión de garantizar, mantener y restablecer el orden interno, así como combatir el delito dentro del territorio nacional y realizar otras actividades que establece el Poder Ejecutivo. Asimismo, apoya y colabora en el cumplimiento de sus cometidos a la PNU, al Instituto Nacional de Rehabilitación y a otras instituciones públicas que lo soliciten.

5.3.1.2 Estructura, unidades y personal

Como establece nuevamente la Ley Orgánica Policial nº 19.315 de 2015, la PNU es una fuerza de seguridad unificada y de ámbito nacional, cuya estructura y organización es de naturaleza jerárquica y su funcionamiento se rige por la observancia del ordenamiento jurídico vigente. La dirección de la PNU cae en manos del director de la Policía Nacional, quien es el cuarto en el mando en el Ministerio del Interior y tiene como cometido esencial el mando profesional operativo de la fuerza. Su cargo es de particular confianza y su titular es designado por el Poder Ejecutivo.

De la Dirección de la Policía Nacional dependen una serie de direcciones policiales de ámbito nacional, entre las cuales destacan la Dirección de Planificación y Estrategia Policial, la Dirección Nacional de Policía Científica, la Dirección General de Represión al Tráfico Ilícito de Drogas, la Dirección Nacional de Policía de Tránsito, la Dirección Nacional de Identificación Civil, la Dirección Nacional de Migración, la Dirección General de Fiscalización de Empresas o el Centro de Comando Unificado.

Las Jefaturas Departamentales también dependen de la Dirección de la Policía Nacional, en tanto que la PNU está dividida en 19 jefaturas policiales, una para cada departamento del país. Cada jefatura cuenta con su propio centro de operaciones para supervisar las seccionales, manejar investigaciones criminales y responder a llamadas de servicio. La Jefatura de Policía de Montevideo (JPM) es la mayor y tiene un papel protagónico, dado que la mayoría de los uruguayos vive en la capital y esta concentra gran parte de la actividad criminal del país. En un plano territorial, la JPM está dividida a su vez en 4 jefaturas operacionales y 25 seccionales, a lo que se le suma una quinta jefatura operacional con unidades y cuerpos comunes a todo el departamento. Entre ellos destacan el Cuerpo de Policía de Tránsito, el Grupo de Reserva Táctica o la Coordinadora de Servicios Eventuales, entre otros.

Entre personal civil y policial, la PNU contrataba en 2020 a más de 32.500 trabajadores, de los cuales 24.000 eran personal ejecutivo. Es decir, personal que trabaja activamente en la prevención, disuasión, investigación y represión del delito. Ese año la tasa de policías por cada 100.00 habitantes se situó en 679, lo que supone la tasa más alta de América Latina y una tasa considerablemente más alta que la media de la Unión Europea (326) (Eurostat 2018; PNUD 2013, 113).

Con relación a su formación, esta difiere según se trate de oficiales o subalternos. La formación de oficiales se presenta como una opción de educación terciaria que dura tres años y a la cual se ingresa con el bachillerato finalizado. Los subalternos, por su parte, constituyen el 90 por ciento de la fuerza y reciben una formación de unos 6 meses de duración, la cual tiene como requisito mínimo de acceso la consecución del ciclo básico de enseñanza media (Viscardi y Fraiman 2013).

Finalmente, los salarios de los policías se incrementaron significativamente en los últimos años y prácticamente se duplicaron desde el año 2000. En 2019, el salario mensual del rango policial más bajo era de USD 865 (Uruguay-MI 2019b), lo que probablemente constituya un salario relativamente alto entre los cuerpos policiales de América Latina. Sin embargo, el salario promedio en la PNU ese año fue de aproximadamente USD 980, lo que sigue siendo seis veces menor que el salario promedio de un oficial de policía en los Estados Unidos (DePietro 2020).

5.3.1.3 Modernización y modelos policiales

La transición de la PNU al siglo XXI estuvo marcada por un cambio conceptual y operativo en la forma de entender la seguridad. Como en otras partes de América del Sur, el fin de la dictadura cívico-militar (1973-1985) implicó el declive paulatino de lo que llegó a conocerse como la Doctrina de Seguridad Nacional. Esta fue la variante regional del Estado de Seguridad Nacional y se centró en la necesidad de ejercer el control militar del estado para defenderlo de amenazas internas y externas (Leal Buitrago 2003). En su lugar se desarrollaron varios paradigmas de seguridad, siendo los más relevantes el de la seguridad pública y el de la seguridad ciudadana o comunitaria. Mientras que el primero implica esfuerzos concertados de lucha contra el crimen por parte de las instituciones públicas de seguridad, el segundo pone un mayor énfasis en la interacción comunitaria y la cohesión social (Abizanda et al. 2012).

Con el retorno a la democracia, la Policía Nacional recuperó el liderazgo en la provisión de seguridad y adoptó un enfoque de seguridad pública. Esta concepción comenzó a cambiar a fines de la década de 1990, impulsada por discusiones regionales y globales sobre seguridad pública, seguridad ciudadana y seguridad humana (Vila 2012). Estos cambios conceptuales, así como la necesidad de desmilitarizar y despolitizar las instituciones policiales, han guiado generalmente los intentos por reformar las instituciones policiales de los países latinoamericanos (Dammert 2019; Ungar 2011). En el caso de la PNU, es importante destacar el rol del Banco Interamericano de Desarrollo (BID), que lideró y financió gran parte de las reformas a través del Programa de Seguridad Ciudadana –luego Programa Integral de Seguridad Ciudadana– del Ministerio del Interior (Trajtenberg 2008). Dicha transición implicó un moderado avance hacia una organización policial que prioriza las prácticas preventivas y comunitarias (Malone y Dammert 2020).

De acuerdo con Sanjurjo, Trajtenberg y Castillo (2021), los cambios que sufrió la PNU en el último cuarto de siglo pueden agruparse en tres fases. La primera involucró esfuerzos piloto para promover estrategias de prevención del delito (1998-2004), entre los cuales se cuentan los programas de vigilancia comunitaria tradicional, los enfoques de violencia doméstica y los planes sociales de prevención del delito. La segunda fase incluyó reformas estructurales para profesionalizar la fuerza (2005-2012), entre las cuales destaca la creación de direcciones civiles, la centralización de la gestión policial, la introducción de compromisos de gestión y la mejora de las condiciones de trabajo. La tercera fase supuso la apuesta por estrategias basadas en evidencia (2013- 2020), lo que incluyó un mayor desarrollo del análisis e investigación criminal, la reforma de la educación policial y la aplicación de modelos de policiamiento preventivo (Vila 2016; Paternain 2017; BID y Uruguay-MI 2018).

Todas estas reformas fueron acompañadas por inversiones relevantes en tecnología policial. Entre ellas se destaca la ampliación de un sistema de videovigilancia CCTV que cubre gran parte de las áreas metropolitanas del país (Munyo y Rossi 2019); el desarrollo del Sistema de Gestión de Seguridad Pública, que administra y concentra los registros administrativos sobre incidentes delictivos, accidentes y hechos policiales en todo el territorio nacional (UNODC- INEGI 2021); la implementación de un sistema de comunicaciones de radio terrestre (TETRA) que permite comunicaciones encriptadas y rastreo GPS de vehículos y agentes; el uso masivo de tablets y cámaras corporales en las labores policiales y la incorporación de sistemas de monitoreo electrónico para los perpetradores de violencia doméstica.

Con relación a las estrategias y modelos de policiamiento, se destaca el Programa de Alta Dedicación Operativa (PADO), que vendría a ser una estrategia de policiamiento basada en evidencia y centralizada en puntos calientes (BID and Uruguay-MI 2018). El PADO se implementó por primera vez en 2016 y fue expandiéndose gradualmente a partes adyacentes de Montevideo y de las ciudades de Canelones y San José (Chainey, Serrano-Berthet, y Veneri 2020). Su gestión está a cargo de la Dirección de Análisis Criminal del Centro de Comando Unificado, y puede considerarse el resultado de un largo proceso de profesionalización por parte de la PNU en gestión de recursos, análisis de datos y mapeo de delitos (Castillo 2018).

Otra innovación a destacar es el desarrollo de programas de policiamiento orientado a problemas (POP) (Goldstein 1979), que vinieron a suplantar aquellas estrategias de policía comunitaria que no habían tenido los resultados esperados. Si bien el POP tuvo algunos proyectos satisfactorios, dificultades ligadas a resistencias organizacionales, liderazgos inadecuados y falta de recursos, impidieron su consolidación y desarrollo (Castillo 2019). A pesar de ello, el POP experimentó una expansión en los últimos tiempos bajo el nombre de Policía Comunitaria Orientada a Problemas (PCOP), apostando por un modelo alternativo que anexa las unidades PCOP a las zonas operacionales. Este programa sigue activo, pero no está consolidado y su futuro sigue siendo incierto.

En síntesis, los esfuerzos policiales preventivos han ganado cierto reconocimiento en los últimos tiempos, pero aún están lejos de alcanzar el mismo estatus, apoyo y desarrollo dentro de la PNU que tienen las investigaciones criminales y las estrategias de disuasión y respuesta (Castillo 2020). En este sentido, la experiencia uruguaya está en línea con quienes afirman que todavía no existen verdaderos programas de policía comunitaria en América Latina, ya que estos solo han sido circunstanciales y no han dado lugar a cambios duraderos en las instituciones policiales (Frühling 2012; Dias Felix y Hilgers 2020). En consecuencia, sería incorrecto afirmar que la PNU ha adoptado un paradigma de seguridad ciudadana, ya que por ahora el cambio de filosofía no es más que una aspiración. La mayor parte de la fuerza policial sigue prácticas operativas que se asemejan a lo que se conoce como el modelo policial estándar. Es decir, una estrategia de "talla única" basada en el patrullaje preventivo de rutina, la respuesta rápida a llamadas de emergencia y la investigación retrospectiva (Sanjurjo, Trajtenberg, y Castillo 2021).

5.3.1.4 Legitimidad y abuso policial

Junto con Chile y Costa Rica, Uruguay es posiblemente uno de los pocos países de América Latina con una fuerza policial que se asemeja o se ajusta a los criterios de "policía democrática" de Bayley (1995). Es decir, una organización policial que rinde cuentas a la ley y no al gobierno, protege los derechos humanos, tiene restricciones en el uso de la fuerza y tiene la protección de los ciudadanos como su máxima prioridad. Su situación excepcional en una región marcada por la presencia de policías corruptos y no democráticos se debe en gran parte a una transición democrática exitosa y a su capacidad de mantener algo cercano a un monopolio de la violencia.

Esta realidad se ve reflejada en las encuestas de opinión pública, que sugieren que la confianza en la policía uruguaya por parte de los ciudadanos es significativamente más alta que la encontrada en la mayoría de los países de la región. Según la Corporación Latinobarómetro (2018, 50), en 2017 solo el 35 por ciento de los latinoamericanos confiaba en la policía, mientras que en Uruguay este porcentaje se elevaba al 59 por ciento, el más alto entre 19 países. Resultados similares fueron capturados por la Encuesta Nacional de Victimización 2017, la cual sugiere que el 60 por ciento de los encuestados confiaba en la policía, el 51 por ciento estaba satisfecho con la forma en que esta había manejado su denuncia y el 71 por ciento con el trato dado al denunciante (Uruguay-MI 2017).

Por otro lado, el abuso y el uso innecesario de la fuerza se consideran elementos comunes de las prácticas policiales en la región (Cruz 2016; Dammert 2019). Según la encuesta LAPOP de 2008, el 4,2 por ciento de los encuestados en Uruguay reportan haber sufrido abuso físico o verbal por parte de la policía en los últimos doce meses, colocando al país en el puesto 11 de 20 países (Cruz 2009). Sin embargo, en encuestas de 2016 y 2017, solo el 2,9 por ciento de los encuestados en Uruguay denuncian que un agente de policía les hubiese pedido un soborno en los últimos doce meses, una cifra mucho menor que el promedio regional de 12 por ciento (Cohen, Lupu, y Zechmeister 2017). De igual forma, en una región donde –en promedio– el 44 por ciento de los encuestados piensa que es posible sobornar a policías, en Uruguay este porcentaje se sitúa en 21 por ciento, el segundo más bajo después de Chile (Corporación Latinobarómetro 2017). Finalmente, Uruguay es uno de los pocos países de América Latina –junto con Chile y Panamá– que no muestra evidencia empírica de violencia estatal sistemática (Cruz 2016). Ello incluye torturas, ejecuciones extrajudiciales, extorsiones y secuestros por parte de actores gubernamentales, así como la connivencia estatal con organizaciones criminales, entre otros.

5.3.1.5 Fortalezas y debilidades

Aunque no es posible hacer aquí un análisis exhaustivo de la situación, si se compara a la Policía Nacional con otras fuerzas policiales, es posible identificar las siguientes fortalezas y debilidades.

Fortalezas:

- Normativa propia y acorde a los estándares internacionales.
- Unificación organizacional a nivel nacional.
- Apego a la ley y marco jurídico.
- Niveles bajos de corrupción institucional.
- Niveles relativamente bajos de abuso policial.
- Número alto de efectivos policiales.
- Equipamiento tecnológico.
- El Sistema de Gestión de Seguridad Pública (SGSP)
- Experimentación –limitada– con modelos de policiamiento comunitario y preventivo.
- Apertura a la evaluación e investigación científica.

Debilidades:

- Personal subalterno con educación y formación insuficiente.
- Salarios bajos que no permiten la captación de personal idóneo.
- Capacidad de investigación y análisis criminal deficiente.
- Equipamiento vehicular deficitario.
- Aislamiento interinstitucional.

5.3.2 El sistema judicial

En Uruguay continúan vigentes dos códigos procesales penales distintos, por un lado el Código del Proceso Penal sancionado en el año 1980 mediante el Decreto-Ley Nº 15.032, de corte mixto aunque primordialmente inquisitivo, con un juez encargado de dirigir la investigación y también de juzgar, en el que la prisión preventiva es prácticamente preceptiva (cf.: Preza 2009; Franco 2010) y que continúa aplicándose en aquellas causas que se encontraban en trámite al 1º de noviembre del 2017 ; fecha en que comenzó a regir la Ley Nº 19.293, conocida como el *nuevo Código del Proceso Penal* (nCPP), que desde su sanción –e incluso antes de su entrada en vigor– sufrió múltiples modificaciones normativas (cf.: Abal 2018). Su adopción supuso el abandono de un sistema procesal penal mixto y la entrada en vigor de un proceso penal de corte acusatorio, que se configura como contradictorio, adversarial, oral y público (Sasson y Arroyo 2020). Amén de este cambio, corresponde destacar que este fue el primer código procesal penal –o penal sustancial– sancionado durante un régimen democrático.

En Uruguay, la competencia penal se estructura jerárquicamente de la siguiente forma:

- Suprema Corte de Justicia: órgano superior jerárquico del Poder Judicial, con competencia en casación y revisión.
- Tribunales de Apelaciones en lo Penal: conocen en los recursos de apelación (segunda instancia).
- Juzgados Letrados de Primera Instancia en lo Penal (Montevideo) y Juzgados Letrados de Primera Instancia del Interior (resto del país): conocen en las cuestiones formales y sustanciales que se planteen en procesos por crímenes y delitos, desde la indagatoria preliminar hasta la sentencia definitiva o interlocutoria con fuerza de definitiva.
- Juzgados Letrados de Primera Instancia en lo Penal Especializados en Crimen Organizado: radicados en Montevideo, con fuero de atracción en todo el país. Con competencia exclusiva en delitos económicos, tributarios, de crimen organizado y pornografía o prostitución infantil.
- Juzgados Letrados de Primera Instancia de Ejecución y Vigilancia: conocen en todas las cuestiones formales y sustanciales que se planteen a partir de que adquiere firmeza la sentencia definitiva.
- Juzgados de Faltas: en Montevideo y en única instancia, con competencia en causas promovidas por faltas.
- Juzgados de Paz Departamentales del Interior: idéntico que los anteriores, pero en el resto del país.
- Juzgados Letrados de Primera Instancia de Menores: entienden en situaciones de abandono y los procedimientos preventivos, educativos y correctivos a que den lugar los hechos cometidos por menores.

Dentro de los principales cambios que supuso la implementación del nCPP, debe destacarse la modificación en el rol de los sujetos intervinientes, especialmente el del juez y del Ministerio Público y Fiscal (MSF). Si antes era el juez quien dirigía la investigación, ahora pasa a ser el MSF con apoyo –en calidad auxiliar– de las fuerzas policiales. Este último pasa a ser también el único titular de la acción penal. Este cambio supuso romper con la tan señalada "contaminación" del anterior proceso penal de corte inquisitivo, en la que el juez dirigía la investigación y recopilaba la prueba (Camaño 2018).

Por otro lado, se profundiza en la regulación de la Defensa, a la que se le otorga participación e intervención en todas las etapas del proceso penal. Destaca el cambio de un proceso esencialmente escrito a otro donde se impone la oralidad.

Los principales *actores del sistema de justicia penal* son el imputado y su defensa, el fiscal – representante del Estado, único titular de la acción penal y director de la investigación–, el o los jueces intervinientes –existe un juez de garantías y otro de juicio–, y la víctima. A esta se le reconocen derechos y facultades procesales de los que carecía en el sistema anterior, que la vuelven un actor coadyuvante del fiscal, con facultades probatorias, de solicitud de medidas de protección y de oposición a algunas decisiones del MSF (Valentín, 2019). En definitiva, la víctima pasa de ser un mero objeto de prueba, a un sujeto interviniente activa y proactivamente a lo largo del proceso.

5.3.2.1 Estructura ordinaria o juicio oral

El juicio oral es la vía principal del nCPP. Conforme a las estadísticas publicadas por la Fiscalía General de la Nación, hasta octubre del año 2018, el 2,6% de las investigaciones fueron desarrolladas mediante esta vía procesal. Entre mayo y octubre de 2019, el porcentaje era de 3,6%, y desde noviembre de 2019 a abril de 2020 fue del 2,45% (Fiscalía General de la Nación, 2020).

Consta de las siguientes instancias:

1. *Indagatoria preliminar* de carácter administrativo, durante la cual se investigan los hechos bajo la dirección de Fiscalía y se recolectan evidencias para determinar si existen fundamentos para someter al individuo a un proceso penal propiamente dicho.
2. Culminada la instancia de investigación y si el fiscal cree que corresponde, solicita una *audiencia de formalización de la investigación*, la cual se desarrolla en presencia del imputado, su defensa y el juez, y se define si se le inicia un proceso penal al indagado así como la eventual imposición de medidas cautelares.
3. Formalizada la investigación, se abre un período de *sumario*. Este tendrá una extensión máxima de un año –con la posibilidad de una única

prórroga por idéntica duración– para que el fiscal realice la acusación o solicite el sobreseimiento. En esta etapa se debe recabar la prueba de cargo y de descargo para el juicio oral, bajo el control del juez que viene desempeñándose desde la indagatoria preliminar.

4. Al vencimiento del plazo, el fiscal actuante debe *acusar o solicitar el sobreseimiento del imputado*. De esta actuación fiscal se da traslado al imputado y su defensa, quienes en un plazo de 30 días deben contestar, con la oferta probatoria que estimen conveniente.
5. Cumplida esta fase, se convoca a *audiencia de control de la acusación* - oral y publica- dentro de los 10 días siguientes al vencimiento del plazo para contestar la acusación. Su objetivo fundamental es el contralor de las partes y el saneamiento del proceso para obtener un juicio más armónico.
6. Culminada la audiencia, en caso de así entenderlo, el juez dicta el *auto de Apertura a Juicio*, la decisión judicial de admitir la acusación, cuyo contenido delimitará el objeto del juicio. Tras esta actuación asume un nuevo magistrado, a cargo del juicio oral.
7. Remitido el auto de Apertura a Juicio al nuevo juez, se notifica a las partes de la realización de la *audiencia de juicio oral*, la cual debe llevarse a cabo entre los diez días y los tres meses posteriores.
8. El *juicio oral* se celebra en audiencia oral y pública, presidida por el juez, que debe desarrollarse en forma continua y prolongarse en sesiones sucesivas hasta su finalización en presencia del fiscal, el imputado y su defensor. La *sentencia* suele dictarse en audiencia, aunque excepcionalmente puede prorrogarse hasta por 15 días.
9. Finalmente, la sentencia definitiva resulta apelable ante un *Tribunal de Apelaciones en lo Penal* (órgano colegiado de 3 integrantes), existiendo en esta segunda instancia facultades probatorias restringidas para las partes. Las sentencias definitivas de segunda instancia, pueden recurrirse mediante casación ante la *Suprema Corte de Justicia* (órgano jerárquico superior del Poder Judicial uruguayo, integrado por 5 ministros).
10. Una vez dictada la sentencia definitiva y que la misma adquiera firmeza – es decir, vencido el plazo para recurrirla o resueltos todos los recursos–, el expediente pasa a *un Juzgado Letrado de Ejecución y Vigilancia*. Esto será así en todos los casos, sin importar que se arribe a una sentencia condenatoria vía juicio oral u otros mecanismos.

5.3.2.2 Proceso abreviado

Estructura sumaria y breve, que consiste en la admisión de los hechos y antecedentes de la investigación por el imputado a cambio de una disminución en el castigo (*plea bargaining*). La posibilidad de transcurrir por esta vía comienza con la formalización de la investigación y hasta el vencimiento del plazo para acusar o solicitar sobreseimiento. El imputado debe cumplir en todos los términos lo acordado con el MSF, lo que se realiza bajo contralor del juez del respecto a los requisitos formales para la procedencia del acuerdo, la aceptación expresa de los hechos por el imputado y su consentimiento libre y voluntario, entre otros elementos (cf.: Soba 2020).

No pueden tramitarse por esta vía las causas penales desarrolladas por los delitos de homicidio especialmente agravado o muy especialmente agravado, ni para las hipótesis en que el delito base es castigado con una pena mínima superior a cuatro años de penitenciaría. Asimismo, la reducción de la pena no puede pujar el límite inferior de la prevista para el delito en cuestión. Pese a estas limitaciones, actualmente un 84,4% de las investigaciones culminan tramitándose por esta vía (Fiscalía General de la Nación 2020).

5.3.2.3Proceso simplificado

El proceso simplificado es una estructura o vía procesal que fue incorporada recientemente al nCPP mediante la Ley de Urgente Consideración (2020). La oportunidad procesal para recurrir a esta vía es la misma que la del proceso abreviado. Si el fiscal solicita el trámite por esta vía y anuncia en audiencia que no habrá de requerir la imposición de pena mayor a tres años de penitenciaría para el o los enjuiciados, entonces el juez deberá admitir preceptivamente la solicitud. Aceptada –preceptivamente o no– la solicitud de trámite por esta vía, el fiscal debe realizar la acusación en audiencia, dándose traslado a la defensa en idéntico acto, la cual puede contestar oralmente en esta instancia o hacerlo por escrito dentro del plazo de 10 días.

Tras la contestación de la acusación por parte de la defensa se consulta al imputado si admite su responsabilidad sobre los hechos contenidos en la acusación. En caso afirmativo, se dicta sentencia de forma inmediata. En caso negativo, se procede con el juicio, debiendo convocarse una nueva audiencia en un plazo de 20 a 40 días, donde las partes deben presentar toda la prueba y se reciben sus alegatos iniciales y finales, dictándose sentencia. La segunda instancia tramitará de idéntica forma a la descrita para el juicio oral.

5.3.2.4 Vías alternativas de resolución del conflicto

El nCPP introdujo mecanismos alternativos de resolución del conflicto (MARCS), manteniéndose vigentes los denominados acuerdos reparatorios y la mediación extraprocesal, pero habiendo sido derogada la suspensión condicional del proceso. A 2019, las MARCS fueron aplicadas en el 4,8% de los procesos iniciados judicialmente, con notoria preeminencia de la ahora derogada suspensión condicional del proceso (Poder Judicial 2019).

Los acuerdos reparatorios suponen un acuerdo entre víctima e imputado para una reparación material o simbólica, y pueden aplicarse en aquellos delitos para los cuales no existe interés público en su persecución, lo cual es determinado en términos generales y mediante instrucciones por la Fiscalía General de la Nación. Aquí destacan los delitos culposos y castigados con pena de multa, los delitos de lesiones personales o lesiones graves, o los delitos de contenido patrimonial, entre otros. No proceden en casos de delitos sexuales ni de violencia doméstica. Los acuerdos son puestos a consideración del juez a efectos de su contralor. La suscripción de un acuerdo reparatorio y su estricto cumplimiento, aparejan la extinción del delito.

La mediación extraprocesal se prevé para los casos de conductas de apariencia delictiva que no revistan gravedad y en los que se cuente con el consentimiento del presunto autor y la presunta víctima. Se tramitan ante centros de mediación del Poder Judicial y buscan un acercamiento y eventual acuerdo entre las partes.

5.3.2.5 Fortalezas y debilidades

Debido al poco tiempo transcurrido desde la entrada en vigor del nCPP, no es posible realizar una evaluación y análisis en profundidad de este. No obstante, se pueden destacar las siguientes fortalezas y debilidades.

Fortalezas:

- No preceptividad de la prisión preventiva y limitaciones temporales a su imposición.
- Proceso oral y público.
- Previsión de MARCS.
- Regulación específica del habeas corpus correctivo.
- Límites para la duración de la investigación.
- Participación activa y proactiva de la víctima o su representante.
- El MSF dirige la investigación y es titular exclusivo de la acción penal.
- Previsión de un juez de garantías y otro decisor.

Debilidades:

- Uso excesivo del proceso abreviado.
- Falta de regulación de la etapa de indagatoria preliminar.
- Dificultades de acceso por parte de las defensas a los legajos fiscales.
- Limitaciones a los institutos liberatorios, de redención o salidas transitorias.
- Uso escaso de las MARCS.
- Modificación recurrente de las normas procesales.
- Uso escaso de penas alternativas a la privación de libertad.

5.3.3 El sistema penitenciario[2]

5.3.3.1 Población carcelaria

Como en la mayor parte de América Latina (Vilalta & Fondevila, 2019), en Uruguay el número de personas privadas de libertad (PPL) experimentó un crecimiento constante y sostenido desde las últimas décadas del siglo XX. Si entre 1963 y 2020 la población del país aumentó un 34 por ciento, las PPL aumentaron un 882 por ciento. De hecho, en el siglo XXI solo se registraron dos descensos anuales en los años 2007 y 2017, los cuales sin embargo no lograron cambiar la tendencia. En consecuencia, los reclusos pasaron de ser

[2] La investigación académica nacional sobre cárcel y rehabilitación es limitada y denota un rezago evidente (Rojido, Vigna y Trajtenberg 2016).

4.369 en 2000 a 13.039 a finales de 2020 (Figura 02). La última cifra conforma una tasa de encarcelamiento de 369,3 personas privadas de libertad por cada 100.000 habitantes, la primera o segunda más alta de América del Sur (Figura 03) (Uruguay-CPP, 2019; World Prison Brief, s. f.).

Figura 02. Personas privadas de libertad (Uruguay, 2000-2020).

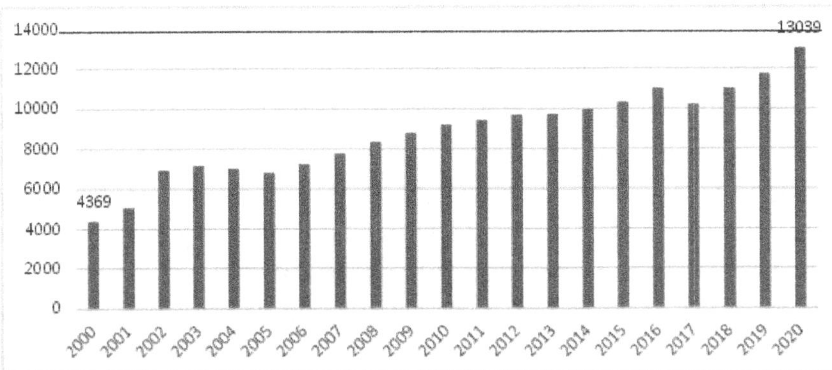

Fuente: elaboración propia a partir de datos del Ministerio del Interior.

Figura 03. Personas privadas de libertad en América del Sur y España por cada 100.000 hab (2019).

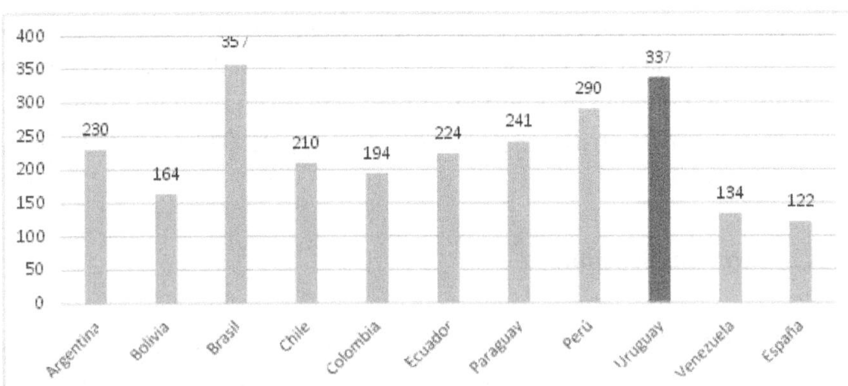

Fuente: elaboración propia a partir de datos de Uruguay-CPP (2020) y World Prison Brief (2021).

Caracterizando a las PPL (Garcé et al. 2017; Uruguay-CPP 2019) existe un fuerte predominio de la población reclusa masculina, en tanto que las mujeres representan menos del 7 por ciento del total. En lo que respecta a la edad, un 70 por ciento es menor de 35 años, lo que contrasta con la población en libertad, donde ese porcentaje se aproxima al 35 por ciento. Asimismo, el 72 por ciento de las PPL proviene del área metropolitana de Montevideo, y la preponderancia de Montevideo y Canelones como lugares de origen es aún más acentuada que en la población en libertad.

Con relación al nivel educativo, dos de cada diez PPL no saben leer o lo hacen con dificultad, más del 50 por ciento de los reclusos solo cuenta con educación primaria completa o inconclusa, y solo el 1 por ciento ha culminado o se encuentra cursando estudios terciarios. En cuanto al tipo de formación de las PPL, solo un 51 por ciento declara tener un oficio o profesión, y entre ellos, el 75 por ciento corresponde a oficios manuales.

Hay tres características adicionales a destacar. Primero, la evolución de las PPL que se encuentran cumpliendo prisión preventiva. En 2017, este porcentaje era del 69,3 por ciento, pero la introducción del nuevo Código del Proceso Penal (nCPP) produjo un pronunciado descenso que continúa hasta hoy, y que en noviembre de 2019 ya había reducido dicho porcentaje a 22,6 por ciento (Uruguay-CPP 2019, 32). Segundo, el vínculo estrecho y probado entre la privación de libertad y la indigencia, en tanto que se trata de dos poblaciones que se superponen parcialmente (Ciapessoni 2016). Finalmente, la reincidencia de las PPL, que se estima que afecta a alrededor de dos tercios de aquellas que quedan en libertad, si bien esta estimación no cuenta con una metodología estadística rigurosa que la respalde (Uruguay-CPP 2019, 44; Garcé et al. 2017, 93).

5.3.3.2 Marco institucional

Los tres poderes del Estado tienen competencia en el sistema penitenciario. El ingreso a prisión, la fijación de la pena y el egreso del recluso son todas funciones que entran en la órbita del Poder Judicial. Este controla también el cumplimiento de la pena a través de las visitas a los centros penitenciarios y del análisis de los expedientes de las PPL. En Montevideo, el control lo realizan los Juzgados de Ejecución, mientras que en el resto del país son los propios juzgados de la causa los que procesan, condenan y controlan el cumplimiento de la pena.

El Poder Legislativo, por su parte, realiza un control legislativo del sistema penitenciario a través de los legisladores, la Comisión de Derechos Humanos de la Cámara de Diputados, la Comisión Especial Bicameral de Seguimiento del Sistema Penitenciario, y el Comisionado Parlamentario Penitenciario. Este último es una oficina de supervisión parlamentaria de los derechos humanos del sistema penitenciario, que interactúa con el Poder Ejecutivo y realiza recomendaciones de mejora. A diferencia de los dictámenes que puede realizar el Poder Legislativo, las recomendaciones del Comisionado Parlamentario Penitenciario no son obligatorias.

El Poder Ejecutivo está a cargo de la gestión del cumplimiento de la pena y la administración penitenciaria está a cargo del Ministerio del Interior. En su órbita están el Instituto Nacional de Rehabilitación (INR) y la Dirección Nacional de Apoyo al Liberado (DINALI). El INR fue creado por la Ley de Presupuesto Nacional Nro. 18.719 de 2010, y es el órgano encargado de la organización y gestión de las instituciones penitenciarias, la asistencia y rehabilitación de los procesados y penados, y la administración de las medidas sustitutivas y alternativas a la privación de libertad. Su conducción corresponde a un Director General, designado por el Poder Ejecutivo en régimen de particular confianza. La DINALI, por su parte, fue creada por la Ley N° 19.355 de 2015 y está a cargo del diseño y gestión de políticas públicas en materia de apoyo a la reinserción social de las PPL. Tanto el INR como la DINALI tienen jurisdicción nacional y dependen directamente del ministro del Interior.

Finalmente, es importante resaltar que la coordinación con otros organismos públicos se ha incrementado notoriamente en las últimas décadas y abarca un universo importante de las funciones a realizarse (cf..: González et al. 2017). Entre las más importantes están la articulación en materia educativa con el Consejo de Educación Inicial y Primaria (CODICEN), la Administración Nacional de Educación Pública (ANEP), la Universidad del Trabajo de Uruguay (UTU) y el Ministerio de Educación y Cultura (MEC); la atención sanitaria de las PPL por parte de la Administración de Servicios de Salud del Estado (ASSE) –medicina general, salud mental y bucal– a través de un convenio con el Ministerio de Salud Pública (MSP), o la coordinación con la Dirección Nacional de Empleo (DINAE) del Ministerio de Trabajo y Seguridad Social (MTSS) y con el Instituto Nacional de Empleo y Formación Profesional (INEFOP) para la capacitación laboral en los centros de reclusión.

5.3.3.3 Unidades y organización

Actualmente existen 26 unidades de internación de PPL bajo la órbita del INR, las cuales están ubicadas en distintos puntos del territorio nacional y operan en establecimientos urbanos, suburbanos y rurales. Cada unidad está a cargo de un director, de quien depende una subdirección administrativa, una técnica y una de seguridad. En términos generales, el sistema es heterogéneo y presenta realidades diferentes y hasta contrapuestas, tanto en su tamaño como en su metodología de trabajo, clima de convivencia y capacidad de respuesta (cf.: Uruguay-CPP 2019). El sistema también sufre macrocefalia, dado que una cantidad elevada de los reclusos se concentra en un número reducido de unidades penitenciarias, en las cuales el número de reclusos generalmente supera ampliamente la cantidad de plazas disponibles. En concreto, en 2017 el 68 por ciento de las PPL se encontraban recluidas en las 9 unidades de la zona metropolitana (Garcé et al. 2017).

Según el tipo de régimen de reclusión, las unidades de internación se clasifican en régimen cerrado, semi-cerrado, o abierto. Las unidades de régimen cerrado suelen ser de máxima seguridad y funcionan con un control estricto de las actividades comunes y de las relaciones con el exterior. En las unidades de régimen semi-cerrado existe una mayor libertad en las actividades comunes, mientras que en aquellas de régimen abierto hay seguridad mínima y priman dinámicas de trabajo y educación en condiciones similares a las de la vida en libertad.

Por otro lado, según el Decreto Ley N.º 14.470 de 1975, el régimen administrativo de la reclusión debe estar basado en tres principios centrales: la clasificación e individualización de los internos, la consiguiente separación por categorías, y la progresividad en su régimen de reclusión y tratamiento. En la práctica, estos principios solo se implementan de forma circunscrita. La separación de reclusos por sexo se cumple en la totalidad del sistema y desde 2010 se han hecho esfuerzos por incrementar la separación en otras categorías. No obstante, en los centros de mayor envergadura dichos esfuerzos siguen siendo ampliamente insuficientes, y lo mismo aplica a la progresividad, con la cual solo se ha experimentado en los últimos años y en las unidades abiertas.

Por último, además de las 26 unidades de internación, existe el Centro de Ingreso, Diagnóstico y Derivación, instalado en la Unidad 01 (Punta de Rieles Nueva). Este centro recibe población masculina del área metropolitana (Montevideo, Canelones y San José), a los que se les hace una revisión médica y se les aplica un protocolo de ingreso (OASYS) que determina su vulnerabilidad y riesgo, a los efectos de determinar la unidad a la que van a ser derivados según su perfil y situación.

5.3.3.4 Rehabilitación y reingreso

El Artículo 26 de la Constitución de la República (1967) establece que "en ningún caso se permitirá que las cárceles sirvan para mortificar, y sí sólo para asegurar a los procesados y penados, persiguiendo su reeducación, la aptitud para el trabajo y la profilaxis del delito".

Lamentablemente, las carencias de recursos humanos y materiales adecuados impiden que el sistema penitenciario uruguayo cumpla actualmente esta función. Las cifras son elocuentes en este sentido (Uruguay-CPP 2019). En 2019, la educación formal solo cubrió al 23,5 por ciento de la población penitenciaria, y los cupos educativos que se ofrecieron estuvieron lejos de los demandados, lo que constituye una negación de un derecho humano básico. De igual manera, las oportunidades de trabajo son pocas y en el mismo año solo el 36,4 por ciento de los reclusos realizó alguna actividad laboral por mes. Además, la mayor parte de ellas –78 por ciento– no fueron remuneradas, no aportaron a su desarrollo personal o profesional, ni sirvieron como un antecedente laboral.

Carencias similares pueden encontrarse en otras áreas que hacen a la convivencia y al desarrollo personal de las PPL. En materia de salud, por ejemplo, los servicios médicos de la mayoría de las unidades se limitan a la atención de enfermedades, no realizando actividades preventivas o atención primaria. La situación es incluso más compleja en los macro penales, donde no todos los que solicitan atención médica pueden acceder a los servicios. De igual manera, los recursos de salud mental son insuficientes y apenas existen facilidades para atender personas con patologías psiquiátricas. Las consecuencias de la falta de atención médica son notorias y se reflejan, por ejemplo, en una tasa de tuberculosis por cada 100.000 PPL que es veintiséis veces mayor que la tasa nacional, o en una tasa de suicidio que cuadruplica la tasa nacional.

Si bien es importante reconocer que en las últimas décadas –y sobre todo a partir de la reforma penitenciaria empezada en 2010– ha habido avances significativos en materia de rehabilitación y reingreso (González et al. 2015), es innegable que el sistema penitenciario no provee actualmente a la gran mayoría de los internos las destrezas y patrones de conducta necesarios para reingresar en la sociedad y no volver a delinquir. Por consiguiente, y al igual que en la mayor parte de los países de América Latina (Dammert 2017), el sistema penitenciario uruguayo ha (re)diseñado sus normativas para incluir la rehabilitación y el reingreso entre sus objetivos prioritarios, pero estos cambios no son más que un primer paso de corte simbólico en un largo proceso que apenas ha comenzado a abordarse.

5.3.3.5 Fortalezas y debilidades

Las deficiencias del sistema penitenciario en materia de rehabilitación y reingreso son evidentes, pero sería injusto limitar su evaluación a este único aspecto. En consecuencia, y dado que no es posible hacer aquí un análisis exhaustivo de la situación, planteamos a continuación las fortalezas y debilidades que han sido señaladas recientemente por otros autores (González et al. 2015; Uruguay-CPP 2019).

Fortalezas:

- Normativa acorde a las convenciones internacionales.
- Unificación organizacional y consolidación del INR.
- Mejora continua de prácticas y modelos técnicos de rehabilitación.
- Sustitución progresiva de personal policial por operadores civiles.
- Aplicación estandarizada de protocolos de ingreso.
- Unidades que experimentan con programas de reingreso.
- Amplia articulación con organismos públicos y privados.
- Experiencia y uso de penas alternativas y sustitutivas de la privación de libertad.

- Incremento de estudios, consultorías y misiones internacionales sobre el sistema penitenciario.

Debilidades:

- Diversidad y heterogeneidad entre unidades penitenciarias.
- Violencia institucional y entre PPL.
- Hacinamiento creciente y crítico en algunas unidades.
- Servicios y programas de rehabilitación y reingreso limitados e insuficientes.
- Servicios de salud limitados e insuficientes.
- Prevalencia de prácticas penitenciarias custodiales.
- Escasa utilización de penas alternativas y sustitutivas a la privación de libertad.
- Débil articulación entre el sistema penitenciario adulto y adolescente.
- Falta de transparencia, rendición de cuentas y comunicación.

5.4 Legislación

A continuación, se listan aquellas normas legislativas de mayor relevancia vinculadas al sistema penal:

- Ley Nº 14.095, sobre Delitos Económicos (1972)
- Decreto – Ley Nº 14.294, de Estupefacientes (1974)
- Decreto- Ley Nº 14.470, Normas sobre Reclusión Carcelaria y Personal Penitenciario (1975)
- Decreto-Ley Nº 15.032, Código del Proceso Penal (1980)
- Ley Nº 16.707. de Seguridad Ciudadana (1995)
- Ley Nº 17.016, sobre Corrupción Pública (1998)
- Ley Nº 17.684, sobre Comisionado Parlamentario (2002)
- Ley Nº 17.726, de Medidas Alternativas (2003).
- Ley Nº 17.815, de Violencia Sexual contra Niños, Adolescentes o Incapaces (2004)
- Ley Nº 17.823, Código de la Niñez y la Adolescencia (2004)

- Ley Nº 17.861, ratificación de la Convención de las Naciones Unidas contra la Delincuencia Organizada Transnacional y sus Protocolos ("Convención de Palermo") (2004)
- Ley Nº 17.897, de Humanización del Sistema Penitenciario (2005)
- Ley Nº 18.026, sobre Delitos contra la Humanidad (2006)
- Ley Nº 18.250, sobre Delitos Migratorios (2008)
- Ley Nº 18.315, de Procedimiento Policial (2008)
- Ley Nº 18.897, sobre Interrupción Voluntaria del Embarazo (2012)
- Ley Nº 19.172, sobre Regulación y Control del Cannabis (2013)
- Ley Nº 19.247, sobre Tenencia y Porte de Armas (2014)
- Ley Nº 19.293, Nuevo Código del Proceso Penal (2014)
- Ley Nº 19.315, Ley Orgánica Policial (2015)
- Ley Nº 19.446, sobre Regulación del Régimen de Libertad Provisional, Condicional y Anticipada y Penas Sustitutivas a la Privación de Libertad (2016)
- Ley Nº 19.574, sobre Lavado de Activos y Financiación del Terrorismo (2017)
- Ley Nº 19.580, de Violencia hacia las Mujeres basada en Género (2017)
- Ley Nº 19.643, de Prevención y Combate de la Trata de Personas (2018)
- Ley Nº 19.889, de Ley de Urgente Consideración (2020). Uruguay ratificó la convención de Palermo mediante la Ley Nº 17.861, de 2004.

Finalmente, es oportuno hacer dos menciones adicionales. En primer lugar, que Uruguay no tiene una normativa marco sobre crimen organizado, sino que su regulación se encuentra dispersa en el ordenamiento jurídico. En segundo lugar, que todos los tratados internacionales del país pueden consultarse en: https://tratados.mrree.gub.uy/

Referencias

Abal, Alejandro. 2018. *Antecedentes del Nuevo C.P.P. Las iniciativas de codificación procesal penal en Uruguay*. En *Curso sobre el Nuevo Código del Proceso Penal*, 17-37 Montevideo: Fundación de Cultura Universitaria.

Abizanda, Beatriz, Joan Serra Hoffman, Lina Marmolejo, y Suzanne Duryea. 2012. *Citizen Security:*

Conceptual Framework and Empirical Evidence. Inter-American Development Bank.

Banco Mundial. 2020. «Datos de libre acceso del Banco Mundial». 2020.

Bayley, David H. 1995. «A foreign policy for democratic policing». *Policing and Society* 5 (2): 79-93. https://doi.org/10.1080/10439463.1995.9964713.

BID (Banco Interamericano de Desarrollo), y Uruguay-MI (Ministerio del Interior). 2018. ¿Cómo *evitar el delito urbano? El Programa de Alta Dedicación Operativa en la nueva Policía uruguaya.* Montevideo: Banco Interamericano de Desarrollo, Ministerio del Interior de la República Oriental del Uruguay.

Cairoli, Milton. 2001. *El Derecho Penal Uruguayo y las nuevas tendencias dogmático-penales,* Tomo I. Montevideo: Fundación de Cultura Universitaria.

Camaño, Diego. 2018. «El encarcelamiento cautelar en el modelo acusatorio de justicia penal». En

Estudios sobre el Nuevo Proceso Penal, 133-157. Montevideo: Fundación de Cultura Universitaria.

Castillo, Federico del. 2018. «Génesis, desarrollo y profesionalización del análisis criminal en la Policía Nacional». En ¿Cómo evitar el delito urbano? El Programa de Alta Dedicación Operativa en la *nueva Policía uruguaya.* Montevideo: Banco Interamericano de Desarrollo, Ministerio del Interior de la República Oriental del Uruguay.

———. 2019. «Obstacles to problem-oriented policing in Montevideo». *Policing* 42 (3): 334-46. https://doi.org/10.1108/PIJPSM-02-2018-0025.

———. 2020. «¿Uruguay tiene una policía preventiva? La situación de la prevención del delito en la reforma policial uruguaya». *Fronteras* 14 (1): 28-40.

Chainey, Spencer P, Rodrigo Serrano-Berthet, y Federico Veneri. 2020. «The impact of a hot spot policing program in Montevideo, Uruguay: an evaluation using a quasi--experimental difference-in-difference negative binomial approach». *Police Practice and Research* 00 (00): 1-16. https://doi.org/10.1080/15614263.2020.1749619.

Cid, Alejandro. 2019. «Saturation Policing and Robberies: Quasi-Experimental Evidence about the Effect of Sudden and Quick Operations». *Justice Evaluation Journal* 2 (2): 164-80. https://doi.org/10.1080/24751979.2019.1629827.

CIFRA. 2018. «Inseguridad: el problema más grave, que afecta más a jóvenes y mujeres». 2018. https://bit.ly/2X0n5Hn.

———. 2020. «Principal problema del país, el económico». 2020. https://bit.ly/3jUeS1c.

Cohen, Mollie J., Noam Lupu, y Elizabeth J. Zechmeister, eds. 2017. *The Political Culture of Democracy in the Americas, 2016/17: A Comparative Study of Democracy and Governance.* AmericasBarometer. LAPOP, USAID and Vanderbilt University.

Corporación Latinobarómetro. 2017. *Informe Latinobarómetro 2017.* Buenos Aires, Argentina: Corporación Latinobarómetro.

———. 2018. «Informe Latinobarómetro 2018». Santiago de Chile:Corporación Latinobarómetro.

Cruz, José Miguel. 2009. «Police Abuse in Latin America». *Americas Barometer Insights.* Vol. 11.

AmericasBarometer. LAPOP, USAID and Vanderbilt University.

———. 2016. «State and criminal violence in Latin America». *Crime, Law and Social Change* 66 (4): 375-96. https://doi.org/10.1007/s10611-016-9631-9.

Dammert, Lucía. 2016. «Rehabilitation in Latin America: Could innovation be fostered in precarious conditions?» https://bit.ly/3ySuE46.

Dammert, Lucía. 2019. «Challenges of police reform in Latin America». En *Routledge Handbook of Law and Society in Latin America*, editado por Rachel Sieder, Karina Ansolabehere, y Tatiana Alfonso, 1-26. New York: Routledge.

DePietro, Andrew. 2020. «Here's How Much Money Police Officers Earn In Every State». Forbes.

2020. https://bit.ly/2EgFclT.

Dias Felix, Annabelle, y Tina Hilgers. 2020. «Community oriented policing theory and practice: global policy diffusion or local appropriation?» *Policing and Society* 0 (0): 1-9. https://doi.org/10.1080/10439463.2020.1776280.

Eurostat. 2018. «Police, court and prison personnel statistics». 2018. https://bit.ly/30AX9D0. Fernández, Gonzalo. 2014. *Cuestiones actuales de Derecho Penal*. Montevideo: Fundación de Cultura

Universitaria.

Franco, Marccello. 2010. *La prisión preventiva.* ¿Remedio *eficaz para enfrentar la amenaza a la seguridad pública o tan solo aseguramiento procesal?* Montevideo: Editorial Carlos Álvarez.

Freedom House. 2020. «Freedom in the World 2020: A Leaderless Struggle for Democracy».

Washington, D.C.: Freedom House. 2020. https://bit.ly/30Esvst.

Frühling, Hugo. 2012. «A realistic look at Latin American community policing programmes».

Policing and Society 22 (1): 76-88. https://doi.org/10.1080/10439463.2011.636816.

Goldstein, Herman. 1979. «Improving Policing: A Problem-Oriented Approach». *Crime & Delinquency* 25 (2): 236-58.

Jaitman, Laura, y Nicolas Ajzenman. 2016. «Crime concentration and hot spot dynamics in Latin America». IDB Working Paper Series Nº IDB-WP-699. Inter-American Development Bank. https://bit.ly/2CGlTSo.

Leal Buitrago, Francisco. 2003. «La Doctrina de Seguridad Nacional: Materialización de la Guerra Fría en América del Sur». *Revista de Estudios Sociales*, n.º 15: 74-87.

Mainwaring, Scott. 2018. «Party System Institutionalization in Contemporary Latin America». En *Party Systems in Latin America: Institutionalization, Decay, and Collapse*, editado por Scott Mainwaring, 34-70. Cambridge: Cambridge University Press.

Malone, Mary Fran T., y Lucía Dammert. 2020. «The police and the public: policing practices and public trust in Latin America». *Policing and Society* 0 (0): 1-16. https://doi.org/10.1080/10439463.2020.1744600.

Munyo, Ignacio, y Martín A. Rossi. 2019. «Police-Monitored Cameras and Crime». *Scandinavian Journal of Economics*. https://doi.org/10.1111/sjoe.12375.

Paternain, Rafael. 2017. «Políticas de policía y gobiernos de izquierda. El caso de Uruguay». *Delito y Sociedad* 2 (44): 161-200. https://doi.org/10.14409/dys.v2i44.7627.

PNUD (Programa de las Naciones Unidas para el Desarrollo). 2013. *Informe Regional de Desarrollo Humano 2013-2014. Seguridad Ciudadana con rostro humano: diagnóstico y propuestas para América Latina*. Ciudad de Panamá: PNUD.

Preza Restuccia, Dardo. 2009. *El Proceso Penal Uruguayo*. Montevideo: Fundación de Cultura Universitaria.

Rodríguez Cuitiño, María Del Rosario. 2019. «El uso del instrumento militar frente a nuevas amenazas: el caso de Uruguay». En *La transformación de las Fuerzas Armadas en América Latina ante el crimen organizado2*, editado por Carolina Sampó y Sonia Alda, 129-52. Lima: Real Instituto Elcano y Centro de Estudios Estratégicos del Ejército del Perú.

Rojido, Emiliano, Ana Vigna, y Nicolás Trajtenberg. 2016. «Rehabilitación e instituciones penitenciarias». En *Cárceles en el Uruguay en el siglo XXI*, editado por María Ana Folle y Ana Vigna, 11-33. Biblioteca Plural. Montevideo: CSIC - Universidad de la República.

Sanjurjo, Diego, Nicolás Trajtenberg, y Federico del Castillo. 2021. «Policing in Uruguay: History, Modernization and Features». En *Global Perspectives of Policing and Law Enforcement*, editado por Jospeter Mbuba. Lanham: Rowman and Littlefield.

Sasson, Eduardo y Arroyo, Martín. 2020. «Indagatoria preliminar. Deberes y límites del accionar fiscal en la recolección de evidencias, derechos del imputado y herramientas de la defensa». En *IX Jornadas Nacionales de Derecho Procesal (Minas-2019)*, 365-378. Lavalleja: Fundación de Cultura Universitaria.

Soba, Ignacio. 2020. *Proceso penal uruguayo. Estructuras procesales y vías alternativas*. Montevideo: La Ley Uruguay.

Trajtenberg, Nicolás. 2008. «Políticas públicas: el caso del Programa de Seguridad Ciudadana». En *Violencia, inseguridad y miedos en Uruguay. ¿Qué tienen para decir las ciencias sociales?*, editado por Rafael Paternain y Rafael Sanseviero, 171-76. Montevideo: Friedrich Ebert Stiftung.

UNDP (United National Development Program). 2019. *Human Development Report 2019: Beyond income, beyond averages, beyond today: Inequalities in human development in the 21st century*. New York: UNDP.

Ungar, Mark. 2011. *Policing Democracy: Overcoming Obstacles to Citizen Security in Latin America*. Baltimore: John Hopkins University Press. https://doi.org/10.1353/book.60322.

UNODC-INEGI. 2021. «El Sistema de Gestión de Seguridad Pública (SGSP) del Ministerio del Interior de la República Oriental del Uruguay». Serie de publicaciones sobre buenas prácticas para la calidad estadística. Ciudad de México: Naciones Unidas. https://bit.ly/3uVaPXz.

UNODC (United Nations Office on Drugs and Crime). 2020. «UNODC Statistics Online: Intentional Homicide Victims». 2020. https://bit.ly/3jzk22w.

Uruguay-CPP (Comisionado Parlamentario Penitenciario). 2019. «Informe Anual 2018». Montevideo: Parlamento del Uruguay.

Uruguay-FGN (Fiscalía General de la Nación). Desempeño del sistema penal uruguayo. Informe del primer semestre de 2019. https://bit.ly/3wYb0BI

Uruguay-FGN (Fiscalía General de la Nación). Desempeño del sistema penal uruguayo: primer cuatrimestre de 2020. https://bit.ly/3wMGj2y

Uruguay-INE (Instituto Nacional de Estadística). 2020. «Estimación de la pobreza por el método de ingreso 2019». Boletín Técnico. Montevideo: INE. https://bit.ly/3kEDLxg.

Uruguay-MI (Ministerio del Interior). 2017. «Encuesta Nacional de Victimización 2017». https://bit.ly/3jBXj5N.

———. 2019a. *Femicidios en Uruguay: Análisis para la homogeneización de criterios y su categorización.*

Montevideo: Ministerio del Interior, MIDES, INMUJERES.

———. 2019b. «Remuneraciones 2019». https://bit.ly/2CxoEpe.

———. 2020a. «Denuncias de rapiña y hurto: 1º de Enero al 31 de Diciembre (2018-2019)». Montevideo: Observatorio Nacional sobre Violencia y Criminalidad. https://bit.ly/3flJhag.

———. 2020b. «Homicidios: 1º de Enero al 31 de Diciembre (2018-2019)». Montevideo: Observatorio Nacional sobre Violencia y Criminalidad. https://bit.ly/2WNflZa.

Valentin, Gaberiel. 2019. «Las partes». En *Estudios sobre el Nuevo Proceso Penal.* Montevideo: Fundación de Cultura Universitaria.

Vila, Alejandro. 2012. «La matriz policial uruguaya: 40 años de gestación». En *Uruguay: Inseguridad, delito y Estado,* editado por Rafael Paternain y Álvaro Rico, 203-29. Montevideo: CSIC - Universidad de la República.

———. 2016. «La política de seguridad ciudadana del mujiquismo: entre acuerdos y disensos». En

El Decenio Progresista: las políticas públicas de Vázquez a Mujica, editado por Nicolás Bentancur y José Miguel Busquets, 255-77. Montevideo: Fin de Siglo.

Vilalta, Carlos, y Gustavo Fondevila. 2019. «Prison Populism in Latin America: Reviewing the Dynamics of Prison Population Growth». *Igarapé Institute | Strategic Note.*

Viscardi, Nilia, y Ricardo Fraiman. 2013. «Educación policial en Uruguay. Transformaciones para la consolidación de un modelo de protección integral». En *Conflictos sociales, luchas sociales y políticas de seguridad ciudadana,* editado por César Barreira, José Vicente Tavares dos Santos, Jaime Zuluaga Nieto, Roberto González Arana, y Felipe González Ortiz, 281-310. Ciudad de México: UAEM. https://bit.ly/2SKKNIf.

World Prison Brief. s. f. «Highest to Lowest - Prison Population Total». London: Institute for Criminal Policy Research. Accedido 6 de junio de 2020. https://bit.ly/2ZTUQMh.

Yacobucci, Guillermo. 2002. *El sentido de los principios penales. Su naturaleza y funciones en la argumentación penal.* Buenos Aires: Editorial Ábaco de Rodolfo de Palma.

6. COOPERACIÓN EN LA TRIPLE FRONTERA: LOS DESAFÍOS DE LA ARMONIZACIÓN JURÍDICO-INSTITUCIONAL

Fábio Ramazzini Bechara
Leandro Piquet Carneiro

Evidencia recopilada en el ámbito de la Operación Lava Jato[1], revela los países que cooperaron con Brasil, países con diferentes tradiciones jurídicas – *Common Law y Civil Law* -, ahora sustentada por acuerdos bilaterales (Bélgica, China, Corea del Sur, España, Estados Unidos de Norteamérica, Francia, Italia, México, Panamá, Perú, Portugal, Reino Unido y Suiza), o en acuerdos multilaterales de las Naciones Unidas (Convención de Palermo y Mérida) (Antigua y Barbuda, Bahamas, Curazao, Gibraltar, Hong Kong, Islas de Man, Islas Caimán, Islas Vírgenes Británicas, Macao, Singapur, Alemania, Andorra, Angola, Argentina, Austria, El Salvador, Grecia, Guatemala, Países Bajos, Israel, Japón, Liechtenstein, Luxemburgo, México, Mozambique, Mónaco, Noruega, República Dominicana, Rusia, Senegal, Suecia, Uruguay y Venezuela).

[1] BECHARA, Fábio R.; SMANIO, Gianpaolo P.; GIARDI, Karin B. Cooperación jurídica internacional en la Operación "Lava Jato": análisis crítico basado en la diversidad entre los sistemas jurídicos nacionales. Revista Brasileña de Derecho Procesal Penal, Porto Alegre, vol. 5, n. 2, pág. 703-736, mayo/agosto. 2019. https://doi.org/10.22197/rbdpp.v5i2.229. Datos actualizados de 2014 a 2017.

Gráfico 1. Países del Common Law y del Civil Law que cooperaron en la Lava Jato con base en acuerdo/tratado de cooperación en materia penal[2].

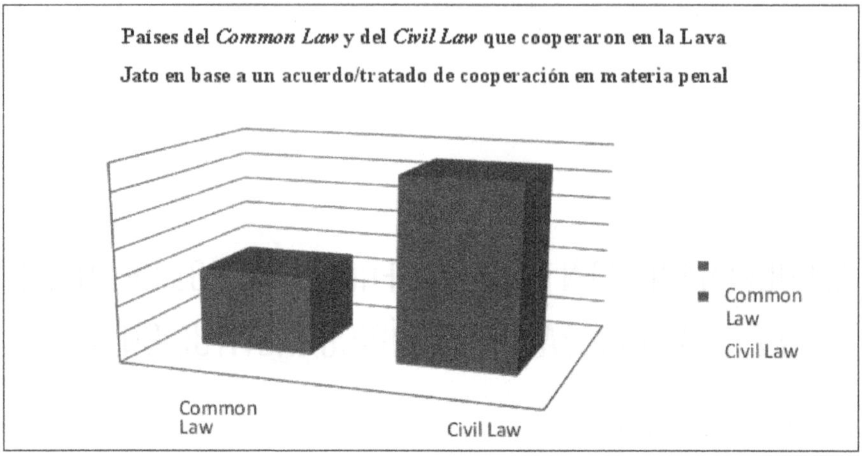

Common Law: Antigua y Barbuda, Bahamas, Canadá, Curazao, Estados Unidos de Norteamérica, Gibraltar, Hong Kong, Islas de Man, Islas Caimán, Islas Vírgenes Británicas, Irlanda, Macao, Reino Unido y Singapur.

Civil Law: Alemania, Andorra, Angola, Argentina, Austria, Bélgica, China, Corea del Sur, El Salvador, España, Francia, Grecia, Guatemala, Países Bajos, Italia, Israel, Japón, Liechtenstein, Luxemburgo, México, Mozambique, Mónaco, Noruega, Panamá, Perú, Portugal, República Dominicana, Rusia, Senegal, Suecia, Suiza, Uruguay y Venezuela.

La diversidad entre los sistemas jurídicos nacionales no constituyó un obstáculo insuperable para la tramitación de los pedidos de asistencia mutua, en los que el procedimiento más utilizado fue el pedido de asistencia directa, que simplifica el trámite y lo hace más objetivo y ágil.

[2] BECHARA, Fábio R .; SMANIO, Gianpaolo P .; GIARDI, Karin B. Cooperación jurídica internacional en la Operación “Lava Jato”: análisis crítico basado en la diversidad entre los sistemas jurídicos nacionales. Revista Brasileña de Derecho Procesal Penal, Porto Alegre, vol. 5, n. 2, pág. 703-736, mayo/agosto. 2019. https://doi.org/10.22197/rbdpp.v5i2.229

Gráfico 2. Mecanismos de cooperación jurídica internacional utilizados en la Lava Jato[3].

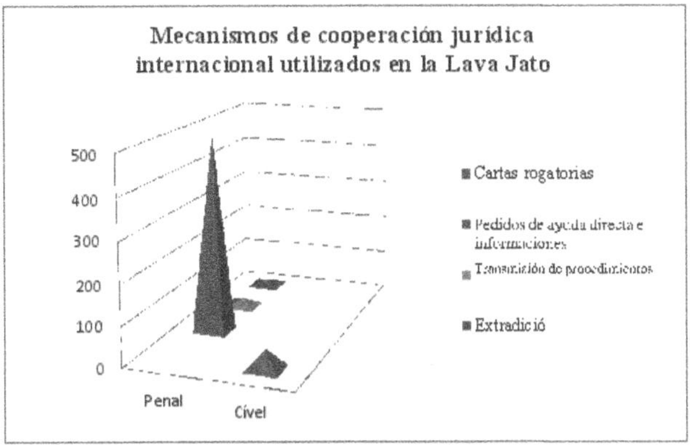

El mayor dinamismo en los procedimientos de cooperación jurídica internacional permitió, en el ámbito de la Operación Lava Jato, potenciar sus resultados a partir de las consecuencias económicas de los delitos cometidos. Esta circunstancia queda evidenciada en las medidas patrimoniales objeto de asistencia internacional, y en los respectivos montos bloqueados y repatriados.

Gráfico 3. Medidas cautelares patrimoniales[4].

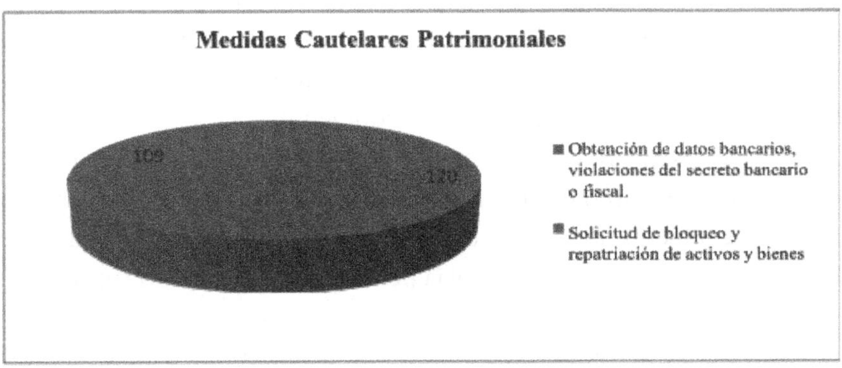

[3] BECHARA, Fábio R.; SMANIO, Gianpaolo P.; GIARDI, Karin B. Cooperación jurídica internacional en la Operación "Lava Jato": análisis crítico basado en la diversidad entre los sistemas jurídicos nacionales. Revista Brasileña de Derecho Procesal Penal, Porto Alegre, vol. 5, n. 2, pág. 703-736, mayo/ agosto. 2019. https://doi.org/10.22197/rbdpp.v5i2.229

[4] *BECHARA, Fábio R.; SMANIO, Gianpaolo P .; GIARDI, Karin B. Cooperación jurídica internacional en la Operación "Lava Jato": análisis crítico basado en la diversidad entre los sistemas jurídicos*

Gráfico 4. Bloqueos y repatriaciones en la Lava Jato.

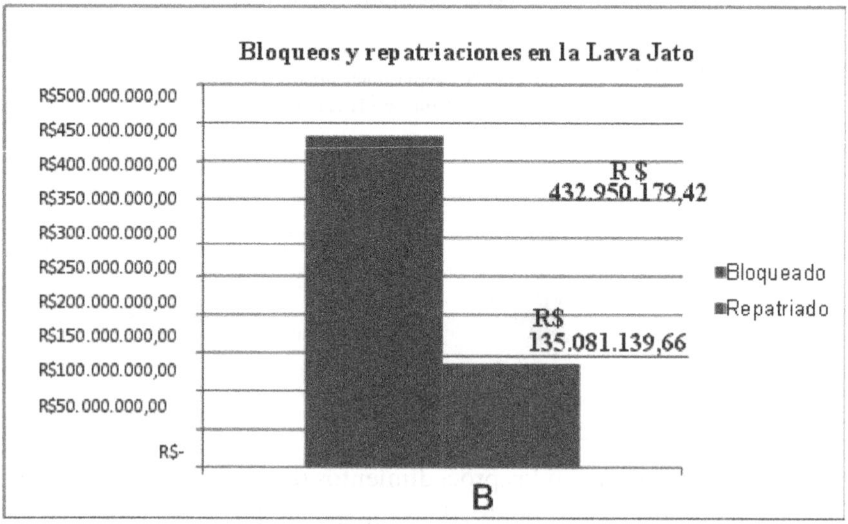

John D. Jackson y Sarah J. Summers, (*The Internationalisation of Criminal Evidence*[5], se refieren precisamente a la creciente presión para que los sistemas legales converjan en respuesta a las demandas de la globalización. Considerando los problemas comunes de criminalidad enfrentados por los sistemas nacionales y la búsqueda de soluciones internacionales parametrizadas, surge la preocupación de los Estados-Nación en estructurar soluciones transnacionales al problema del crimen organizado, un consenso mínimo sobre reglas adecuadas en materia de pruebas y procedimiento[6].

En este contexto, Brasil, Argentina y Paraguay tienen una sólida historia de cooperación y asistencia mutua. Desarrollamos el Atlas Jurídico-Institucional con el objetivo de ofrecer una visión práctica sobre los instrumentos de cooperación en materia de justicia penal que existen en los tres países y

nacionales. Revista Brasileña de Derecho Procesal Penal, Porto Alegre, vol. 5, n. 2, pág. 703-736, mayo/agosto. 2019. https://doi.org/10.22197/rbdpp.v5i2.229

[5] *JACKSON, John D.; SUMMERS, Sarah J. The Internationalisation of criminal evidence: beyond the Common Law and Civil Law traditions. Cambridge: Universidad de Cambridge, 2012.*

[6] *BECHARA, Fábio R.; SMANIO, Gianpaolo P.; GIARDI, Karin B. Cooperación jurídica internacional en la Operación "Lava Jato": análisis crítico basado en la diversidad entre los sistemas jurídicos nacionales. Revista Brasileña de Derecho Procesal Penal, Porto Alegre, vol. 5, n. 2, pág. 703-736, mayo/agosto. 2019. https://doi.org/10.22197/rbdpp.v5i2.229*

esperamos que pueda servir como un instrumento en la construcción del sistema de gobernanza de la Triple Frontera.

Una de las más importantes pruebas al respecto son los numerosos documentos internacionales, bilaterales y multilaterales de los que son signatarios los tres países. Esto significa, además del valor político-diplomático, una clara señal de la voluntad de llevar a cabo agendas y pautas comunes.

El propósito del atlas es ofrecer un glosario simple y objetivo, intuitivo y de fácil uso, en el que realizamos un esfuerzo de armonización de la legislación penal de los tres países. También buscamos establecer una relación de equivalencia[7] entre las legislaciones vigentes, respetando, por supuesto, las diferencias[8] particulares de cada una de las naciones vecinas. Creemos, de esta manera, contribuir a distender y reducir el riesgo de conflicto y falta de cooperación, principalmente en el área de la cooperación policial, haciéndola más dinámica y de uso inmediato.

Existe una flexibilidad natural en el ámbito de la cooperación policial, en la que el reconocimiento de los mismos valores y o los mismos parámetros[9], potencia la capacidad de asistencia mutua, independientemente de las tradiciones jurídicas de cada Estado[10]. A diferencia de la cooperación jurídica internacional, cuya ritualidad natural tiene una cadencia en el tiempo y en el espacio, como, por ejemplo, en los casos de extradición y de producción de pruebas.

Nuestro punto de partida es el siguiente cuadro, en el que se detallan los principales compromisos internacionales, de los que forman parte Brasil, Argentina y Paraguay, que ratan sobre diferentes agendas:

[7] *MACHADO, Maíra Rocha. Internacionalización del derecho penal. La gestión de problemas internacionales a través del crimen y la sanción. São Paulo: Editora 34, 2004. p. 211*

[8] *DELMAS-MARTY, Mireille. Op. Cit., Pág. 36*

[9] [80]*LIMA, José Antonio Farah Lopes de. Trans-border evidence matters and joint investigation teams within the European Union. Disertación (Maestría en Estudios Jurídicos) – Universidad de Cambridge, Reino Unido, 2007. p. 40.*

[10] *RUBIO, Carlos Ramos. Comisiones Rogatorias para la obtención de pruebas. Problemas de validez de los procedimientos obtenidos en el extranjero: análisis de la jurisprudencia del Tribunal Supremo Español. Estudios Jurídicos, Madrid: Ministerio Fiscal, n. 3, pág. 367, 2003.*

Acuerdos Multilaterales en materia Penal	
Protocolo de Asistencia Jurídica Mutua en Materia Penal - MERCOSUR	Decreto N° 3.468, del 17 de mayo de2000
Convención Interamericana sobre Tráfico Internacional de Menores	Decreto N° 2.740, del 20 de agosto de 1998
Convención Interamericana para el Cumplimiento de Sentencias Penales en el Exterior	Decreto N° 5.919, del 10 de junio de 1996
Convención Interamericana contra el Terrorismo	Decreto N° 5.639, del 26 de diciembre de 2005
Convención Interamericana contra la Corrupción	Decreto N° 4.410, del 7 de octubre de 2002
Acuerdo Complementario al Acuerdo de Asistencia Jurídica Mutua en Materia Penal entre los Estados Partes del MERCOSUR, Bolivia y Chile	Decreto N° 8331, del 12 de noviembre de 2014
Convención de las Naciones Unidas contra el Crimen Organizado	Decreto N° 5.015, del 12 de marzo de 2004
Convención Interamericana contra la Fabricación y el Tráfico ilícitos de Armas Fuego, Municiones, Explosivos y Otros Materiales Relacionados	Decreto N° 154, del 26 de junio, 1991
Convención de las Naciones Unidas Contra la Corrupción	Decreto N° 5687, del 31 de enero de 2006
Convención Interamericana sobre Asistencia Mutua en Materia Penal	Decreto N° 6.340, del 3 de enero de 2008
Acuerdo de Extradición entre los Estados Partes del Mercosur.	Decreto N° 4975, del 30 de enero de 2004
Acuerdo sobre Traslado de Condenados de Estados Partes del Mercosur con la República de Bolivia y la República de Chile	Decreto N° 9.566, del 16 de noviembre de 2018
Acuerdo sobre Tráfico Ilícito de Migrantes entre Estados Partes del Mercosur	Decreto N° 133, del 25 de noviembre de 2011

Acuerdos Bilaterales Brasil-Paraguay	
Tratado de Extradición de Criminales entre Brasil y Paraguay	Decreto N° 16.925, del 27 de mayo de 1925
Acuerdos Bilaterales Brasil-Argentina	
Tratado de Extradición entre Brasil y Argentina	Decreto N° 62.979, del 11 de julio de 1968

En la siguiente tabla, destacamos las principales noticias publicadas por los medios de comunicación sobre iniciativas de cooperación entre los tres países, en particular la más reciente, de 2019, que regula la persecución policial en la región de la frontera:

Noticias sobre acuerdos celebrados	
Noticia	**Enlace**
MERCOSUR – 2001: lucha contra la corrupción de agentes públicos en la frontera	https://politica.estadao.com.br/noticias/geral,mercosul-faz-acordo-contra-corrupcao--nas- fronteiras,20011130p34359
MERCOSUR – 2001: acuerdo sobre la lucha contra la corrupción de agentes públicos en la frontera	https://politica.estadao.com.br/noticias/geral,mercosul-faz-acordo-contra-corrupcao--nas-fronteras, 20011130p34359
MERCOSUR 2004: Mercosur cierra un acuerdo para lucha contra el crimen organizado	https://www.cartamaior.com.br/?/r Editoria/Pelo-Mundo/Mercosul-fecha- acordo-para-combater-crime-organizado/6/1651
Brasil, Argentina y Paraguay: Acuerdo para minimizar la trata de mujeres en la región de la triple frontera	https://www.gov.br/mdh/pt-br/navegue-por-temas/politicas-para-mulheres/arquivo/area- imprensa/ultimas_noticias/2009/11/not_trafico_trip_fronteira
Brasil y Paraguay – 2016 intensificación de acuerdos en el ámbito de la seguridad	https://www.novo.justica.gov.br/news/br asil--e-paraguai-deverao-intensificar-acordos-de-cooperacao-na-area-de-seguranca

Brasil y Paraguay – 2018: Defensa firma Acuerdo de Cooperación que tiene como objetivo el desarrollo de acciones coordinadas y conjuntas, para la prevención y el combate del crimen organizado transnacional y el terrorismo	https://www.defesa.gov.br/noticias/4380 5-defesa-assina-acordo-de-coopera%C3%A7%C3%A3o-m%C3%BAtua--com-paraguai-e-argentina
MERCOSUR – 2019 plan de lucha contra la corrupción	https://www.gov.br/planalto/pt- br/acompanhe-o- planalto/noticias/2019/12/mercosul--assinara-acuerdos-durante-la-cúpula-de-jefes--de-estado
Brasil, Paraguay y Argentina – 2019: acuerdos de protección mutua de indicaciones geográficas, cooperación policial en la frontera, transporte de productos peligrosos, servicios financieros, defensa del consumidor y reconocimiento recíproco de firmas digitales	https://www.diariodepernambuco.com.br/noticia/politica/2019/12/bolsonaro-recebe-lideres-do-mercosul-nesta-quinta- feira.html
MERCOSUR – 2019: Acuerdo para persecución policial en las fronteras	https://www.novo.justica.gov.br/news/ac ordo--para-perseguicao-policial-nas-fronteiras-e-assinado-pelos-estados-do-mercosul

La cooperación dentro del alcance de la Triple Frontera trae desafíos lingüísticos y también barreras que surgen de la diversidad de los sistemas jurídicos nacionales. Si, por un lado, los citados documentos internacionales, multilaterales y bilaterales conducen a un proceso de armonización y menor tensión entre los diferentes sistemas, por otro lado, a nuestro ver, resulta fundamental la nivelación del conocimiento y el acceso a la información por parte de los agentes estatales sobre el funcionamiento y organización del sistema de justicia penal de los países vecinos.

Uno de los temas que nos parece muy querido, y que merece una atención especial, se refiere al ejercicio de la actividad de inteligencia en el ámbito penal, que puede o no estar asociada a una actividad de investigación para esclarecer un delito. Las actividades de inteligencia pasaron a tener un rol cada vez más relevante en los denominados delitos de riesgo[11], asesorando en la prevención e investigación de delitos como el terrorismo[12], el crimen organizado, el lavado de dinero y la corrupción[13].

Estos son temas que están cada vez más inmersos en el régimen de gobernanza internacional, tanto a nivel mundial como regional, ya que se benefician del comercio y del sistema financiero internacional, de las comunicaciones, de los desplazamientos, que hacen que el mundo esté cada vez más interconectado e interdependiente. La globalización crea nuevas oportunidades de expansión de la libertad política y económica, fortalece la paz y el entendimiento entre diferentes culturas, pero al mismo tiempo crea vulnerabilidades, al facilitar las actividades delictivas transnacionales, la proliferación de armas y el aumento de enfermedades infecciosas[14].

Las variables clave para enfrentar las nuevas dinámicas de movilidad de las conductas ilícitas son las acciones de vigilancia integrada y el seguimiento continuo de las organizaciones criminales y de los mercados en los que operan, para que los esfuerzos de intervención del Estado puedan ser dirigidos hacia el control de los puntos centrales de las redes que operan estas actividades ilícitas transnacionales.

La movilidad financiera ilegal (indocumentada, transfronteriza y con el propósito de ocultar y valorar activos) es una variable crítica para la sustentación de las organizaciones criminales en sus actividades locales y transnacionales[15].

En este contexto, la proactividad de la inteligencia aumenta el nivel de gobernanza sobre el movimiento de recursos ilícitos y repercute de forma positiva en las investigaciones penales[17].

[11] International Commission of Jurists Assessing Damage, Urging Action. Report of the Eminent Jurists Panel on Terrorism, Counter-Terrorism and Human Rights (Genebra-2009), p. 67 (http://ejp.icj.org/IMG/EJP- Report.pdf).

[12] TREVERTON, G.F., Intelligence for an Age of Terror, Cambridge 2009, pp. 15 y siguientes.

[13] TRAPERO ÁLVAREZ, J., "Prevención e investigación del delito. Crimen organizado y corrupción", en Rev.Catalana de Seguretat Pública, mayo de 2010, págs. 183-205.

[14] GERMAN, Michael. Strengthening Intelligence Oversight. Brennan Center for Justice at New York University School of Law. 2015, pág. 9

[15] *V. RUGGIERO. Dirty Money. "On financial delinquency". Oxford University Press. 2017, pág. 216-218*

La transformación del proceso penal tradicional está impulsada por esta nueva realidad, previamente ignorada en el dominio de las normas procesales, como el intercambio de datos sobre delincuentes, el congelamiento de activos, la producción de pruebas en el exterior, la repatriación de activos, entre otros, cuyo objeto se caracteriza por la multidisciplinariedad, lo que motiva la extensión e intersección con la actividad de inteligencia[16].

La comprensión de los diferentes espacios de incidencia de la actividad de inteligencia y de investigación y, sobre todo, la inevitable intersección entre ellas, no siempre clara y nítida, refleja la importancia del aporte que el Atlas puede brindar, al permitir que cualquier agente tenga en sus manos un instrumento de fácil acceso que pueda apoyar el proceso de toma de decisiones de los operadores del área de seguridad y justicia.

La vida cotidiana de los agentes de seguridad pública en la región de la Triple Frontera, donde los límites geográficos entre países no siempre son visibles, requiere no solo conocimiento sobre el área, sino principalmente una rápida toma de decisiones.

En este sentido, el Atlas constituye un recurso más a disposición del agente, simple e intuitivo, con información objetiva y de fácil manejo y acceso.

Su estructura incluye los ejes temáticos que dialogan con la realidad de la región, como el tráfico de armas, drogas y personas, contrabando y desvío de mercaderías, lavado de dinero, actuación de organizaciones criminales, corrupción y financiamiento al terrorismo.

No se limita, sin embargo, a señalar el referente normativo en cada tipología, sino que también contempla las distintas vías operativas posibles, ya sea en el ámbito de la investigación criminal o en el ámbito de la actividad de inteligencia, con fines represivos, pero principalmente de control y prevención. Compartir información, producir conocimiento, interceptar comunicaciones, secuestro e indisponibilidad de bienes, arresto, allanamiento e incautación de bienes, violación del secreto bancario y fiscal, extradición y cooperación jurídica internacional son algunos de los numerosos instrumentos a disposición

[16] VERVAELE, John. "Special procedural measures and respect of human rights. General Report". International Review of Penal Law. N. 80. 1º / 2º trimestre de 2009, pág. 88. El autor apunta a una redefinición del rol de las instituciones en la investigación criminal, así como la participación de nuevos actores, como los órganos administrativos de control y la comunidad de inteligencia

de los agentes. Pero una tercera cuestión también nos preocupó en la organización del Atlas, el modelo institucional de competencias de cada país. Así, se añade a la descripción normativa por tipología y a la regulación de los instrumentos y procedimientos de uso, la designación de los órganos competentes para cada situación.

Estas son las tres preguntas básicas que el Atlas Jurídico-Institucional pretende responder:

Con respecto al "qué", el Atlas detallará dentro de cada eje temático, diferentes tipos de medidas, como el intercambio de datos, el intercambio de información, el intercambio de pruebas, la práctica de los actos de investigación y de prueba en cada país, y la respectiva legislación aplicable, ya sea en el ámbito del sistema de justicia penal, que es más recurrente, como en el ámbito administrativo.

En cuanto al "quién", el Atlas identificará a los diferentes actores cuyas competencias están conectadas, directa o indirectamente, con la realidad de la Triple Frontera, ya sea en la represión o en el control y prevención. Se encuentran comprendidos los agentes de seguridad pública, como la policía judicial, la policía militar, la policía federal de carreteras, los respectivos órganos de inteligencia, pero también las unidades de inteligencia financiera, las unidades especializadas en la prevención y represión de determinados ilícitos, las agencias aduaneras, los órganos de defensa y seguridad nacional, y las agencias de control, como por ejemplo los tribunales de cuentas.

En cuanto al "cómo", el objetivo del Atlas es detallar los procedimientos en cada medida prevista, el nivel de formalidad en función de la finalidad, el funcionamiento y operacionalización, y la claridad en cuanto a los parámetros de validez en cada situación. Sin embargo, el intercambio de información entre agencias de inteligencia tiene un ritual más dinámico, rodeado de protocolos de seguridad y confidencialidad. A diferencia del intercambio de pruebas en una determinada investigación penal, en la que el procedimiento es más burocrático, dados los reflejos que son generados en el proceso judicial. La creación de bases de datos compartidas, la construcción de señales de alerta y puntos de atención, son algunos ejemplos más de iniciativas que se enmarcan en el contexto de los objetivos del Atlas.

Independientemente del nivel de instrucción y formación del profesional, el formato del Atlas prioriza la simplicidad y la objetividad, tanto en el lenguaje como en la organización y visualización de la información puesta a disposición y, principalmente, en el acceso y manejo de los contenidos. Busca contribuir a la toma de decisiones, ya sea a nivel operativo, táctico o estratégico.

Entendemos que Atlas es un punto de partida, no un punto de llegada. Y por este motivo, su publicación debe ir seguida de constantes actualizaciones y perfeccionamiento, fruto del aporte de cientos de profesionales, que pretendemos, que no solo lo utilicen, sino que también lo critiquen, con el fin de señalar las siempre necesarias e indispensables correcciones. Solo así, cobrará sentido, no como un libro más en la estantería, como muchos, sino como el instrumento incorporado y ambientado en la rutina de cada profesional.

7. REDES DE COOPERACIÓN JURÍDICA INTERNACIONAL: ¿QUÉ SON, PARA QUÉ SIRVEN Y CÓMO UTILIZARLAS?

FÁBIO RAMAZZINI BECHARA
GEORGIA REGINA SANCHEZ DIOGO

7.1 Introducción

Se estima que las empresas pierden alrededor del 5% como resultado de fraudes, según un estudio de la ACFE – Association of Certified Fraud Examiners (2018). Los fraudes duran un promedio de 16 meses antes de ser descubiertos por las empresas. Aproximadamente el 22% de las empresas pierden un millón de dólares estadounidenses o más como víctimas de fraudes[1].

El Banco Mundial estima que empresas de todo el mundo abonan alrededor de un billón de dólares estadounidenses cada año en concepto de sobornos (2014)[2]. El Foro Económico Mundial estima que el curso de la inversión en un país corrupto es un 10% más alto que en un país más íntegro (2014)[3].

Este panorama es ilustrado por grandes escándalos de corrupción, fraude y lavado de dinero, tanto en el sector público como en el privado, como los

[1] https://s3-us-west-2.amazonaws.com/acfepublic/2018-report-to-the-nations.pdf (acesso em 13/06/2019)

[2] https://nacoesunidas.org/corrupcao-custa-mais-de-us-26-trilhoes-por-ano-alerta-pnud (acesso em 13/06/2019)

[3] https://www.oecd.org/cleangovblz/49693613.pdf (acesso em 13/06/2019).

casos de PETROBRÁS, WORLDCOM, ENRON y FIFA, por ejemplo. Esto impulsó una agenda internacional de integridad basada en la gestión de riesgos, ante la preocupación no solo por el daño a la reputación, sino también por la salud financiera de los negocios y la posibilidad de responsabilización en el ámbito administrativo, patrimonial y penal, ya sea para las personas naturales o jurídicas[4].

En este sentido, la expresión *criminal compliance* viene siendo utilizada para designar las políticas y prácticas para evitar la participación de personas naturales y jurídicas en infracciones penales, en particular delitos económicos, un conjunto de cuidados y precauciones para garantizar el cumplimiento de la norma penal e impedir las consecuencias de su eventual violación[5].

La corrupción internacional, por ejemplo, se ve facilitada por las prácticas de las empresas multinacionales, en las que el lavado de dinero viabiliza el camino para que los corruptos transfieran los fondos al exterior. Las políticas que dificultan este proceso de transferencia de fondos ilícitos son una de las claves de los esfuerzos globales contra la corrupción. Y la cooperación internacional, en particular la cooperación jurídica internacional, es uno de los instrumentos más importantes para influir en el cambio de comportamiento de las empresas basado en principios éticos y en la demostración sobre cómo la lucha global contra el crimen organizado y el lavado de dinero puede indirectamente limitar los beneficios de la corrupción[6].

La cooperación jurídica internacional, que se traduce en esfuerzos de comunicación entre Estados soberanos o entre Estados y organismos internacionales, ha pasado a desempeñar un papel fundamental, en la medida en que atenuó las restricciones naturalmente impuestas por las barreras geográficas y jurídicas.

[4] KILMAR, Cibelle Mortari e AMOROSO, Hugo von Acken Erdmann. Responsabilidade de sócios, administradores e conselheiros: facetas aplicadas do criminal compliance. In: NOHARA, Irene Patrícia e PEREIRA, Flávio de Leão Bastos. Governança, Compliance e Cidadania. São Paulo: Revista dos Tribunais. 2018, p. 207-209.

[5] BOTTINI, Pierpaolo Cruz, RIZZO, Beatriz Dias, ROCHA, Marcela. Algumas linhas sobre compliance criminal. In: CUEVA, Ricardo Villas Bôas e FRAZÃO, Ana. Compliance. Perpsectivas e desafios dos programas de conformidade. Belo Horizonte: Editora Fórum. 2014, p. 381.

[6] ACKERMAN, Susan Rose e PALIFKA, Bonnie J. Corruption and Government. Causes, consequences, and reform. New York. Cambridge University Press. 2016, p. 491.

Uno de los factores que han acelerado esta relación comunicacional entre diferentes países y organismos internacionales son las redes de cooperación internacional, que simplifican procedimientos, mitigan las diferencias y mejoran la gobernanza sobre los problemas. Es precisamente esta mejora en la gobernanza sobre datos e información, por ejemplo, la que potencia el perfeccionamiento de la capacidad de monitoreo y detección de irregularidades, fraudes corporativos, actos de corrupción, y que al mismo tiempo repercute en el proceso de construcción, implementación y monitoreo de los programas de integridad o *compliance*. La gestión de riesgos que se pretende llevar a cabo en estos programas debe considerar este incremento de la vigilancia a partir de las redes de cooperación, con miras a una mayor agilidad en el rastreo de comportamientos, en el cruce de datos y la participación en la toma de decisiones, cada vez más transfronteriza y transnacional.[7]

Asimismo, con el objetivo de agilizar los procesos de asistencia mutua, los Estados han desarrollado protocolos para implementar la tramitación electrónica de pedidos de cooperación jurídica, y se han remodelado las redes para cumplir este propósito.

Así, el objetivo de este capítulo es identificar las principales redes de cooperación jurídica internacional actualmente existentes, y analizar su naturaleza y régimen jurídico aplicable, a partir del marco teórico sobre cooperación jurídica internacional y gobernanza global.

7.2 La gobernanza en cuestiones transnacionales

Elke Krahmann propone la definición de gobernanza a partir de la fragmentación de la autoridad política en siete dimensiones: geografía, función, recursos, intereses, normas, toma de decisiones e implementación de políticas[8]. La gobernanza global, a su vez, es una expresión utilizada para designar los esfuerzos a fin de brindar respuestas más confiables y ordenadas a los problemas políticos y sociales que van más allá de la capacidad de los estados

[7] GRAYCAR, Ada. International cooperation to combat money laundering. IN: NATARAJAN, Mangai. Cambridge: Cambridge University Press. 2011, p. 446.

[8] KRAHMAN, Elke. National, Regional and Global Governance: one phenomenon or many?. Global Governance 9 (2003), p. 323.

para actuar individualmente, como contaminación ambiental, crimen transnacional, terrorismo, migración o enfermedades infecciosas, que solo pueden ser resueltos a través de la cooperación internacional[9].

En las dos últimas décadas se han creado diversos regímenes transnacionales, a nivel regional y global; algunos de los cuales ejercen una autoridad supranacional real, así como también se han creado redes públicas y privadas de cooperación, de diversos tipos, del ámbito local al internacional.

Específicamente en lo que respecta a las redes de cooperación internacional, estas contribuyen a atenuar los reflejos del carácter multidimensional de la gobernanza, que puede ser atribuido a dos visiones diferentes: 1ª) la dispersión de la autoridad jurisdiccional (internacional, nacional, regional, local) en un número limitado de niveles, cuyos miembros no interactúan y concentran múltiples funciones; 2ª) el carácter cada vez más especializado de las jurisdicciones, cuyo número y escalas de operación son variables[10].

Así, Grainne De Burca, Robert O. Keohane y Charles Sabel proponen el modelo experimentalista de gobernanza global como más viable para superar su carácter multidimensional, si comparado con el esfuerzo y la dificultad que caracterizan al modelo de relaciones y regímenes internacionales integrados, o incluso al modelo de redes articuladas entre actores y organizaciones internacionales en el proceso de toma de decisiones. Según los autores, el modelo de gobernanza global experimentalista comprende un conjunto de prácticas que implican libre participación de una variedad de entidades, públicas y privadas, ausencia de jerarquía formal en los acuerdos de gobernanza y un amplio proceso de toma de decisiones e implementación, inclusive, en el plano regulatorio[11].

La gobernanza experimentalista, de acuerdo con los autores, permite una forma de visión prospectiva o responsabilización dinámica que no está disponible en los regímenes centralizados, ya que aumenta la participación en

9 KRAHMAN, Elke. National, Regional and Global Governance: one phenomenon or many?. Global Governance 9 (2003), p. 329.

10 HOOGHE, Liesbet e Gary Marks. Types of multi-level governance *in* Handbook on Multi-level Governance edited by Henry Enderlein, Sonja Wälti e Michael Zürn. Edward Elgar Publishing Inc. Northampton. 2010, p. 1718.

11 DE BURCA, Grainne, KEOHANE, Robert O. Keohane e SABEL, Charles. New Modes of Pluralist Global Governance, 45 N.Y.U. J. Int'l L. & Pol. 723 (2013), p. 723-786.

la elaboración conjunta de reglas que puede contribuir en contextos transnacionales y globales.

Por lo tanto, existe una necesidad creciente de interacción a través de medios que se sitúan entre las organizaciones internacionales tradicionales y las comunicaciones "ad hoc", como las redes de cooperación. Es lo que Anne-Marie Slaughter y Thomas N. Hale denominan *transgovernamental networks,* como instituciones informales que vinculan o conectan a reguladores, legisladores, jueces y otros actores más allá de las fronteras nacionales. El surgimiento de este modelo, según los autores, es una respuesta a la creciente complejidad y naturaleza transnacional de los problemas contemporáneos. En razón de su horizontalidad, fortalece y favorece a la autoridad gubernamental nacional en vez de la supranacional o de las burocracias internacionales[12].

> *Es evidente que la operacionalización de las redes plantea otras cuestiones a ser enfrentadas, especialmente en situaciones donde la diversidad entre los sistemas jurídicos conduce a inevitables discusiones sobre la validez del acto practicado en el exterior y su respectiva utilidad. En el mismo sentido, las eventuales discusiones sobre conflicto de competencia. Sin embargo, estas cuestiones, aunque relevantes, no constituyen el objeto de este capítulo.*

Las redes de cooperación jurídica internacional que serán detalladas en los temas a continuación, retratan al mismo tiempo el modelo de gobernanza experimentalista propuesto por Grainne De Burca, Robert O. Keohane y Charles Sabel, además de formar parte de lo que Anne-Marie Slaughter y Thomas N. Hale denominan *transgovernment networks,* por su horizontalidad, que favorece a la autoridad gubernamental nacional en vez de la supranacional, ya sea en el plano regulatorio o en la capacidad operacional de la toma de decisiones.

12 SLAUGHTER, Anne-Marie HALE, Thomas N. Transgovernmental networks and multi-level governance. IN: ENDERLEIN, Henrik, WÄLTI, Sonja e ZÜRN, Michael. Handbook on Multi-level Governance. Massachusetts: EE, 2010, p. 358-365.

7.3 Concepto, naturaleza jurídica y finalidad.

La cooperación jurídica internacional se basa en la necesidad de compatibilizar la preservación de la soberanía nacional con la realización de medidas de interés para la justicia de un Estado en el territorio de otro. Es una forma de relación entre Estados, consustanciada en la colaboración mutua[13].

La implementación de medidas de ayuda a otro Estado se revela como una obligación jurídica asumida internacionalmente y también como una forma de preservar la propia soberanía del Estado requerido, con la protección contra injerencias externas y males transnacionales y la garantía de aplicación de sus propias normas y ejercicio de su poder[14].

A pesar de esto, la cooperación jurídica internacional continúa enfrentando muchas dificultades que impactan en su eficacia y eficiencia. Entre ellas, se destacan los procedimientos burocráticos y la lentitud en los trámites de procesamiento de las solicitudes (tanto internas como externas), así como la diversidad de los sistemas jurídicos, lo que plantea interrogantes sobre la posibilidad y la forma de atender a las solicitaciones.

Con el fin de minimizar las adversidades del procesamiento de las solicitudes de asistencia, se han perfeccionado los mecanismos utilizados en la cooperación jurídica internacional, especialmente en lo que respecta a los canales y medios de comunicación, como las redes de cooperación jurídica internacional.

Es precisamente en este contexto que las redes de cooperación internacional fueron concebidas e impulsadas mediante acuerdos multilaterales, tanto a nivel regional como universal, como, por ejemplo, las Convenciones de las

13 TOFFOLI, José Antonio Dias; CESTARI, Virgínia Charpinel Junger. Mecanismos de cooperação jurídica internacional no Brasil. In: BRASIL. Ministério da Justiça. *Manual de cooperação jurídica internacional e recuperação de ativos: cooperação em matéria penal.* 1ª ed. DRCI, SNJ, MJ: Brasília, 2008, p. 24.

14 El professor Antonio Scarance Fernandes señala la distinción entre eficiencia, eficacia y efectividad, y aboga por la necesidad de buscar el equilíbrio entre eficiencia y garantia em procesos penales. Según él, la eficiencia "expresa la capacidade, la fuerza, el poder de algo que hace que produzca un efecto", mientras que la eficacia corresponde a la producción del efecto esperado. Reflexões sobre as noções de eficiência e de garantismo no processo penal. In: FERNANDES, Antonio Scarance; ALMEIDA, José Raul Gavião de; MORAES, Maurício Zanoide de (Coord.). S_i_g_i_l_o_ _n_o_ _p_r_o_c_e_s_s_o_ _p_e_n_a_l_:_ _e_f_i_c_i_ên_c_i_a_ _e_ _g_a_r_a_n_t_i_s_m_o_. São Paulo: RT, 2008, p. 25.

Naciones Unidas contra la corrupción y el crimen organizado transnacional, las convenciones en el ámbito de la Organización de los Estados Americanos, en el MERCOSUR y en la Unión Europea, entre otros.

Las redes de cooperación jurídica internacional son grupos que permiten la comunicación entre los puntos de contacto de los países abarcados por ellas, los cuales son designados por las autoridades centrales responsables de la cooperación jurídica, el Poder Judicial, los Ministerios Públicos y otras autoridades involucradas en la cooperación internacional, como la policía, autoridades aduaneras, bancos centrales y unidades de inteligencia financiera.

Se trata de un instrumento de carácter complementario y consultivo, que no sustituye ni se superpone con la vía de cooperación oficial acordada, ya sea diplomática, autoridad central o directa.

Su propósito es coordinar la acción nacional y facilitar que los puntos de contacto puedan intermediar en el proceso de cooperación. Se celebran encuentros periódicos entre los puntos de contacto con el fin de desburocratizar la relación y fomentar la construcción de confianza mutua a través de la definición de procedimientos y flujos estandarizados.

Los puntos de contacto que integran las redes buscan realizar las siguientes actividades: (1) recopilar documentación normativa potencialmente útil para regular las relaciones entre los países que la integran; (2) proporcionar consejos importantes sobre la gestión de los instrumentos normativos; (3) mantener actualizados los textos de los tratados, así como la lista de los países adherentes; (4) promover cursos de capacitación y especialización para los profesionales que se ocupan de la cooperación internacional; (5) informar los canales de contacto de las autoridades competentes sobre temas específicos en cada uno de los países; y (6) poner a disposición información sobre el sistema jurídico y la legislación nacional aplicable en los países[15].

Entre los pedidos más frecuentes tramitados por las redes, merecen destaque (1) examen preliminar de los pedidos de asistencia; (2) consejos de interés e información práctica sobre cómo abordar mejor un pedido específico de cooperación internacional; (3) confirmación de domicilio para comunicación de actos procesales; (4) confirmación de recepción de la documentación

[15] https://www.gov.br/mj/pt-br/assuntos/sua-protecao/cooperacao-internacional/atuacao-internacional-2/ (acesso em 08/06/2019).

enviada; (5) pedidos urgentes de información adicional; (6) información sobre el avance de los pedidos realizados (diligencia y cumplimiento); (7) disposiciones para la participación de las autoridades del Estado Requirente en las diligencias; y, finalmente, (8) pedidos de reprogramación de audiencias. En suma, las redes de cooperación jurídica internacional están destinadas a facilitar y acelerar la cooperación entre los Estados que las integran, proporcionar información jurídica y práctica a las autoridades nacionales y ayudarlas a formular pedidos de asistencia[16].

Los principios que estructuran las redes de cooperación son informalidad, complementariedad, horizontalidad y flexibilidad. La información que circula no está destinada a componer expedientes de procesos, simplifica la comunicación de información y la solución de problemas urgentes, más allá de las vías formales que posteriormente podrán comprender los actos procesales. Son horizontales, porque no hay jerarquía entre los puntos de contacto, y flexibles, ya que cada Estado es libre de elegir quién está mejor preparado y disponible para realizar las funciones que le corresponden como puntos de contacto.

El significado del principio de informalidad debe ser entendido no como el mecanismo alternativo formal, sino como uno previo, de manera que se cumplan todas las formalidades requeridas para el proceso de cooperación jurídica internacional, evitando así la devolución de pedidos y demoras en su ejecución. El intercambio de información entre puntos de contacto de las redes también debe ser incentivado a los fines de inteligencia, así como para profundizar el conocimiento del sistema de justicia de los países involucrados. Por lo tanto, no es saludable utilizar el término "cooperación informal", considerando que las redes son creadas en el ámbito de Organismos y Organizaciones Internacionales y sus puntos de contacto son formalmente designados por las Instituciones de los Estados que los integran, en su mayor parte, por sus dirigentes superiores.

En definitiva, las redes de cooperación internacional tienen como objetivo facilitar el trabajo de los órganos nacionales encargados de promover la cooperación.

16 https://www.justica.gov.br/sua-protecao/cooperacao-internacional/atuacao-internacional-2/redes-de- cooperacao/rede-groove; http://web.oas.org/mla/pt/Paginas/default.aspx; http://www.oas.org/juridico/mla/pt/index.html (acesso em 08/06/2019)

Los actores responsables de investigaciones penales o persecución penal también forman parte de redes especializadas en delitos determinados o en redes institucionales. Esta pulverización de redes demuestra la eficacia de este mecanismo de la cooperación internacional.

Cabe resaltar que las redes de cooperación internacional para combatir el crimen transnacional encuentran apoyo en las declaraciones de diversos foros internacionales y su creación ha sido fomentada por Organismos Internacionales. Como ejemplo más reciente, la declaración de Kioto del 14º Congreso de las Naciones Unidas sobre Prevención del Crimen y Justicia Criminal, realizado en la ciudad japonesa, en marzo de 2021[17]:

> 49. Adoptar medidas para garantizar el acceso a una asistencia jurídica eficaz, con recursos adecuados y a precios accesibles para quienes no cuentan con los medios suficientes o cuando los intereses de la justicia así lo requieran, y aumentar la concientización sobre la disponibilidad de esa ayuda, incluida la promoción de la aplicación práctica de las disposiciones de los Principios y Directrices de las Naciones Unidas sobre el acceso a la Asistencia Jurídica en los Sistemas de Justicia. Criminal, de las Herramientas de la Oficina de las Naciones Unidas sobre Drogas y Crimen para garantizar la calidad de los servicios de asistencia jurídica en casos de justicia penal y otras herramientas relacionadas, fomentando la elaboración de guías de orientación, así como el almacenamiento y el intercambio de datos sobre el acceso a la justicia y a través del desarrollo de una red especializada de proveedores de asistencia jurídica para intercambiar información y mejores prácticas y brindarse apoyo mutuamente en la realización de su trabajo.
> 63. Establecer o fortalecer redes de cooperación regional y transregional de agentes encargados de hacer cumplir la ley y otros profesionales de la justicia penal para intercambiar información y mejores prácticas con miras a generar confianza entre ellos y facilitar aún más la cooperación internacional;
> 74. Garantizar acciones más eficaces contra el terrorismo en todas sus formas y manifestaciones, donde y por quien sea cometido, en

[17] Texto de la Declaración de Kioto em inglês. https://documents-dds-ny.un.org/doc/UNDOC/ LTD/V21/006/54/PDF/V2100654.pdf?OpenElement

particular en investigaciones y procesos judiciales basados en información y pruebas fidedignas y verificables y, para ello, mejorar la recopilación, el trato y la preservación de información y pruebas relevantes y, demás, considerar la participación en redes de intercambio de información y pruebas, según corresponda;

Asimismo, observamos que Brasil, por ejemplo, es actualmente parte de las siguientes redes de cooperación jurídica internacional: la Red de Cooperación Jurídica y Judicial Internacional de Países de Lengua Portuguesa (CPLP), la Red Iberoamericana de Cooperación Jurídica Internacional (IberRed), la Red Hemisférica de Cooperación Jurídica Internacional en Materia Penal de la OEA, la Red de Cooperación Jurídica Hemisférica en Materia de Familia y Niñez de la OEA. Además de estas, formamos parte de dos redes de cooperación dedicadas a la recuperación de activos: la Red de Recuperación de Activos del GAFISUD – RRAG y la Plataforma de Puntos Focales de Recuperación de Activos StAR-Interpol.

Presentaremos a continuación un mapa descriptivo de las principales redes de cooperación actualmente existentes, entre otras, en el ámbito de la Organización de las Naciones Unidas y de la Organización de los Estados Americanos, con sus respectivas referencias normativas, composición, objetivos e instrumentos de apoyo.

7.4 Principales redes de cooperación jurídica internacional de las que Brasil forma parte

a) Red Hemisférica de Cooperación Jurídica Internacional en Materia Penal de la OEA[18]

La Red Hemisférica de Cooperación Jurídica Internacional en Materia Penal, creada en el marco de la Organización de los Estados Americanos (OEA),

[18] https://www.justica.gov.br/sua-protecao/cooperacao-internacional/atuacao-internacional-2/redes-de- cooperacao/rede-groove; http://web.oas.org/mla/pt/Paginas/default.aspx; http://www.oas.org/juridico/mla/pt/index.html (acesso em 08/06/2019)

fue adoptada por la V Reunión de Ministros de Justicia de esa Organización, realizada en 2004 en Washington, Estados Unidos.

La RED es gestionada en el ámbito de las Reuniones de Ministros de Justicia u Otros Ministros o Procuradores Generales de las Américas (REMJA), principal foro técnico y de políticos a nivel hemisférico en cuestiones relacionadas con la justicia y la cooperación jurídica internacional[19].

El punto 4 del Documento de Washington establece las funciones de la REMJA, que incluyen:[20]

- o Servir de foro hemisférico para el intercambio de información y experiencias, la coordinación de políticas públicas y la consolidación y fortalecimiento de la cooperación en las áreas de competencia de las autoridades que participan de ellas.
- o Promover y facilitar la coordinación y colaboración entre las REMJA y otros procesos de cooperación internacional en las áreas de competencia de las autoridades participantes de las REMJA.
- o Las demás que sean necesarias para mejorar y consolidar el intercambio de información y experiencias, la coordinación de políticas públicas y la consolidación y el fortalecimiento de la cooperación internacional en las áreas de competencia de las autoridades que participan de las REMJA.

Forman parte los 34 estados miembros de la OEA.

En el marco de la REMJA, se han desarrollado instrumentos de cooperación y entrenamiento para mejorar y fortalecer la cooperación jurídica y judicial en las Américas. Buscan facilitar y promover, entre otros aspectos, el intercambio de información y experiencias, la coordinación de políticas públicas y la consolidación y fortalecimiento de las relaciones entre los Estados.

Entre las herramientas de cooperación se encuentran las herramientas electrónicas:

[19] http://www.oas.org/en/sla/dlc/remja/ (acesso em 08/06/2019)

[20] http://www.oas.org/juridico/portuguese/doc_washington_VII_por.pdf (acesso em 08/06/2019)

- o RED EN MATERIA PENAL[21]: es un conjunto de herramientas electrónicas para facilitar y hacer más eficiente la cooperación y el intercambio de información entre las autoridades centrales y de cooperación jurídica internacional y otros expertos gubernamentales responsables de la asistencia mutua en materia penal y extradición de los Estados miembros de la OEA.
- o SISTEMA SEGURO DE COMUNICACIÓN ELECTRÓNICA: es un software que promueve el intercambio de información a través de aplicaciones seguras de comunicación, tales como correo electrónico instantáneo, así como espacios de trabajo, reuniones virtuales e intercambio de documentos mediante el uso de redes públicas entre equipos esparcidos geográficamente.

b) Red Iberoamericana de Cooperación Jurídica (Iberrede) [22]

A La Red Iberoamericana de Cooperación Jurídica Internacional (IberRede) fue instituida en 2004 en Cartagena de Indias (Colombia), luego de recomendación en ese sentido por la VI Cumbre Iberoamericana de Presidentes de Cortes Supremas y Tribunales Superiores de Justicia.

La IberRede fue concebida por tres organizaciones diferentes: la Conferencia de Ministros de Justicia de los Países Iberoamericanos (COMJIB), la Asociación Iberoamericana de Ministerios Públicos (AIAMP) y la Cumbre Judicial Iberoamericana (CJI), y por lo tanto está compuesta por representantes de los Ministerios de Justicia, Ministerios Públicos y Poder Judicial de los 23 países que integran la Comunidad Iberoamericana de Naciones.

Además de estos, la IberRede también media en las comunicaciones con los puntos de contacto de la Red Judicial Europea (RJE) y la Agencia Europea de Cooperación Jurídica (Eurojust) y también puede realizar trabajos para complementar los pedidos de cooperación presentados por la Corte Penal Internacional.

[21] http://web.oas.org/mla/pt/Paginas/default.aspx e http://www.oas.org/juridico/mla/pt/index.html(acesso em 08/06/2019)

[22] https://www.justica.gov.br/sua-protecao/cooperacao-internacional/atuacao-internacional-2/redes- decooperacao/iberrede e https://iberred.org/pt (acesso em 08/06/2019)

De acuerdo con lo establecido en el Art. 3 del Reglamento, la Iberred tiene como objetivos:

- o Optimizar la cooperación judicial en materia penal y civil entre los países participantes de la Comunidad Iberoamericana de Naciones;
- o Establecer de forma progresiva y mantener un sistema de información sobre los diferentes sistemas jurídicos de la Comunidad Iberoamericana de Naciones.

En el sitio web de la IberRED se encuentra información sobre qué tratados cada país ratificó y recopila textos sobre el ordenamiento jurídico de cada país, sobre todo el Código Penal y el Código Procesal Penal. No hay ninguna información específica sobre la articulación de la red de cooperación entre los países, ni otros datos sobre procedimientos.

A lo largo de los años, la IberRED desarrolló diversas actividades de capacitación en cooperación jurídica para actores competentes en la materia, lo que en el pasado era sin duda una laguna en los cursos de derecho en los países de la región. Además, elaboró manuales de acción y se estructuró en Grupos de Trabajo especializados en extradición, asistencia penal mutua, sustracción de menores, traslado de condenados, crimen organizado y corrupción. Sus puntos de contacto se comunican a través de una plataforma segura denominada Iber@.

Con la intención de mejorar los mecanismos de cooperación jurídica contemporánea y agilizar los procesos de asistencia mutua, los Estados también se han abocado a desarrollar medios para la tramitación electrónica de pedidos. La iniciativa e-MLA de Interpol, por ejemplo, tiene este propósito y pretende crear canales seguros para la transmisión de pedidos, lo que brindará mayor eficiencia y accesibilidad a los procesos de cooperación. Además de los acuerdos bilaterales que han sido desarrollados con esta finalidad, los países iberoamericanos firmaron, en 2019, durante una Asamblea de la Conferencia de Ministros de Justicia de los Países Iberoamericanos, la COMJIB, el "Tratado de Medellín". El acuerdo, que contó con la firma de Brasil, regula la transmisión electrónica de pedidos de cooperación jurídica entre autoridades centrales de los países signatarios y prevé la posibilidad de utilizar IberRED, a través de su plataforma Iber@. Con esto asistimos a una redefinición de la funcionalidad de las redes de cooperación.

c) Red de Cooperación Jurídica y Judicial Internacional de los Países de Lengua Portuguesa (Red Judicial de la CPLP) [23]

La Red de Cooperación Jurídica y Judicial Internacional de los Países de Lengua Portuguesa (Red de la CPLP) fue creada en noviembre de 2005.

Está conformada por los ocho países de la CPLP: Angola, Brasil, Cabo Verde, Guinea- Bissau, Mozambique, Portugal, Santo Tomé y Príncipe y Timor Oriental.

Cuenta con dos unidades diferentes: una dedicada al área pena, y otra al área civil y comercial.[24]

La Red Judicial de la CPLP desarrolla sus actividades en complementariedad y articulación con la competencia de los poderes ejecutivos y de las autoridades centrales en materia de cooperación judicial internacional de los Estados miembros de la CPLP, con miras a lograr los siguientes objetivos concretos:

- o Facilitar, agilizar y optimizar la cooperación judicial entre los Estados miembros;
- o Construir progresivamente un sistema de integrado y actualizado de información sobre los diferentes sistemas jurídicos de la Comunidad de los Países de Lengua Portuguesa, así como sobre la cooperación judicial internacional en general;
- o Establecer contactos con organismos nacionales e internacionales y colaborar en actividades de formación realizadas por los Estados miembros o por organismos internacionales;
- o Promover la aplicación efectiva y práctica de las convenciones de cooperación jurídica internacional en vigor entre dos o más Estados miembros.

Todavía no existe un sistema unificado para el intercambio de información y datos entre los países miembros de la CPLP.

[23] http://www.cmjplop.org/pt-PT/Rede-Judiciaria-da-CPLP/Atlas-Judiciario.aspx (acesso em 08/06/2019)

[24] http://www.cmjplop.org/pt-PT/Rede-Judiciaria-da-CPLP/Estrutura-e-composicao.aspx(acesso em 08/06/2019)

En materia de cooperación jurídica internacional, la RED cuenta solo con un Atlas Judicial, que identifica a las autoridades competentes para recibir y ejecutar pedidos de asistencia jurídica en cada uno de los Estados Miembros[25].

d) Grupo de Acción Financiera de Latinoamérica (GAFILAT) [26]

El Grupo de Acción Financiera de Latinoamérica (GAFILAT) es una organización regional intergubernamental que agrupa a 17 países de América del Sur, América Central, América del Norte y el Caribe para prevenir y combatir el lavado de dinero, el financiamiento del terrorismo y el financiamiento de la proliferación de armas de destrucción masiva.

Es un grupo regional, perteneciente a la red global.

El núcleo de esta Red Global es el Grupo de Acción Financiera (GAFI), que forma parte de la estructura de la Organización para la Cooperación y el Desarrollo Económicos (OCDE) en la ciudad de París, Francia.

Este órgano emite las 40 Recomendaciones del GAFI, que todos los países miembros y miembros de la Red Global están obligados a implementar a nivel nacional. El GAFI cuenta con 36 países miembros, entre los que también son miembros del GAFILAT Argentina, Brasil y México, además de 8 grupos regionales, entre ellos GAFILAT, y otras agencias asociadas.

Por iniciativa de la Oficina de las Naciones Unidas contra la Droga y el Delito (UNODC) y con el apoyo de la Comisión Interamericana para el Control del Abuso de Drogas de la Organización de los Estados Americanos (CICAD/OEA), INTERPOL y la Secretaría Ejecutiva de Acción Financiera de Latinoamérica (GAFILAT), fue propuesta la creación de una plataforma en la región para desarrollar en esta una red de contactos con el fin de facilitar la identificación y localización, con miras a recuperar activos, productos o instrumentos de actividades ilícitas.

La red de recuperación de activos del GAFILAT[27] tuvo en cuenta las Resoluciones 3 (medidas cautelares y decomiso) y 38 (cooperación jurídica

[25] http://www.cmjplop.org/pt-PT/Rede-Judiciaria-da-CPLP/Atlas-Judiciario.aspx (acesso em 08/06/2019)

[26] https://www.gafilat.org/index.php/es/ (acesso em 08/06/2019)

[27] https://www.gafilat.org/index.php/es/espanol/18-inicio/gafilat/49-red-de-recuperacion-de-activos- delgafilat-rrag (acesso em 08/06/2019)

internacional y extradición) del Grupo de Acción Financiera contra el Lavado de Dinero y Financiamiento del Terrorismo – GAFI.

En este sentido, la Oficina de las Naciones Unidas contra la Droga y el Delito (UNODC) y su iniciativa conjunta con el Banco Mundial, denominada Stolen Assests Recovery (stAR) han contribuido a apoyar, crear y fortalecer redes regionales relacionadas con el tema de la recuperación de activos.

La red de cooperación establecida por el GAFILAT, principalmente, tiene como objetivo facilitar la identificación y localización, tendiendo a la recuperación de activos, productos o instrumentos ilícitos a través de los puntos de contacto designados por cada una de las actividades del Estado.

La red considera que las herramientas que permiten su monitoreo, aprehensión y decomiso son fundamentales para reducir el potencial económico de las organizaciones criminales y desalentar las actividades delictivas.

Entre los objetivos y compromisos de la Red está el hecho de que debe ser consolidada como un centro de experiencia en todos los aspectos para

- perseguir el producto del delito
- promover el intercambio de información y
- actuar como grupo consultivo para las autoridades nacionales competentes;
- asesorar, prestar asistencia jurídica mutua y, por iniciativa propia, compartir buenas prácticas, conocimientos y experiencias; y o proporcionar feedback para colaborar con las investigaciones sobre el asunto.

Desde octubre de 2010, el RRAG intercambia informaciones a través de una plataforma electrónica que garantiza la protección y seguridad de las solicitudes y respuestas. Esta plataforma está ubicada y mantenida por la Unidad de Inteligencia Financiera de Costa Rica.

Actualmente, son designados puntos de contacto de todos los países miembros del GAFILAT, que representan a las autoridades policiales, fiscales o ministerios públicos, unidades de inteligencia financiera u otras autoridades centrales relevantes en la materia.

Asimismo, dos países observadores antes del GAFILAT designaron puntos de contacto, España y Francia, y se aprobó la entrada de países externos cuya inclusión en la Red corresponde a objetivos estratégicos.

e) Plataforma de Puntos Focales de Recuperación de Activos (STAR - INTERPOL)[28]

La Plataforma de Puntos Focales de Recuperación de Activos (Stolen Asset Recovery – StARInterpol) fue establecida por iniciativa de Interpol en asociación con el Banco Mundial y la Oficina de las Naciones Unidas contra la Droga y el Delito (UNODC), como una forma de dar apoyo el esfuerzo de la lucha contra la corrupción en los paraísos fiscales.

La plataforma fue lanzada con el objetivo de brindar un medio seguro de asistencia operativa en los procesos de investigación de delitos. Consiste en una base de datos de operadores de derecho que están disponibles las 24 horas del día, los siete días de la semana, para responder a pedidos urgentes de asistencia cuando la ausencia inmediata de acción podría causar serios daños a la investigación de rastreo de activos.

La plataforma también tiene como objetivo desarrollar información sobre conductas delictivas relacionadas con los delitos previstos en la Convención de las Naciones Unidas contra la Corrupción, con el propósito de recuperar activos a través de una red global de contactos.

El foro StAR-INTERPOL es de naturaleza específica y se centra en la recuperación de activos relacionados con delitos de corrupción (sobre todo en paraísos fiscales) a través de la cooperación jurídica internacional y el intercambio de información sobre nuevas estrategias mundiales anticorrupción.

La Iniciativa ayuda a los países a combatir la corrupción en gran escala, especialmente el robo de bienes públicos por parte de altos funcionarios del gobierno y sus colaboradores.

[28] https://www.interpol.int/en/Crimes/Corruption/Asset-recuperación # pt-1; https://star.worldbank.org/ (consultado el 08/06/2019)

El programa apoya los esfuerzos para impedir el lavado de dinero de la corrupción y para confiscar ganancias ilícitas ocultas en países extranjeros por funcionarios corruptos [29]

El principio de horizontalidad, analizado anteriormente, es uno de los elementos presentes en las Redes descritas anteriormente y, sin duda, lo que las fortalece. Los puntos focales designados por los diferentes órganos nacionales dotan a esta red de una peculiar interinstitucionalidad. Los representantes de un órgano nacional se relacionan con actores de órganos extranjeros distintos, con intereses comunes, rompiendo la tradicional línea de cooperación entre instituciones congéneres y reforzando el significado del término "networking". Al igual que en el mundo de los negocios, donde empresarios y emprendedores se comunican, comparten información, identifican oportunidades para expandir sus mercados, los operadores del derecho se conectan para fortalecer e intensificar la cooperación jurídica.

Así como existen redes que reúnen a operadores de diversos órganos nacionales, presenciamos, en los últimos años, la creación de redes que integran a especialistas de carreras específicas, como miembros de Ministerios Públicos y policías. Estas tienen características temáticas más generales de cooperación o son desarrolladas para reunir a especialistas en la lucha contra delitos bien definidos, como la trata de personas o los delitos ambientales.

Analizaremos estos grupos a continuación.

f) INTERPOL[30]

La Organización Internacional de Policía Criminal (International Criminal Police Organization – INTERPOL) es una organización intergubernamental, por la cual los 194 países miembros[31] comparten y acceden a datos sobre delitos y delincuentes.

INTERPOL también proporciona apoyo técnico y operativo a los países.

Cada uno de los países miembros alberga una Oficina/Bureau Central Nacional – BCN (Nacional Central Bureau – NCB), que conecta a las autoridades

[29] https://star.worldbank.org/about-us/frequently-asked-questions (acesso em 08/06/2019)
[30] https://www.interpol.int/
[31] https://www.interpol.int/Who-we-are/Member-countries

policiales nacionales con otros países y con la Secretaría General a través de la red mundial de comunicaciones policiales (llamada I-24/7).

La BCN busca la información necesaria de otros BCN para ayudar a investigar delitos o delincuentes en su propio país y compartir datos e informaciones criminales para ayudar a otro país.[32]

Como parte de su papel en las investigaciones globales, los BCN trabajan con:

- o Agencias de aplicación de la ley en su propio país
- o Otros BCN y Sub-Bureaus de todo el mundo
- o Oficinas de la Secretaría General en el mundo El trabajo a nivel internacional en cooperación con países u organizaciones internacionales se basa en la celebración de convenios.

INTERPOL forma alianzas con agencias gubernamentales de todo el mundo, proporcionando desde el intercambio de información y la suma de mano de obra y equipo hasta la cooperación en proyectos financiados por el gobierno en áreas delictivas relevantes para determinados países o donde expertos nacionales específicos fueron desarrollados[33].

Estos convenios gubernamentales, al adoptar un enfoque simplificado y coordinado, permiten fortalecer las capacidades de aplicación de la ley a nivel mundial, uniendo fuerzas con organizaciones que comparten objetivos y valores similares, y evitan la duplicación.

INTERPOL coopera con socios del sector público, incluidas las principales organizaciones internacionales, y mantiene oficinas de representación en la Unión Africana, la Unión Europea y las Naciones Unidas [34]

INTERPOL y la Unión Europea trabajan en colaboración en asuntos de interés común, compartiendo sus recursos y experiencia. INTERPOL es un socio clave para la UE en el ámbito de la seguridad exterior, migración irregular,

[32] Estadísticas y outra información sobre las 17 bases de datos de Interpol: https:// www.interpol.int/Howwe-work/Databases

[33] https://www.interpol.int/Our-partners/Government-partners

[34] https://www.interpol.int/Our-partners/International-organization-partners (acesso em 12/06/2019).

lucha contra el terrorismo y el crimen organizado[35]. La oficina especial de INTERPOL en la UE, con sede en Bruselas, trabaja para garantizar que las preocupaciones de la aplicación de la ley a nivel mundial estén adecuadamente representadas en las iniciativas de la UE y en las decisiones políticas. Uno de sus objetivos, en términos de cooperación, es precisamente promover la colaboración con la UE en áreas relacionadas con la aplicación de la ley para garantizar una cooperación internacional lo más sólida posible en materia de seguridad y contra el crimen y el terrorismo, y garantizar que cada una de las partes se beneficie plenamente de lo que el otro puede ofrecer.

INTERPOL también trabaja en cooperación con agencias de la UE (EUROPOL, EUROJUST, FRONTEX, CEPOL, EU-LISA) en proyectos conjuntos para aumentar el acceso a las bases de datos de INTERPOL, programas de entrenamiento y desarrollo de capacidades, además de otras iniciativas.

También desempeña el papel de Observador Permanente en las Naciones Unidas. Status establecido inicialmente por la Resolución 51/1 de la Asamblea General y formalizado en un Acuerdo de Cooperación en 1997[36]. La cooperación entre INTERPOL y la ONU se realiza especialmente con respecto al terrorismo y la trata de personas, además del envío de notificaciones especiales emitidas para alertar a las autoridades sobre la aplicación de la ley a individuos y entidades sujetas a sanciones por parte del Consejo de Seguridad de la ONU[37]. INTERPOL colabora con diversas agencias de la ONU, especialmente la Oficina de las Naciones Unidas contra la Droga y el Delito (ONUDD) en áreas de interés común: desde el tráfico de drogas ilícitas hasta la trata de seres humanos y el tráfico de migrantes, armas de fuego, gestión de fronteras, lucha contra el terrorismo, así como cibercrimen y seguridad ambiental.

[35] https://www.interpol.int/Our-partners/International-organization-partners/INTERPOL--and-the- EuropeanUnion (acesso em 12.06.2019)

[36] https://www.interpol.int/Our-partners/International-organization-partners/INTERPOL--and-the-United-Nations (acesso em 12.06.2019)

[37] Avisos especiales del Consejo de Seguridad de la ONU. https://www.interpol.int/Our- partners/Internationalorganization-partners/INTERPOL-and-the-United-Nations/INTERPOL-United-Nations- Security-CouncilSpecial-Notices; Resoluções aprovadas pela Nações Unidas relacionadas ao papel da INTERPOL: https://www.interpol.int/Our-partners/International--organization-partners/INTERPOL-and-the-UnitedNations/UNGA-and-UNSC-resolutions--highlighting-INTERPOL-s-role (acesso em 12/06/2019)

Entre las iniciativas formuladas en conjunto con las Naciones Unidas, se destacan:

- CRIMJUST (INTERPOL, UNODC y Transparency International): reúne a países de América Latina, el Caribe y África Occidental. Se centra en identificar y desmantelar redes delictivas organizadas a través de respuestas efectivas de la justicia penal, incluidas las investigaciones previas y posteriores a la incautación, la construcción de casos sólidos para la acusación y la garantía de condenas para los delincuentes.
- AIRCOP – Aircraft Communication Project (UNODC, World Customs Organization e INTERPOL): fortalece las capacidades de los aeropuertos internacionales de África, América Latina, el Caribe y Oriente Medio para detectar e interceptar drogas ilícitas y otros bienes, así como pasajeros de alto riesgo.

INTERPOL también lleva a cabo una variedad de proyectos conjuntos con otras entidades de la ONU, incluidas iniciativas para aumentar el acceso a bases de datos y programas de capacitación. Entre las entidades, se destacan: Departamento de Operaciones de Paz de las Naciones Unidas (DPO); Oficina de Asuntos de Desarme de las Naciones Unidas (UNODA); Departamento de Seguridad y Protección de las Naciones Unidas (UNDSS); Programa de las Naciones Unidas para el Medio Ambiente (PNUMA); Organización de las Naciones Unidas para la Educación, la Ciencia y la Cultura (UNESCO); Comité del Consejo de Seguridad de las Naciones Unidas establecido en virtud de la resolución 1540 (2004); Oficina de Servicios de Supervisión Interna de las Naciones Unidas (UNOIOS); Departamento de Gestión de las Naciones Unidas (UNDM); Departamento de Asuntos Políticos de las Naciones Unidas (UNDPA); Tribunales ad hoc de las Naciones Unidas[38].

[38] https://www.interpol.int/Our-partners/International-organization-partners/INTERPOL--and-the-United-Nations (acesso em 12/06/2019)

g) AMERIPOL[39]

La Comunidad de Fuerzas Policiales de América (AMERIPOL), nació durante la III Reunión de Directores, Comandantes y Jefes de Policía de América Latina y el Caribe, en Bogotá DC, Colombia, del 12 al 15 de noviembre de 2007 en las instalaciones del Centro Social de Oficiales de la Policía Nacional de Colombia. Este mecanismo de cooperación policial es implementado con el objetivo de compartir información en tiempo real, garantizando de manera horizontal que policías de diferentes países puedan operar simultáneamente para neutralizar la delincuencia y garantizar que todos los ciudadanos del hemisferio estén libres de amenazas.

En este sentido, las Fuerzas y/o Instituciones Policiales ratifican acordar con la creación, organización y operación de AMERIPOL, como el primer mecanismo del tipo policial como instrumento categórico, eficaz, práctico y permanente de cooperación.

La Unidad AMERIPOL (UNA) es la unidad permanente que cada Cuerpo de Policía e institución contraparte miembro debe estructurar dentro de su institución para permitir la comunicación directa con la Secretaría Ejecutiva; tiene a su cargo el desempeño de las funciones pertinentes para el intercambio de información, asistencia mutua y cooperación policial de acuerdo con el estatuto de la Comunidad Policial de América, a fin de implementar los acuerdos y compromisos. Es también el contacto directo y permanente de cada miembro con las Coordinaciones (Educación y Doctrina, Intercambio de Información, Cooperación Técnica Científica policial, Apoyo y Asistencia a la Investigación Criminal) de la Secretaría Ejecutiva.

Cada Unidad AMERIPOL designará un Jefe de la UNA, y también contará internamente con cuatro funcionarios que serán responsables de cada pilar: Educación y Doctrina, Intercambio de Información, Cooperación Técnica – Científico Policial y Apoyo a la Investigación Criminal y Asistencia Judicial.

Cada institución tendrá al menos tres empleados, teniendo en cuenta el perfil del cargo y las competencias laborales:

[39] <http://www.ameripol.org>

1. Jefe de la Unidad AMERIPOL
2. Responsable de la Educación y Doctrina, Responsable de la Cooperación Técnica Científica Policial.
3. Responsable de Intercambio de Información, Apoyo Responsable de Investigación Criminal y Asistencia Judicial.

Funciones de la unidad AMERIPOL:

1. Articular al interior de cada Cuerpo de Policía e institución contraparte, la atención y respuesta a los requisitos y actividades derivadas de los acuerdos y compromisos adquiridos como miembro de AMERIPOL.
2. Canalizar procesos de información y cooperación en entrenamiento y doctrina, intercambio de información, asistencia técnico-científica policial e investigación criminal y asistencia judicial.
3. Mantener una comunicación permanente y activa con la Secretaría Ejecutiva, a través de las herramientas oficiales de comunicación que brinda AMERIPOL.
4. Informar a la Secretaría Ejecutiva en tiempo hábil los cambios de mando dentro de su institución policial.
5. Adoptar los parámetros establecidos en el Protocolo de Guía de la Unidad AMERIPOL.

La Secretaría Ejecutiva es la oficina ejecutora de las disposiciones establecidas por el Consejo de Administración y por la Presidencia de la Comunidad Policial de América (AMERIPOL), será elegido por y entre quienes integran el Consejo de Administración por períodos de tres años, excepto cuando el final de su mandato coincida con el traspaso de la Presidencia; en este caso, su mandato como Secretaría Ejecutiva se extiende por un año más. Compete a la secretaría ejecutiva: coordinar la cooperación científico-técnica de la policía; coordinar el intercambio de información; coordinar el apoyo a la investigación criminal y asistencia judicial; coordinar la educación y la doctrina.

h) Redes desarrolladas por el Programa Europeo EL PAcCTO

El programa EL PAcCTO (Programa de Asistencia contra el Crimen Transaccional Organizado – Europa – América Latina) es un programa de asistencia técnica internacional financiado por la Unión Europea que tiene como objetivo compartir las mejores prácticas entre países europeos y latinoamericanos y fortalecer las competencias de los actores involucrados en la lucha contra el crimen. Sus actividades están estructuradas en torno a tres pilares: cooperación policial, cooperación entre sistemas judiciales y fortalecimiento de los sistemas penitenciarios.

El proyecto requiere una participación activa de los países de la región, y, así como en las redes, la metodología empleada es la de designar puntos focales que reciben asistencia europea y adaptan las experiencias aprendidas a la realidad de sus países.

En el eje de la cooperación policial, se han creado varias redes, con el impulso europeo, con el claro propósito de intensificar la capacidad de las fuerzas de seguridad para llevar a cabo investigaciones criminales y operaciones conjuntas en la región. Ellas son:

Red Jaguar

De acuerdo con datos de 2018 de Interpol y el Programa de las Naciones Unidas para el Medio Ambiente (ONU Medio Ambiente), los delitos ambientales hacen girar aproximadamente entre 91 mil millones y 259 mil millones de dólares al año, lo que convierte a este delito en el tercer negocio más rentable, solo superado por el narcotráfico y la trata de personas.

La Red de policías especializados en delitos ambientales en América Latina y la Unión Europea (Red Jaguar) fue creada en 2019 como respuesta a una demanda de los gobiernos de los países amazónicos con el claro objetivo de promover y fortalecer la cooperación entre autoridades competentes para la investigación, el intercambio de información estratégica, buenas prácticas y el modus operandi de organizaciones criminales.

La Red está conformada por 15 instituciones de 12 países de América Latina y de la Unión Europea, incluida EUROPOL, y sus miembros trabajan en coordinación con la Oficina Regional de INTERPOL en Buenos Aires, en acciones operativas específicas e intercambio de información.

Red Elipsia

Desde 2017, el programa EL PAcCTO también se ha enfocado en la lucha contra el cibercrimen y la lucha contra la pornografía infantil, en el ámbito de la cooperación policial, a través de la red "ELIPSIA", que cuenta con la participación de 13 países latinoamericanos, 6 países europeos, además de integrantes de Europol e Interpol.

Durante la actual coyuntura de pandemia mundial, en la que adultos y menores pasan la mayor parte del tiempo en sus hogares, confinados, se registra un crecimiento de cientos de delitos, en particular el cibercrimen. Así, la red Elipsia comenzó a dedicarse a los estudios de pedofilia en Internet, reforzando la cooperación policial entre sus integrantes.

Red ARCO

El tráfico de armas representa una amenaza y afecta la seguridad de todos los ciudadanos. Para enfrentar este delito, el programa europeo EL PAcCTO trabaja, en conjunto con el continente latinoamericano, en la lucha contra el tráfico ilícito de armas, piezas, componentes, municiones y materiales relacionados a través de la Red ARCO. La red ha desarrollado acciones de entrenamiento en investigaciones cibernéticas y el rastreo de armas de fuego.

La Red también lanzó la revista ARCO, que tiene como objetivo difundir investigaciones exitosas, modelos europeos y latinoamericanos del *modus operandi* de las organizaciones criminales y descripción de los fenómenos emergentes.

Red COPEN

Los sistemas penitenciarios de América del Sur también han desarrollado su red de cooperación con fines de inteligencia, RedCOPEN (Red de Intercambio de Información Penitenciaria), herramienta de intercambio de datos penitenciarios que se está siendo desarrollada con el apoyo del Programa EL

PAcCTO, con el objetivo de combatir la infiltración criminal en los centros penitenciarios de la región.

Redes del Ministerios Públicos

Además de las agrupaciones internacionales policiales, los miembros de los Ministerios Públicos crearon sus redes de cooperación para la lucha contra diversos delitos transnacionales. La gran mayoría de estas están comprendidas por la Asociación Iberoamericana de Ministerios Públicos – AIAMP.

A continuación, analizaremos algunas de estas redes.

Red contra la trata de personas y el tráfico ilícito de migrantes – REDTRAM

La Red Iberoamericana de Fiscales Especializados en Trata de Personas y Tráfico Ilícito de Migrantes (REDTRAM) fue constituida en 2011 en el ámbito de la Asociación Iberoamericana de Ministerios Públicos (AIAMP), con la adhesión de los países al "Protocolo de Cooperación Interinstitucional para fortalecer la investigación, atención y protección a las víctimas del delito de trata de personas entre los Ministerios Públicos Iberoamericanos.

Cada uno de los 21 países miembros han designado un punto de contacto nacional para integrar esta red y los Procuradores Generales Iberoamericanos definieron sus objetivos, creando mecanismos ágiles para proteger a las víctimas de este delito, a fin de superar los inconvenientes de lentitud y de formalismo excesivo de los instrumentos de cooperación jurídicainternacional.

La red se reúne una vez al año y también trabaja en acciones de capacitación en la región. Al final de cada reunión anual, se firma una acta de compromiso. Su labor, a lo largo del año, se realiza a través de la plataforma de la Red Iberoamericana de Cooperación Jurídica Internacional (IberRed), a través de la cual cada miembro del Ministerio Público posee un nombre de usuario y una contraseña, garantizando la seguridad en la transmisión de la información.

Red de Fiscales Antidroga de Iberoamérica – RF

La Red de Fiscales Antidroga de Iberoamérica (RFAI) fue creada en julio de 2014 y es el resultado de la estrategia global de la AIAMP, que tiene como objetivo fortalecer las investigaciones contra el narcotráfico. La red fue construida con la elaboración de una "Guía de Buenas Prácticas en la Investigación del delito de narcotráfico y lavado de dinero (2010- 2011)".

Realiza actividades de formación e intercambio de buenas prácticas, a través de una plataforma online, y en los últimos años ha venido reforzando su componente operativo, con base en el mecanismo legal de información espontánea.

La transmisión activa de información relacionada con las investigaciones en curso, con carácter transnacional, brinda celeridad a la cooperación pretendida. El instituto de entrega controlada es también una de las prioridades de la red, que desarrolló el "Protocolo de Entregas Controladas aplicable en todas las Fiscalías de la AIAMP", con el objetivo de establecer pautas que atiendan a la urgencia de estas operaciones, garantizando el cumplimiento de los requisitos necesarios para la presentación válida de pruebas ante los tribunales.

Red de delincuencia cibernética – CiberRED

Mientras crece el uso de Internet para los fines más diversificados, también aumenta su uso para fines ilícitos. Esta realidad sin fronteras requiere una mayor agilidad por parte de los investigadores.

La Red Iberoamericana de Fiscales Públicos de Delitos Cibernéticos (CiberRED) fue creada en Lisboa en febrero de 2018, como resultado de una resolución de la Asamblea General de la Asociación Iberoamericana de Ministerios Públicos (AIAMP). Es una red de fiscales especializados en investigación penal y acción penal contra delitos cibernéticos, con puntos de contacto en los diversos países iberoamericanos. Los objetivos de esta red son promover y mejorar el intercambio de información sobre los diferentes ordenamientos jurídicos iberoamericanos en esta materia; promover el intercambio de conocimientos y experiencias en el área; generar y difundir buenas prácticas y, sobre todo, optimizar y agilizar la cooperación institucional y las solicitudes de cooperación judicial internacional entre los diferentes países.

Red Iberoamericana de Fiscales Contra la Corrupción

La Red Iberoamericana de Fiscales Contra la Corrupción busca establecer mecanismos de simplificación e intercambio de información para reprimir los delitos económicos, sistematizar un listado de buenas prácticas adoptadas por cada país, así como reunir jurisprudencia y documentos relacionados con la lucha contra la corrupción a nivel tanto nacional como regional.

Cuenta con el apoyo del Programa de la Unión Europea para la Cohesión Social en América Latina (Eurosocial +) bajo la línea de acción "Buena Gobernanza y Lucha contra la Corrupción". Ha lanzado la publicación "Buenas Prácticas – Lucha contra la Corrupción – con el objetivo de resaltar los avances de los países en la lucha contra este delito.

Las redes especializadas en la lucha contra el narcotráfico y los delitos cibernéticos de la AIAMP también han apoyado la creación de redes sobre estos temas en el ámbito de la Comunidad de los Países de Lengua Portuguesa – CPLP.

La *Red de Fiscales Antidrogas de la Comunidad de Países de Lengua Portuguesa (RPA-CPLP),* por ejemplo, fue creada por decisión de los Fiscales Generales de la CPLP.

Asimismo, durante la XIV Reunión de Fiscales Generales de los Países de Lengua Portuguesa fue aprobada la creación del *Fórum de Cibercrimen y Prueba Digital,* con la alegación de que el idioma común fortalece las redes criminales y, por lo tanto, resulta necesaria una mayor articulación entre los responsables de la persecución penal.

Otros mecanismos de cooperación policial

Las redes de cooperación analizadas hasta ahora siguen protocolos y modelos de acción similares, con puntos de contacto designados por las instituciones competentes, que desarrollan sus actividades desde sus países. En los últimos años se han desarrollado otros mecanismos de cooperación internacional que privilegian el trabajo de cooperación *in situ,* con intercambio de información y acceso a la base de datos, en forma presencial y en tiempo real. Veremos estos modelos a continuación.

Comando tripartito

La cooperación policial en las fronteras de Brasil es uno de los pilares de la política de seguridad pública del país. El Comando Tripartito es un mecanismo de cooperación que fue concebido, en 1996, por los Ministros de Seguridad Pública de Brasil, Argentina y Paraguay, para mejorar el diálogo entre las fuerzas de seguridad de las ciudades de Foz do Iguaçu, Puerto Iguazú y Ciudad del Este, y que se encuentra en vigor desde entonces.

Los gobiernos de Argentina, Brasil y Paraguay, siendo el primero de ellos el responsable por liderar la iniciativa de inclusión del terrorismo internacional en la agenda de seguridad del Cono Sur, inmediatamente después del atentado contra la AMIA (Asociación Mutual Israelita Argentina) en Buenos Aires, en julio de 1994, crearon el Comando para la región de la triple frontera con el objetivo de intensificar el intercambio de información y la integración de bases de datos.

Esta institucionalización hacia la coordinación regional colectiva fue estructurada a través de un Memorándum de Entendimiento que prevé reuniones mensuales del Comando con el intercambio de información útil, oportuna y confiable para los organismos de seguridad y la planificación de acciones para la región.

Una de las principales características del Comando es su horizontalidad, uno de los principios fundamentales de las redes de cooperación. Las reuniones se realizan con la coordinación de uno de los países, alternativamente, y sus deliberaciones son descritas en actas del Comando.

Centro de Cooperación Policial Internacional de la Policía Federal (CCPI/PF)

El Centro de Cooperación Policial Internacional de la Policía Federal (CCPI/PF) tiene su sede en la ciudad de Rio de Janeiro, donde los delegados de la Policía Federal trabajan lado a lado con policías de Argentina, Bolivia, Chile, Colombia, Ecuador, Paraguay, Perú y Uruguay. El centro implementa la cooperación policial internacional, posibilitando el intercambio de información con autoridades policiales extranjeras, a través de la consulta de bases de datos en estos países, en interés de las investigaciones penales y acciones de seguridad, lo que proporciona agilidad y eficacia a la cooperación.

El Centro fue montado, por primera vez, en 2014, en la ciudad de Brasilia, con 205 policías extranjeros y 75 brasileños, que se desempeñaron en la seguridad para el Mundial de Fútbol. Agentes de seguridad extranjeros ayudaron a policías federales brasileños en el seguimiento de simpatizantes y en la identificación de posibles delincuentes, actuando de manera conjunta y colaborativa.

Posteriormente, el Centro fue reinaugurado en 2016, en la ciudad de Rio de Janeiro, con el fin de brindar seguridad a los ciudadanos durante los Juegos Olímpicos y Paralímpicos. Y, entonces, dados los excelentes resultados obtenidos con este modelo, se decidió mantener el Centro con la presencia de policías extranjeros que trabajan, a diario y en conjunto, para combatir el crimen.

7.6 Conclusión

Al mismo tiempo que los Organismos Internacionales fomentan la creación de redes de cooperación, los actores de los sistemas de justicia deben empeñarse en adaptarlas a las nuevas realidades. Como mencionado anteriormente, la tramitación electrónica de los pedidos de asistencia jurídica es, en la actualidad, defendida por los profesionales de la cooperación jurídica y las redes pueden ser remodeladas para cumplir con este propósito.

La multiplicación de redes también ha requerido nuevos estándares para su creación. Las redes deben nacer de la voluntad soberana y expresa de los Estados, con el posible apoyo de los Organismos Internacionales. Sus objetivos deben ser claros y bien definidos, y es aconsejable para ello contar con un protocolo que aborde sus principios fundamentales de operación, estableciendo su rol, las acciones que podrán ser realizadas en su ámbito, la competencia de las instituciones que la integran y los límites para el intercambio de información. La necesidad de establecer mecanismos de interacción entre las redes también ya es una realidad.

La asimetría de la información transmitida en las redes de cooperación existentes es un desafío a ser superado. Los países proporcionan datos a través de estos mecanismos, de acuerdo con lo que les es permitido por sus legislaciones internas, lo que resulta en un desequilibrio en la cooperación. Por este motivo, el conocimiento previo de estas limitaciones debe estar reflejado en el protocolo de creación de la red, de forma que no se generen expectativas frustradas de cooperación y retrasos en la ejecución de los pedidos, muy habituales en los casos prácticos actuales.

Además, como se explicó anteriormente, la información obtenida a través de los canales de las redes, formalmente instituidas por las instituciones encargadas de combatir actos ilícitos, se utiliza con fines de inteligencia y precede a los actos procesales, pero difícilmente podrá utilizarse en procesos judiciales en curso. Si bien el tema no es el objeto de este artículo, no se puede descuidar el debate sobre la validez jurídica de la información obtenida, dependiendo de su naturaleza, que debe realizarse mediante protocolos bilaterales o multilaterales, en el contexto de la Secretaría Ejecutiva de la red o fuera de ella, fortaleciendo el funcionamiento de este instrumento.

La coordinación de las redes es imperiosa y allí radica la importancia de una Secretaría Ejecutiva que mantenga actualizados los puntos de contacto institucionales, estratégicos y operativos en cada país, promueva encuentros presenciales, desarrolle herramientas de comunicación e intercambio de información y produzca datos estadísticos que pueden ser de gran utilidad en la elaboración de políticas públicas, a nivel nacional, y también en la construcción de programas de Foros regionales, interregionales e internacionales. Una secretaría puede impulsar proyectos de gran impacto con el apoyo de los Puntos Focales, como manuales de acción o propuestas de tratados internacionales, y también promover la asistencia técnica entre los países miembros.

Finalmente, las redes de cooperación internacional pueden convertirse en entidades supranacionales de cooperación, como es el caso de agencias europeas como Europol y Eurojust, o lo que pretende ser AMERIPOL con su futura institucionalización.

Referencias

BECHARA, Fabio Ramazzini. Cooperación jurídica internacional en materia penal: eficacia de la prueba producida en el exterior. São Paulo: Saraiva, 2011.

BORDIGNON, Fabiano. COOPERACIÓN POLICIAL INTERNACIONAL EN FRONTERAS, DE LOCAL A GLOBAL: EL COMANDO TRIPARTITO EN LA TRIPLE FRONTERA DE ARGENTINA, BRASIL Y PARAGUAY. UNIVERSIDAD ESTADUAL DEL OESTE DE PARANÁ – PROGRAMA DE MÁSTER EN SOCIEDAD, CULTURA Y FRONTERAS. LÍNEA DE INVESTIGACIÓN: TERRITORIO, HISTORIA Y MEMORIA.- 2019

BOTTINI, Pierpaolo Cruz, RIZZO, Beatriz Dias, ROCHA, Marcela. Algunas líneas sobre compliance criminal. En: CUEVA, Ricardo Villas Bôas y FRAZÃO, Ana. Compliance. Perspectivas y desafíos de los programas de cumplimiento. Belo Horizonte: Editora Fórum. 2014.

CERVINI, Raúl. De las garantías del concernido en la Cooperación Judicial Penal Internacional. En: ZAFFARONI, Eugenio Raúl; KOSOVSKI, Esther (ed.). *Estudios en homenaje al prof. João Marcello de Araujo Junior*. Rio de Janeiro: Lumen Juris, 2001.

DE BURCA, Grainne, KEOHANE, Robert O. Keohane y SABEL, Charles. New Modes of Pluralist Global Governance, 45 N.Y.U. J. Int'l L. & Pol. 723 (2013).

FERNANDES, Antonio Scarance. Reflexiones sobre las nociones de eficiencia y garantismo en el proceso penal. En: FERNANDES, Antonio Scarance; ALMEIDA, José Raul Gavião de;

MORAES, Maurício Zanoide de (Coord.). *Secreto en el proceso penal: eficiencia y garantismo*. São Paulo: RT, 2008.

FERRAJOLI, Luigi. Derechos y garantías: la ley del más débil. 4. ed. Madrid: Trotta, 2004.

GRAYCAR, Adam. International cooperation to combat money laundering. EN: NATARAJAN, Mangai. Cambridge: Cambridge University Press. 2011.

HOOGHE, Liesbet y Gary Marks. Types of multi-level governance *in* Handbook on Multi-level Governance edited by Henry Enderlein, Sonja Wälti e Michael Zürn. Edward Elgar Publishing Inc. Northampton. 2010.

JACKSON, John D., SUMMERS, Sarah J. "The internationalization of criminal evidence. Beyond the Common Law and Civil Law Traditions". Cambridge. 1a. edición. 2012, pág. 6-7.

JAPIASSÚ; Carlos Eduardo A.; PUGLIESE, Yuri Sahione. La cooperación internacional en materia penal en el derecho brasileño. En: PAGLIARINI, Alexandre Coutinho; CHOUKR, Fauzi Hassan (coord.). *Cooperación Jurídica Internacional*. Belo Horizonte: Fórum, 2014.

KILMAR, Cibelle Mortari y AMOROSO, Hugo von Acken Erdmann. Responsabilidad de socios, administradores y directores: facetas aplicadas del criminal compliance. In: NOHARA, Irene Patrícia y PEREIRA, Flávio de Leão Bastos. Gobernanza, Compliance y Ciudadanía. São Paulo: Revista dos Tribunais. 2018.

KRAHMAN, Elke. National, Regional and Global Governance: one phenomenon or many? Global Governance 9 (2003).

RAMOS, André de Carvalho. Estructura de la cooperación jurídica internacional y el nuevo Derecho Internacional Privado. En: PAGLIARINI, Alexandre Coutinho; CHOUKR, Fauzi Hassan (coord.). *Cooperación Jurídica Internacional*. Belo Horizonte: Fórum, 2014.

SILVA, Ricardo Perlingeiro Mendes da. Cooperación jurídica internacional y asistencia directa. *Revista CEJ*. norte. 32, v. 10, 2006.

SLAUGHTER, Anne-Marie HALE, Thomas N. Transgovernmental networks and multi-level governance. EN: ENDERLEIN, Henrik, WÄLTI, Sonja y ZÜRN, Michael. Handbook on Multi-level Governance. Massachusetts: EE, 2010.

SOUZA, Carolina Yumi de. Cooperación jurídica internacional en materia penal: consideraciones prácticas. *Revista Brasileña de Ciencias Penales*. n. 71, v. 16, 2008.

TOFFOLI, José Antonio Dias; CESTARI, Virgínia Charpinel Junger. Mecanismos de cooperación jurídica internacional en Brasil. En: Brasil. Ministerio de Justicia *Manual de cooperación jurídica internacional y recuperación de activos: cooperación en materia penal.* 1ª ed. DRCI, SNJ, MJ: Brasilia, 2008.

VAZ, Denise Provasi y BECHARA, Fábio Ramazzini IN: VAZ, Denise Provasi, DESEM, Guilherme Madeira, ZILLI, Marcos Alexandre Coelho, LOPES, Mariângela Tomé. Eficiencia y garantía en el proceso penal. Estudios en homenaje a Antonio Scarance Fernandes. São Paulo: Editorial LiberArs. 2016.

ZAGREBELSKY, Gustavo. *Derecho dúctil.* ley, derechos, justicia. 5. ed. Madrid: Trotta, 2003.

https://www.justica.gov.br/sua-protecao/cooperacao-internacional/atuacao- internacional- 2/redes-de-cooperacao (consultado el 08/06/2019)

https://www.justica.gov.br/sua-protecao/cooperacao-internacional/atuacao- internacional- 2/redes-de-cooperacao (consultado el 08/06/2019)

https://e-justice.europa.eu/content_ejn_in_criminal_matters-22-pt.do;

https://www.ejn- crimjust.europa.eu/ejn/EJN_Home.aspx. (consultado el 08/06/2019)

https://eur-lex.europa.eu/legal-content/PT/TXT/HTML/?uri=CELEX:32008D0976&from=EN. (consultado el 08/06/2019)

https://e-justice.europa.eu/content_eurojust-23-pt.do; http://www.eurojust.europa.eu/Pages/languages/pt.aspx (consultado el 08/06/2019)

http://www.eurojust.europa.eu/doclibrary/Eurojustframework/ejdecision/New%20Eurojust%2 0Decision%20(Council%20Decision%202009-426-JHA)/Eurojust-Council- Decision-2009- 426-JHA-PT.pdf (consultado el 08/06/2019)

https://www.europol.europa.eu/ (consultado el 12/06/2019) https://www.europol.europa.eu/partners-agreements/member-states (consultado el 12/06/2019) https://www.europol.europa.eu/partners-agreements/strategic-agreements. (consultado el 12/06/2019).

https://www.europol.europa.eu/partners-agreements/operational-agreements (consultado el 12/06/2019)

http://www.eurojust.europa.eu/Practitioners/JITs/Pages/historical- background.aspx(consultado el 08/06/2019)

http://www.eurojust.europa.eu/doclibrary/JITs/JITs%20framework/2000%20EU%20Mutual%20Legal%20Assistance%20Convention/CAonMLA-2000-05-29-EN.pdf (2000) e http://www.eurojust.europa.eu/doclibrary/JITs/JITs%20framework/Framework%20Decisio n%202002-465-JHA%20on%20JITs/CFDonJITs-2002-06-13-EN.pdf (2002) (consultado el 08/06/2019) http://www.eurojust.europa.eu/Practitioners/JITs/Pages/legal-framework.aspx(consultado el 08/06/2019)

http://www.eurojust.europa.eu/doclibrary/JITs/JITs%20framework/2000%20EU%20Mutualecision%20Legal%20Assistance%20Convention/CAonMLA-2000-05-29-EN.pdf; Decisión-Marco 2002/465 / JAI:

http://www.eurojust.europa.eu/doclibrary/JITs/JITs%20framework/Framework%20D%202002-465-JHA%20on%20JITs/CFDonJITs-2002-06-13-EN.pdf; Acuerdo Eurojust e Europol: http://www.eurojust.europa.eu/doclibrary/Eurojust-framework/agreements/Agreement%20between%20Eurojust%20and%20Europol%20(2010)/Eurojust-Europol-2010-01-01-EN.pdf; Reglamento Europol: https://eur-lex.europa.

eu/legal- content/EN/TXT/?qid=1479897160399&uri=CELEX:32016R0794. (consultado el 08/06/2019)

https://www.europol.europa.eu/activities-services/sirius-project; (consultado el 08/06/2019) https://www.europol.europa.eu/newsroom/news/europol-launches--sirius- platform-to- facilitate-online-investigations(consultado el 08/06/2019)

https://e-justice.europa.eu/content_european_arrest_warrant-90- pt.do?clang=pt (consultado el 08/06/2019)

https://e-justice.europa.eu/content_evidence-92-pt.do?clang=pt(consultado el 08/06/2019) https://e-justice.europa.eu/content_freezing_of_assets_and_evidence- 93- pt.do?clang=pt(consultado el 08/06/2019)

https://e-justice.europa.eu/content_confiscation-94-pt.do?clang=pt(consultado el 08/06/2019)

https://e-justice.europa.eu/content_criminal_records-95-pt.do?clang=pt(consultado el 08/06/2019)

https://e-justice.europa.eu/content_pre_and_posttrial_measures-96- pt.do?clang=pt (consultado el 08/06/2019)

https://e- justice.europa.eu/content_mutual_recognition_of_protection_measures-358-pt.do?clang=pt(consultado el 08/06/2019)

https://e- justice.europa.eu/content_mutual_recognition_of_financial_penalties-388-pt.do?clang=pt(consultado el 08/06/2019)

https://www.justica.gov.br/sua-protecao/cooperacao-internacional/atuacao- internacional- 2/redes-de-cooperacao/rede-groove;

http://web.oas.org/mla/pt/Paginas/default.as px; http://www.oas.org/juridico/mla/pt/index.html(consultado el 08/06/2019)

http://www.oas.org/en/sla/dlc/remja/(consultado el 08/06/2019) http://www.oas.org/juridico/portuguese/doc_washington_VII_por.pdf (consultado el
08/06/2019)

http://web.oas.org/mla/pt/Paginas/default.aspx e http://www.oas.org/juridico/mla/pt/index.html(consultado el 08/06/2019) https://www.justica.gov.br/sua-protecao/cooperacao-internacional/atuacao-internacional- 2/redes-de-cooperacao/iberrede e https://iberred.org/pt(consultado el 08/06/2019)

http://www.cmjplop.org/pt-PT/Rede-Judiciaria-da-CPLP/Historico.aspx(consultado el 08/06/2019)

http://www.cmjplop.org/pt-PT/Rede-Judiciaria-da-CPLP/Estrutura-e-composicao.aspx(consultado el 08/06/2019)

http://www.cmjplop.org/pt-PT/Rede-Judiciaria-da-CPLP/Atlas- Judiciario.aspx(consultado el 08/06/2019)

https://www.gafilat.org/index.php/es/(consultado el 08/06/2019) https://www.gafilat.org/index.php/es/espanol/18-inicio/gafilat/49-red-de-
recuperacion-de- activos-del-gafilat-rrag(consultado el 08/06/2019)

https://www.interpol.int/en/Crimes/Corruption/Asset-recovery#pt-1; https://star.worldbank.org/ (consultado el 08/06/2019)

https://star.worldbank.org/about-us/frequently-asked-questions (consultado el 08/06/2019) https://www.interpol.int/ (consultado el 12/06/2019) https://www.interpol.int/Who-we-are/Member-countries(consultado el 12/06/2019) https://www.interpol.int/How-we-work/Databases(consultado el 12/06/2019)

https://www.interpol.int/Our-partners/Government-partners

https://www.interpol.int/Our-partners/International-organization-partners (consultado el12/06/2019).

https://www.interpol.int/Our-partners/International-organization- partners/INTERPOL-and- the-European-Union (consultado el 12.06.2019)

https://www.interpol.int/Our-partners/International-organization- partners/INTERPOL-and-the-United-Nations (consultado el 12.06.2019)

https://www.interpol.int/Our-partners/International-organization- partners/INTERPOL-and-the-United-Nations/INTERPOL-United-Nations-Security- Council-Special--Notices; (consultado el 12/06/2019)

Resoluções aprovadas pela Nações Unidas relacionadas ao papel da INTERPOL: https://www.interpol.int/Our-

partners/International-organization-partners/INTERPOL-and-the-United-Nations/UNGA-and-UNSC-resolutions-highlighting-INTERPOL-s-role (consultado el 12/06/2019)

https://www.interpol.int/Our-partners/International-organization- partners/INTERPOL-and- the-United-Nations (consultado el 12/06/2019)

https://s3-us-west-2.amazonaws.com/acfepublic/2018-report-to-the-nations.pdf (consultado el 13/06/2019)

https://nacoesunidas.org/corrupcao-custa-mais-de-us-26-trilhoes-por-ano-alerta-pnud (consultado el 13/06/2019)

https://www.oecd.org/cleangovblz/49693613.pdf (consultado el 13/06/2019). https://eurosocial.eu/wp-content/uploads/2019/09/14_19_Livro_Boas_Praticas_Contra_Corrupcao.pdf

https://documents-dds- ny.un.org/doc/UNDOC/LTD/V21/006/54/PDF/V2100654.pdf?OpenElement

8. CUADRO COMPARATIVO DE LEGISLACIÓN

8.1 Marco de referencia

	LEGISLACIÓN BRASILEÑA	LEGISLACIÓN ARGENTINA	LEGISLACIÓN PARAGUAYA	LEGISLACIÓN URUGUAYA
	DEFINICIÓN: "Grupo criminal organizado": grupo estructurado de tres o más personas, que existe desde hace algún tiempo y actúa concertadamente con el fin de cometer uno o más delitos graves o previstos en la presente convención, con la intención de obtener, directa o indirectamente, un beneficio económico u otro beneficio material. (Convención De Palermo)			
CRIMEN ORGANIZADO	Cp Ley Nº 2848/40 Art. 288 (Asociación Criminal)	Ley N° 26733 Cp Art. 210 (Asociación Ilícita)	Ley Nº2298/2003; Ley 2116/2007 (Que Aprueba El Protocolo Contra La Fabricación Y El Tráfico Ilícito De Armas De Fuego, Sus Piezas Y Componentes Y Municiones, Que Complementa La Convención De Las Naciones Unidas Contra La Delincuencia Organizada Transnacional). Ley Nº 3533/2008; Ley No. 6.431 / 2019 (Que Crea El Procedimiento Especial Para La Aplicación De Confiscación, Confiscación Especial, Privación De Beneficios Y Ganancias Y Confiscación Autónoma).	Ley 15.322 (1982) - Aprueba El Sistema De Intermediación Financiera
	DECRETO N.º 5.015/04	Cp 145 I Art. 145 Bis	Ley N ° 6396/2019 (Modifica El Artículo 46 De La Ley N ° 5876/17 "Sobre La Administración De Bienes Incautados Y Confiscados).	Ley 17.060 (1999) - Prohíbe Y Sanciona El Uso Del Poder Público En Beneficio De La Corrupción
	DECRETO Nº 5016/04 (PROTOCOLO ADICIONAL A LA CONU)	Ley Nº 25.632 (Convención De Las Naciones Unidas Contra O Crimen Organizado Transnacional)	Ley N ° 6.446 / 19 (Crea El Registro Administrativo De Personas Y Estructuras Jurídicas Y El Registro Administrativo De Beneficiarios Finales De Paraguay.)	Ley 18.056 (2006) - Convención De Las Naciones Unidas Contra La Corrupción

	DECRETO Nº 5017/04 (PROTOCOLO ADICIONAL A LA CONU)	Proyecto De Ley: "Por El Cual Se Crean Juzgados Penales De Garantías, De Ejecución Penal,	Ley N° 6.379 / 2019 (Crea La Competencia En Delitos Económicos Y Crimen Organizado En La Jurisdicción Del Foro Penal.) Decreto Federal 8.903, Del 16 De Noviembre De 2016 (Programa De Protección Integrada De Fronteras (Ppif)	Ley 18.381 (2008) - Ley De Acceso A La Información Pública
	LEY N.º 11.343/06 ART. 35 (LEY SOBRE AS DROGAS)		Convención De Las Naciones Unidas Contra O Crimen Organizado Transnacional	Ley 18.930 (2012) - Reglamento De Información Sobre Participación Patrimonial Del Operador Con Destino Al Bcu
	LEY Nº 12850/13 (Organización Criminosa)			Ley 17.861 (Convención De Las Naciones Unidas Contra O Crimen Organizado Transnacional

	DEFINICIÓN: La corrupción es una plaga insidiosa que tiene una amplia gama de efectos corrosivos. en las sociedades. socava la democracia y el estado de derecho, conduce a violaciones de derechos humanos, distorsiona los mercados, corroe la calidad de vida y permite que el delito, el terrorismo y otras amenazas a la seguridad humana florezcan. (uncac) el concepto de corrupción es amplio e incluye las prácticas de soborno y cohecho, fraude, apropiación indebida o cualquier otro desvío de recursos por parte de un funcionario público. además, puede involucrar casos de nepotismo, extorsión, tráfico de influencias, uso de información privilegiada para fines personales y la compra y venta de sentencias judiciales, entre varias otras prácticas. (UNODC)			
	LEGISLACIÓN BRASILEÑA	**LEGISLACIÓN ARGENTINA**	**LEGISLACIÓN PARAGUAYA**	**LEGISLACIÓN URUGUAYA**
CORRUPCIÓN	Cp Ley Nº 2848/40: Art. 317 E 333.	No Está Tipificada En El Código Penal El Concepto Engloba Múltiples Delitos Contra La Administración Pública: Cohecho (Pago De Sobornos); Entrega De Presentes (Dádiva); Tráfico De Influencias; Malversación De Fondos Públicos; Enriquecimiento Ilícito	Ley Nº 977/96 (Convención Interamericana Contra La Corrupción)	Ley 15.322 (1982) - Aprueba El Sistema De Intermediación Financiera
			Ley Nº 5282 (Libre Acceso Del Ciudadano A La Información Pública)	
			Ley Nº 2880 (Pune Crímenes Contra El Patrimonio)	
			Ley Nº 5295/14 (Pprohíbe El Nepotismo)	
	Ley Nº 12846/13 (Pj)	Ley Nº 26097 (Aprueba La Convención De La Onu Contra La Corrupción, Adoptada En Ny En 2003.)	Ley Nº2523/04 (Previene Y Sanciona El Enriquecimiento Ilícito Y El Tráfico De Influencia)	Ley 17.060 (1999) - Prohíbe Y Sanciona El Uso Del Poder Público En Beneficio De La Corrupción
		Ley Nº 27401/17 (Ley Anticorrupción; Responsabilidad Penal De La Persona Jurídica)	Ley N ° 6379/2019 (Crea La Competencia En Delitos Económicos Y Crimen Organizado En La Jurisdicción Del Foro Penal).	Ley 18.056 (2006) - Convención De Las Naciones Unidas Contra La Corrupción
	Decreto Nº 3678/00 (Convención Da Onu)		Ley N ° 6.430 / 19 (Que Previene, Tipifica Y Sanciona Los Actos Punibles De Soborno Internacional)	Ley 18.381 (2008) - Ley De Acceso A La Información Pública
			Corrupción: Ley 2535 (Aprueba La Convención De La Onu)	Ley 18.930 (2012) - Reglamento De Información Sobre Participación Patrimonial Del Operador Con Destino Al Bcu)

LAVADO DE DINERO Y FINANCIACIÓN DEL TERRORISMO

DEFINICIÓN:

El lavado de dinero puede conceptualizarse como el proceso utilizado para ocultar o disfrazar el origen ilícito de determinados activos financieros o bienes patrimoniales con el fin de darles apariencia legal para futura utilización. (Receta Federal) El delito de lavado de dinero se caracteriza por un conjunto de operaciones comerciales o financieras que buscan incorporar, temporal o permanentemente, a la economía de cada país, recursos, bienes y valores de origen ilícito y que se desarrollan a través de un proceso dinámico que teóricamente involucra tres fases independientes que con frecuencia ocurren simultáneamente. (COAF)

LEGISLACIÓN BRASILEÑA	LEGISLACIÓN ARGENTINA	LEGISLACIÓN PARAGUAYA	LEGISLACIÓN URUGUAYA
Ley Nº 9613/98	Ley Nº 26733 Art. 303	Ley 1160/97código Penal	Ley 17.861 (2004) - Convención De Las Naciones Unidas Contra El Crimen Organizado Transnacional Y Sus Protocolos Complementarios
		Ley Nº1015/97 (Previene Y Combate Actos Ilícitos Para La Legitimación De Capital Y Bienes)	
		Ley Nº 4024 (Penaliza Atos Passíveis De Serem Classificados Como Terrorismo, Asociación Terrorista E Financiamento Do Terrorismo)	Ley 19.574 (2017) - Ley De Lavado De Dinero Y Financiación Del Terrorismo
		Ley Nº 4503/2011 (Paralización De Fondos Y Activos Financieros)	
Ley Nº 12683/12	Ley N° 25.246 (Encubrimiento. Unidad De Inteligencia Financiera)	Ley Nº 5582/16 (Aprueba La Modificación Del Memorándum De Entendimiento Del Gafsud)	Ley 19.749 (2019) - Ley Contra El Financiación Del Terrorismo Y Aplicación De Sanciones Financieras A Personas Y Entidades Vinculadas Al Terrorismo, Su Financiación Y La Proliferación De Armas De Destrucción Masiva
		Art. 196 Cp (Dispone Sobre El Lavado De Dinero)	
		Ley 6408/2019 (Modifica El Artículo 3 De La Ley N° 4024/2010 "Que Sanciona Los Actos Punibles De Terrorismo, Asociación Terrorista Y Financiación Del Terrorismo)	
		Ley 6399/2019 (Modifica Los Artículos 3 Y 4 De La Ley N° 5.895 / 2017 "Que Establece Reglas De Transparencia En El Régimen De Sociedades Constituidas Por Acciones" Y Dispone Medidas Transitorias.)	
	Ley Nº26734 (Que Deroga E Incorpora Artículos Relacionados Con La Financiación Del Terrorismo Y La Congelación De Activos	Ley 6.452 / 2019 (Modifica Varias Disposiciones De La Ley N° 1160/1997 "Código Penal" Y Su Modificadora, La Ley N° 3.440 / 2008.)	
Ley N. 13260/16	Decreto Nº 918/12 (Reglamenta Art. 6 De La Ley 26.734)	Ley N° 6.419/2019 (Regula El Congelamiento De Activos Financieros De Personas Vinculadas Al Terrorismo Y La Proliferación De Armas De Destrucción Masiva Y Los Procedimientos De Difusión, Inclusión Y Exclusión En Listas De Sanciones Elaboradas En Virtud De Las Resoluciones Del Consejo De Seguridad De Naciones Unidas.)	
	Ley Nº 26268 (Delitos Contra El Orden Financiero)Crimen		
	Ley N° 26 023 (Aprueba La Convención Interamericana Contra El Terrorismo Adoptada En Barbados, 2002)		

COMÉRCIO ILEGAL DE TABACO

DEFINICIÓN:

Por "comercio ilícito" se entiende toda práctica o conducta prohibida por la ley relacionada con la producción, envío, recepción, posesión, distribución, venta o compra, incluida cualquier práctica o conducta destinada a facilitar tal actividad. (CMCT) El comercio ilícito de productos de tabaco es reconocido mundialmente como un obstáculo para el logro de los objetivos del convenio marco y un grave problema de salud pública, ya que los bajos precios de los cigarrillos ilegales socavan los efectos positivos de las políticas del tratado, en particular el aumento de impuestos y precios de los cigarrillos, considerada una de las medidas más efectivas para prevenir la iniciación al tabaquismo de los jóvenes y estimular el abandono del hábito de fumar en poblaciones con menores ingresos y escolaridad. (INCA)

LEGISLACIÓN BRASILEÑA	LEGISLACIÓN ARGENTINA	LEGISLACIÓN PARAGUAYA	LEGISLACIÓN URUGUAYA
Decreto Nº 95/18 (Protocolo - Comercio Ilícito De Tabaco)	Disposición Nº 3662/2011 (Cigarro Electrónico)	Ley Nº2422 Código Aduanero	Ley N° 18.256 / 08 (Ley Para La Protección Del Daño Ambiental Por Consumo De Tabaco - Artículo 12)
		Protocolo De Eliminación Do Comercio Ilícito De Productos Del Tabaco (Futuro)	Ley N ° 17.793 (Ley Complementaria Del Convenio Marco De La Oms Para El Control Del Tabaco)
Decreto Nº 7212/10 (Paquetes De 20 Unidades)	Resolución Nº 152/14 Do Instituto De Propiedad Intelectual		Ley N° 19276 (Código De Aduanas)
		Ley Nº1333 (Publicidady Y Promoción De Productos Del Tabaco)	
Ley Nº 9782/99 (Instituyea Anvisa)		Ley 5538/2015 (Modifica La Ley 4045/2010, Que Altera La Ley 125/91, Modificada Por La Ley 2421/04, Del Régimen Tributario, Que Regula Las Actividades Relacionadas Con El Tabaco Y Establece Medidas Sanitarias Para La Protección De La Población")	
Ley Nº 10.167/00 (Multa Para Violación)			
Resolución Anvisa Nº 46 (Componentes Do Cigarro)		Ley Nº 2969/06 (Ley Complementar La Convención Cuadro De La Oms Para El Control Del Tabaco)	
Resolución Anvisa Nº 346 (Deroga La Res. Nº 105. Reglas Para El Registro De Fabricantes)			
Instrucción Normativa Secretaria Receita Federal Nº 396 (Programa	Ley N° 17.793 (Ley Complementaria Del		
Generador Da Declaración De Informaciones Fiscales)	Convenio Marco De La Oms Para El Control Del Tabaco)		
Decreto Nº 1/03 (Comisión Nacional Para La Convención - Control Del Tabaco Y Sus Protocolos)			
Decreto Nº 9516/18			
Resolución Bacen N° 2833/01 (Financiación Del Tabaco)			
Instrucción Normativa Secretaría De La Hacienda Federal Nº 60/99 (Tributación De Productos Del Tabaco)			
Decreto N ° 5658 (Complementa El Convenio Marco De La Oms Para El Control Del Tabaco)			
Decreto Nº 2876/98 (Imposto De Exportación Y Alícuotas)			
Instrucción Normativa De La Secretaría De La Hacienda Federal Nº 55/01 (Normas Para Sello De Control)			

CONTRABANDO DE ALCOHOL

DEFINICIÓN:
El mercado ilícito de alcohol incluye prácticas como la fabricación y venta de bebidas adulteradas, la falsificación y piratería, el contrabando y la evasión fiscal. (CISA) Alcohol de contrabando: alcohol de marca original que fue contrabandeado ilegalmente a una jurisdicción y vendido, evitando aranceles y aduanas. esto incluye bebidas traídas a través de la frontera por medio de contrabando organizado o en exceso de subsidio reglamentado del viajante. (TRACIT)

LEGISLACIÓN BRASILEÑA	LEGISLACIÓN ARGENTINA	LEGISLACIÓN PARAGUAYA	LEGISLACIÓN URUGUAYA
Cp Ley Nº 2848/40 Art. 334-A (Contrabando)	Ley Nº 22415 Código Aduanero (Contrabando)	Ley Nº 2422 Código Aduanero	Ley N° 19276 (Código De Aduanas)
Ley 13 008/14 (Contrabando)			Ley N° 16753 (Ley Que Regula La Elaboración De Bebidas Alcohólicas).
Ley Nº 7678/88 (Vino Y Derivados De La Uva)			
Decreto Nº 8198/14 (Reglamenta)			
Decreto Nº 9799/19 (Tequila Y Cachaza. Acuerdo México Brasil. Supervisión)			
Decreto 7968/13 (Wisky)			
Decreto Nº 6871/09 (Bebidas En General; Infracciones Y Sanciones)			
Instrucción Normativa Mapa Nº 67/18 (Certificación De Importación Y Exportación)			
Instrucción Normativa Mapa Nº 4/16 (Fiscalización)			
Instrucción Normativa Mapa Nº 55/09 (Términos Importación/Exportación)			
Instrucción Normativa Mapa Nº 32/18 (Procedimientos Exportación/Importación)			
Instrucción Normativa Mapa No. 28/14 (Límite De Sustancia)			

COMERCIO DE PRODUCTOS ELECTRÓNICOS FALSIFICADOS

DEFINICIÓN:
El comercio ilícito, en todas sus formas, está en yuxtaposición directa con el ods 16, por alimentando la violencia y fomentando la corrupción, socavando la confianza en las instituciones y el estado de derecho, generando enormes flujos financieros ilícitos. (TRACIT)

LEGISLACIÓN BRASILEÑA	LEGISLACIÓN ARGENTINA	LEGISLACIÓN PARAGUAYA	LEGISLACIÓN URUGUAYA
Cp Ley Nº 2848/40 Art. 334-A (Contrabando)	Ley Nº 22415 Código Aduanero (Contrabando)	Ley Nº 2422 Código Aduanero	Ley N° 19276 (Código De Aduaneiro)
Ley Nº 13 008/14 (Contrabando)			
Cp Ley Nº 2848/40 Art. 184 (Comercio De Productos Falsificados)			
Cdc Ley Nº 8078/90 Art. 66 (Crimen Contra El Consumidor)	Ley Nº 26.687 (Aprueba El Convenio Marco De La Oms Para El Control Del Tabaco)	Ley Nº 2969/06 (Aprueba El Convenio Marco De La Oms Para El Control Del Tabaco)	
Ley Nº 9.279/96 (Propiedad Intelectual)			
Ley Nº 9610/98 (Derechos Autorales)			
Decreto Nº 6759/09 (Regulación Aduanera)			

COMERCIO ILÍCITO DE MEDICAMENTOS Y PRODUCTOS FALSIFICADOS	DEFINICIÓN: El comercio de productos farmacéuticos ilícitos se extiende más allá de lo que generalmente conocido. problema de "falsificación" para incluir medicamentos de calidad inferior, falsificados, no registrados y sin licencia. Así como su hurto, fraude, desvío ilícito, contrabando y tráfico. (TRACIT)			
	LEGISLACIÓN BRASILEÑA	**LEGISLACIÓN ARGENTINA**	**LEGISLACIÓN PARAGUAYA**	**LEGISLACIÓN URUGUAYA**
	Cp Ley Nº 2848/40 Art. 334-A (Contrabando)	Ley 27737/89 (Lei De Drogas Atual)	Ley Nº 2422 (Código Aduanero)	Ley N° 19276 (Código De Aduanas)
	Ley 13 008/14 (Contrabando)		Ley 836 Art. 265 (Código Sanitario. Prohibe El Comercio	Ley N ° 19574 (Ley De Lavado De Activos, Artículo 34)
	Cp Ley Nº 2848/40 Art. 273 (Falsificación De Productos Para Fines Medicinales/Terapéuticos)		Ley 1340/1988 Emendada Por La Ley 1881 (Pune El Tráfico Ilícito De Drogas Peligrosas)	
	Ley Nº 9677/98 (Alteró El Cp)	Cp Art. 200 E 201 (Falsificación De Medicamentos)	Ley 1119 (Regula La Fabricación, Elaboración, Control De Calidad, Distribución, Etc.)	Ley N ° 16.579 (Ley Complementaria De La Convención Contra El Tráfico Ilícito De Estupefacientes Y Sustancias Psicotropicas)
	Ley Nº 11343/06 Art. 31 Y 33 (Ley Sobre Las Drogas)			
	Ley Nº 9695/98 (Crimen Hediondo)			
	Cdc Ley Nº 8078/90 Art. 66 (Crimen Contra O Consumidor)			
	Ley Nº 9.279/96 (Propiedad Intelectual)			
	Ley Nº 8080/90 (Asistencia Farmacéutica)	Ley 26524/09 (Pune A Falsificación Peligrosa Para La Salud)		
	Cdc Ley Nº 8078/90			
	Decreto Nº 45490/00 (Ctrc Transporte Por Carretera)			
	Ajuste Sinief Nº 07/02 (Indicación Del Lote En Las Facturas)			
	Ley N ° 11903/09 (Seguimiento De La Producción Y El Consumo) Ordenanza N° 2.814/98 Ms (Procedimientos Para Productores, Importadores, Etc.)			

RECUPERACIÓN DE ACTIVOS: COOPERACIÓN JURÍDICA INTERNACIONAL	DEFINICIÓN: "Asistencia jurídica entre los estados partes en investigaciones, procesos y otros actos judiciales, cuando el estado parte requirente tenga motivos razonables para sospechar que los delitos son de naturaleza transnacional, incluso cuando las víctimas, testigos, el producto, los instrumentos o elementos de prueba de estos delitos se encuentren en el estado parte requerido y esté involucrado un grupo criminal organizado". (Art. 18, 1, Adaptado, Convención De Palermo)			
	LEGISLACIÓN BRASILEÑA	**LEGISLACIÓN ARGENTINA**	**LEGISLACIÓN PARAGUAYA**	**LEGISLACIÓN URUGUAYA**
	Cpp Decreto Ley Nº 3689/41 Art. 1, I; 368 Y 784-790	Tratados De Extradición Y Asistencia Jurídica Recíproca (Argentina Y Polonia; Argentina Y Kazajstán, Argentina Y Costa Rica	Acuerdos De Extradición	Ley 15982 (1988) - Código General Del Proceso
			Acuerdos Sobre Narcotráfico, Estupefacientes Y Actos Conexos	Decreto-Ley 14.294 (1974) Y Ley 17016 (1998)
			Convención De La Onu Contra El Tráfico De Estupefacientess Cooperación En Materia Penal (Argentina, Brasil, Bolivia, Chile, Colombia, Costa Rica, Ecuador, Estados Unidos, Honduras, México, Panamá, Perú, Venezuela)	Ley 17.861 (2004) - Convención De Palermo Y Protocolos Complementarios
			Ley 16/90. Convención De Las Naciones Unidas Contra El Tráfico Ilícito De Estupefacientes Y Sustancias Sicotrópicas	
			Ley 2298/03. Convención De Las Naciones Unidas Contra La Delincuencia Organizada Transnacional Y Sus Protocolos Siguientes.	Ley 19.574 (2017) - Lavado De Activos Y Financiación Del Terrorismo
			Ley 2396. Protocolo Para Prevenir, Reprimir Y Sancionar La Trata De Personas, Especialmente Mujeres Y Niños.	
			Ley 3533/08. Protocolo Contra El Tráfico Ilícito De Migrantes Por Tierra, Mar Y Aire.	

	Cp Ley Nº 2848/40 Art. 7 Y 9		Ley 3216/07. Protocolo Contra La Fabricación Y El Tráfico De Armas De Fuego, Sus Piezas, Componentes Y Municiones.	Protocolo De Asistencia Jurídica Mutua En Asuntos Penales De San Luis
	Ley Nº 6815/80 Art. 76-84 (Estatuto De Extranjería)		Ley 2535/05. (Convención De Las Naciones Unidas Contra La Corrupción)	
			Ley 2194/03. (Convención Interamericana Sobre Asistencia Mutua En Materia Penal.)	
			Ley 977/96. (Convención Interamericana Contra La Corrupción.) Ley 2048/03. (Protocolo De Asistencia Jurídica Mutua En Materia Penal Del Mercosur. (San Luis))	
	Ley Nº 9613/98 Art. 8 (Ley Delavado De Dinero - Coaf)	Programa De Asistencia Contra El Crimen Transnacional Organizado;	Convenio De Cooperación Interinstitucional Entre Los Ministerios Públicos Y Fiscales Miembros De La Aiamp Dirección De Cooperación Y Asistencia Judicial Internacional	
	Ley 11343/06 Art. 65 (Ley Sobre Las Drogas)			
	Decreto Nº 9662/19 (Extradición Y Transferencia De Personas Condenadas - Drci)			
	Decreto No. 8431/15 (Extradición)			
	Decreto Nº 6747/09 (Excepción, Tratado De Assistência Mutua Canadá - Pgr)			
	Decreto Nº9662/19 (Ministerio De Justicia Y Seguridad Pública)	Ley 24.767/97 (Ley De Cooperación Internacional En Materia Penal)		
	Ley Nº 445/17 Art. Cap Vii Sección I Y Iii (Ley De Migración; Extradición Y Transferencia De Personas Condenadas)			
	Decreto Mj Nº 89 (Procedimientos De Transferencia)			
	Decreto Mj Nº 217 (Procedimientos De Extradición)			
	Ley Nº 13445/17 (Documentos Instrucción Para Extradición)			
	Resolución Stj 9/05			
	Decreto Conjunto Mj/Pgr/Agu Nº 01/05			
	Decreto Interministerial Mre/Mj 501/12			
	Instrucción Normativa 01/10 Del Cnj (Difusiones Rojas)			

DEFINICIÓN:

"Instrumento de cooperación efectivo, práctico y permanente dirigido al fortalecimiento, la educación, doctrina y la formación de filosofías policiales en materia de asistencia técnico-científica, inteligencia e investigación que favorezcan la prevención y neutralización del crimen organizado transnacional en la región" (Art. 1º, Estatuto De La Ameripol). "Apoyo técnico mutuo, mediante el intercambio de metodologías y tecnologías; capacitación, por medio de la realización de cursos y entrenamientos dirigidos a la prevención, investigación y persecución de delitos en las regiones de frontera; intercambio de información, especialmente para la prevención de actos ilícitos;
ejecución de las medidas de investigación, operaciones y diligencias relacionadas con hechos delictivos, las cuales serán realizadas por cada una de las partes o por todas ellas, de manera coordinada; persecución transfronteriza "(Art. 3, Acuerdo De Cooperación Policial Aplicable A Zonas De Frontera Entre Los Estados Parte Del Mercosur).

	LEGISLACIÓN BRASILEÑA	LEGISLACIÓN ARGENTINA	LEGISLACIÓN PARAGUAYA	LEGISLACIÓN URUGUAYA
COOPERACIÓN POLICIAL	Decreto Cmc Nº 29/02 (Acuerdo De Inteligencia Policial, Terrorismo Ey Delitos Conexos Mercosur, Bolivia Y Chile)	Ley 27737/89 (Ley De Drogas Actual)	Acuerdos De Extradición Ley Nº 2422 Código Aduanero	Ley 18.315 (2008) - Procedimiento Policial
				Mercosur / Cmc / Dec. Nº 16/06 - Acuerdo Marco De Cooperación En Materia De Seguridad Regional Entre Los Estados Partes Del Mercosur, La República De Bolivia, La República De Chile, La República De Colombia, La República Del Ecuador, La República Del Perú Y La República Bolivariana De Venezuela.
				Mercosur / Cmc / Dec. Norte. 19/12 - Acuerdo De Cooperación Policial Aplicable A Zonas Fronterizas Entre Los Estados Parte Del Mercosur.
			Ley 836 Art. 265 (Código Sanitario. Prohíbe El Comercio)	Ley Nº 18.157 (2007) - Acuerdo De Cooperación Policial En Investigación, Prevención Y Control De Hechos Delictivos Entre La República Oriental Del Uruguay Y La República Federativa De Brasil.
			Ley 1340/1988 Emendada Por Ley 1881 (Pune El Tráfico Ilícito De Drogas Peligrosas)	
			Ley 2887/2006. (Modifica Varios Artículos De La Ley 222/93 "Orgánica De La Policía Nacional".	
			Ley 5757/2016, (Acuerdo Marco De Cooperación En Materia De Seguridad Entre Los Estados Parte Del Mercosur, Bolivia Y Chile.)	
	Decreto Cmc Nº 43/00 (Regulación Interna Do Centro De Coordinación Policial Del Mercosur, Bolivia Y Chile)	Cp Art. 200 Y 201 (Falsificación De Medicamentos)	Ley 1119 (Regula Fabricación, Elaboración, Control De Calidad, Distribución, Etc.)	
		Ley 26524/09 (Pune La Falsificación Peligrosa Para La Salud)		
	Decreto Nº 8.360/14 (Memorándum De Entendimiento Brasil-Colombia)			
	Decreto No. 6731/009 (Acuerdo Brasil Uruguay)			

SISTEMA DE INTELIGENCIA

DEFINICIÓN:
Actividad de inteligencia: ejercicio permanente de acciones especializadas, orientadas a la producción y difusión de conocimiento, con vistas a asesorar a las autoridades gubernamentales en los respectivos niveles y áreas de atribución, para la planificación, ejecución, seguimiento y evaluación de las políticas de estado (ABIN).

LEGISLACIÓN BRASILEÑA	LEGISLACIÓN ARGENTINA	LEGISLACIÓN PARAGUAYA	LEGISLACIÓN URUGUAYA
Ley Nº 9883/99 (Sisbin)	Ley N° 25.246 (Encubrimiento. Unidad De Inteligencia Financiera - Uif)	Ley 1337/99 (Defensa Nacional Y Seguridad Interior).	Ley 19.574 (2017) - Lavado De Activos Y Financiación Del Terrorismo
		Ley 5241/2014. (Crea El Sistema Nacional De Inteligencia)	Ley 19.696 (2018) - Sistema Nacional De Inteligencia De Estado.
		Ley Nº 3783/09	
Decreto Nº 3695/00 (Ssisp)	(Encubrimiento. Unidad De Inteligencia Financiera - Uif)		
Decreto Nº 4376/02 (Sisbin Estructura Y Funcionamiento)			
Ley Nº 9613/98 Leuy Sobre El Lavado De Dinero - Coaf)	Ley Nº 26119(Unidad De Información Financiera)		

TRÁFICO DE DROGAS

DEFINICIÓN:
"La producción, fabricación, extracción, preparación, oferta para la venta, distribución, venta, entrega en cualquier condición, intermediación, embarque, embarque en tránsito, transporte, importación o exportación de cualquier sustancia estupefaciente o psicotrópica, en contra de las disposiciones de las convenciones internacionales y leyes internas, así como la posesión o adquisición de cualquier sustancia estupefaciente o psicotrópica con el fin de realizar alguna de las actividades enumeradas anteriormente" (Art. 3, Adaptado De La Convención Contra El Tráfico Ilícito De Estupefacientes Y Sustancias Psicotrópicas).

LEGISLACIÓN BRASILEÑA	LEGISLACIÓN ARGENTINA	LEGISLACIÓN PARAGUAYA	LEGISLACIÓN URUGUAYA
Ley N ° 11.343 / 2006;	Ley N° 27.737	Ley 16/90. Convención De Las Naciones Unidas Contra El Tráfico Ilícito De Estupefacientes Y Sustancias Sicotrópicas	Decreto Ley 14.294 (1974) - Drogas
			Ley 17.861 (2004) - Convención De Palermo Y Sus Protocolos
		Ley1881/2002 (Modifica La Ley 1340 Del 22 De Noviembre De 1988 "Que Reprime El Tráfico Ilícito De Estupefacientes Y Drogas Peligrosas Y Otros Delitos Afines Y Establece Medidas De Prevención Y Recuperación Para Dependientes De Drogas".)	Ley 19.172 (2013) - Regulación Y Control Del Cannabis
		Ley N° 13.40 / 1988	Ley 19.889 (2020) - Ley De Urgente Consideración
Decreto No. 9761/2019 (Política Nacional De Drogas)			

TRATA DE PERSONAS

DEFINICIÓN:

"el reclutamiento, transporte, transferencia, alojamiento o acogimiento de personas, mediante la amenaza o uso de la fuerza u otras formas de coacción, secuestro, fraude, engaño, abuso de autoridad o situación de vulnerabilidad o la entrega o aceptación de pagos o beneficios para obtener el consentimiento de una persona que tenga autoridad sobre otra con fines de explotación, como mínimo, la prostitución ajena u otras formas de explotación sexual, trabajos o servicios forzados, esclavitud o prácticas similares a la esclavitud, servidumbre o extracción de órganos" (Protocolo Adicional A La Convención De Las Naciones Unidas Contra El Crimen Organizado Transnacional Relativo A La Prevención, Represión Y Sanción De La Trata De Personas, Especialmente Mujeres Y Niños)

LEGISLACIÓN BRASILEÑA	LEGISLACIÓN ARGENTINA	LEGISLACIÓN PARAGUAYA	LEGISLACIÓN URUGUAYA
Art. 149-A Cp	Ley N. 27046/14	Ley 2396. (Protocolo Para Prevenir, Reprimir Y Sancionar La Trata De Personas, Especialmente Mujeres Y Niños).	Ley 17.815 (2004) - Dispone Sobre La Violencia Comercial O No Comercial Cometida Contra Niños, Adolescentes O Incapaces.
		Ley Nº 4788/12	Ley 17.861 (2004) - Convención De Palermo Y Protocolos Complementarios
	Ley N. 26842/12		Ley 18.250 (2008) - Delitos Migratorios
		Ley 1160/97 (Código Penal) Art. 129	Ley 19.643 (2018) - Ley De Prevención Y Lucha Contra La Trata De Personas
Ley N° 13344/2016	Decreto 111/15		
	Ley 26364 /08		

TRÁFICO DE FAUNA Y FLORA

DEFINICIÓN:

Comercio ilícito: exportación, reexportación, importación e introducción procedente del mar de una especie o especímen sin la licencia o certificado otorgado por la autoridad administrativa nacional responsable (Convención Sobre El Comercio Internacional De Especies De Flora Y Fauna En Peligro De Extinción - Cites)

LEGISLACIÓN BRASILEÑA	LEGISLACIÓN ARGENTINA	LEGISLACIÓN PARAGUAYA	LEGISLACIÓN URUGUAYA
Ley Nº 5197/67;	Ley N. 19282/71	Ley N. 96/92 (Vida Silvestre)	No Hay Legislación
	Ley N. 20961/75	Ley N. 294/93 (Evaluación de Impacto Ambiental)	
	Ley N. 21676/77		
		Ley Nº 253/93 (Acuerdo Marco Sobre Diversidad Biológica)	
Ley Nº 9605/98 (Delitos Ambientales)	Ley N. 22344/80	Ley Nº 352/94 (Áreas Silvestres Protegidas)	
	Ley N. 22421/81		
	Ley N. 26094/84		
	Ley N. 23582/88	Ley Nº 716/96 (Delitos Ambientales)	
	Ley N. 24702/96		
	Ley N. 25052/08		
Decreto Nº 6514/08	Ley N. 25463/01		
	Ley N. 25577/02		
	Ley N. 25679/03	Ley Nº 1314/98 (Animales Silvestres)	
	Ley N. 26447/08		
	Ley N. 22421/81		
	Decretos Anmac		

TRÁFICO DE ARMAS Y MUNICIONES	DEFINICIÓN: "Tráfico Ilícito" significa la importación, exportación, adquisición, venta, entrega, transporte o transferencia de armas de fuego, sus partes y componentes y municiones desde o a través del territorio de un estado parte al territorio del otro estado parte, si alguno de los estados partes interesados no lo autoriza de conformidad con los términos del presente protocolo, o si las armas de fuego no están marcadas de conformidad con el artículo 8 del presente protocolo. (Convención De Palermo)			
	LEGISLACIÓN BRASILEÑA	**LEGISLACIÓN ARGENTINA**	**LEGISLACIÓN PARAGUAYA**	**LEGISLACIÓN URUGUAYA**
	Ley Nº 10826/2003 Estatuto De Desarme)	Ley Nº 20409/73 (Ley Nacional De Reglamentación De Armas Y Explosivos)	Ley 3216/07. (Protocolo Contra La Fabricación Y El Tráfico De Armas De Fuego, Sus Piezas, Componentes Y Municiones.	Ley No. 19247 (Relativa A La Posesión Y Porte De Armas).
	Decreto N° 5015 (Ley Complementar A Convención Das Naciones Unidas O Crimen Organizado Transnacional	Ley N° 25.632/2001 (Ley Complementar A Convención Das Naciones Unidas O Crimen Organizado Transnacional	Ley Nº 4036/10 (Ley Complementar A Convención Das Naciones Unidas O Crimen Organizado Transnacional	Le: N°17861/04 (Ley Complementar A Convención Das Naciones Unidas O Crimen Organizado Transnacional

PROTECCIÓN DE VÍCTIMAS Y TESTIGOS	DEFINICIÓN: protección de víctimas y testigos: medidas adecuadas para garantizar la seguridad, el bienestar físico y psicológico, la dignidad y la intimidad de víctimas y testigos (Art. 68, 1, Primera Parte, Estatuto De Roma Del Tpi). Protección a la mujer víctima: procedimientos jurídicos justos y eficaces para las mujeres víctimas de violencia, incluyendo, entre otras medidas de protección, juicio oportuno y acceso efectivo a tales procesos (Art. 7, F, Convención Interamericana Para Prevenir, Sancionar Y Erradicar La Violencia Contra La Mujer).			
	LEGISLACIÓN BRASILEÑA	**LEGISLACIÓN ARGENTINA**	**LEGISLACIÓN PARAGUAYA**	**LEGISLACIÓN URUGUAYA**
	ey 9.807 / 99 - Establece Normas Para La Organización Y Mantenimiento De Programas Especiales Para La Protección De Víctimas Y Testigos Amenazados, Instituye El Programa Federal De Atención A Víctimas Y Testigos Amenazados Y Prevé La Protección De Los Acusados O Condenados Que Voluntariamente Hayan Dado Efectiva Colaboración A La Investigación Policial Y Al Proceso Penal.	Ley 25.764 / 2003 - Programa Nacional De Protección De Testigos E Imputados	Ley 4.083 / 2011 - Programa De Vigilancia De Testigos Y Víctimas En Procesos Penales.	Ley 19.293 (2014) - Código Procesal Penal.
		Ley 26.485 / 2009 - Protección Integral Para Prevenir, Sancionar Y Erradicar La Violencia Contra La Mujer En Sus Relaciones Interpersonales.	Ley 5.777 / 2016 - Protección Integral De La Mujer Contra Toda Forma De Violencia.	Ley 19.580 (2017) - Ley Sobre La Violencia De Género Contra Las Mujeres
	Ley 11.340 / 06 - Crea Mecanismos Para Frenar La Violencia Doméstica Y Familiar Contra Las Mujeres.	Ley 27.372 / 2016 - Ley De Derechos Y Garantías De Las Personas Víctimas De Delitos	Decreto 6973/2017 - Reglamenta La Ley 5777/2016, De Protección Integral De La Mujer Contra Toda Forma De Violencia.	Ley 17.861 (2004) - Convención De Palermo Y Protocolos Complementarios.
	Guías De Santiago (Atención Y Protección A Víctimas Y Testigos). Documento Aprobado En La Xvi Asamblea General Ordinaria De La Asociación Iberoamericana De Ministerios Públicos	Guías De Santiago (Atención Y Protección A Víctimas Y Testigos). Documento Aprobado En La Xvi Asamblea General Ordinaria De La Asociación Iberoamericana De Ministerios Públicos.	Guías De Santiago (Atención Y Protección A Víctimas Y Testigos). Documento Aprobado En La Xvi Asamblea General Ordinaria De La Asociación Iberoamericana De Ministerios Públicos.	Guías De Santiago (Atención Y Protección De Víctimas Y Testigos).
				Documento Aprobado En La Xvi Asamblea General Ordinaria De La Asociación Iberoamericana De Ministerios Públicos.

8.2 Mesas

ATLAS TRIPLE FRONTERA			
ARRANJO INSTITUCIONAL			
Persecución Penal y Instituciones de Seguridad Pública			
Pais	**Instituciones**	**Contactos**	**Peculiaridades**
Brasil	Departamento de la Polícía Federal	DPF	
	Polícía Federal Vial	PFR	
	Fuerza Nacional de Seguridad	FNS	
	Ejercito Brasileño	EB	
	Estado Mayor Conjunto de las FuerzasArmadas	EMCFA	
	Ministerio de la Justicia	MJ	
	Ministerio Público Federal	MPF	
	Secretaria de Administración e Ensino enSeguridad Pública	SEGEN	Además de las proposiciones relacionadas à administración, la SEGEN ficará encargada de fomentar estudios y pesquisas para un mejor desarrolloy el perfeccionamiento de las competencias de los profisionales de seguridad pública.
	Secretaria de las Operaciones Integradas	SEOPI	
	Secretaria Nacional de Seguridad Pública	SENASP	Es un órgano público superior de nível federal, vinculado al Ministério de la Justicia. Es reponsablepor la política de seguridad pública en el país.

	Secretaria Municipal de Seguridad Pública - Foz do Iguaçu	SMSP	Secretaria Municipal de Segurança Pública es el órgano que deverá viabilizar la assistencia y cooperación, al nível del Município, de las acciones delos órganos oficiales encargados de las funciones de seguridad pública, con vistas a la implantación coordenada de medidas preventivas de largo espectro, y de medidas represivas que visem a la
	Departamiento de Operaciones de Frontera	DOF	O DOF actúa en 53 municípios del Estado de Mato Grosso, con la presencia más efectiva en los os 730,8kilómetros de frontera sequía, de los más de 1500 kilómetros de frontera con el Paraguay y con la Bolívia, abarcando, inclusive, una extensa área rural. En caso de necessidad, y por determinación del Sr. Secretário de Estado de Justicia y Seguridad Pública, el
	Policía Civil do Paraná	PCPR	Las Policías Civis són instituciones históricas, típicamente brasileñas, que ejercen funciones de policía judiciária, en las unidades federativas del Brasil, cuya función es, de acuerdo con el artículo 144de la Constitución Federal de 1988, el ejercício de la seguridad pública.
	Policía Militar del Paraná	PMPR	
	Consejo de los Jefes de la Policía Civil	CCPC	
	Grupo Nacional de Combate às Organizações Criminosas	CNCOC	El Grupo Nacional de Combate a las Organizaciones Criminosas (GNCOC) reúne el Ministério Público brasileño y fué creado en febrero de 2002, por iniciativa del Consejo Nacional de Procuradores- Generales de los Ministérios Públicos de los Estados y da Unión (CNPG), para combatir el crimén organizado que alacanza todo el país. El GNCOC, formado por los

	Consejo Nacional de los Comandantes Generales	CNGC	El CNCG es un colegiado compuesto por todos los Comandantes-Generales de Policías Militares y Cuerpos de Bomberos Militares de los Estados y del Districto Federal, instituido en 12 de febrero de 1993.
	Batallón de Policía de Fontera	BATALLÓN DE POLICÍA DE FRONTERA	El Batallón de Policía de Frontera (BPFron) es una unidad especializada de la Policía Militar del Estado del Paraná. Es el prímer Batallón de Policía de Frontera del país. Creado en ámbito estadual por el decreto-ley nº 4.905 de 06 de junio de 2012, el BPFron es una propuesta para el desarollo de acciones relacionadas al Plano Estratégico de Frontera y
	Oficina de Administración IntegradaMunicipal de Foz do Iguaçu/PR	GGIM-Foz do Iguaçu	GGIM es una red que actúa para proponer acciones integradas y promueve el intercâmbio de informaciones y experiências, alimentando el sistema de planeamiento y de políticas municipales preventivasde seguridad pública.
	Centro Integrado de Operaciones de Frontera	CIOF	Centro brasileño va a funcionar en una área de 600m² en el Parque Tecnológico de Itaipu, y va a, de forma inédita, envolver todos los actores de seguridad públicaque antes ejercían sus funciones solo, o en conjunto, más nunca efectivamente coordenados, como policías estaduais, Policía Federal (PF), Policía Rodoviária Federal (PRF), Agência Nacional de Inteligência
	Instituto de Desarollo Económico y Social	IDESF	El Instituto de Desarrollo Económico y Social de Fronteras (IDESF) es una institución civil, de derecho privado, sin ánimo de lucro, con oficina central en Foz do Iguaçu (PR), que tiene como objetivo la creación de mecanismos para promover igualdad, integración y desarollo de las regiones fronterizas.
	Fuerza Aérea Brasileña	FAB -CINDACTA	

	Marina del Brasil	Marina del Brasil	
	Sistema de Vigilância de Fronteiras	SISFRON	
	GAECOS	GAECOS	El GAECO - Grupo de Actuación Especial de Combate al Crimen Organizado, creado por el Ministério Público del Estado de São Paulo en 1995, tiene como función la prevención y la represión de las actividades de organizaciones criminosas en el Estado, y debe oficiar en las representaciones, investigaciones policiales, procedimientos investigativos de caracter
Argentina	Policía Federal	PF	Fuerza Federal que desarrolla en todo el territorio nacional funciones de Policía de Seguridad de Estado y de Auxiliar de la Justicia; comprometida con la investigación y combate de delitos federales y complejos, y con un rol activo en la cooperación policial internacional a través de Interpol.
Argentina	Gendearmería Nacional Argentina (militar)-Ministerio de Seguridad	GNA	Fuerza de Seguridad de naturaleza Militar con características de fuerza intermedia, que cumple su misión y sus funciones en el marco de la Seguridad Interior, Defensa Nacional y apoyo a la Política Exterior.
Argentina	Ministério Público Fiscal	MPF	El Ministerio Público Fiscal es parte fundamental en la administración de justicia, compuesta por el Poder Judicial y los Ministerios Públicos: Fiscal y de la Defensa. En su conjunto, conforman las tres partes fundamentales en un proceso judicial. Asimismo, el Ministerio Público Fiscal es un órgano independiente dentro del sistema de administración de justicia. Se encuentra a cargo del Procurador o de la Procuradora General, que es propuesto o propuesta por el Poder Ejecutivo y aprobado por el Congreso de la Nación. Es independiente incluso del Poder Judicial (encabezado por la Corte Suprema de Justicia). El rol que les corresponde a los y las fiscales que conforman el MPF tiene fines y objetivos: defender los intereses generales de la sociedad.

			conforman el MPFtiene fines y objetivos: defender los intereses generalesde la sociedad.
	Policía Naval Argentina	PNA	Autoridad marítima; Fuerza de Seguridad que cumplefunciones de policía de seguridad de la navegación, prevención del orden público, protección ambiental, policía judicial, auxiliar aduanera, migratoria y sanitaria.
	Policía de Seguridad Aeroportuaria	PSA	Fuerza de Seguridad que resguarda y garantiza la seguridad interior en el ámbito jurisdiccional aeroportuario, a través de la prevención, conjuración einvestigación de los delitos e infracciones que no esténprevistos en el Código Aeronáutico.
	Policía Nacional del Paraguay	Policía Nacional	La Policía Nacional, es una institución con rango Constitucional de carácter permanente, con la misión de proteger la vida, preservar el orden público, la paz, los derechos, la seguridad e integridad de las personas;para garantizar el desarrollo individual y social, así como el logro de la convivencia armónica de los habitantes de la República del Paraguay, mediante la ejecución de acciones coordinadas, eficientes y transparentes. Busca lograr el fortalecimiento institucional para garantizar la seguridad y el orden interno de la República del Paraguay, a través de estrategias orientadas a un mejor servicio a la ciudadanía, con undesarrollo previsible, eficiente, con capacidad operativa, preventiva e investigativa, logrando la reducción de hechos punibles, así como el debido resguardo de los derechos de las personas, entidades ysus bienes.
	Ministerio Público	MP	El Ministerio Público representa a la sociedad ante los órganos jurisdiccionales del Estado, gozando de autonomía funcional y administrativa en el cumplimiento de sus deberes y atribuciones. Lo ejercenel Fiscal General del Estado y los agentes fiscales, en la forma determinada por la ley.

Paraguay			Ley N.° 1562/00, Orgánica del Ministerio Público, Título 1, Art. 1..." El Ministerio Público es un órgano con autonomía funcional y administrativa, que representa a la sociedad ante los órganos jurisdiccionales para velar por el respeto de los derechos y de las garantías constitucionales; promover la acción penal pública en defensa del patrimonio público y social, del medio ambiente y de otros intereses difusos y de los derechos de los pueblos indígenas, y ejercer la acción penal en los casos en que para iniciarla o proseguirla no fuese necesaria instancia de parte". Corresponde al Ministerio Público, por medio de los agentes fiscales, funcionarios designados y de sus órganos auxiliares dirigir la investigación de los hechos punibles y promover la acción penal pública. Con este propósito realizará todos los actos necesarios para preparar la acusación y participar en el procedimiento, conforme a las disposiciones previstas en el Código Penal y en su ley orgánica. Tendrá a su cargo la dirección funcional y el control de los funcionarios y de las reparticiones de la Policía Nacional, en tanto se los asigne a la investigación de determinados hechos punibles.
	Comando de las Fuerzas Militares	Comando de las Fuerzas Militares	Coordina las acciones de los mandos superiores del Ejercito, de la Armada, de la Fuerza Aérea y del Logístico, para asegurar el fiel cumplimiento de la misión constitucional de las Fuerzas Militares. En forma independiente como componente de las Fuerzas Públicas y en coordinación con otros organismos del Poder Ejecutivo, realiza Operaciones Militares, Especiales y Tipo Policía para disminuir la criminalidad y así garantizar el ambiente de paz social, el orden interno y desarrollo Nacional con la finalidad de cumplir la Misión constitucional de custodiar la integridad territorial y de defender a las autoridades legítimamente constituidas
	Fuerzas Armadas de la Nación a cargo del Ministerio de	Fuerzas Armadas de la Nación a cargo del Ministerio de	El Ministerio de Defensa Nacional es el organismo del Poder Ejecutivo, que tiene como función la dirección, gestión y ejecución de la Política de Defensa Nacional, y el desempeño de las funciones administrativas de las Fuerzas Armadas de la Nación.

	Defensa Nacional	Defensa Nacional	
	Comando de las Fuerzas Militares	Comando de las Fuerzas Militares	Coordina las acciones de los mandos superiores del Ejercito, de la Armada, de la Fuerza Aérea y del Logístico, para asegurar el fiel cumplimiento de la misión constitucional de las Fuerzas Militares. En forma independiente como componente de las Fuerzas Públicas y en coordinación con otros organismos del Poder Ejecutivo, realiza Operaciones Militares, Especiales y Tipo Policía para disminuir la criminalidad y así garantizar el ambiente de paz social, el orden interno y desarrollo Nacional con la finalidad de cumplir la Misión constitucional de custodiar la integridad territorial y de defender a las autoridades legítimamente constituidas.

Cooperación Jurídica Internacional - Recuperación de Atcivos			
Pais	Instituiciones	Contactos	Peculiaridades
Brasil	Departamento de Recuperación de Activos y Cooperación jurídica Internacional (DRCI) - Ministerio de la Justicia	MJ	
Argentina	Dirección de asistencia jurídica internacional - Ministerio de Relacciones Exteriores y culto	DAJIN	Tiene como función, centralizar todo trámite relacionado en materia de cooperación jurídica internacional y actuar como enlace natural entre las representaciones y organismos extranjeros y nacionales, como así también entre los tribunales Federales, Nacionales y provinciales, con los tribunales extranjeros en los trámites relativos a solicitudes de asistencia jurídica internacional.
	Dirección General de Cooperacíon Regional y internacional (Ministério Público	DGCRI	La dirección tiene como funciones el seguimiento de los expedientes administrativos de extradición, la intervención en las asistencias internacionales activas y pasivas, asesoramiento a los fiscales en las causas referidas a pedidos de extradición y la interrelación con los organismos de colaboración institucional regionales e internacionales, coordinación de todas las actividades concernientes a la cooperación internacional, para lograr una célere y eficaz respuesta a los requerimientos de las distintas fiscalías, procuradurías especializadas, unidades fiscales especializadas y direcciones generales.

	Dirección General de recuperación de activos y descomiso de bienes	DGRADB	La dirección tiene como funciones diseñar programas de acción dirigidos a incrementar la eficiencia en el recupero temprano de activos; Proyectar estrategias y protocolos de investigación para el recupero de activos de origen delictivo; Proponer reformas legislativas en aras de hacer más eficiente el recupero de activos y la administración de bienes durante el proceso; Generar una base de datos con la información disponible sobre medidas judiciales tendientes a lograr el recupero de activos, bienes decomisados y su destino; Solicitar a las fiscalías y organismos competentes en la materia la información necesaria para el cumplimiento de sus funciones; Sugerir, a solicitud de los fiscales, medidas tendientes a lograr el recupero temprano de activos de origen delictivo.
	Oficina anticorrupción Lei n. 25.233/99	OA	La Oficina de Anticorrupcion trabaja en el fortalecimiento de la ética y la integridad en la administración pública nacional, a través de la prevención e investigación de la corrupción y la formulación de políticas de transparencia.
Paraguay	Dirección de Asuntos internacionales y Asistencia Jurídica Externa (Ministério Público)	DAIAE	Asesora al Fiscal General del Estado en el análisis y elaboración de convenios en el ámbito internacional, el estudio de proyectos de tratados internacionales de cooperación jurídica y técnica, a ser suscriptos con
	Dirección de cooperación y asistencia judicial internacional	DCAJI	La Dirección de Cooperación y Asistencia Judicial Internacional, tiene la misión de fortalecer la presencia de la Corte en el ámbito internacional, fomentando las relaciones de apoyo con grupos del sector público y
	Dirección de cooperación internacional (ministerio de relaciones exteriores - derección general de política multilateral	DCI	La Dirección de Cooperación Internacional se encarga de la gestión externa de la cooperación internacional. Está abocada al manejo de los temas relacionados a los diferentes tipos y modalidades de cooperación

Inteligencia			
País	Instituiciones	Contactos	Peculiaridades
Brasil	Agencia Brasileña de Inteligencia	ABIN	
	Procuradoria General de la República (Portugal, Canadá, alimentos)	PGR	
	Abocacía General de la Unión (sequestro internacional de crianças)	AGU	
Argentina	Dirección de Inteligencia Criminal	DNCI	Organo dependiente del Ministerio de Seguridad, tienecomo función la producción de inteligencia criminal relativa a los delitos federales complejos y los delitos contra los poderes públicos y el orden constitucional.
	Agencia Federal de Inteligencia	AFI	Es un organismo que funciona bajo la conducción política e institucional del Poder Ejecutivo Nacional. Es el órgano superior del Sistema de Inteligencia Nacional (SIN) y abarca los organismos que lo integran. Su deber es asesorar al Presidente de la Nación y a los funcionarios del más alto nivel para latoma de decisiones, en el marco de su incumbencia. Dentro de su función específica, se encuentra la producción de inteligencia nacional e inteligencia criminal referida a delitos federales complejos, en el marco del respeto a los derechos y garantías de los ciudadanos consagrados en la Constitución Nacional y tratados internacionales, como así

			también a las leyes que regulan su actividad.
	Inteligencia Estratégica Militar	DNIEM	Organo dependiente del Ministerio de Defensa, tiene como función la producción de inteligencia estratégica militar.
	Sistema de Inteligencia Criminal	SIGEN	El Sistema de Inteligencia Criminal de Gendarmería Nacional es organo a cargo de lograr una adecuada y eficiente reunión de información y producción de inteligencia criminal, necesaria a la conducción de la Fuerza y para satisfacer los requerimientos provenientes de distintos organismos del Estado Nacional.
Paraguay	**1) Sistema Nacional de Inteligencia**	SINAI	Creado por Ley No 5241/2014, "Que crea el Sistema Nacional de Inteligencia (SINAI)", El Sistema Nacional de Inteligencia está compuesto por un conjunto de organismos de inteligencia, independientes entre sí, funcionalmente coordinados y articulados para crear conocimiento útil, sistemáticamente organizados en materia de inteligencia y contrainteligencia, para presentarlos a disposición del Presidente de la República y a los diversos niveles superiores de conducción del Estado, con el objetivo de garantizar la paz y seguridad del Estado, proteger la soberanía nacional, preservar el orden constitucional y el régimen democrático vigente. Los organismos de inteligencia que componen el

			Sistema Nacional de Inteligencia (SINAI), son los siguientes: a) Dirección de Inteligencia Estratégica del Ministeriode Defensa Nacional. b) Dirección General de Inteligencia de las FuerzasMilitares. c) Dirección de Inteligencia del Ministerio del Interior. d) Dirección de Inteligencia de la Policía Nacional. e) Dirección de Inteligencia de la Secretaría NacionalAntidrogas (SENAD). f) Dirección General de Análisis Financiero de la Secretaría de Prevención de Lavado de Dinero o Bienes (SEPRELAD); y g) Otros organismos del Estado conforme lo determine la Secretaría Nacional de Inteligencia (SNI), con aprobación del Consejo Nacional de Inteligencia.

Inteligencia Financiera			
Pais	Instituiciones	Contactos	Peculiaridades
Brasil	Consejo de control de actividades financieras (COAF)	COAF	
Argentina	Unidad de información financiera	UIF	La Unidad de Información Financiera es el organismocon autonomía y autarquía financiera a cargo del análisis, el tratamiento y la transmisión de informacióna los efectos de prevenir e impedir el Lavado de Activos (LA) y la Financiación del Terrorismo (FT).
Paraguay	Secretaria de lavado de dinero o benes	SEPRELAD	La Secretaría de Prevención de Lavado de Dinero oBienes – SEPRELAD, es la entidad gubernamental

Inteligência - Regulación			
Pais	**Instituiciones**	**Contactos**	**Peculiaridades**
Brasil	Agencia Nacional de Vigilancia Sanitária	ANVISA	
Argentina	Adminsitración Nacional de Medicamentos, Alimentos y Tecnología	ANMAT	La Administración Nacional de Medicamentos, Alimentos y Tecnología Médica (ANMAT) es un organismo descentralizado de la Administración Pública Nacional. El organismo colabora en la protección de la salud humana, garantizando que los medicamentos, alimentos y dispositivos médicos a disposición de los ciudadanos posean eficacia, seguridad y calidad. Para ello, lleva adelante los procesos de autorización, registro, normatización, vigilancia y fiscalización de los productos de su competencia en todo el territorio nacional.
Paraguay	Dirección Nacional de Vigilancia Sanitaria, dependiente del Ministerio de Salud Pública y Bienestar Social	DNVS	Se encarga de regular y controlar la fabricación, elaboración, fraccionamiento, control de calidad, distribución, prescripción, dispensación, comercialización, representación, importación, exportación, almacenamiento, uso racional, régimen de precios, información, publicidad y la evaluación, autorización y registro de los medicamentos de uso humano que contengan o no sustancias estupefacientes, psicotrópicas, precursores, drogas, productos químicos, reactivos y todo otro producto de uso y

			aplicación en medicina humana y los productos considerados como cosméticos, domisanitarios y afines. Coordina las acciones de las diversas dependencias de la Dirección Nacional de Vigilancia Sanitaria (DNVS), a fin de lograr un funcionamiento integrado en el marco de las políticas y objetivos institucionales. Provee permanentemente asistencia técnica y administrativa a todos los niveles de la estructura organizacional de la Dirección Nacional de Vigilancia Sanitaria (DNVS). Precautela y promueve la salud de las personas y en especial la del consumidor, en cuanto a los medicamentos de uso humano y de todo producto de uso y aplicación en medicina humana, y los productosconsiderados como cosméticos, domisanitarios y afines, a través del Control de Calidad de estos, procediendo de oficio o por denuncias. Fija normas técnicas de carácter nacional en las materias de su competencia.

		Inteligência - Aduana	
Pais	**Instituiciones**	**Contactos**	**Peculiaridades**
Brasil	Receita Federal	RF	
Argentina	Dirección General de Aduanas - Administración Federal de Ingresos Públicos	AFIP	La Direccion General de Aduanas, dependiente de la Agencia Federal de Ingresos Públicos, es la autoridad competente en la aplicación de la legislación que regula el despacho aduanero, así como los sistemas, métodos y procedimientos a que deben sujetarse las aduanas.
Paraguay	Dirección Nacional de Aduanas	DNA	Es una institución autónoma y autárquica, facilitadora delcomercio internacional, responsable de la recaudación de

Protección de víctimas y testigos			
Pais	Instituiciones	Contactos	Peculiaridades
Brasil	Secretaria de Estado de Direitos Humanos	SEDH	À Secretaria de Estado de Direitos Humanos (SEDH)cabe a função de coordenar o Sistema Estadual a
Argentina			
Paraguay	Dirección de Protección a Testigos del Ministerio Público	Dirección de Protección a Testigos del Ministerio Público	Brinda protección –a través de medidas de asistencia yseguridad– al testigo, víctima testigo, colaborador de justicia y otros sujetos que, por su intervención en un proceso penal que lleve adelante el Ministerio Público, se encuentren en situación de riesgo o peligro – extremo o extraordinario– de sufrir menoscabo en sus bienes jurídicos fundamentales, en miras a garantizar su participación eficaz en el proceso penal.
	"Centro de Atención a Víctimas del Ministerio Público"	Centro de Atención a Víctimas del Ministerio Público	La ley orgánica del Ministerio Público N° 1562/00 en su Art. 65 expresa que el Centro de Atención a Víctimas "cumplirá todas las funciones de asistencia a las personas ofendidas por los hechos punibles, a los efectos de encarar el correspondiente proceso criminal". Actualmente conforma el Gabinete de Acceso a la Justicia – Res. F.G.E. N°1831/15. Brinda una atención a la víctima del delito que acude al Ministerio Público, encaminada a evitar o minimizar situaciones de revictimización durante el proceso penal.

Instituciones internacionales relevantes para la Seguridad Pública en la Triple Frontera			
Instituição	**Temas Principales**	**Contactos**	**Peculiaridades**
Comando Tripartito	El intercambio de información Lucha contra el terrorismo y la delincuencia organizada transnacional Cooperación en operaciones conjuntas	Gendarmería Nacional Argentina (ARG) Prefectura Naval Argentina (ARG) Policía Federal Argentina (ARG) Policía de Seguridad Aeroportuaria (ARG) Departamento de la Policía Federal (BRA) Agencia Brasileña de Inteligencia (BRA) Policía Federal Vial (BRA) Policía Nacional (PAR)	El Comando Tripartito no es una organización con sede y estructura física propia, estando integrado por la cooperación entre diferentes instituciones de Seguridad Pública de los países que conforman la región y sus unidades designadas para actuar en la Triple Frontera.
MERCOSUR	Definición de normas para la cooperación regional Intercambio de información Cooperación en operaciones conjuntas Formación de agentes de seguridad pública	Tratados y Acuerdos MERCOSUR	La Cooperación en Seguridad Pública es un tema abordado desde los primeros años del MERCOSUR. Entre los avances más recientes, destaca la ratificación para la creación del Sistema de Intercambio de Información de Seguridad del MERCOSUR (SISME), que potenciará la cooperación y la acción integrada entre las instituciones de Seguridad Pública de los países del Bloque y sus asociados.
OEA	Formación de agentes de seguridad pública Reuniones ministeriales para discutir problemas comunes Cooperación jurídica y sentencia de casos bajo reglas acordadas entre países miembros	Organización de los Estados Americanos -Sítio Oficial Secretaría de Seguridad Multidimensional Mecanismos Avaliativos para Analisar los Progressos en la Lucha Contra las Drogas Ilegales y la Corrupción	
AIAMP	Grupos de Trabajo de Cooperación Internacional en	Asociación Iberoamericana de Ministerios Públicos - Sítio	

	Casos de Delincuencia Organizada Transnacional en el Continente	Oficial	
AMERIPOL	Intercambio horizontal de información entre instituciones policiales en las Américas Capacitación para agentes de seguridad pública	AMERIPOL - Sítio Oficial (en español)	
COMJIB	Intercambio de información Foro de debate para discutir los desafíos comunes en seguridad pública y crimen organizado	Conferencia de los Ministros de Justicia de los Países Iberamericanos - Sítio Oficial	
INTERPOL	Lucha contra el Crimen Organizado y Emergente Lucha contra el Ciberdelito Enfrentando el Terrorismo	INTERPOL - Sítio Oficial (en inglés)	La Organización Internacional de Policía Criminal (INTERPOL) es una de las instituciones más antiguas de cooperación policial internacional. Los 194 países que lo componen buscan conectar e intercambiar información en materia de Seguridad Pública y actividad policial. Por tanto, el principal objetivo de INTERPOL es compartir información entre las instituciones policiales y conectar estas instituciones con investigadores y especialistas dedicados a tipos específicos de delitos.
UNODC	Formación para profesionales de los estados miembros de la ONU Investigación Científica sobre Seguridad Pública y Crimen Organizado Asistencia para la	UNODC - Sítio Oficial (en inglés) Oficina de Enlace y Alianzas en Brasil y Cono Sur	Si bien no es un cuerpo de acción directa para combatir las amenazas del crimen organizado, los informes, manuales y recomendaciones puestos a disposición por la UNODC y la ONU en general tienden a influir en las decisiones de los países sobre las principales amenazas al crimen
UNODC	Formación para profesionales de los estados miembros de la ONU Investigación Científica sobre Seguridad Pública y Crimen Organizado Asistencia para la implementación de las resoluciones de la ONU sobre asuntos de seguridad pública	UNODC - Sítio Oficial (en inglés) Oficina de Enlace y Alianzas en Brasil y Cono Sur	Si bien no es un cuerpo de acción directa para combatir las amenazas del crimen organizado, los informes, manuales y recomendaciones puestos a disposición por la UNODC y la ONU en general tienden a influir en las decisiones de los países sobre las principales amenazas al crimen organizado en el momento y en construyendo estrategias para enfrentarlos.

Egmont Group	Lucha contra el Blanqueo de Capitales y la Financiación del Terrorismo.	Egmont Group	
GAFILAT	Lucha contra el Blanqueo de Capitales y la Financiación del Terrorismo.	GAFILAT	El objetivo principal de GAFILAT es asistir a sus miembros en la implementación de las 40 recomendaciones del GAFI (International Financial Action Group) contra el lavado de activos y activos financieros, además de la creación de un sistema para prevenir el lavado de activos y combatir el financiamiento del terrorismo. .

ATLAS TRIPLE FRONTERA			
ARRANJO JURÍDICO			
Tipo Penal	**Brasil**	**Argentina**	**Paraguay**
Crimen Organizado	CP Ley nº 2848/40 art. 288 (asociación criminal)	Ley n° 26733 CP art 210 (asociación ilícita)	Ley nº 2298/2003
	Decreto n.º 5.015/04 (declaração da ONU)	CP 145 y art. 145 bis	Ley nº 2396/2004
			Ley nº 3216/2007
	Decreto nº 5016/04 (protocolo adicional à CONU)	Ley nº 25.632 (Convención de las Naciones Unidas internacional contra la delincuencia trasnacional	Ley 2116/2007 (que Aprueba el Protocolo contra la Fabricación y el Tráfico Ilícito de Armas de Fuego, sus piezas y componentes y municiones, que complementa la Convenciones de las Naciones Unidas contra la Delincuencia Organizada Transnacional.)
	Decreto nº 5017/04 (protocolo adicional à CONU)		Ley nº 3533/2008
	Ley n.° 11.343/06 art. 35 (ley de drogas)	OBS: No hay um tipo unívoco de delito deorganización.	Ley Nº 6.446/19 (Crea el Registro Administrativo de Personas y Estructuras Jurídicas y el Registro Administrativo de Beneficiarios Finales del Paraguay.)

			Ley N° 6.379/2019 (Crea la Competencia en Delitos Económicos y Crimen Organizadoen la Jurisdicción del Fuero Penal.)
			Ley N° 6.431/2019 (que Crea el Procedimiento Especial para la Aplicacióndel Comiso, el Comiso Especial, la Privación de Beneficios y Ganancias y el Comiso Autónomo.)
	Ley nº 12850/13 (organización criminal)		Ley N° 6396/2019 (modifica el artículo 46 de la Ley N°5876/17 "De administración debienes incautados y comisados.) (Convención de las Naciones Unidas internacional contra la delincuencia trasnacional
	CP Ley nº 2848/40: art. 317 e 333.	No está tipificada en el CP	Ley nº 977/96 (Convención Interamericana contra la corrupción)
	Ley nº 12846/13 (PJ)	Concepto que engloba múltiples delitos contra la adminsitración pública: cohecho(pago de subornos); entrega de regalos (dádiva); tráfico de influencias; malversación de fondos	Ley nº 2880 (pune hechos contra intereses

Corrupción		públicos; enriquecimento ilícito	
	Decreto nº 3678/00 (Convención de la ONU)	Ley nº 26097 (aprueba la Convención de laONU contra la corrupción, adptada en NY en 2003.	Ley nº 5295/14 (proíbe el nepostismo)
		Ley nº 27401/17 (ley anticorrupción;responsabilidad penal de la persona jurídica)	Ley nº 2523/04 (previne y sanciona elenriquecimento ilícito y tráfico de influencias)
			Ley nº 5282 (libre acceso del cidadano a lainformación pública)
			Ley N° 6.379/2019 (Crea la Competenciaen Delitos Económicos y Crimen Organizado en la Jurisdicción del Fuero Penal. (repetido para crimen organizado y corrupción)
			Ley Nº 6.430/19 (que Previene, Tipifica y Sanciona los Hechos Punibles de CohechoTransnacional y Soborno Transnacional.)
			Corrupción: Ley Nº 2535 / APRUEBA LA CONVENCION DE LAS NACIONES UNIDAS

	Ley nº 9613/98	Ley nº 26733 art. 303	CONTRA LA CORRUPCION (Mérida)
		Ley n° 25.246	Ley nº 1015/97 (previene y reprime actos ilícitos para legitimación de dinero o benes)
Lavado de dinero y Financiación al terrorismo	Ley nº 12683/12	(encubrimiento. Unidad de inteligenciafinanciera)	Ley nº 4024 (castiga hechos punibles deterrorismo, asociación terrorista y financiamiento del terrorismo)
		Ley nº 26734 (deroga y incorpora artículos vinculados a financiación del terrorismo ya al congelamiento de activos)	Ley nº 4503/2011 (imovilización de fondos o activos financieros)
	Ley n. 13260/16	Decreto nº 918/12 (reglamienta art 6 de la	Ley nº 5582/16 (aprueba la enmienda al Lavado de dinero: Art. 196 C.PLey N° 6.419/2019 (Regula la
		Ley nº 26268 (delitos contra el orden	
		Ley n° 26 023 (aprueba la Convención	Ley 6.452/2019 (modifica varias
			Ley 6399/2019 (modifica los artículos 3° y
			Ley 6408/2019 (modifica el artículo 3º de
	Decreto nº 95/18 (Protocolo - comércio ilícitode tabaco)	Ley n° 26.687/2011 (Regulación de lapublicidad, promoción y consumo de productos	Ley nº 2422 Código Aduanero

Comércio ilegal deltabaco	Decreto nº 7212/10 (paquetes de 20 unidades)	elaborados con tabaco)	
	Ley nº 9782/99 (institui Anvisa - supervisor)	Decreto nº 602/2013	
	Ley nº 10.167/00 (multa para violación)		Protocolo de Eliminación del Comerciollícito del Producto del Tabaco. (YA fue firmado)
	Resolución Anvisa nº 46 (elementos delcigarrillo)	Disposición nº 3662/2011 (cigarilloelectrónico)	
	Resolución Anvisa nº 346 (revoca res. Nº 105. Normas para cadastro de fabricantes)		Ley nº 1333 (publicidad y promoción deproductos de tabaco0
	Instrución Normativa Secretaria ReceitaFederal nº 396 (Programa Generador de	Resolución nº 152/14 del Instituto dePropriedad Intelectual	
	Decreto nº 1/03 (Comisión Nacional para aConvençión - control del tabaco e sus		
			Ley 5538/2015 (modifica la Ley 4045/2010 Que
	Resolucíon BACEN nº 3559/08 (financiamento de lo tabaco)		Ley nº 2969/06 (aprueba el convenio marcode la OMS para control del tabaco)
	Instrución Normativa Secretaria da ReceitaFederal nº 60/99 (tasación de productos del	Convenio Marco para el control de tabaco – OMS	
	Decreto nº 2876/98 (impuesto de exportación yalícuotas)		
	Instrución Normativa de la Secretaria da Receita Federal nº 55/01 (normas para sello de		

Contrabando dealcohol	CP Ley nº 2848/40 art. 334-A (contrabando)	Ley nº 22415 Código Aduanero (contrabando)	Ley nº 2422 Código Adunaero
	Ley 13 008/14 (contrabando)		
	Ley nº 7678/88 (vino y derivados da uva)		
	Decreto nº 8198/14 (reglamenta)		
	Decreto nº 9799/19 (Tequila e cachaza.Acuerdo México Brasil. Supervisión)		
	Decreto 7968/13 (Wisky)		
	Decreto nº 6871/09 (bebidas en general;infraciones y sanciones)		
	Instrución Normativa MAPA nº 67/18 (certificación de importación e exportación)		
	Istrución Normativa MAPA nº 4/16(fiscalização)		
	Instrución Normativa MAPA nº 55/09 (termos importação/exportação)		
	Instrución Normativa MAPA nº 32/18 (procedimientos exportación/importación)		
	Instrución Normativa MAPA nº 28/14 (límitede sustancia)		

	CP Ley nº 2848/40 art. 334-A (contrabando)	Ley nº 22415 Código Aduanero (contrabando)	Ley nº 2422 Código Aduanero
	Ley nº 13 008/14 (contrabando)		
	CP Ley nº 2848/40 art. 184 (comércio deprodutos falsificados)		
	CDC Ley nº 8078/90 art 66 (crimen contra elconsumidor)		
	Ley nº 9.279/96 (propriedad intelectual)		
	Lei nº 9610/98 (derechos autorales)		
	Decreto nº 6759/09 (regulación aduanera)		
Comércio de productos electrónicos falsos	CP Ley nº 2848/40 art. 334-A (contrabando)	Ley 27737/89 (ley de drogas actual)	Ley 836 art 265 (Código sanitário. Prohíbeel comercio)
	- Ley 13 008/14 (contrabando)		
	CP Ley nº 2848/40 art. 273 (falsificación de productos para fines medicinales/terapêuticos)		
	Lei nº 9677/98 (alteró el CP)		
	Lei nº 11343/06 art. 31 e 33 (ley de drogas)		

Comércio ilícito de medicamentos contrafeitos	Lei nº 9695/98 (crimen atroz)	CP art. 200 y 201 (falsificación de medicamentos	Ley 1340/1988 enmendada por ley 1881 (reprime tráfico ilícito de drogas peligrosas)
	CDC Lei nº 8078/90 art 66 (crimen contra elconsumidor)		
	Lei nº 9.279/96 (propriedad intelectual)		
	- Lei nº 8080/90 (asistencia farmacéutica)		
	- CDC Ley nº 8078/90		
	- Decreto nº 45490/00 (CTRC transporte vial)	Ley 26524/09 (pune la falsificaciónpeligrosa para salud)	Ley 1119 (regula fabricación, elaboración,control de calidad, distribución y etc)
	Ajuste SINIEF nº 07/02 (indicación del lote enlas facturas)		
	Ley nº 11903/09 (seguimiento da producción y consumo)		
	Ordenanza (Portaria) nº 2.814/98 MS (procedimentos para produtoras, importadoras eetc.)		
	- CPP Decreto Ley nº 3689/41 art 1, I; 368 e784-790	Tratados de Extradición y Asistencia Legal Mutua (argentina y Polonia; argentina y Kazajistán, argentina y costarica	Convenios sobre extradición;
	- CP Ley nº 2848/40 art. 7 e 9		
	Ley nº 6.815/80 art. 76-84 (Estatuto delExtanjero)		
	Ley nº 9613/98 art. 8 (Lei de lavado de dinero)	Programa de Asistencia contra el CrimenTransnacional Organizado;	Convenios sobre tráfico de drogas,

Cooperación jurídica internacional	Ley 11343/06 art. 65 (Ley de drogas)		estupefacientes y hechos conexos;
	Decreto nº 8668/2016 sustituído por lo Decretonº 9662/19 (extradición y transferencia de personas condenadas- DRCI)		Convención de la ONU contra tráfico deestupefacientes;
	Decreto nº 8431/15 (extradição)	Ley 24.767/97 (Ley de CooperacionInternacional en Materia Penal)	
	Decreto nº 6747/09 (excepción, Tratado deAsistencia Mútua Canadá - PGR)		
	- Decreto nº 9662/19 (Ministerio de la Justiciay Seguridad Pública)		
	Ley nº 445/17 art. Cap VII Seção I e III (ley dela migración; extradición y transferencia de persona condenada)		Cooperación en materia penal (Argentina,Brasil, Bolívia, Chile, Colombia, Costa Rica, Ecuador, Estados Unidos, Honduras,México, Panamá, Perú, Venezuela)
	Ordenanza (Portaria) MJ nº 89 (procedimientos de transferencia)	Ley 24.767/97 (Ley de CooperacionInternacional en Materia Penal)	
	Ordenanza (Portaria) MJ nº 217 (procedimientos extradición)		
			Ley 16/90. Convención de las NacionesUnidas contra el Tráfico Ilícito de
			Ley 2298/03. Convención de las NacionesUnidas contra la Delincuencia Organizada
			- Ley 2396. Protocolo para prevenir,

			reprimir
			- Ley 3533/08. Protocolo contra el Tráfico Ilícito de Migrantes por tierra, mar y aire.
			- Ley 3216/07. Protocolo contra la
		Ley 24.767/97 (Ley de Cooperacion Internacional en Materia Penal)	Ley 2535/05. (Convención de las Naciones
			Ley 2194/03. (Convención Interamericana sobre Asistencia Mutua
			Ley 977/96. (Convención Interamericana
			Ley 2048/03.(Protocolo de Asistencia Jurídica Mutua en Asuntos Penales del
			Acuerdo de Cooperación Interinstitucional entre los Ministerios Públicos y Fiscales miembros de la AIAMP
	Ley nº 13445/17 (documentos instrución extradición)		
	Resolución STJ 9/05		
	Ordenanza (Portaria) Conjunta MJ/PGR/AGU nº 01/05		
	Ordenanza (Portaria) Interministerial MRE/MJ 501/12		Dirección de Cooperación y Asistencia Judicial Internacional
	Instrución Normativa 01/10 do CNJ (difusões vermelhas)		
Cooperación policial	Decreto CMC nº 29/02 (Acuerdo Inteligencia policial terrorismo y delitos conexos MERCOSUL, Bolívia e Chile)	Decreto Lei nº 333/1958 Ley organica de la policía federal)	Ley nº 2887 (acuerdo marco sobre cooperación en materia de seguridad nacional entre los estados partes del Mercosur, Bolívia y Chile
	Decreto CMC nº 43/00 (Regulación Interna del Centro de Coordenación Policial del MERCOSUL, Bolívia e Chile)	Decreto ley nº 10070/1983 (Convenio Policial Argentino celebrado entre las Policías de Seguridad y Fuerzas de Seguridad del País)	Ley nº 3678 (acuerdo marco sobre cooperación en materia de seguridad nacional entre los estados partes del Mercosur, Bolívia, Chile, Ecuador, Peru y Venezuela)
	Decreto nº 8.360/14 (Memorandum entendimiento Brasil Colômbia)		Ley 2887/2006. (modifica varios artículos de la
	Decreto nº 6.731/009 (Acuerdo Brasil Uruguai)		Ley 5757/2016,(Acuerdo marco de cooperación

Sistema de Inteligencia			Ley 5241/2014. (Crea el Sistema Nacional de
			Ley 1337/99 (Defensa Nacional y De Seguridad
	Ley nº 9883/99 (SISBIN)	Ley n° 25.246 (encubrimiento. Unidad de inteligenciafinanciera - UIF)	Ley nº 3783/09
	Decreto nº 3695/00 (SSISP)		
	Decreto nº 4376/02 (SISBIN estructura yfuncionamiento)		
	Lei nº 9613/98 (lei de lavado de dinero -COAF)	Ley nº 26119 (Unidad de informaciónfinanciera)	
Tráfico de Drogas	Lei nº 11.343/2006; Decreto nº 9761/2019(Política Nacional de Drogas)	Lei nº 27.737;	Ley 16/90. (Convención de las Naciones Unidas
			Ley 1881/2002 (modifica la Ley 1340 del 22 de
			Ley nº 13.40/1988
Trata de Personas			Ley 2396. (Protocolo para prevenir, reprimir y
	Art. 149-A CP; Ley nº 13344/2016	Ley n. 27046/14	Ley nº 4788/12
		Ley n. 26842/12	Ley 1160/97 (Código Penal) art. 129
		Decreto 111/15	
		Ley 26364 /08	
	Ley nº 5197/67; Ley nº 9605/98 (crimesambientais); Decreto nº	Ley n. 19282/71	Ley n. 96/92 (vida silvestre)

Tráfico de Fauna y Flora	6514/08	Ley n. 20961/75	Ley n. 294/93 (avaliação de impactoambiental)
		Ley 21676/77	
		Ley n. 22344/80	Ley n. 253/93 (Convenio Marco sobreDiversidade Biológica)
		Ley n. 22421/81	
		Ley 26094/84	Ley n. 352/94 (áreas silvestres protegidas)
		Lei n. 23582/88	
		Ley n. 24702/96	Ley n. 716/96 (delitos ambientais)
		Ley n. 25052/08	
		Ley n. 25463/01	
		Ley n. 25577/02	Ley n. 1314/98 (animais silvestres)
		Ley n. 25679/03	
		Ley n. 26447/08	
		Ley 22421/81	
		Decretos ANMAC	
Tráfico de Armas y Munición			Ley 3216/07. (Protocolo contra la Fabricación y
	Ley nº 10826/2003	Ley n. 20409/73	Lei n. 4036/10
Protección de vítimas y testigos	Ley no 9807/99	Ley 25.764/2003 Programa Nacional deprotección a testigos e imputados	Ley 4083/2011
			Guías de Santiago (Atención y Protección de Víctimas y Testigos. Documento Aprobado
	Ley 11340/2006 Lei Maria da Penha	Ley 27327	Lei 5777/2016 Protección a las mujerescontra toda forma de violencia

ATLAS TRIPLE FRONTERA					
		ORDEN JURÍDICO			
Tipo penal	Descripción	Brasil	Argentina	Paraguay	Uruguay
Crimen organizado	"Grupo criminal organizado": grupo estructurado de tres o más personas, que existe desde hace algún tiempo y actúa concertadamente con el fin de cometer uno o más delitos graveso previstos en la presente Convención, con la intención de obtener, directa o indirectamente, un beneficio económico u otro beneficio material. (Convención de Palermo)	CP Ley nº 2848/40 Art. 288(asociación criminal)	Ley n° 26733 CP Art. 210 (Asociación Ilícita)	Ley nº 2298/2003;	Ley 15.322 (1982) - Aprueba el sistema deintermediación financiera Ley 17.060 (1999) - Prohibe y sanciona eluso del poder público en beneficio de la corrupción Ley 18.056 (2006) - Convención de las Naciones Unidas contra la Corrupción Ley 18.381 (2008) - Ley de Acceso a laInformación Pública Ley 18.930 (2012) - Reglamento de información sobre Participación Patrimonial
		Decreto n.º 5.015/04	CP 145 i Art. 145 bis	Ley 2116/2007 (que aprueba el Protocolo contra la Fabricación y el Tráfico Ilícito de Armas de Fuego, sus piezas y componentes y municiones, que complementa la Convención de las Naciones Unidas contra la Delincuencia Organizada Transnacional).	
		Decreto nº 5016/04 (protocolo adicional a la CONU)			
		Decreto nº 5017/04 (protocolo adicional a la CONU)	Ley nº 25.632 (Convención delas Naciones Unidas contra o Crimen Organizado Transnacional	Ley nº 3533/2008;	
				Ley No. 6.431 / 2019 (que crea elProcedimiento Especial para la Aplicación de Confiscación, Confiscación Especial, Privación de Beneficios y Ganancias y Confiscación Autónoma).	del Operador con destino al BCU
				Ley N ° 6396/2019 (modifica el artículo 46 de la Ley N ° 5876/17 "Sobre la administración de bienes incautados y confiscados).	
				Ley N ° 6.446 / 19 (Crea el Registro Administrativo de Personas y Estructuras Jurídicas yel Registro Administrativo de Beneficiarios Finales de Paraguay.)	17.861 (Convención de las NacionesUnidas contra o Crimen Organizado Transnacional
				Ley N° 6.379 / 2019 (Crea la competencia en Delitos Económicos y Crimen Organizadoen la Jurisdicción del Foro Penal.)	

				Decreto Federal 8.903, del 16 de noviembre de 2016 (Programa de Protección Integrada de Fronteras (PPIF)	
		Ley n.° 11.343/06 Art. 35 (Ley sobre as Drogas)	Proyecto de ley: "por el cual se crean juzgados penales de garantías, de ejecución penal,	Convención de las Naciones Unidas contra o Crimen Organizado Transnacional	
		Ley nº 12850/13 (Organización Criminosa)			
Corrupción	La corrupción es una plaga insidiosa que tiene una ampliagama de efectos corrosivos. en las sociedades. Socava la democracia y el estado de derecho, conduce a violaciones de derechos humanos, distorsiona los mercados, corroela calidad de vida y permite	CP Ley nº 2848/40: Art. 317e 333.	No está tipificada en el Código Penal	Ley nº 977/96 (Convención Interamericana contra la Corrupción) Ley nº 5282 (Libre acceso del ciudadano a la Información Pública)	Ley 15.322 (1982) - Aprueba el sistema deintermediación financiera Ley 17.060 (1999) - Prohibe y sanciona eluso del poder público en beneficio de la corrupción
		Ley nº 12846/13 (PJ)	pública: cohecho (pago de sobornos); entrega de presentes(dádiva); tráfico de influencias; malversación de fondos	Ley nº 2880 (Pune crímenes contra el Patrimonio) Ley nº 5295/14 (pProhibe el Nepotismo)	Ley 18.056 (2006) - Convención de las Naciones Unidas contra la Corrupción
	que el delito, el terrorismo	Decreto nº 3678/00	Ley nº 26097 (aprueba la	Ley nº 2523/04 (Previene y	Ley 18.381 (2008) - Ley de Acceso
	y otras amenazas a la seguridadhumana florezcan. (UNCAC) El concepto de corrupción es amplio e incluye las prácticas de soborno y cohecho, fraude, apropiación indebida o cualquierotro desvío de recursos por partede un funcionario público. Además, puede involucrar casosde nepotismo, extorsión, tráfico de influencias, uso de información privilegiada para fines personales y la compra y venta de sentencias judiciales, entre varias otras prácticas. (UNODC)	(Convención da ONU)	Convención de la ONU contra la corrupción, adoptada en NYen 2003.	Sanciona el Enriquecimiento Ilícito y el Tráfico de Influencia) Ley N ° 6379/2019 (Crea la Competencia en Delitos Económicos y Crimen Organizado en la Jurisdicción del Foro Penal). Ley N ° 6.430 / 19 (que Previene, Tipifica y Sanciona los Actos Punibles de Soborno Internacional)	a laInformación Pública Ley 18.930 (2012) - Reglamento de información sobre Participación Patrimonial del Operador con destino al BCU
			Ley nº 27401/17 (ley anticorrupción; responsabilidad penal de lapersona jurídica)	Corrupción: Ley 2535 (aprueba laconvención de la ONU)	

Lavado de Dinero y Financiación del Terrorismo	El lavado de dinero puede conceptualizarse como el proceso utilizado para ocultar o disfrazar el origen ilícito de determinados activos financierosо bienes patrimoniales con el finde darles apariencia legal para futura utilización. (Receta Federal) El delito de lavado de dinero secaracteriza por un conjunto de operaciones comerciales o financieras que buscan incorporar, temporal o permanentemente, a la economíade cada país, recursos, bienes y valores de origen ilícito y que se desarrollan a través de un proceso dinámico que teóricamente involucra tres fasesindependientes que con frecuencia ocurren simultaneamente. (COAF)	Ley nº 9613/98	Ley nº 26733 Art. 303	Ley 1160/97 Código penal	Ley 17.861 (2004) - Convención de las Naciones Unidas contra el Crimen Organizado Transnacional y sus Protocolos
			Ley n° 25.246	Ley nº 1015/97 (previene y combate actos ilícitos para la legitimación de capital y bienes)	
		Ley nº 12683/12	(encubrimiento. Unidad deInteligencia Financiera)	Ley nº 4024 (penaliza atos passíveis de serem classificados como terrorismo, asociación terrorista e financiamento do terrorismo)	
			Ley nº 26734 (que deroga e incorpora artículos relacionados con la financiación del terrorismo y la congelación de activos	Ley nº 4503/2011 (paralización defondos y activos financieros)	Complementarios Ley 19.574 (2017) - Ley de Lavado deDinero y Financiación del Terrorismo Ley 19.749 (2019) - Ley contra el Financiación del Terrorismo y Aplicación de Sanciones Financieras a Personas y Entidades Vinculadas al Terrorismo, su Financiación y la Proliferación de Armas deDestrucción Masiva
		Ley n. 13260/16	Decreto nº 918/12 (reglamentaArt. 6 de la Ley 26.734)	Ley nº 5582/16 (aprueba la modificación del Memorándum deEntendimiento del GAFSUD)	
			Ley nº 26268 (Delitos contra el orden financiero)crimen	Art. 196 CP (dispone sobre el lavado de dinero)	
				Ley 6408/2019 (modifica el artículo 3 de la Ley N° 4024/2010 "Que Sanciona los Actos Puniblesde Terrorismo, Asociación Terrorista y Financiación del Terrorismo)	
			Ley n° 26 023 (aprueba la Convención Interamericana contra el terrorismo adoptadaen Barbados, 2002)	Ley 6399/2019 (modifica los artículos 3 y 4 de la Ley N° 5.895 / 2017 "Que establece reglas detransparencia en el régimen de sociedades constituidas por acciones" y dispone medidas transitorias.)	
				Ley 6.452 / 2019 (modifica variasdisposiciones de la Ley N° 1160/1997 "Código Penal" y su modificadora, la Ley N° 3.440 / 2008.)	

				Ley N° 6.419/2019 (Regula el congelamiento de activos financieros de personas vinculadasal terrorismo y la proliferación de armas de destrucción masiva y los procedimientos de difusión, inclusión y exclusión en listas de sanciones elaboradas en virtud de las resoluciones del Consejo de Seguridad de Naciones Unidas.)	
Comercio ilícito de tabaco	Por "comercio ilícito" se entiende toda práctica o conducta prohibida por la ley relacionada con la producción, envío, recepción, posesión, distribución, venta o compra, incluida cualquier práctica o conducta destinada a facilitar tal actividad. (CMCT)	Decreto Nº 95/18 (Protocolo - Comercio ilícito de tabaco)		Ley nº 2422 Código Aduanero	Ley N° 18.256 / 08 (Ley para la Protección del Daño Ambiental por Consumo deTabaco - Artículo 12)
		Decreto nº 7212/10 (Paquetes de 20 unidades)	Disposición nº 3662/2011 (cigarro electrónico)		Ley N ° 17,793 (Ley complementaria del Convenio Marco de la OMS para el Control del Tabaco)
		Ley nº 9782/99 (instituyea ANVISA)		Protocolo de Eliminación do Comercio Ilícito de Productos delTabaco (futuro)	Ley N° 19276 (Código de Aduanas)
		Ley nº 10.167/00 (multa para violación)			
	El comercio ilícito de productos de tabaco es reconocido mundialmente como un obstáculo para el logro de los objetivos del Convenio Marco y un grave problema de salud pública, ya que los bajos precios de los cigarrillos ilegales socavan los efectos positivos de las políticas del Tratado, en particular el aumento de impuestos y precios de los cigarrillos, considerada una de las medidas más efectivas para prevenir la iniciación al tabaquismo de los jóvenes y estimular el abandono del hábito de fumar en poblaciones con menores	Resolución Anvisa nº 46 (componentes do cigarro)			
		Resolución Anvisa Nº 346 (deroga la res. Nº 105. Reglas para el registro de fabricantes)			
		Instrucción Normativa Secretaria Receita Federal nº396 (Programa Generador da	Resolución nº 152/14 do Instituto de Propiedad Intelectual	Ley nº 1333 (publicidady y promoción de productos del tabaco)	
		Declaración de Informaciones Fiscales)			
		Decreto nº 1/03 (Comisión Nacional para la Convención			
		- Control del tabaco y sus protocolos)			
				Ley 5538/2015 (modifica la Ley 4045/2010, que altera la Ley	

	ingresos y escolaridad. (INCA)	Decreto Nº 9516/18		125/91, modificada por la Ley 2421/04, del Régimen Tributario, que regula las actividades relacionadas con el tabaco y Establece medidas sanitarias para la protección de la población")	
		Resolución BACEN N° 2833/01 (Financiación del tabaco)	Ley N° 17.793 (Ley complementaria del Convenio Marco de la OMS para el Control del Tabaco)	Ley nº 2969/06 (Ley complementar la Convención Cuadro de la OMS para el Control del Tabaco)	
		Instrucción Normativa Secretaría de la Hacienda Federal Nº 60/99 (tributación de productos del tabaco)			
		Decreto N ° 5658 (Complementa el convenio marco de la OMS para el control del tabaco)			
		Decreto nº 2876/98 (impostode exportación y alícuotas)			
		Instrucción Normativa de la Secretaría de la Hacienda Federal Nº 55/01 (normas para sello de control)			
Contrabando de alcohol	El mercado ilícito de alcohol incluye prácticas como la fabricación y venta de bebidas adulteradas, la falsificación y piratería, el contrabando y la evasión fiscal. (CISA) Alcohol de contrabando: alcohol de marca original que fue contrabandeado ilegalmente a una jurisdicción y vendido, evitando aranceles y aduanas.	CP Ley nº 2848/40 Art. 334-A (contrabando)	Ley nº 22415 Código Aduanero (contrabando)	Ley nº 2422 Código Aduanero	Ley N° 19276 (Código de Aduanas) Ley N° 16753 (Ley que regula la elaboración de bebidas alcohólicas).
		Ley 13 008/14 (contrabando)			
		Ley nº 7678/88 (vino y derivados de la uva)			
		Decreto nº 8198/14 (reglamenta)			
		Decreto nº 9799/19 (Tequila y cachaza. Acuerdo México Brasil. Supervisión)			
		Decreto 7968/13 (Wisky)			
		Decreto nº 6871/09 (bebidasen general; infracciones y sanciones)			
		Instrucción Normativa MAPA nº 67/18 (certificación de importación y exportación)			

	Esto incluye bebidas traidas a través de la frontera por medio de contrabando organizado o en exceso de subsidio reglamentado del viajante. (TRACIT)	Instrucción Normativa MAPA nº 4/16 (fiscalización)			
		Instrucción Normativa MAPA nº 55/09 (términos importación/exportación)			
		Instrucción Normativa MAPA nº 32/18 (procedimientos exportación/importación)			
		Instrucción Normativa MAPA No. 28/14 (Limite de Sustancia)			
Comercio de Productos Electronicos Falsificados	El comercio ilícito, en todas susformas, está en yuxtaposición directa con el ODS 16, por alimentando la violencia y fomentando la corrupción, socavando la confianza en las instituciones y el estado de derecho, generando enormes flujos financieros ilícitos. (TRACIT)	CP Ley nº 2848/40 Art. 334-A (contrabando)	Ley nº 22415 Código Aduanero (contrabando)	Ley nº 2422 Código Aduanero	Ley N° 19276 (Código de Aduanas)
		Ley nº 13 008/14 (contrabando)			
		______________ (comercio de productos			
		(Crimen contra el			
		Ley nº 9.279/96 (propiedad intelectual)	Ley nº 26.687 (aprueba el convenio Marco de la OMS para el control del tabaco)	Ley nº 2969/06 (Aprueba el Convenio Marco de la OMS para el control del tabaco)	
		Ley nº 9610/98 (Derechos Autorales)			
		Decreto nº 6759/09 (regulación aduanera)			
Comercio ilícito de Medicamentos y Productos Falsificados	El comercio de productos farmacéuticos ilícitos se extiende más allá de lo que generalmente conocido. Problema de "falsificación" para incluir medicamentos de calidad inferior, falsificados, no	CP Ley nº 2848/40 Art. 334-A (contrabando)	Ley 27737/89 (lei de drogas atual)	Ley nº 2422 (Código Aduanero)	Ley N° 19276 (Código de Aduanas)
		- Ley 13 008/14 (contrabando)			Ley N ° 19574 (Ley de Lavado de Activos, Artículo 34)
		CP Ley nº 2848/40 Art. 273 (falsificación de productos para fines medicinales/terapéuticos)			Ley N ° 16.579 (Ley Complementaria de la Convención contra el Tráfico Ilícito de Estupefacientes y Sustancias Psicotrópicas)
		Ley nº 9677/98 (alteró el CP)			
		Ley nº 11343/06 Art. 31 y 33 (Ley sobre las Drogas)	CP Art. 200 e 201 (falsificación de medicamentos)		
		Ley nº 9695/98 (crimen hediondo)			
		CDC Ley nº 8078/90 Art. 66 (crimen contra o consumidor)			
		Ley nº 9.279/96 (propiedad intelectual)		Ley 836 Art. 265 (Código sanitario. prohíbe el comercio	

	registrados y sin licencia, así como su hurto, fraude, desvío ilícito, contrabando y tráfico. (TRACIT)	Ley nº 8080/90 (asistencia farmacéutica)			
		CDC Ley Nº 8078/90			
		Decreto Nº 45490/00 (CTRC transporte por carretera)	Ley 26524/09 (pune a falsificación peligrosa para la salud)	Ley 1340/1988 emendada por la Ley 1881 (Pune el tráfico ilícito de drogaspeligrosas)	
		Ajuste SINIEF nº 07/02 (indicación del lote en las facturas)			
		Ley N ° 11903/09 (seguimiento de la producción y el consumo)		Ley 1119 (regula la fabricación, elaboración, control de calidad, distribución, etc.)	
		Ordenanza N° 2.814/98 MS (Procedimientos para productores, importadores, etc.)			
Recuperación de Activos: Cooperación jurídica internacional	"Asistencia jurídica entre los Estados Partes en investigaciones, procesos y otros actos judiciales, cuando el Estado Parte requirente tenga motivos razonables para sospechar que los delitos son de naturaleza transnacional, incluso cuando las víctimas, testigos, el producto, los instrumentos o elementos de prueba de estos delitos se encuentren en el Estado Parte requerido y esté involucrado un grupo criminal organizado". (Art. 18, 1, adaptado, Convención de Palermo)	- CPP Decreto Ley nº 3689/41 Art. 1, I; 368 y 784-790	Tratados de Extradición y Asistencia Jurídica Recíproca (Argentina y Polonia; Argentina y Kazajstán, Argentina y Costa Rica	Acuerdos de Extradición	Ley 15982 (1988) - Código General del Proceso Decreto-Ley 14.294 (1974) y Ley 17016 (1998) Ley 17.861 (2004) - Convención de Palermo y Protocolos Complementarios Ley 19.574 (2017) - Lavado de Activos y Financiación del Terrorismo Protocolo de Asistencia Jurídica Mutua en Asuntos Penales de San Luis
		- CP Ley nº 2848/40 Art. 7 y 9			
		Ley Nº 6815/80 Art. 76-84 (Estatuto de Extranjería)			
		Ley nº 9613/98 Art. 8 (Ley de Lavado de Dinero - COAF)		Acuerdos sobre narcotráfico, estupefacientes y actos conexos	
		Ley 11343/06 Art. 65 (Ley sobre las Drogas)			
		Decreto nº 9662/19 (extradición y transferencia de personas condenadas - DRCI)			
		Decreto No. 8431/15 (extradición)	Programa de Asistencia contra el Crimen Transnacional Organizado;	Convención de la ONU Contra el Tráfico de Estupefacientess	
		Decreto nº 6747/09 (Excepción, Tratado de Assistência Mutua Canadá - PGR)			
		Decreto nº 9662/19 (Ministerio de Justicia y Seguridad Pública)			
		Ley nº 445/17 Art. Cap VII Sección I y III (Ley de migración; extradición y transferencia de personas condenadas)		Cooperación en materia penal (Argentina, Brasil, Bolivia, Chile, Colombia, Costa Rica, Ecuador, Estados Unidos, Honduras, México, Panamá, Perú, Venezuela)	
		Decreto MJ Nº 89 (procedimientos de transferencia)	Ley 24.767/97 (Ley de Cooperación Internacional en Materia Penal)		
		Decreto MJ Nº 217 (procedimientos de extradición)			

		Ley nº 13445/17 (documentos Instrucción para extradición)		Ley 16/90. Convención de las Naciones Unidas contra el Tráfico Ilícito de Estupefacientes y Sustancias Sicotrópicas		
				Ley 2298/03. Convención de las Naciones Unidas contra la Delincuencia Organizada Transnacional y sus Protocolos siguientes.		
				Ley 2396. Protocolo para prevenir, reprimir y sancionar la Trata de Personas, especialmente Mujeres y Niños.		
				Ley 3533/08. Protocolo contra el tráfico ilícito de migrantes por tierra, mar y aire.		
				Ley 3216/07. Protocolo contra la Fabricación y el Tráfico de Armas de Fuego, sus Piezas, Componentes y Municiones.		
				Ley 2535/05. (Convención de las Naciones Unidas contra la Corrupción)		
				Ley 2194/03. (Convención Interamericana sobre Asistencia Mutua en Materia Penal.)		
				ley 977/96. |||UNTRANSLATED_CONTENT_START|||(Convención Interamericana contra la Corrupción.) |||UNTRANSLATED_CONTENT_END|||		
				Ley 2048/03. (Protocolo de Asistencia Jurídica Mutua en Materia Penal del Mercosur. (San Luis))		
				Convenio de Cooperación Interinstitucional entre los Ministerios Públicos y Fiscales miembros de la AIAMP		
		Resolución STJ 9/05		Dirección de Cooperación y Asistencia Judicial Internacional		
		Decreto Conjunto MJ/PGR/AGU nº 01/05				
		Decreto Interministerial MRE/MJ 501/12				
		Instrucción Normativa 01/10del CNJ (difusiones rojas)				

Cooperación policial	"Instrumento de cooperación efectivo, práctico y permanente dirigido al fortalecimiento, la educación, doctrina y la formación de filosofías policiales en materia de asistencia técnico- científica, inteligencia e investigación que favorezcan la prevención y neutralización del Crimen organizado transnacional en la región" (Art. 1º. Estatuto de la Ameripol). "Apoyo técnico mutuo, mediante el intercambio de metodologías y tecnologías; Capacitación, por medio de la realización de cursos y entrenamientos dirigidos a la prevención, investigación y persecución de delitos en las regiones de frontera; Intercambio de información, especialmente para la prevención de actos ilícitos; Ejecución de las medidas de investigación, operaciones y diligencias relacionadas con hechos delictivos, las cuales serán realizadas por cada una de las Partes o por todas ellas, de manera coordinada; Persecución transfronteriza" (Art. 3, Acuerdo de Cooperación Policial Aplicable a Zonas de Frontera entre los Estados Parte del Mercosur).	(Acuerdo de Inteligencia Policial, Terrorismo ey Delitos conexos MERCOSUR, Bolivia y Decreto CMC nº 43/00 (Regulación Interna do Centro de Coordinación Policial del MERCOSUR, Bolivia y Chile) Decreto nº 8.360/14 (Memorándum de Entendimiento Brasil-Colombia) Decreto No. 6731/009 (Acuerdo Brasil Uruguay)	Ley 27737/89 (Ley de drogas actual) CP Art. 200 y 201 (falsificación de medicamentos) Ley 26524/09 (Pune la falsificación peligrosa para la salud)	Ley nº 2422 Código Aduanero Ley 836 Art. 265 (Código sanitario. Prohíbe el comercio) Ley 1340/1988 emendada por Ley 1881 (Pune el tráfico ilícito de drogas peligrosas) Ley 2887/2006. (Modifica varios artículos de la Ley 222/93 "Orgánica de la Policía Nacional". Ley 5757/2016, (Acuerdo Marco de Cooperación en Materia de Seguridad entre los Estados Parte del Mercosur, Bolivia y Chile.) Ley 1119 (Regula fabricación, elaboración, control de calidad, distribución, etc.)	Ley 18.315 (2008) - Procedimiento policial Mercosur / CMC / Dec. Nº 16/06 - Acuerdo Marco de Cooperación en Materia de Seguridad Regional entre los Estados Partes del Mercosur, la República de Bolivia, la República de Chile, la República de Colombia, la República del Ecuador, la República del Perú y la República Bolivariana de Venezuela. Mercosur / CMC / Dec. norte. 19/12 - Acuerdo de Cooperación Policial Aplicable a Zonas Fronterizas entre los Estados Parte del Mercosur. Ley Nº 18.157 (2007) - Acuerdo de Cooperación Policial en Investigación, Prevención y Control de Hechos Delictivos entre la República Oriental del Uruguay y la República Federativa de Brasil.
Sistema de inteligencia	Actividad de inteligencia: ejercicio permanente de acciones especializadas, orientadas a la producción y difusión de conocimiento, con vistas a asesorar a las autoridades gubernamentales en los respectivos niveles y áreas de atribución, para la planificación, ejecución, seguimiento y evaluación de las políticas de Estado (ABIN).	Ley nº 9883/99 (SISBIN) Decreto nº 3695/00 (SSISP) Decreto nº 4376/02 (SISBIN estructura y funcionamiento) Ley nº 9613/98 Leuy sobre el Lavado de Dinero - COAF)	Ley n° 25.246 (Encubrimiento. Unidad de Inteligencia Financiera - UIF) (Encubrimiento. Unidad de Inteligencia Financiera - UIF) Ley nº 26119 (Unidad de Información Financiera)	Ley 1337/99 (Defensa Nacional y Seguridad Interior). Ley 5241/2014. (Crea el Sistema Nacional de Inteligencia) Ley nº 3783/09	Ley 19.574 (2017) - Lavado de Activos y Financiación del Terrorismo Ley 19.696 (2018) - Sistema Nacional de Inteligencia de Estado.

Tráfico de Drogas	"La producción, fabricación, extracción, preparación, oferta para la venta, distribución, venta, entrega en cualquier condición, intermediación, embarque, embarque en tránsito, transporte, Importación o exportación de cualquier sustancia estupefaciente o psicotrópica, en contra de las disposiciones de las Convenciones Internacionales y leyes internas, así como la posesión o adquisición de cualquier sustancia estupefaciente o psicotrópica con el fin de realizar alguna de las actividades enumeradas anteriormente" (Art. 3, adaptado de la Convención contra el Tráfico Ilícito de Estupefacientes y Sustancias Psicotrópicas).			Ley 16/90. Convención de las Naciones Unidas contra el Tráfico Ilícito de Estupefacientes y Sustancias Sicotrópicas	Decreto Ley 14.294 (1974) - Drogas Ley 17.861 (2004) - Convención de Palermo y sus protocolos Ley 19.172 (2013) - Regulación y Control del Cannabis Ley 19.889 (2020) - Ley de Urgente Consideración
				Ley 1881/2002 (modifica la Ley 1340 del 22 de noviembre de 1988 "Que reprime el tráfico ilícito de estupefacientes y drogas peligrosas y otros delitos afines y establece medidas de prevención y recuperación para dependientes de drogas".)	
		Ley N ° 11.343 / 2006; Decreto No. 9761/2019 (Política Nacional de Drogas)	Ley N° 27.737	Ley N° 13.40 / 1988	
Trata de personas	"El reclutamiento, transporte, transferencia, alojamiento o acogimiento de personas, mediante la amenaza o uso de la fuerza u otras formas de coacción, secuestro, fraude, engaño, abuso de autoridad o situación de vulnerabilidad o la entrega o aceptación de pagos o beneficios para obtener el consentimiento de una persona que tenga autoridad sobre otra con fines de explotación, como mínimo, la prostitución ajena u otras formas de explotación sexual, trabajos o servicios forzados, esclavitud o prácticas similares a la esclavitud, servidumbre o extracción de órganos" (Protocolo adicional a la			Ley 2396. (Protocolo para prevenir, reprimir y sancionar la Trata de Personas, especialmente Mujeres y Niños).	Ley 17.815 (2004) - dispone sobre la violencia comercial o no comercial cometida contra niños, adolescentes o incapaces. Ley 17.861 (2004) - Convención de Palermo y Protocolos complementarios Ley 18.250 (2008) - Delitos Migratorios Ley 19.643 (2018) - Ley de Prevención y lucha contra la trata de personas
		Art. 149-A CP; Ley N° 13344/2016	Ley n. 27046/14 Ley n. 26842/12	Ley nº 4788/12	
			Decreto 111/15 Ley 26364 /08	Ley 1160/97 (Código Penal) Art. 129	

	Convención de las Naciones Unidas contra el Crimen Organizado Transnacional relativo a la prevención, represión y sanción de la trata de personas, especialmente mujeres y niños)				
Tráfico de Fauna yFlora	Comercio ilícito: Exportación, reexportación, importación e introducción procedente dal mar de una especie o espécimen sin la licencia o certificado otorgadopor la autoridad administrativa nacional responsable (Convención sobre el Comercio Internacional de Especies de Flora y Fauna en Peligro de Extinción - CITES)	Ley Nº 5197/67; Ley Nº 9605/98 (delitos ambientales); Decreto Nº 6514/08	Ley n. 19282/71 Ley n. 20961/75 Ley 21676/77 Ley n. 22344/80 Ley Nº 22421/81 Ley nº 26094/84 Ley nº 23582/88 Ley nº 24702/96 Ley 25052/08 Ley nº 25463/01 Ley nº 25577/02 Ley nº 25679/03 Ley nº 26447/08 Ley nº 22421/81 Decretos ANMAC	Ley n. 96/92 (Vida silvestre) Ley n. 294/93 (Evaluaciónde impacto ambiental) Ley Nº 253/93 (Acuerdo Marco sobre Diversidad Biológica) Ley nº 352/94 (Áreas silvestres protegidas) Ley nº 716/96 (Delitos ambientales) Ley nº 1314/98 (Animales silvestres)	No hay legislación
Tráfico de Armas y Municiones	"Tráfico ilícito" significa la importación, exportación, adquisición, venta, entrega, transporte o transferencia de armas de fuego, sus partes y componentes y municiones desde o a través del territorio de un Estado Parte al territorio del otro Estado Parte, si alguno de los Estados Partes interesados no lo autoriza de conformidad con los términos del presente Protocolo, o si las armas de fuego no están marcadas de conformidad con el artículo 8 delpresente Protocolo. (Convención de Palermo)	Ley Nº 10826/2003 Estatutode desarme)	Ley nº 20409/73 (Ley Nacional de Reglamentaciónde Armas y Explosivos)	Ley 3216/07. (Protocolo contra la Fabricación y el Tráfico de Armas de Fuego, sus Piezas, Componentes y Municiones. Ley nº 4036/10 (Ley complementar a Convención Das Naciones Unidas O Crimen Organizado Transnacional	Ley No. 19247 (Relativa a la Posesión yPorte de Armas).

<table>
<tr>
<td rowspan="2">Protección de víctimas y testigos</td>
<td>Protección de víctimas y testigos: Medidas adecuadas para garantizar la seguridad, el bienestar físico y psicológico, la dignidad y la intimidad de víctimas y testigos (Art. 68, 1, primera parte. Estatuto de Roma del TPI).</td>
<td rowspan="2">Ley 9.807 / 99 - Establece normas para la organización y mantenimiento de programas especiales para la protección de víctimas y testigos amenazados, instituye el Programa Federal de Atención a Víctimas y Testigos Amenazados y prevé la protección de los acusados o condenados que voluntariamente hayan dado efectiva colaboración a la investigación policial y al proceso penal.

Ley 11.340 / 06 - Crea mecanismos para frenar la violencia doméstica y familiar contra las mujeres.

Guías de Santiago (Atención y Protección a Víctimas y Testigos). Documento aprobado en la XVI Asamblea General Ordinaria de la Asociación Iberoamericana de Ministerios Públicos.</td>
<td rowspan="2">Ley 25.764 / 2003 - Programa Nacional de Protección de Testigos e Imputados.

Ley 26.485 / 2009 - Protección Integral para Prevenir, Sancionar y Erradicar la Violencia contra la Mujer en sus Relaciones Interpersonales.

Ley 27.372 / 2016 - Ley de Derechos y Garantías de las Personas Víctimas de Delitos.

Guías de Santiago (Atención y Protección a Víctimas y Testigos). Documento aprobado en la XVI Asamblea General Ordinaria de la Asociación Iberoamericana de Ministerios Públicos.</td>
<td>Ley 4.083 / 2011 - Programa de Vigilancia de Testigos y Víctimas en Procesos Penales.

Ley 5.777 / 2016 - Protección Integral de la Mujer contra Toda Forma de Violencia.</td>
<td>Ley 19.293 (2014) - Código Procesal Penal.

Ley 19.580 (2017) - Ley sobre la Violencia de Género contra las Mujeres</td>
</tr>
<tr>
<td>Protección a la mujer víctima: Procedimientos jurídicos justos y eficaces para las mujeres víctimas de violencia, incluyendo, entre otras medidas de protección, juicio oportuno y acceso efectivo a tales procesos (Art. 7, f, Convención Interamericana para Prevenir, Sancionar y Erradicar la Violencia contra la Mujer).</td>
<td>Decreto 6973/2017 - Reglamenta la Ley 5777/2016, de Protección Integral de la Mujer contra toda Forma de Violencia.

Guias de Santiago (Atención y Protección a Víctimas y Testigos). Documento aprobado en la XVI Asamblea General Ordinaria de la Asociación Iberoamericana de Ministerios Públicos.</td>
<td>Ley 17.861 (2004) - Convención de Palermo y protocolos complementarios.

Guías de Santiago (Atención y Protección de Víctimas y Testigos).

Documento aprobado en la XVI Asamblea General Ordinaria de la Asociación Iberoamericana de Ministerios Públicos.</td>
</tr>
</table>

ATLAS TRIPLE FRONTERA	
MEDIDAS JUDICIALES	
Medidas	**Descripción**
1. SEGUIMIENTO Y INTERCEPTACIÓN DE (TELE)COMUNICACIÓNES	101. Interceptación, grabación y transcripción de telecomunicaciones
	102. Seguimiento de telecomunicaciones Tracing
	103. Interceptación y grabación de otras formas de comunicación
	104. Interception of mail Click to view content
	105. Observación
	106. Interceptación de telecomunicaciones - Art. 18 (2) (b) de la Convención Anti Lavado de Dinero
	107. Interception of telecommunication without the technical assistance of another Member State
2. AGENTES ET INFORMERS - INFILTRACIÓN	201. Infiltración por agentes disfarzados del Estado requerido
	202. Infiltración por agentes del Estado requerente en el territorio del requerido
	203. Infiltración por un informante del Estado requerido
	204. Tratamiento de los informantes
3. EXAMINACIÓN, REVISTA Y EVALUACIÓN DE EXPERTOS	301. Revista Superficial
	302. Revista Invasiva
	303. Examen médico Psiquiátrico Psychiatric
	304. Control de identidad, medidas para identificación judicial
	305. Examen tecnico o científico o evaluación de expertos
4. DOCUMENTOS	401. Troca espontánea de información
	402. Pedido para producción de documentos
	403. Otras posibilidades de obtención de información relativa a impuestos o cuentas bancarias
	404. Acceso a documentos públicos en archivos judiciales
	405. Comunicación de registro policiales individuales/ reistros criminales
	406. Envío y entrega de documentos procesuales
5. BENS - SECUESTRO, CONFISCO Y RESTITUCIÓN	501. Secuestro de benes
	502. Congelamiento de cuentas bancarias
	503. Restitución
	504. Medidas provisionais en vista del confisco
	505. Confisco
6. LOCALES - VISITAS Y BUSCA	601. Visita y busca en domicilios
	602. Visita y busca en local de un crimen

7. TESTÍGUOS, VÍCTIMA, SOSPECHOS - CITACIÓN Y AUDICIONES	701. Citación de testíguos
	702. Audicione de testíguos: procedimiento padrón
	703. Audicione de testíguos: por vidoconferencia
	704. Audicione de testíguos: por teléfono
	705. Audicione de niños
	706. Audicione de personas que colaboran con la investigación
	707. Audicione de las /el víctimas/autor
	708. Audicione de expertos e
	709. Citación de sospechos/personas acusadas
	710. Audicione de sospechos/ personas acusadas: procedimiento padrón
	711. Audicione de sospechos/ personas acusadas: por videoconferencia
	712. Audicione de sospechos/ personas acusadas: por teléfono
	713. Confrontación
8. OPERACIONES TRANSFRONTERIZAS	801. Observación transfroteriza
	802. Busca Transfronteriza
	803. Seguimiento Transfronterizo (través de la colocación de un beeper en un vehículo o persona a vehicle
	804. Entregas controladas
	805. Equipos conjuntas de investigación
9. MEDIDAS ESPECÍFICAS PARA TRUMIENTOS DE RECONOCIMIENTO MUTUO	901. Orden de prisión Europea
	902. Ejecución de pena de multa
	903. Ejecución de sentencia de custódia
	904. Medidas condicionales
	905. Ejecución de una Medida de Supervisión
	906. Orden de protección Europea
10. TRANSFERENCIA DE PROCEDIMIENTOS	1001. Transferencia de procedimientos